浙江省普通高校"十三五"新形态教材

普通高等学校会计应用型规划教材
国家级一流本科专业
国家级特色专业

U0648895

FINANCIAL
STATEMENT ANALYSIS

财务报表分析
（第二版）

张惠忠　李正明　主编

东北财经大学出版社　大连
Dongbei University of Finance & Economics Press

图书在版编目（CIP）数据

财务报表分析 / 张惠忠，李正明主编 . —2 版 . —大连：东北财经大学
出版社，2025.2 . —（普通高等学校会计应用型规划教材）. —ISBN 978-
7-5654-5516-2

Ⅰ . F231.5

中国国家版本馆 CIP 数据核字第 2025YW6487 号

东北财经大学出版社出版

（大连市黑石礁尖山街 217 号　邮政编码　116025）

网　　　址：http://www.dufep.cn

读者信箱：dufep@dufe.edu.cn

大连天骄彩色印刷有限公司印刷　东北财经大学出版社发行

幅面尺寸：185mm×260mm　字数：387 千字　印张：17.5　插页：1

2025 年 2 月第 2 版　　　　　　　　2025 年 2 月第 1 次印刷

责任编辑：王　丽　　　　　　　　责任校对：刘贤恩

封面设计：原　晧　　　　　　　　版式设计：原　晧

定价：45.00 元

国家级一流本科专业　国家级特色专业
普通高等学校会计应用型规划教材编委会

序言

党的二十大报告指出，"实施科教兴国战略，强化现代化建设人才支撑"，强调要坚持教育优先发展、科技自立自强、人才引领驱动，加快建设教育强国、科技强国、人才强国，坚持为党育人、为国育才，全面提高人才自主培养质量，着力造就拔尖创新人才，聚天下英才而用之。建设教育强国是中华民族伟大复兴的基础工程，必须把教育事业放在优先位置。建设中国式现代化，中国教育必须给予全面应答，基础教育、职业教育、高等教育都要承担起相应的责任，学科专业、教育教学、课程教材、评价体系等都要做出相应的调整。

在"大智移云物区"的时代背景下，企业的工作环境、高校教育的情境都发生了变化，大学生获取信息、知识的方法和途径也发生了质的变化。传统的教学方式难以适应时代的发展，出现了"教师不会教、学生不想学、企业不愿招"的人才培养困境。2016年，嘉兴大学（原名嘉兴学院）被遴选为全国本科院校"互联网+会计教学一体化改革"首席试点单位，实施"互联网+"线上线下一体化混合教学改革，建设教改平台，丰富平台共享资源。"互联网+会计教学一体化改革"进展顺利，成效显著。在2018年教育部审核评估中，"互联网+会计教学一体化改革"项目得到专家的好评，作为优质案例入选《中国会计教育改革与发展蓝皮书（2020）》，"中级财务会计学"获教育部优秀教学案例和浙江省一流课程。"互联网+会计教学一体化改革"已覆盖全国30余所高校，众多高校前来学习交流"互联网+会计教学一体化改革"的经验和成果。

根据浙江省高等教育学会教材建设专业委员会发布的《关于开展浙江省高校"十三五"第二批新形态教材建设项目申报工作的通知》，嘉兴大学7门核心主干课程被列入浙江省"互联网+会计学新形态系列教材"建设项目。为了更好地实施和推广"互联网+会计教学一体化改革"，我们在总结"互联网+"教学改革经验的基础上，根据新形态教材的建设要求，组织教学一线教师编写适应"互联网+会计教学一体化改革"的核心课程教材，包括《会计学原理》《中级财务会计学》《高级财务会计学》《审计学》《成本会计学》《管理会计学》《财务报表分析》《财务管理学》。教材内容体现"业财融合"和重能力、重素质的培养要求，对于企业的具体业务可以通过扫描二维码观看视频实现企业具体业务的情境再现，教材还包括重要知识点的视频讲解、随堂测和章节测试，其中每一章节都设有头脑风暴和分组任务等开放性问题，并配有解答提示，为广大教师更好地实施教学提供参考。本系列教材适合应用型本科院校的会计学、审计学、财务管理等相关专业的学生使用，高职院校的相关专业也可选择使用。

潘煜双

2024 年 5 月

第二版前言

　　财务报表分析不仅是企业财务管理和会计工作的一个重要环节和一种重要方法，更是各种财务报告使用者充分利用财务信息的一种重要手段。企业财务报表分析作为一门独立的综合性应用学科，伴随市场经济条件下公司制企业组织形式的建立和资金市场的形成而诞生，历经百余年发展和不断完善，已经形成了以满足企业各利益相关者（财务报告分析主体）的不同信息需求为主要目标、以各种财务能力分析为主要内容的比较完备的理论和方法体系，发挥了总结过去、评价现在、预测未来的作用，越来越广泛和深入地服务于当代经济社会生活。

　　随着我国社会主义市场经济的发展，企业财务管理和会计工作所面临的外部宏观环境和企业内部环境发生了天翻地覆的变化，企业财务管理和会计工作的内容大为丰富，业财融合化、筹资渠道多样化、资金投向多元化、利益分配关系复杂化、财务风险公开化、会计规范国际化、财会工作网络化数字化等趋势越来越明显。企业财会部门和财会人员肩负的担子更重了，业务素质要求更高了。企业作为市场的主体，以独立经济实体和利益主体的身份在瞬息万变的市场竞争中求生存、图发展，财务管理和会计工作水平成为决定其生死存亡和发展壮大的关键因素之一。提升财务管理和会计工作的现代化水平已经成为我国各类企业的迫切要求和自觉行动，具有财务报表分析能力的财务管理和会计专业人才及拥有财务报表分析知识技能的经济管理人才的培养成为实现企业这一愿望的依托。另外，企业各种外部利益相关者也越来越认识到财务报表分析对于自身决策和控制的重要性，越来越感到具备一定的财务报表分析技能对于自身利益的保障是必需的。"互联网+"既是创新又是融合，它改变了传统财务分析的模式，标志着一个新时代的到来。财务报表分析应当顺应时代，在企业经济的高质量发展中找准定位，做好企业发展的参谋和助力者。

　　最近十几年来，高校财会专业设置"财务报表分析"、"财务报告分析"或"财务分析"课程的越来越多，随着党的二十大的召开和党的二十届三中全会《中共中央关于进一步全面深化改革 推进中国式现代化的决定》的出台，贯彻落实习近平新时代中国特色社会主义思想和党的二十大精神为做好企业财务分析工作提供了强大动力，也提出了新的内容和要求，因此迫切需要编著适合新形势下企业财务管理和会计发展实际情况，适应管理型、应用型人才培养目标的财务报表分析教材。为了满足高校会计专业、财务管理专业和其他经管类专业"财务报表分析"（"财务报告分析"或"财务分析"）课程的教学需要，尤其是为了适应"大智移云"等现代网络技术的发展对"互联网+会计教学一体化改革"的需要，我们编写了这本《财务报表分析》

教材。

本书根据最新的财务报告规范和内容系统阐述了企业财务报表分析的基础理论和基本方法，其特色和创新之处主要体现在以下方面：

（1）指导思想：依据地方高校本科会计学专业和财务管理专业管理型、应用型创新人才培养的目标，结合我国中小企业众多、上市公司相对较少的特点，着重讲述一般企业的财务报表分析问题，兼顾上市公司和其他主体的财务报表分析问题。以"互联网+"和大数据的发展为契机，从企业经营理财的实际出发，注重财务报表分析基本知识的介绍和基本技能、实际能力的培养。

（2）结构体系：在教材结构体系设计上，遵循"每张财务报表的解剖—每项财务能力的评价—综合经营财务情况分析"的思路，使学习者能够对财务报表分析有一个多层次的系统把握，不仅让学习者掌握财务报表分析的方法与技巧，也为判断企业的财务能力、投资价值和企业的管理效率、抗风险能力及未来发展前景提供方便。全书的内容分为六大部分（共十章）：①企业财务分析的基本理论（第一章）；②一般企业财务报告的一般分析（按企业财务报告体系展开，第二至第六章）；③一般企业的财务比率分析（主要针对企业偿债能力、资金营运能力、盈利能力、发展能力等财务能力展开分析，第七章）；④财务报告综合分析（包括企业经营理财综合分析、企业财务预测分析等，第八章）；⑤上市公司财务分析（包括信息披露概述、投资价值分析、盈利预测和业绩预告，第九章）；⑥企业财务分析报告的撰写（第十章）。这样的内容结构体系设计区别于目前市场上其他同类教材。

（3）写作特点：力求通俗易懂，实用性强。按照最新企业会计准则确定的企业财务报告体系，第二至第八章以某公司财务报表数据为分析资料，贯穿始终。有些章节还结合案例进行分析。各章设有学习目标、导入案例、头脑风暴、分组任务、本章小结、进一步学习指南、主要阅读文献、思考题和练习题等栏目，并通过二维码嵌入拓展阅读、视频微课、随堂测、本章测评等资源，以帮助学生开拓视野，帮助老师丰富教学内容。

本书第二版将习近平新时代中国特色社会主义思想和党的二十大精神有机融入教材，并结合专业知识的介绍设有"素养提升"（思政要点）内容，对每章的内容、案例、例题和其他材料作了更新。

嘉兴大学的会计学专业和财务管理专业办学历史悠久，相关专业教师在教材建设方面有比较丰富的经验，所编著的相关教材教学效果良好。本书第二版由嘉兴大学和嘉兴南湖学院组织相关专业骨干教师编写，由嘉兴大学张惠忠教授、李正明副教授担任主编，商讨并修订了本书的详细编写大纲，对全书初稿进行了修改和总纂。各章初稿编写分工如下：第一、八章及附录由张惠忠、李正明编写，第二章由丁庭栋、穆敏丽编写，第三至四章由袁浩一、张宁、李卫娜编写，第五至七章由谢晓君、汤静、刘琦璐编写，第九至十章由杨行翀、沈逸萌、温春林编写。

本书融入了一些我们对财务报表分析问题的看法，也参阅、借鉴了许多文献，特别是薛云奎、张先治、张新民、王化成、黄世忠、赵秀芳等诸位专家学者主编的教材，这些文献对本书的形成功不可没。我们已在参考文献目录中尽可能详细地列出了这些文献，但仍难免有遗漏，在此对未能列入参考文献的作者表示歉意，并对所有引用的文献作者表示衷心的感谢。本书的出版得到了东北财经大学出版社、嘉兴大学商学院的大力支持，在此一并表示感谢。感谢嘉兴大学商学院潘煜双教授、李郁明教授、董淑兰教授及其他老师为本书第二版的编写所提出的诸多有益建议。

　　本书可作为普通高校会计学专业学生"财务报表分析"课程的教材，也可作为普通高校财务管理专业"财务分析"课程的教材，还可以作为高等职业教育学生学习相关课程的教学用书。除此之外，本书还可作为企业经济管理人员、在职财会人员、银行信贷人员、证券从业人员财务分析知识的培训用书。

　　尽管我们在编写过程中竭尽心力，但是由于水平有限，书中难免存在疏漏和不足，敬请读者批评指正，以备我们修订时参考。

编　者

2024 年 11 月

目 录

第一章

企业财务分析基本理论

学习目标： 1.掌握企业财务分析的概念；

2.掌握财务分析的各种基本方法，理解使用各种方法进行分析时应注意的问题；

3.熟悉财务分析的主体、目的、依据和内容；

4.熟悉财务分析的基本程序；

5.了解财务分析的作用、意义、形式和学科定位；

6.了解企业财务分析的局限性及对策。

导入案例

用通俗的语言来解读专业财报，对很多非财务背景的企业家和创业者来说是可想而不可得的一种奢望。企业财会人员劳心费神准备的公司财报，如果不加以分析和解读，往往会成为摆设。如何高效、快速掌握专业的财报分析方法与技能？相信这是很多企业家和公司高管、财会人员梦寐以求的心愿。

例如，长江商学院终身教授薛云奎于2018年发表的一篇文章《华谊兄弟的购并宝典：市梦率》受到舆论关注，有关华谊兄弟财报的完整分析报告，他也在当年3月12日录制的节目中以音频形式上线，总共分析了公司上市前后10年的财报（因当时公司尚未正式发布2017年度财报，所以相关分析结论截止于2016年度）。该报告主要包括以下内容：（1）上市"三级跳"。（2）上市前的小公司。（3）上市后收入的快速增长。（4）收入增长的动因：购并。（5）购并扩张的副作用（尤其是商誉）。（6）利润增长的不可持续性。（7）利润含金量明显不足。（8）综合收益巨亏，揭示潜在风险陡增。最后他得出分析结论：从公司三大业务板块的销售收入增长和销售毛利率来看，总体来说，2016年度的经营是不成功的。从资产规模来看，公司资产构成上的增长是良性的，但资产利用效率下降。从资本构成来看，公司资产规模的扩张主要由负债引起，债权人风险加大，但总体财务风险仍然可控。从所有者权益来看，公司从上市前的2008年至2016年股本规模增长了22.11倍，给投资人创造了丰厚的回报。但从经营角度看，公司实在乏善可陈。相较之下，公司更像资本运作的高手。2016年，华谊兄弟称得上是国内商业成绩最好的民营影视公司，但薛教授通过对其10年财报的洞察，尤其是对几个要害问题的剖析，说明公司发展的根基并不牢固。他的分析结论也被随后几年该公司业绩的大幅下滑所证实。受各种因素影响，2018年和2019年净利润巨额亏损近11亿元和近40亿元，2020—2023年度均处于程度不等的亏损状态，至2024年上半年才实现半年报扭亏为盈。

思考问题：

（1）财务报表分析有什么用处？

（2）财务报表分析只分析财务报表行吗？

案例详细
资料和提示

严格来说，企业财务报表分析、财务报告分析和财务分析三者有所不同，主要区别是分析的依据和涉及的内容不同。财务报表分析的依据是财务报表；财务报告分析的依据是财务报告；而财务分析是根据企业财务报告和其他相关资料，采用专门方法，系统地分析和评价企业的财务状况和经营成果以及未来发展趋势的管理活动或过程。因此财务分析的核心是财务报表分析。很多论著对这三个概念都未作严格界定，实际上也很难进行严格界定，故本书也遵循这种惯例。随着我国资金市场的不断发展和完善、企业经营的规模化和复杂化，企业股东、债权人和经营管理者及其他利益相关者对企业财务报告等信息的需求也逐渐深化、细化。财务分析不仅成为进行财务管理的一种重要方法，也成为企业内外各分析主体充分利用财务会计等信息的一种重要手段。

第一节　企业财务分析及其目的、意义和作用

一、企业财务分析的含义

（一）财务分析的产生与发展

一般认为，作为企业财务分析初始形态的财务报表分析起源于19世纪末20世纪初美国银行界倡导的对借款人信用程度和贷款偿还能力的分析，当时的财务报表分析主要是为银行服务的信用分析。随着资本市场和公司制企业的发展，不仅债权人、投资者进行财务报表分析，公司经营者也逐步认识到财务分析的重要性。经营者进行财务分析的目的，一方面是改善盈利能力和偿债能力，以取得投资者和债权人的支持；另一方面是加强财务控制，并为财务决策提供信息。新的财务分析技术和方法不断出现，1919年，亚历山大建立了比率分析体系；1923年，James H. Bliss提出在每个行业建立财务与经营方面的平均或标准比率的观点，标准比率在各行业开始流行；1925年，斯蒂芬提出了趋势百分比分析的方法。1920年后，杜邦公司开始广泛使用财务综合分析方法——杜邦分析法。20世纪中后期，经济发展的国际化趋势逐渐增强，国际统一的财务报告编制规则逐步形成，使财务报告分析成为经济生活的重要内容。无论是企业内部经营管理者、股东、债权人、政府职能部门，还是企业外部潜在的投资者及其他利益相关者，都需要通过财务分析获得有用的信息。随着企业财务报告的内容和格式趋向全面化和标准化，分析财务报告也需要更为专业的知识和训练。财务分析成为一门独立的、自成体系的综合性应用学科。在实践中出现了专司投资分析和信用分析等财务分析工作的机构和人员，形成了一个特定的职业，为各种相关信息需要者提供专业服务。

随着企业经营业务的复杂化和经营环境的多变，企业财务分析的内容也变得更加复杂和广泛。财务分析除了应用于财务状况分析、经营成果分析和经营资金流转分析等基本领域之外，在资本市场、财务预测、企业重组、绩效评价、企业价值评估等领域的应用也越来越广泛。财务分析的程序也从事后分析向事前、事中和事后相结合的全过程分析发展。财务分析的手段和方法也趋于完善和多样化。尤其是20世纪80年代以后，随着计算机及其软件的迅速普及和成本的降低，电算化、网络化和数字化分析技术得到广泛应用，多因素、多变量分析等数量分析和大数据智能财务分析方法也变得越来越普及。这些变化使得财务分析能够提供更多、更全面、更灵活、更迅速的信息资料，从而服务于更广泛的领域，更好地服务于经济社会生活。

拓展阅读1

我国国有企业财务分析的建立与发展

【素养提升】

介绍我国企业财务分析学科和实践的演变路程，让学生认识我国改革开放四十多年在经济体制和制度改革方面的巨大成就。

（二）财务分析的含义

企业财务分析是指其利益相关者和其他分析者采用一系列专门的分析技术和方法，以财务报告及其他相关资料为主要依据，对企业的财务状况、经营成果及其所体现的财务能力进行剖析和评价，反映企业在运营过程中的利弊得失和发展趋势，从而

为改进企业经营理财工作、优化有关各方的经济决策和控制提供重要信息的活动。

　　财务报告是企业财务状况和经营成果比较全面的体现。财务状况是指资金来源（筹资）、资金运用（投资）、资金周转的情况。其中，资金来源和运用的情况反映了企业的资金结构（包括筹资结构和投资结构）和偿债能力；资金周转情况反映了企业资金的营运能力、资产配置和管理效率。经营成果反映了企业的盈利能力、盈利水平和盈利质量。这些情况主要体现在由企业资产负债表、利润表、现金流量表、所有者权益变动表和财务报表附注等构成的财务报告中。当然财务分析除了主要依据企业对外提供的财务报告资料外，还依据其他资料，如日常会计核算资料、财务情况说明书、统计资料、内部会计和管理报告、审计报告、业务资料以及企业生产经营特征、行业发展背景、当前市场信息、宏观中观经济政策制度、国际经济形势等。财务分析能将财务报告以及其他资料中的数据和文字经过联系、组合、计算和评判，转换成易于理解、便于比较、有助于决策和控制的信息。

　　因此，一般认为，企业财务分析的主要内容是对反映在财务报告中的企业过去和现在的财务能力（包括偿债能力、资金营运能力、盈利能力、发展能力等）的分析，并从中体现发展趋势，其中发展能力反映企业未来的发展潜力和成长能力。另外，利用财务报告信息还可以进行企业财务危机预警分析。配合其他相关资料，将各项分析内容和各种分析方法结合起来，还可以对企业整个经营理财情况进行综合分析。财务分析由此起到了总结过去、评价现在、预测未来的作用。

　　财务分析不能等同于财务报告分析，财务分析包括财务报告分析。财务分析也不能等同于财务报表分析、财务指标分析和财务绩效评价等。目前，对企业财务分析的理解和提法有多种，但不论哪种提法，财务分析的基础依据都是财务报告及其他相关信息，主要目标是为企业各利益相关者提供决策和控制的信息支持，而且随着市场的复杂化和竞争的激烈化，非财务信息对准确分析、评价企业综合实力越来越重要。

　　总之，财务分析是一门综合性的应用学科，它包含的内容丰富，既有完整的理论体系和健全的方法体系，又有系统、客观的资料依据，还有明确的目的和作用。

二、企业财务分析的主体及其分析目的

　　要探讨财务分析的具体目的，须先明确其分析的主体。财务分析的主体是指与企业存在一定的现实或潜在利益关系，为特定目的对企业进行财务分析的单位、团体和个人。从本质上讲，企业财务分析的主体就是企业经济信息（主要是财务信息）的使用者。从分析的主体看，财务分析可以分为内部分析和外部分析。内部分析是由企业管理当局所进行的分析，外部分析主要是由企业现在或潜在的投资者（所有者）、债权人及其他利益相关主体所进行的分析。

　　财务分析的目的是指财务分析主体对企业进行财务分析时所要达到的目的。一般而言，财务分析要达到的目的主要有以下四个方面：（1）评价企业经营成果；（2）评价企业管理当局的业绩；（3）衡量企业现在的财务状况；（4）预测企业财务状况和经营成果的未来发展趋势。但不同的财务分析主体出于不同的利益考虑，进行财务分析的目的有所不同，这使得他们进行财务分析的内容既有共性又有不同的侧重点。然而，不论哪类主体，财务分析都是为其决策和控制提供信息支持，财务分析都是他们

进行正确决策和有效控制的有力工具。

（一）经营管理者进行财务分析的目的

企业的经营管理者主要是指受所有者委托以企业法人财产为依托进行经营管理的企业管理当局。为了履行受托责任，他们有责任保证企业的全部资产得到合理使用，并做到资本的保值增值。他们既要关注企业的偿债能力、资金营运能力和发展能力，又要关注企业的盈利能力。因此，企业经营管理者进行财务分析的目的与内容是综合的、全方位的，需要对企业经营理财的各个方面进行分析，以全面掌握企业整体财务状况、经营成果和发展水平。

虽然经营管理者是对企业业务和财务情况了解最全面的分析主体，但财务分析对经营管理者而言仍极其重要，它能将财务报告及其他信息资料转换成易于理解、便于比较、有助于决策和控制的信息，帮助经营管理者寻找问题、分析原因、预测未来发展情况，从而采取有效措施改进经营和财务管理。

（二）投资者进行财务分析的目的

这里所指的投资者即所有者，既包括企业现有的出资人（股东），也包括资本市场上潜在的投资人。投资者是企业权益资本的投入者，对企业净资产享有所有权，也是企业风险的最终承担者，因此，投资者对财务分析应该十分重视。投资者对企业享有的经济权益（资本收益权）一般通过净利润来体现，又分为两个方面：一是投入资本（所有者权益）的保值增值，体现为留存收益；二是获得的股息或红利。因此，他们非常关注企业的投资报酬率（净资产收益率，ROE）及股利支付率等指标，他们进行财务分析的根本目的是考量企业的盈利能力状况，因为盈利能力是保证其投入资本保值增值和获取股息红利的关键所在。他们不仅关心企业当前的盈利能力，而且关心企业的发展前景和投资风险，以决策是否应该对企业投入更多资本、是否应该转让股份或抽回投资以及如何采取适当的利润分配政策。

通过财务分析，投资者（所有者）还可以评价企业经营管理者的业绩，为制定合理的薪酬制度提供依据，并及时纠正企业经营理财中发现的问题。因此，投资者还要通过财务分析了解企业经营管理、财务状况、资金周转、发展前景等方面的情况，分析企业的内部情况和外部环境可能给企业利润的形成和分配带来的影响。总之，投资者侧重于对企业的盈利性和成长性进行分析。

（三）债权人进行财务分析的目的

债权人与企业之间是提供债权资金、按期收回本金和利息的关系。债权人的收益一般是合同约定的固定利息，但由于多种原因，债权人投入企业的资金及收益会面临风险，因此债权人倾向于分析企业经营理财的安全性和稳定性，关心企业到期还款的来源和保障。也就是说，债权人更多地关注企业的偿债能力。

债权按照信用授予的时间可分为短期债权和长期债权。短期债权人关注的是企业各类流动资产和经营活动现金流量净额对流动负债及时足额偿还的保障程度，通过流动比率、速动比率、现金比率、现金流动负债比率等反映流动资产变现偿还流动负债的能力的财务比率，分析了解企业的短期偿债能力。长期债权人最为关注企业的资金结构，如资产负债率等，但也重视企业的长期发展，更多地关注企业的综合经营理财能力，预测企业盈利前景，以决定是否给予企业长期贷款或是否持有该企业的债券。

（四）其他利益相关者进行财务分析的目的

1.供应商和客户

供应商和客户进行财务分析的主要目的是出于保护自身利益的需要，弄清往来企业的商业信用和财务信用状况，以帮助决定是否与该企业长期合作、是否应对该企业延长信用期限等。他们一般着重分析企业未来的经营理财是否会发生转变及如何转变，以做出相应决策。如企业财力及生产能力是否充足，能否保证长期供货，是否应该提供商业信用（如延期收款等）。

2.财政、税务及市场监管等政府部门

财政、税务及市场监管等政府部门对企业进行财务分析的目的：一是检查和监督企业单位对国家有关经济法规、政策、制度的执行情况，以确保国家税收。二是检查和监督企业相关社会责任的履行情况。三是为宏观调控提供可靠信息。四是为创造公平竞争的市场环境服务。如监督企业各项计划指标的执行情况；检查纳税义务人是否据实申报纳税、计税方法是否正确、应纳税额是否及时上缴；考察企业的经济活动和经营范围是否严格遵守法律法规。

3.企业员工

这里的企业员工包括员工个人及其工会组织，其利益与企业的经营理财状况紧密相连。他们需要通过分析了解企业经营理财的稳定性、盈利能力和发展前景，并以此评价企业提供劳动报酬、福利待遇和就业机会的能力以及责任履行情况，并对自己工作的安全保障程度和未来发展做出评价。

（五）其他有关方面进行财务分析的目的

企业的财务报告在必要时需经过注册会计师或其他审计人员审计，财务分析是这些审计人员确定审计重点、完成审计任务的途径之一。财务分析师提供专业咨询服务时更是必须对企业进行财务分析。另外，当前的企业越来越成为社会的企业（企业公民），必须承担一定的就业、环保、慈善等社会责任，因此相关研究咨询机构、媒体、社会公众等对相关企业的经营理财情况有时也要进行分析。

三、企业财务分析的意义和作用

（一）企业财务分析的意义

财务分析是信息使用者实施决策和控制的重要依据和有效工具。从微观上看，它能帮助企业投资者、债权人、供应商和销售客户以及其他分析主体做出合理的投资、信贷和其他决策，能帮助企业经营管理者发现问题、寻找原因、改进管理。从宏观上看，一方面，它能帮助政府相关部门，对各种经济数据进行汇总处理和分析利用，使国家宏观调控更有效率。另一方面，各类投资者根据财务分析的信息进行有效决策，能促进社会资源的优化配置，使企业内部资金向高效益资产转移，也使社会资源向高效益的产业和企业转移，最终提高整个社会资源的使用效率。

财务报告概括地反映了一个企业的财务状况、经营成果和现金流量信息，但并不是所有的利益相关者都能通过企业对外公布的财务报告获得所需的信息。同时，对于不具备相应专业知识的使用者而言，要完全读懂并得心应手地运用这些复杂的财务信息作为决策和控制的依据，也不具可能性和现实性。而财务分析就是要通过一系列专门的技术方法对财务报告和其他相关信息进行整理、加工、分解和组合，发现和发掘这些文字和数字背后所能揭示的大量有用信息，使之不仅通俗易懂，而且适应不同利益主体的个性化需要，提供不同侧面的决策信息，能够直接为决策者服务。

财务报告等资料所反映的信息一般是企业过去的事项，而财务分析的意义和功能不仅仅在于总结过去，更重要的是要通过对过去结果和过程的分析，来评价现在和预测未来。

（二）企业财务分析的作用

1.评价企业财务情况和能力，考核企业经营管理业绩

通过财务分析，可以说明企业资本结构是否合理，长短期偿付能力、盈利水平和质量的高低及创利能力的大小，企业资产使用效率的高低及资金营运能力的强弱等。通过对这些内容的综合分析又可反映企业整体财务状况、经营成果及其变动情况，考核企业经营管理的业绩。

2.挖掘潜力、改进工作，促进企业改善经营和财务管理

通过对财务指标的计算和分析，可以考核企业预算的完成情况，了解经营理财业绩的变化情况。通过与同行业平均水平或先进水平、本企业以前期间最佳水平的对比，可以从各方面揭露矛盾、找出差距和不足，充分认识未被利用的资源，寻找利用不当的部分及原因，发现进一步提高利用效率的可能性，不断挖掘企业改善财务状况、扩大财务成果的潜力，从而寻求对策、措施，有利于促进企业生产经营和财务活动按照企业的经营理财目标实现良性运行。

3.为进行科学的经营理财决策提供比较可靠的依据

虽然企业信息使用者所要做出的经济决策各不相同，但只要对财务报告等信息做出不同的分析，基本可满足他们的需求。例如，银行等债权人可以通过分析企业的偿债能力、资产运营情况及盈利能力做出信贷决策；投资人（所有者）可以通过分析企业的盈利能力与投资报酬率来评价投资效益，进而做出相应的投资决策；经营管理者也能从财务分析中，发现企业相关事项的因果关系，对症下药，并采取行动。此外，税务机关、客户及供应商、审计人员也可以借助财务分析了解企业各类事项有无重大异常变动、有无错误与不法事项等，以便采取相应措施。

需要指出的是，虽然财务分析具有上述功效和作用，但它也具有一定的局限性。它只能提供财务方面、价值量方面的信息，而要对企业生产经营和财务情况做出比较完整的、切实可靠的判断，还必须结合企业内部的其他信息、本行业的经济技术发展情况，以及社会经济现状与发展趋势等有关情况来进行综合分析。同时，由于财务数据本身受多种因素的影响，分析比较时就必须注意指标的可比性。

【头脑风暴】讨论财务分析与财务会计、财务管理、成本会计、管理会计的关系。

拓展阅读2

财务分析的
学科定位及
财务分析与
其他学科的
关系

随堂测1-1

第二节　企业财务分析的内容和形式

在市场经济环境中，企业面临的国内外竞争日趋激烈，金融市场日趋成熟，企业经营领域不断多样化，从而导致企业经营理财活动日趋复杂。传统的只依据财务报表数据的简单分析已不能适应各类信息使用者的需要，必须代之以更加科学、系统的财

务分析，才能为有关分析主体的管理决策与控制提供必要的依据。

一、财务分析的内容

企业财务分析涉及企业经营理财活动的各个方面，主要包括以下内容：

(一) 财务能力分析

现代企业的生存与发展，在很大程度上取决于企业的财务能力。为了准确掌握企业的财务能力情况，有关分析主体必须对之进行科学分析与评价。现代企业的财务能力可归结为"四种能力"，即偿债能力、资金营运能力、盈利能力和发展能力。与此相应，财务能力分析的基本内容有偿债能力分析、资金营运能力分析、盈利能力分析和发展能力分析等四个方面。

要对企业财务能力进行分析，除了采用比率分析法之外，还可以采用以下分析方法：

1.财务结构分析

现代企业实际财务活动（即资金运动，包括资金筹集、资金投放、资金耗费、资金收回、资金分配五个方面）中客观存在着多种财务结构，如资产结构（投资结构）、资本结构（筹资结构）、现金流量结构、收入结构、成本费用结构、利润及其分配结构等。企业财务结构的具体构成因素和不同的构成比例，影响和决定着企业的各种财务能力。进行财务结构分析，深入、具体地探究企业财务结构的具体构成及其影响，寻找问题及其原因，有利于更准确地评价和改进企业的财务能力。企业财务结构分析一般可分为以下内容：（1）主要通过利润表及其他相关资料分析收入结构、成本费用结构、利润及其分配结构；（2）主要通过资产负债表分析资产结构（投资结构），通过资产负债表和所有者权益变动表分析资本结构（筹资结构）；（3）主要通过现金流量表分析现金流量结构。因此，需要对整个财务活动（筹资、投资、成本费用、收入、利润及其分配）进行分析。

2.财务发展趋势分析

趋势分析一般是通过对比企业连续数期财务报告中的相同指标或比率，确定其增减变动的方向、数额和幅度，反映企业财务状况或经营成果变动趋势，并分析引起变化的主要原因、变动的性质，预测、判断企业未来财务情况和财务能力的发展前景。

3.财务综合分析

财务分析的最终目的在于全方位剖析和了解企业经营理财的状况，并借以对企业财务状况、经济效益、发展后劲做出全面、准确、客观的总体评价。单独分析任何一个方面的财务指标，都难以达到上述目的。因此，必须进行关联和综合的分析，将对企业偿债能力、资金营运能力、盈利能力等诸方面的分析结合企业的相关经营情况纳入一个有机的整体之中，全面地对企业财务状况和经营成果等做出科学的分析、评价和判断。这种分析具有分析内容的综合性、分析方法的结合性、分析指标的搭配性、分析结果的多用性等特征。

4.财务预算执行情况分析

财务预算是企业全面预算的价值总结，通常由现金预算、预计利润表和预计资产负债表组成。从企业财务管理的角度而言，对财务预算执行情况的分析是预算控制的一个重要环节，即业绩考评。它主要通过企业内部各责任中心的责任会计提供的责任报告（内部报告）来进行分析，最后汇总反映整个企业的财务预算执行情况，是加强企业预算控制的一种最重要、最常用的手段。因此，对财务预算执行情况的分析作为一种内部分析是对财务报告分析的重要补充。

（二）财务危机预警分析和其他预测分析

财务危机预警，就是通过设置一些敏感性财务指标并观察其变化情况来对企业可能或将要面临的财务危机事先进行监测、预报的财务分析诊断过程。这样的一个财务分析诊断系统叫作财务危机预警系统，它可以及时预知财务危机的先兆，提醒企业经营管理者早做准备以预防财务危机的发生或采取对策控制财务危机的扩大，也可以通过寻找导致企业财务状况恶化的原因，提出改进建议，弥补企业现有经营理财中的缺陷，从而在根本上消除财务隐患。财务危机预警是财务分析的特殊内容，是财务分析预测未来功能的体现。

除此之外，企业投资项目的财务可行性分析、企业并购中目标公司价值的估测等财务预测分析也是财务分析的内容。当然在财务管理学科中，一般将之视为财务预测的内容。

二、企业财务分析的形式

由于进行企业财务分析的角度不同，如分析的主体、客体、目的不同等，因此企业财务分析的形式也有所不同。明确不同的财务分析形式的特点及用途，对于准确分析企业财务情况、实现分析目标具有重要的意义和作用。通常，财务分析的形式包括：

（一）外部分析和内部分析

处在不同地位的企业财务分析主体对企业提供的财务信息有不同的需求，或者说对财务分析内容有不同的侧重点。根据分析主体处于企业内部还是外部，可将财务分析分为外部分析和内部分析两大类。

1.外部分析

企业投资者和债权人、供应商和销售客户、政府相关部门分别是企业权益资本和负债资金的供给者、商品或劳务的供应者和购买者、企业的社会管理者，它们都属于企业外部利益相关者，一般不直接参与企业日常经营管理，不能直接从企业生产经营过程中获取所需要的经济财务信息，只能主要依赖于企业财务报告和其他资料来了解和掌握企业目前的经营业绩、财务状况，以及商业信用、财务信用、社会责任履行情况等信息，并在此基础上形成自己对企业未来盈利能力、偿债能力、发展能力及潜在风险的判断，为自身各种决策提供可靠的依据。当然，即使都属于外部分析，不同的外部利益相关者对企业财务分析的具体内容也各有侧重点。

2.内部分析

企业内部经营管理者除了全面关注企业财务状况和经营成果，关注企业各方面财务能力之外，往往将分析重点集中于企业经营理财过程中出现的某些薄弱环节或对企业发展将产生重大影响的项目。其分析的目的是更有效地进行规划和控制。

例如，为了加强企业内部控制，企业经营管理者对各种流动资产和固定资产的周转情况和这些资产的投资收益率特别关注，因为这些财务指标是评估企业资产管理是否有效的重要依据。又如，为了扩大从外界获得资金的渠道和降低筹资成本，企业财务主管必须十分熟悉财务报告外部使用者通常用来了解和评价企业盈利能力和财务状况的各项指标，以便能有的放矢地改善企业的整体形象。再如，为了对企业的未来做出科学的发展规划，管理当局必须仔细地分析企业当前的财务状况，认真地评估企业目前面临的发展机会及其对企业未来现金流动所产生的潜在影响。当然，经营管理者对企业财务状况的其他方面也很关注，因为他们的职责是对企业日常运行负责，并在充满竞争的市场环境里，权衡经营风险和财务风险，去赚取股东满意的投资收益。

企业经营管理者除了重视财务报告分析外，还可通过其他内部渠道获得有关成本、利润以及资金周转方面的有用信息，以加强内部控制和进行科学规划。

（二）全面分析和专题分析

从财务分析的内容与范围的角度，可将财务分析分为全面分析和专题分析。

1.全面分析

全面分析是指对企业一定时期的财务报告所反映的经营理财各方面的情况进行系统、综合、全面的分析与评价。全面分析的目的是全面总结企业在这一时期的业绩，找出经营理财中带有普遍性的问题，为协调各部门关系，搞好下一期经营理财安排提供依据。全面分析通常在年终进行，形成综合、全面的财务分析报告，向职代会或股东（大）会汇报。

2.专题分析

专题分析是指根据分析主体或分析目的的不同，对企业经营理财的某一方面问题所进行的较深入的分析。如经营管理者对经营理财过程某一环节或某一方面的突出问题进行分析，投资者或债权人对自己关心的某个方面的问题进行分析等，都属于专题分析。专题分析能及时、深入地揭示企业某一方面的财务状况，为分析者提供详细的资料信息，对解决企业经营理财中的关键性问题具有重要作用。例如，当企业在某时期资金紧张时，通过财务专题分析，可从筹资结构、资产结构、现金流量及支付能力等方面找出资金紧张的原因及解决的对策。

党的二十大的召开和党的二十届三中全会《中共中央关于进一步全面深化改革推进中国式现代化的决定》的出台，给企业财务分析提出了不少新课题，如企业经济高质量发展中的问题、绿色低碳转型发展中的问题、数字经济发展中的问题、新质生产力发展中的问题等，这些方面的专题分析值得探索、学习和实践。

在财务报告分析中，必要时应将全面分析与专题分析相结合，这样才能全面、深入地揭示企业经营理财中的问题，正确地评价企业各方面的业绩。

（三）财务报表分析和内部报表分析

从分析资料来源的角度，可将财务分析分为财务报表分析和内部报表分析。

1.财务报表分析

财务报表分析就是指对财务会计报表的分析。财务会计报表是企业依据会计准则和会计制度编制的，向企业利益相关者提供的反映企业财务状况和经营成果等会计信息的总结性文件。由于财务报表具有合法性、客观性、公开性等特点，因此对财务报表进行分析，不仅有利于财务分析的规范化、制度化，而且便于企业及有关各方对企业经营理财情况进行系统分析。从这个角度看，财务报表分析是财务分析的最基本形式，甚至有人将财务分析、财务报告分析理解为财务报表分析。财务报表分析根据报表种类的不同又可分为资产负债表分析、利润表分析、现金流量表分析和所有者权益变动表分析等。应当指出，由于各财务报表之间是相互联系、相互制约的，因此，财务报表分析不能仅对某一报表孤立地进行分析，而应将全部财务报表结合起来，这样才能得出正确的结论。

2.内部报表分析

内部报表主要是指供企业内部管理者所用的与企业经营理财活动有关的报表资料，包括各种用于企业内部经营管理决策、预算控制（包括成本管理）等方面的报表，其中最基本的是成本会计和管理会计报表。将内部报表及对其所进行的分析作为财务分析的一种资料来源是很必要的。因为：第一，内部报表分析是对财务报表分析的必要补充。例如，利润表分析可说明企业的收益情况和盈利能力，进一步分析也可说明企业盈利变化的一般原因，如销量变动或成本费用变动的影响，但是为什么成本费用会变动呢？通过财务报表分析并不能回答这一问题，而内部报表分析则可根据成本报表资料，分析说明成本升降的具体原因。第二，由于内部报表是根据企业生产经营特点和管理需要编制的，因此对内部报表的分析更有利于揭示企业经营管理中存在的问题或不足，这对企业经营者而言尤为重要。

（四）趋势分析、现状分析和潜力分析

从分析的时期和目的角度，可将财务分析分为趋势分析、现状分析和潜力分析。

1.趋势分析

趋势分析是指对企业某一阶段各个时间的总体财务变动状况或某个财务指标的变动情况所做的分析，借以评价企业各方面财务状况的发展趋势。趋势分析是财务报表分析的基本形式之一，它不仅有利于评价过去，而且有利于指导现在和预测未来。趋势分析可广泛应用于不同的分析领域，达到不同的分析目的。如投资者通过对企业盈利能力所进行的趋势分析可评价企业盈利能力的稳定性及其增长趋势；债权人通过对企业偿债能力指标及其他营运指标的趋势分析，可判断企业资产的流动性及偿债能力的发展趋势等。

2.现状分析

现状分析是财务报表分析的最主要形式。它是指对企业当期的经营理财活动所进行的分析，以评价企业当期的各项经营和财务活动状况。现状分析最真实地反映了企业的资金营运状况、盈利状况、资产及其来源状况和风险程度的现状，为投资者、债权人、经营管理者及其他利益相关者提供了了解企业、做出决策的直接依据。通过对不同企业现状的比较和分析，还可反映企业在同行业中所处的地位，发现自己的差距和不足，为企业改进工作、制定正确的经营理财发展目标提供依据。

3.潜力分析

潜力分析是在趋势分析和现状分析的基础上，结合企业资源变动状况和经营目标，对企业未来发展能力的估计与判断。潜力分析对于经营者、投资者和债权人都是至关重要的。潜力分析的准确与否，决定着决策的正确与否。应当指出，潜力分析通常与风险分析是紧密相关的，因此根据潜力分析进行决策时，必须考虑不同潜力的风险程度，这也就加大了潜力分析的难度和复杂性。

从上述三种分析形式的含义与特点可看出，趋势分析、现状分析及潜力分析是相互联系的。进行财务分析时，不能将它们割裂开来，孤立地使用某一种形式进行分析则可能得出片面的结论。

（五）截面分析和时间序列分析

按分析所涉及的时间、空间范围不同，可将财务分析分为截面分析和时间序列分析等。截面分析即分析同一时期（点）不同项目之间的数量关系，或者对不同企业同一时期（点）的比较分析。时间序列分析即分析同一企业不同时期（点）财务数据之间的关系，是趋势分析的一种常用方法。

随堂测1-2

第三节　企业财务分析的依据

一、财务报告内容体系

企业财务报告体系包括基本财务报表、财务报表附注和财务情况说明书。基本财务报表按其内容又分为资产负债表、利润表、现金流量表和所有者权益变动表。另外，集团企业的母公司还要按规定范围编制合并财务报表。

（一）基本财务报表

1.资产负债表

资产负债表是反映企业特定日期财务状况的财务报表。按照一定的分类标准和次序反映企业在某一时点上的资产、负债和所有者权益的基本情况。资产负债表反映了企业资产规模、资产结构、资产质量（如流动性）、资金来源结构、负债结构和水平、所有者权益构成等信息。

通过对资产负债表的分析可以了解企业资产分布状况（投资结构）和资金来源状况（筹资结构）、企业偿债能力和财务风险以及资本保值增值等情况。

2.利润表

利润表是反映企业在一定期间经营和财务成果的财务报表，反映营业利润、利润总额、净利润（或净亏损）、综合收益总额、每股收益的数额及其形成过程，包括各种收入、收益、成本费用、税金和附加、支出、损失等。

通过对利润表的分析可以了解企业的收入来源和分配去向，可以考察企业经营和财务成果构成和盈利能力，与现金流量表等资料结合起来分析还可以判断企业盈利的质量。

3.现金流量表

现金流量表是按收付实现制原则编制的反映企业一定会计期间内经营活动、投资活动、筹资活动等对现金及现金等价物产生的影响及其程度的报表。它揭示了现金来源与运用的信息，通过对经营活动现金流量、投资活动现金流量、筹资活动现金流量的分析，可以发现企业现金流量增减变动的原因，判断企业现金流量增减的合理性，以改进企业现金流量管理的方向。将现金流量表与其他财务报表结合起来，可以分析企业创造现金流量的能力，考察企业的偿债能力和支付能力，并从现金保证的角度说明盈利质量。

4.所有者权益变动表

所有者权益变动表是全面反映企业构成所有者权益的各组成部分当期的增减变动情况的动态报表。

通过对企业所有者权益变动表的分析，可以评价企业的财务经济实力，提供企业积累能力的信息；可以反映企业自有资本的质量，揭示所有者权益变动的根源；可以反映企业股利分配政策，为投资者的投资决策提供信息；还能更好地为利润表和资产负债表提供辅助信息。

（二）财务报表附注

财务报表附注是对财务报表本身无法或难以充分表达的内容和项目以文字描述或明细资料等形式所做的补充说明和详细解释，是财务报告体系的组成部分。根据《企业会计准则第30号——财务报表列报》及其应用指南中的规定，财务报表附注主要包括如下内容：（1）企业基本情况；（2）财务报表的编制基础；（3）遵循企业会计准则的声明；（4）重要会计政策和会计估计；（5）会计政策和会计估计变更以及差错更正的说明；（6）报表重要项目的说明；（7）或有和承诺事项、资产负债表日后非调整事项、关联方关系及其交易等事项的说明；（8）有助于财务报表使用者评价企业管理资本的目标、政策及程序的信息。

财务报表附注的提供能有效提高会计信息的可理解性、有用性、可靠性、可比性，并突出重要信息，因此在财务分析中，只有在注重基本财务报表所提供的信息的基础上，充分关注和利用财务报表附注所揭示的内容信息，才能准确地评价企业的财务状况、经营成果和现金流量情况，科学地分析企业各项财务能力，并发现存在的问题，包括报表数据中可能存在的问题。

（三）财务情况说明书或管理层讨论与分析

财务情况说明书或管理层讨论与分析是企业对自身一定会计期间内生产经营、资金周转、利润实现及分配情况、经营业绩变动与企业未来发展趋势的前瞻性判断等做出简要分析的报告。企业财务情况说明书或管理层讨论与分析的内容一般包括：企业生产经营的基本情况，资金周转和增减情况，利润实现和分配的情况，对企业财务状况、经营成果、现金流量有重要影响的其他事项，对未来情况和风险的预测及发展战略说明。

通过阅读财务情况说明书或管理层讨论与分析，可以了解企业对财务状况、经营成果、现金流量等情况的自我分析，了解企业对经营理财情况的自我评价，以及企业经营理财面临的环境、企业对未来发展的战略和信心等信息。

二、其他相关资料

企业财务分析依据的其他相关资料主要有审计者出具的内外部审计报告和日常会计核算资料、统计资料、内部管理报告、业务资料、上市公告书、招股说明书等其他资料，以及企业生产经营特征、企业外部环境等信息。

（一）审计报告

仅就注册会计师出具的审计报告而言，它是注册会计师对企业财务报告从合规性和公允性两个方面所作的鉴定。财务分析主体可以通过审计报告的意见类型了解所要分析的财务报表及其附注是否合规和公允。

"合规"，是指财务报告符合企业会计准则等规范性文件的规定。"公允"，是指会计政策的选用和重大会计估计的做出符合规定和企业实际情况，影响报告使用者判断或决策的事项均已得到恰当表达和披露，财务报告所反映的信息已得到合理的分类和汇总，已按重要性原则反映了交易和事项的经济实质。

拓展阅读3

四种类型的
审计报告

1.审计报告的类型

审计报告主要有四种类型：无保留意见、保留意见、否定意见以及无法表示意见的审计报告。

2.使用审计报告应注意的事项

在对财务报表及其附注进行分析以前，要仔细阅读审计报告，根据其意见类型判断财务报告的可信度。

对于保留意见的审计报告，要仔细阅读注册会计师保留意见的内容，据以判断问题的严重性以及对财务报告合规性和公允性的影响程度。

对于审计报告及其所附的财务报表及其附注，不可盲目全信，如果有条件，应设法进一步核实，务必使财务分析建立在资料可靠的基础上。

（二）其他资料和企业经营的内外部环境等因素

企业凭证账簿等日常财务会计核算资料、统计资料、业务资料、内部管理报告、上市公告书、招股说明书等也可以作为财务分析的依据，尤其是成本会计、管理会计、内部控制、内部审计等内部管理报告，在财务分析中相当重要。

企业的内外部环境包括内部和外部环境因素。内部环境因素包括企业文化、经营管理水平、学习创新性、企业管理体制、治理结构、企业所有制性质等。外部环境因素包括市场环境、政策环境和经济环境。市场环境主要包括资本市场、生产资料市场、劳动力和人才市场、技术市场、销售市场等，市场环境对企业的发展有重大的制约或推动作用。资本市场一定程度上决定着企业融资、投资的难易度和发展速度。劳动力和人才市场某种程度上决定了企业人力资源的质量，影响核心竞争力。销售市场则是企业提供的产品或劳务的需求市场，是企业生存和发展的生命线。另外，在进行财务分析时，还要考虑行业特征、行业发展背景、竞争对手的情况、产业结构、企业所处生命周期和产品发展周期阶段、宏观中观经济政策制度、国际经济形势、当前所处的经济周期阶段等因素。

随堂测1-3

第四节　企业财务分析的基本程序

财务报表分析等财务分析工作的基本功能是将大量的报表数据和其他资料转换成特定的对决策和控制有用的信息，所以为保证财务分析科学、有效进行，提高分析的精确度等质量以及工作效率，财务分析必须在遵循一定原则（如实事求是原则、系统分析原则、动态分析原则、定量分析和定性分析相结合的原则等）的基础上，采用与分析内容最相宜的分析方法，遵循一定的程序分步实施。财务分析的程序一般可分为以下几个步骤：

一、确定分析目的、范围，搜集和核实相关资料

财务分析首先要确定分析目的，如确定是要做偿债能力分析、绩效评价分析还是投资分析等。分析目的确定以后，应根据分析目的确定分析的范围和重点，进一步确定是做专题分析，还是全面分析。分析目的、范围确定以后，如果分析的工作量较大，还要制订分析工作方案或计划。分析方案主要包括分析的目的和内容、人员的分工和职责、工作的步骤和时间安排等。分析的范围确定后，要确定资料收集途径，广泛收集所需资料，并注意对所收集的资料进行整理和核实。

二、选择适当的分析方法

财务分析的目的和范围不同，所选用的分析方法也应该有所区别。常用的分析方法有比较分析法、比率分析法、因素分析法等，这些方法各有特点，有时需要结合起来使用，甚至采用综合分析的方法。利用这些分析方法，通过计算分析相应财务数据和指标，可以对企业的财务状况、经营成果和各方面财务能力，甚至企业经营理财综合情况做出评价。

三、确定分析的比较标准

财务分析离不开被分析对象（如企业）的相关数据与分析标准的对比。分析者应根据分析目的和范围，对分析标准进行科学的选择。如对企业的财务发展趋势进行考察，应选择企业历史水平作为比较基准，即历史标准（如上期实际、历史先进水平以及有典型意义的时期的实际水平等）；若为考察预算完成情况，则应使用预定目标（如预算指标、设计指标、定额指标、理论指标等）；若外部分析者对企业某一方面的财务能力进行独立评价，则应选择同行业其他企业在相同时期的平均水平作为比较基准，即行业标准（如主管部门或行业协会颁布的技术标准、国内外同类企业的先进水平、国内外同类企业的平均水平等）或公认标准等。

四、得出分析结论，编写分析报告

在定性、定量分析的基础上，对企业财务状况、经营成果和财务能力做出专题或全面分析评价，找出影响企业财务状况、经营成果和财务能力的具体因素及其影响程度，并将以上分析中形成的结论和认识形成书面文件，即财务分析报告。财务分析报告的格式可以灵活多样，企业内部财务分析报告可以首先对企业财务状况和经营业绩做出总括的评价，然后分别说明取得的成绩和存在的问题，最后提出今后应采取的改进措施。财务分析报告应实事求是、观点明确、注重实效、清楚简练。

需要指出的是，财务分析的内容非常广泛，所以财务分析不是一种有固定程序的工作，不存在唯一的通用分析程序，以上只是对它的一般步骤做了简单介绍。在实际的财务分析工作中，要把理论和实践联系起来，综合应用各种分析方法，不断探索和研究，以最大限度地满足信息使用者的要求，帮助各利益相关者做出最优决策，实现最好的控制效果。

第五节　企业财务分析的基本方法

开展财务报表分析等财务分析工作，需要运用一定的技术方法。财务分析的方法主要包括比较分析法、比率分析法和因素分析法。另外，对上述方法加以综合运用，还形成了综合分析法。

一、比较分析法

比较分析法是通过财务报表中相关财务指标数额的比较，来揭示财务指标间的数量关系和数额差异，从而达到分析目的的一种方法。财务指标间存在的这种数量关系，能够说明企业经营理财活动的一定状况。财务指标间出现了数额差异，往往说明某些经营理财活动有值得进一步分析的问题。比较分析法的主要作用在于揭示经营理财活动中的数量关系和存在的差距，从中发现问题，为进一步分析原因、挖掘潜力指明方向。没有比较，就没有鉴别，也就没有分析评价，所以比较分析法是基本的财务分析方法，在财务分析中被广泛应用。

比较分析法的具体形式多种多样，可以是绝对数的比较，也可以是相对数的比较；可以是单项指标的比较，也可以是整个财务报表的比较；可以用实际指标同计划（预算）指标比较，以揭示实际与计划（预算）或定额之间的差异，了解该项目指标的计划（预算）或定额的完成情况。通过不同时期有关指标的变动情况，可以了解企业经营理财活动的发展趋势和经营理财工作的改进情况；将本企业指标与同行业平均指标、国内外先进企业指标进行比较，可以找出与同行业企业、国内外先进企业之间的差距，了解本企业在同行业中的地位，推动本企业改善经营理财工作，赶超国内外先进水平。

（一）趋势分析法

趋势分析法又称水平分析法，主要用于时间序列分析，它是通过对比本企业两期或连续数期财务报表中的相同指标，确定其增减变动的方向、数额和幅度，来说明企业财务状况或经营成果变动趋势的一种分析方法。采用这种方法，可以分析引起变化的主要原因、变动的性质，并预测企业未来的发展前景。

趋势分析法的具体运用主要有三种方式：一是重要财务指标的比较；二是财务报表的比较；三是财务报表项目构成的比较。

1.重要财务指标的比较

重要财务指标的比较，主要是将企业不同时期财务报表中的相同指标或比率进行比较，直接观察其增减变动情况及变动幅度，考察其发展趋势，预测其发展前景。

对不同时期财务指标的比较可以有以下两种方法：

（1）定基动态比率

定基动态比率是以某一时期的数额为固定基期数额而计算出来的动态比率。其计算公式为：

定基动态比率=分析期数额÷固定基期数额

（2）环比动态比率

环比动态比率是以每一分析期的前期数额为基期数额而计算出来的动态比率。其计算公式为：

环比动态比率=分析期数额÷前期数额

2.财务报表的比较

财务报表的比较也称横向比较，是将连续数期财务报表的金额并列起来，形成比较财务报表，然后比较其相同指标的增减变动金额和幅度，据以判断企业财务状况和经营成果发展变化的分析方法。财务报表的比较，具体包括资产负债表的比较、利润表的比较、现金流量表的比较等。比较时，既要计算出表中有关项目增减变动的绝对数额，又要计算出其增减变动的百分比。

【例1-1】某企业2×24年度与2×23年度比较利润表见表1-1。

表1-1　　　　　　　　　　　　某企业比较利润表　　　　　　　　　金额单位：元

项　　目	2×24年度	2×23年度	增减金额	增减百分比（%）
营业收入	62 000	56 000	6 000	10.71
减：营业成本	45 000	42 000	3 000	7.14
营业利润	17 000	14 000	3 000	21.43
减：管理费用	11 000	10 000	1 000	10.00
财务费用	1 000	800	200	25.00
利润总额	5 000	3 200	1 800	56.25

注：表中的增减百分比=$\frac{增减金额}{前期金额}\times 100\%$。

从表1-1的比较中可以看出，该企业2×24年与2×23年相比，虽然营业成本、管理费用、财务费用均有不同程度的提高，但营业收入也有所提高，且其增长比例大于营业成本及管理费用的增长比例，因而使利润总额大幅度提高。

3.财务报表项目构成的比较

这是在财务报表比较分析的基础上发展起来的分析方法，也叫纵横结合的比较。它是将基本财务报表中的某个总体指标指定为100%，再计算出其各组成指标占该总体指标的百分比，形成共同比报表（也叫结构百分比报表）。就资产负债表而言，分别以"资产总额""负债及所有者权益总额"为100%，列出各资产项目占"资产总额"的百分比，各负债及所有者权益项目占"负债及所有者权益总额"的百分比；就利润表而言，以"营业收入"为100%，列出各成本费用项目和利润项目占营业收入的百分比。使用共同比报表的目的在于使报表分析者了解企业的财务结构与利润结构，如通过各类资产的构成比，可以了解企业各项资产的分布情况；由各类负债及所有者权益的百分比可以考察企业各项资金来源的比例；由各类成本费用和利润的百分比可以了解企业各类成本费用和利润项目的构成情况。

将连续数期的共同比报表并列起来，就形成比较共同比报表。以比较共同比报表为依据，比较连续数期各个项目百分比的增减变动，可以判断有关财务情况的变化趋势。这种方法比前述两种方法更能准确地分析企业有关经营财务情况的发展趋势。它既可用于同一企业不同时期财务情况的纵向比较，还可用于不同企业之间的横向比较。同时这种方法能消除不同时期（不同企业）之间业务规模差异的影响，有利于分析企业筹资、投资的合理程度及成本费用的消耗水平和盈利水平。

【例1-2】沿用例1-1，列示该企业比较共同比利润表，见表1-2。

表1-2 比较共同比利润表 金额单位：元

项 目	2×24年度	2×23年度	结构比（%）		
			2×24年度	2×23年度	增减百分比
营业收入	62 000	56 000	100	100	—
减：营业成本	45 000	42 000	72.58	75.00	-2.42
营业利润	17 000	14 000	27.42	25.00	2.42
减：管理费用	11 000	10 000	17.74	17.86	-0.12
财务费用	1 000	800	1.61	1.43	0.18
利润总额	5 000	3 200	8.07	5.71	2.36

从表1-2的比较中可以看出，2×24年与2×23年相比，由于该企业营业成本占营业收入的比重下降2.42个百分点，这是使利润总额占营业收入的比重上升2.36个百分点的主要原因，表明该企业销售盈利水平有所提高。

以上比较报表均为前后两期的比较，不足以表明长期发展的趋势。趋势分析最好列出企业连续多期（常为5～10年）的金额，并以最初一期的金额为基数（100%），算出以后各期同一项目金额的趋势百分比，以反映连续多期的变动趋势。趋势百分比的计算公式如下：

$$某期趋势百分比=\frac{当期金额}{基期金额}\times100\%$$

【例1-3】仍沿用例1-1的资料，进行该企业2×20—2×24年营业毛利的趋势分析，见表1-3。

表1-3 2×20—2×24年营业毛利的趋势分析 金额单位：元

项 目	金 额				
	2×20年度	2×21年度	2×22年度	2×23年度	2×24年度
营业收入	42 000	45 000	53 000	56 000	62 000
减：营业成本	33 000	35 000	40 000	42 000	45 000
营业毛利	9 000	10 000	13 000	14 000	17 000

趋势百分比（以2×20年度为100%）

项 目	2×20年度	2×21年度	2×22年度	2×23年度	2×24年度
营业收入	100	107.14	126.19	133.33	147.62
减：营业成本	100	106.06	121.21	127.27	136.36
营业毛利	100	111.11	144.44	155.56	188.89

从 2×20—2×24 年的变动趋势来看，该企业营业收入与营业成本均有所增长，但前者的增幅一直大于后者，所以该企业的营业毛利也不断增长，这表明 2×20—2×24 年该企业的盈利能力一直有所提高。

（二）横向比较法

即本企业指标与其他企业指标的比较，通常以本企业的一些重要指标（如总资产、净资产、销售收入、净利润、各种重要比率等）与行业平均数或竞争对手或国内外先进企业指标进行比较。通过这种比较，可以揭示企业现状的差距，以及企业在行业中的相对规模和竞争地位。

（三）差异分析法

即实际指标与计划（预算）指标的比较，通常用本企业某些指标的实际执行结果与计划（预算）指标相比较。通过这种比较，可以揭示实际与计划（预算）之间的差异，了解该项指标的计划（预算）的完成情况，为加强企业内部管理提供依据。

在采用差异分析法时，必须注意以下问题：第一，必须注意其可比性。用于对比的各个时期的指标必须是同性质或同类别的，在计算口径、计价基础和时间单位等方面应保持一致，报表数据来源的会计政策、会计估计也应保持一致。在不同企业之间进行比较时，要注意企业类型、规模、行业应基本一致。第二，要剔除偶发性因素的影响，使分析的指标数据能反映正常的状况。第三，应运用例外原则，对某些有显著变动的指标要做重点分析，探究其变动的原因，以便采取相应对策。

二、比率分析法

财务比率是把财务报表中某些彼此存在关联的项目加以对比而计算出的比率。比率分析法是通过计算各种比率指标来确定财务情况变动程度的分析方法。采用这种方法，要把分析对比的数值变成相对数，计算出各种比率指标，然后进行比较，从确定的比率差异中发现问题。比率是相对数，因此采用这种方法能够把某些条件下的不可比指标变为可比指标，以利于分析。另外，由于财务比率是将性质不同但又相关的财务数据相联系计算出来的，所以可以揭示财务现象之间的规律性，同时，它以相对数表示，可以揭示能力和水平，因而成为财务分析评价的重要依据。比率分析法是财务分析中应用最为广泛的一种方法。但是，不能过分夸大财务比率分析的作用，进行比率分析有时需要以其他分析技术加工后的数据为基础，同时，比率分析得出的结论又必须同具体情况相结合，根据其他分析技术的结论做必要的修正。

由于财务分析的目的、角度不同，因此在分析中应用的比率有许多形式和种类。常用的一般有三种类型：构成比率、相关比率和效率比率。

1.构成比率

构成比率又称结构比率，它是某项财务指标的各个组成部分数值占总数值的百分比，反映部分与总体的关系。如企业某类资产占总资产的比重（资产结构比率）、企业负债中流动负债和非流动负债分别占负债总额的百分比（负债构成比率）等。利用构成比率，可以考察总体中某个部分的形成和安排是否合理，以便协调各项经营和财务活动。通常也通过编制结构百分比报表的方法来比较，从而发现有显著问题的项目。

2.相关比率

它是以某个项目和与其有关但又不同的项目加以对比所得的比率，反映有关经济活动的相互关系。利用相关比率指标可以考察有联系的相关业务安排是否合理。如将流动资产和流动负债加以对比，计算出流动比率，可以据此判断企业的短期偿债能力。

3.效率比率

它是某项经济活动中所费与所得的比率，反映投入与产出的关系。利用效率比率指标可以进行得失比较，考察经营成果，评价经济效益。如将利润项目与销售收入、销售成本、权益资金等项目加以对比，可计算出销售利润率、成本利润率以及净资产收益率等利润率指标，从不同角度观察、比较企业获利能力的高低及其增减变化情况。

比率分析法的优点是计算简便，计算结果也比较容易判断，而且可以使某些指标在不同规模的企业之间进行比较，甚至能在一定程度上超越行业间的差别进行比较。但应用这一方法时应注意以下几点：

（1）特别需要注意的是，比率分析法也要比较。因为比率本身只是一种指标信息，一般不能说明什么问题，对分析的意义不大。只有对其进行比较分析，或与预算指标比较，或通过前后期的比较，或与同行业的经验比率或标准比率比较，才能获取企业的财务状况、经营业绩及其变动趋势与程度的信息，评价企业所处的地位，也才能有助于对该企业财务分析的对象做出公正、合理的评价，揭示问题、找出差距、发现趋势，从而改进工作。

（2）对比项目的相关性。用于计算比率的分子、分母必须具有相关性。在构成比率指标中，部分指标必须是总体指标这个大系统中的一个小系统；在效率比率指标中，投入与产出必须有因果关系；在相关比率指标中，两个对比指标（分子、分母）也要有内在联系，才能评价有关经济活动之间是否协调均衡，安排是否合理。

（3）对比口径的一致性。用于计算比率的分子和分母，必须在计算时间、范围等方面保持口径一致。

（4）衡量标准的科学性。运用财务比率进行分析时，需要选用一定的标准与之对比，以便对企业财务状况做出评价，所以要特别注意衡量标准的科学性。科学、合理的对比标准通常有预定目标（如预算指标、设计指标、定额指标、理论指标等）、历史标准（如上期实际、历史先进水平以及有典型意义的时期的实际水平等）、行业标准（如主管部门或行业协会颁布的技术标准、国内外同类企业的先进水平、国内外同类企业的平均水平等）、公认标准等。

进行财务比率分析时，还应注意各比率所反映的企业经营理财状况之间相互支持的程度。分析人员最重要的是要通过对各项财务比率的分析了解企业经营理财的全貌，而不应仅仅根据某一个比率来做出判断。

企业有关偿债能力、资金营运能力、盈利能力、现金流动能力、发展能力的每种财务比率的具体内容和分析方法将在本教材后面的相关章节中介绍。

三、因素分析法

因素分析法，是根据分析对象与其影响因素之间的关系，按照一定的顺序，从数量上确定各因素对造成分析对象差异的影响方向和影响程度的一种分析方法。

企业经营和财务活动是一个有机整体，每个指标（分析对象）的高低都受到若干因素的影响，因素分析法从数量上测定各因素的影响程度，可以帮助分析者剖析变动的原因，从而抓住主要矛盾，为下一步解决问题指明主攻方向，以便采取针对性措施，改进管理。因此，因素分析法在财务分析中的应用颇为广泛。

因素分析法在确定分析对象的构成因素时，必须保证分析对象与所确定的构成因素之间存在客观的因果关系，否则整个分析工作就失去了意义，变成了数字游戏。运用因素分析法时还必须注意以下三项假定：（1）分析一个因素变化的影响程度时，假定其他各个因素不变。（2）在分析后一个因素变动的影响程度时，假设前面的因素已在变化了的基础之上。上述两点，可以用一句口诀加以概括：没变的不变，变过的不再变。（3）因素替代时，假定各个因素之间有先后顺序。一般要求按照各因素从数量因素到价格、金额、品质因素，从简单因素到复杂因素的排列顺序依次替代，且不能随意改变排列顺序，否则会得出不同的计算结果。至于为什么要如此排序，在理论上无法证明，这是因素分析法的致命弱点。正是这种因素替代的先后顺序的假定性，使因素分析法的计算结果也不免带有一定的假定性。

因素分析法的基本方法是连环替代法，另外还有它的演化形式——差额分析法。

（一）连环替代法

连环替代法是将分析对象分解为各个可以计量的因素，并根据各个因素之间的依存关系，顺次用各因素的比较值（通常为实际值）替代基准值（通常为标准值或计划值），据以测定各因素对分析对象的影响。

【例1-4】某企业2×24年3月某种原材料费用的实际数是4 620元，而其计划数是4 000元。实际比计划增加了620元。由于材料费用是由产品产量、单位产品材料消耗量和材料单价三个因素的乘积构成的，因此可以把材料费用这一总指标分解为三个因素，然后逐个来分析它们对材料费用总额的影响程度。现假定这三个因素的数值，见表1-4。

表1-4　　　　　　　　　　　　影响材料费用的因素

项　　目	单　　位	计划数	实际数
产品产量	件	100	110
单位产品材料消耗量	千克	8	7
材料单价	元	5	6
材料费用总额	元	4 000	4 620

根据表中资料，材料费用总额实际数较计划数增加620元，这是分析对象。运用连环替代法，可以计算各因素变动对材料费用总额的影响程度如下：

计划指标：100×8×5=4 000（元）　　　　　　　　　　　　①

第一次替代：110×8×5=4 400（元）　　　　　　　　　　　②

第二次替代：110×7×5=3 850（元）　　　　　　　　　　　③

第三次替代：110×7×6=4 620（元）　　　　　　　　　④（实际指标）

（1）产量增加的影响是：②-①=4 400-4 000=400（元）

（2）材料节约的影响是：③-②=3 850-4 400=-550（元）

（3）价格提高的影响是：④-③=4 620-3 850=770（元）

全部因素的影响是：400-550+770=620（元）

总的来看，由于产量增加10件、单耗降低1千克以及材料单价上涨1元等单个因素变动的共同影响，材料费用增加620元。

产量增加10件，导致材料费用增加400元，是正常因素。别除产量因素，材料费用总额并非超支620元，而是仅超支了220元。

在剩下的两个因素中，材料单耗降低1千克，导致材料费用降低550元，这是有利因素；材料单价上涨1元，导致材料费用增加770元，这是不利因素。材料涨价不但抵消了材料单耗降低带来的好处，还使材料费用总额上涨了220元。

材料涨价是不利因素，它在很大程度上阻碍了材料费用的降低，应将其列作管理重点，为此需要深入分析材料涨价的原因，并提出加强存货管理的建议。如果材料涨价是由于市场行情变化或材料质量提高等客观因素造成的，可以考虑加大采购批量，以降低材料进价，或就此吸取教训，在以后的生产经营中利用期货交易等方式规避材料涨价的风险。如果材料涨价是采购人员从中吃回扣等人为因素造成的，就要考虑如何处理有关责任人员，如何改进材料采购方式，加强材料采购内部控制，以便从根本上杜绝此类现象的发生。

（二）差额分析法

差额分析法是连环替代法的一种简化形式，它是利用各个因素的比较值与基准值之间的差额，来计算各因素对分析指标的影响。

【例1-5】仍以表1-4所列数据为例，采用差额分析法计算确定各因素变动对材料费用的影响如下：

（1）由于产量增加对材料费用的影响为：（110-100）×8×5=400（元）

（2）由于材料单耗降低对材料费用的影响为：110×（7-8）×5=-550（元）

（3）由于单价提高对材料费用的影响为：110×7×（6-5）=770（元）

全部因素的影响是：400-550+770=620（元）

上面介绍的各种财务分析的具体方法，可以从不同角度对企业的经营财务情况做出分析和说明，各有其作用和侧重点。要系统、完整地对整个企业的各方面经营理财情况进行综合分析，仅依靠这些方法中的某一种进行单独分析是不能准确、直观、全面地把握综合情况及说明产生问题的原因的，因此还应将各种方法进行综合运用，采用杜邦分析法、沃尔比重评分法等综合分析方法。

【素养提升】

党的二十大报告指出："我们坚持以马克思主义为指导，是要运用其科学的世界观和方法论解决中国的问题"，"我们必须坚持解放思想、实事求是、与时俱进、求真

视频微课

介绍因素
分析法

务实，一切从实际出发，着眼解决新时代改革开放和社会主义现代化建设的实际问题"。请同学们认真学习马克思主义方法论，尤其是系统论方法、实事求是方法、全面看问题的方法、矛盾分析方法和辩证思维的方法，回答马克思主义方法论与财务分析的关系，分析如何将马克思主义方法论贯彻应用到企业财务分析的实践中。

　　【分组任务】请将学生分为四组，分别在事先（上课前）做准备，其中A、B、C三组各推选1名学生介绍三种财务分析的基本方法，第四组推选3名学生点评。介绍时间各5分钟，点评时间各5分钟。

随堂测1-4

第六节　企业财务分析的局限性及对策

一、企业财务分析的局限性

　　财务分析对于了解企业的财务状况、经营成果及其发展趋势，评价企业的偿债能力、资金营运能力、盈利能力和发展能力，帮助各类利益相关主体制定决策和实施控制，有着显著的作用。财务分析的依据、所采用的分析方法及指标等是决定财务分析质量的关键因素，但由于种种因素的影响，财务分析中也存在着一定的局限性。在分析中，应注意这些局限性的影响，以保证分析结果的准确性。

（一）财务分析依据的局限性

　　财务报告是财务分析的主要数据来源和主要依据，而财务报告本身却存在着一定的先天不足。企业财务报告是以日常财务会计核算资料为基础编制的，而会计核算以一定的会计假设为基础，采用权责发生制，依据企业会计准则和制度进行确认、计量、记录和报告，因此财务报告未能揭示企业全部的实际情况，不能全面反映企业目前，尤其是未来的财务信息，一些信息存在估计成分。财务报告的局限性主要体现在以下几个方面：

　　1.信息的时滞性

　　财务报告所提供的信息仅限于单一的某个企业或企业集团，而不提供特定社会某一行业或某一部门的经济信息。财务信息是已经发生的经济事项的静态阶段性结果，且是人为间断的，没有连续性特征，不能自动地提供预测功能，而且财务报告的信息并不是精确计量的结果，因为确认、计量的过程离不开相关假设、规则、惯例和判断。

　　财务报告主要反映历史信息，是对已经发生的经济活动结果的反映，不能准确代表企业各项会计要素的现在价值和能力。实际上，财务分析的目的更主要的是了解企业未来财务情况和财务能力。主要根据历史信息去评价企业未来的各种能力，局限性可想而知。

　　2.计量方式的局限性

　　财务报告所披露的主要是浅层次的、综合的、大多不涉及商业秘密的、一般适用性的通用信息，对企业管理当局之外的其他利益相关者用处不大。财务报告中的数据都采用货币计量，而货币计量是建立在币值不变假设的基础上的，但在现实中，货币价值不可能长期不变。通货膨胀或紧缩都会使报表的数字与市场价值产生很大的差异。

对各项会计要素的计量虽然采用了一些其他计量手段，如现值、市价、重置成本、公允价值等，但主要还是采用历史成本计价。如固定资产折旧、存货计价都存在一定的估计因素，难以避免主观性。

另外，财务报表信息揭示的往往仅是财务资源及其运用成果的"数量"特征，大量背景性、前瞻性、具有不确定性的非财务信息却被隐藏起来，不少难以用货币计量但对决策很有用的信息被排除在财务报表甚至财务报告之外。例如，企业的发展战略和文化、顾客和市场、学习与创新性、管理规范化程度、人才的多寡及其积极性的发挥、企业家才能等，都由于计量方面的原因，难以在企业资产项目中显示出来，而这些内容对利益相关者的决策都具有重要的参考价值。

3.会计政策选择影响会计指标的可比性

选择不同的会计政策，会影响会计指标的可比性。国内外会计准则和制度都还处于不断完善的阶段，每一项会计准则的出台或修订，都必然会对同一企业前后期会计资料的可比性产生影响。对同一会计事项的账务处理，会计准则允许在多种会计处理方法中进行选择，例如存货计价方法、固定资产折旧方法、对外投资收益的确认方法等。不同企业不同会计方法的选择，必然会影响不同企业会计资料的可比性。就同一企业来说，虽然在报表附注中对会计政策变更的影响有一定的说明，但完成这种调整也仍然是比较麻烦的。

4.财务报告在编制过程中可能存在问题

信息不对称性的客观存在，使其他利益相关者较之企业管理当局在分析上的难度要大得多，而且财务报告是根据权责发生制的核算资料编制的，存在被操纵的可能性与现实性。现实生活中，上市公司操纵利润、会计欺诈等事件经常见诸报端，因此财务报告的真实性、可靠性、完整性问题引人关注。只有依据真实的财务报告进行分析，才可能得出正确的结论。因此，在进行财务分析时首先要关注财务报告数据本身是否规范、真实和完整，这是财务分析的逻辑起点。

（二）财务分析方法和指标的局限性

1.比较分析法的局限性

比较分析法存在的主要问题是比较的双方或多方缺乏可比性。如当年企业的经营理财出现拐点或偶发性事件，将造成不同时期的财务报表数据间可能不具有可比性。

2.比率分析法的局限性

（1）财务比率体系结构并不严密。财务比率分析以单个比率为单位，每一比率只能反映企业的财务状况或经营成果的某一方面，如流动比率反映短期偿债能力，某一资产的周转率反映该类资产的管理效率，营业利润率反映营业收入的盈利能力等。正因为比率分析法是以单个比率为中心，每一类比率都过分强调本身所反映的方面，从而导致整个指标体系结构不严密。

（2）财务比率缺乏可比性。企业规模、所有制性质、所属行业特点、公司经营方针等方面的独特性都会使处于不同发展阶段的企业之间的同一比率指标缺乏可比性。不同企业或同一企业不同时期选用互不相同的会计政策和会计方法也会使它们之间的比率指标丧失可比性。

（3）现行分析比率的比较标准难以确定。现行企业财务分析的一些比较标准主要是按照国际惯例制定的，如流动比率为2、速动比率为1等。但国内外市场和不同行业间存在巨大差异，且多元化经营的现象大量存在，加上企业的经营环境在不断变化，这使得比较标准难以被合理确定。

3.因素分析法的局限性

因素分析法是以三项假设为基础的，主观假定各因素的变化顺序而且规定每次只有一个因素发生变化，这往往与事实并不相符。

二、财务分析局限性的对策分析

对于现行财务分析存在的局限性，可以采取以下措施，从而提高财务分析的质量，为报表使用者提供更有价值的决策和控制信息。

（一）财务报告的完善

首先，对于财务报告的滞后性，财务报告的提供者应充分利用现代信息技术提供的便利，及时将相关信息提供给企业财务分析主体，从而在一定程度上弥补滞后性的局限，同时财务分析主体应将各种分析方法结合起来，提高信息对决策和控制的有用性。其次，要将为投资者提供决策有用的信息摆在核心位置，在注重会计信息的可靠性的同时，更注重相关性，提高会计信息披露的完整性和可比性，更好地为会计信息使用者服务。再次，建立健全企业内部信息生成和传递的质量控制系统，保证会计信息质量。在财务分析之前，先要分析会计信息的质量。最后，既要考虑货币计量手段，又要考虑非货币计量手段，在现有条件下尝试用多种方式对非货币计量的重要的非财务信息进行披露。

（二）财务分析方法和指标体系的完善

1.建立科学的财务分析方法体系

建立科学的财务分析方法体系是提高财务分析质量的重要一环。在定量分析和定性分析的基础上，将定性分析和定量分析结合起来，建立一套完整、系统的财务分析方法体系。必须将定量分析的结果与一些不可计量的因素综合考虑，进行综合判断，修正误差，使定量分析的结果更符合实际。财务分析者可根据各自的要求，为实现各自的分析目标选择有关的定量分析和定性分析方法，并将二者有机地结合起来，灵活应用。例如，比率分析与趋势分析是相互联系、相互补充的，因其各有局限性，在运用时不能孤立地使用一种方法做出判断，可以把它们结合起来使用。

2.对比率分析法存在问题的完善

针对比率分析法存在的问题，可以将各种比率有机联系起来进行全面分析，努力把财务综合分析方法的改进成果运用于财务分析实践；还可以采用因子分析和回归分析等数理统计方法进行分析，找出各指标之间的关联性，抓住重点，避免多重线性相关。

3.重视对企业非货币计量信息的分析

关于企业财务情况及发展前景等诸方面的信息，有些是难以用货币计量的，而这些非货币计量的信息对企业的信息使用者来说可能比货币计量的信息更重要。

本章测评

【素养提升】

财务报告是财务分析最为重要的信息源泉，是企业及其利益相关者赖以实施管理决策和控制制度的基本依据。企业的财务分析工作，应该以良好的信息传递系统为基础，以财务报告信息质量评价为切入点（即逻辑起点）。企业内部必须建立起一套控制严密的、高质量的、高效率的信息传递与处理系统。正因为企业财务分析存在上述这些局限性，所以我们更要遵循和贯彻党的二十大报告提出的"要善于通过历史看现实、透过现象看本质，把握好全局和局部、当前和长远、宏观和微观、主要矛盾和次要矛盾、特殊和一般的关系，不断提高战略思维、历史思维、辩证思维、系统思维、创新思维、法治思维、底线思维能力，为前瞻性思考、全局性谋划、整体性推进党和国家各项事业提供科学思想方法"的思想精神，更要树立正确的价值理念，不仅做到科学投资、诚信经营，而且要客观、全面、真实、正确地反映财务信息，突出社会主义核心价值观，加强职业道德和责任意识，严格遵循法律法规和会计规范，爱岗敬业，切实做好企业财务分析工作，让财务分析工作的职能和作用充分发挥出来，为企业经济的高质量发展做出更大贡献。请同学们思考并谈谈这方面的体会。

●●● 本章小结

本章首先讲述了企业财务报表分析、财务报告分析和财务分析的概念、财务分析的主体和目的，在此基础上重点介绍了财务报告分析的内容、形式和依据。然后，讲述了企业财务报告分析的程序以及分析方法。财务分析的常用方法包括比较分析法（含趋势分析法）、比率分析法、因素分析法。探讨了财务分析的学科定位。最后介绍了财务报告分析的局限性及其对策。本章的重点是财务分析的主体和目的、依据和内容、财务分析的方法。

●●● 进一步学习指南

随着我国资本市场的发展和完善，企业股东、债权人和其他利益相关者以及社会各界对企业财务报告的信息需求也逐渐深化。财务报表分析不仅成为企业进行经营财管理的一种重要方法，也成为了报表使用者充分利用财务会计信息进行决策的一种重要手段。本章讲述了企业财务报表分析（财务分析）的各种常用方法。但对财务分析方法的分类目前理论界也有不同意见，如有的教材中把趋势分析法作为财务分析的基本方法之一；还有的教材把管理会计中的本量利分析法、高低点分析法也列为财务分析的方法；有的教材把因素分析法和趋势分析法合称为结构分析法，甚至把比率分析法也纳入比较分析法的范畴。本书第二章到第九章的内容都是各种财务报表分析方法的具体应用。如果读者需要进一步了解财务报表分析具体方法的不同提法，可以阅读一些其他教材和文献。本章所阐述的是财务（报表）分析的基本理论问题，限于篇幅，对这些问题的阐述不够深入和全面，有些仅是本书的观点，因此感兴趣的读者可以进一步阅读下列文献，以求得对这些问题的深入了解，并据此独立思考，得出自己的见解。

●●● 主要阅读文献

1. 赵秀芳，胡素华. 财务分析 [M]. 4版. 大连：大连理工大学出版社，2018.
2. 张先治. 财务分析 [M]. 5版. 大连：东北财经大学出版社，2015.

3.张新民，钱爱民.财务报表分析［M］.5版.北京：中国人民大学出版社，2019.

4.吉布森.财务报表分析：利用财务会计信息［M］.胡玉明，译.12版.大连：东北财经大学出版社，2012.

5.张惠忠，袁益政，胡素华.财务报告分析［M］.北京：科学出版社，2017.

6.薛云奎，郭照蕊.财务报表分析［M］.北京：机械工业出版社，2020.

7.财政部会计资格评价中心.财务管理［M］.北京：经济科学出版社，2024.

8.张惠忠.企业财务管理［M］.2版.大连：东北财经大学出版社，2022.

9.中国注册会计师协会.财务成本管理［M］.北京：中国财政经济出版社，2024.

●●● 思考题

1.简述财务报表分析、财务报告分析、财务分析的联系和区别。

2.简述不同的财务分析主体进行财务分析的目的。

3.企业财务分析的内容主要包括哪些方面？

4.简述企业财务分析的依据。

5.财务分析的形式有哪些？

6.财务分析的局限性有哪些？如何克服？

●●● 练习题

F公司生产某产品只消耗一种材料。材料成本由产品产量、单位产品材料消耗量和材料单价三个因素的乘积构成。已知材料的计划成本为560元，实际成本为540元，有关资料见表1-5。

表1-5　　　　　　　　　　产品成本有关资料

项　目	单　位	计划数	实际数
产品产量	件	10	9
单位产品材料消耗量	千克/件	8	10
材料单价	元/千克	7	6
材料成本总额	元	560	540

要求：请按连环替代法和差额分析法分别计算各因素对材料成本的影响程度。

第二章

资产负债表一般分析

学习目标: 1.掌握资产负债表的结构分析;

2.熟悉资产负债表各项目的分析和资产负债表的水平分析;

3.了解企业资产负债表的作用和基本格式。

导入案例

资产负债表、利润表、现金流量表为企业的三大主表。各报表内部及报表之间存在着内在的有机联系，即对应关系。因而，分析资产负债表某个项目时，需要利用这种对应关系以确定该项目的金额或变动是否合理。如不合理，则需要进一步查找可能的原因。

例如，小狗电器互联网科技（北京）股份有限公司（简称"小狗电器"）于2017年年末报送了招股说明书，拟在创业板上市发行新股。然而，胡振明的分析发现了相关财务数据之间存在相互"掐架"的情况。以2016年为例，小狗电器营业收入为51 568.53万元，销售商品、提供劳务收到的现金为57 985.34万元，应收账款和应收票据的合计数为2 501.37万元，预收账款为22.50万元。这几个项目的数量关系明显不符合逻辑。以2015年为例，小狗电器的营业成本为15 551.16万元，同年公司购买商品、接受劳务支付的现金为16 022.09万元，应付账款和应付票据的合计数为2 502.73万元，预付账款为962.09万元。这几个项目的数量关系也明显对应不上。由于净利润规模较低、线上营销依赖过高以及研发投入不足等问题，小狗电器最终选择撤销IPO申请。

（资料来源：胡振明. 小狗电器采销、库存数据混乱，新旧版本财报为何偏差明显？［J］. 证券市场红周刊，2018（3）；雷陈鸿.IPO终止，小狗电器将向何方？［EB/OL］.［2019-09-03］.https：//baijiahao.baidu.com/s？id=1643644502875077371&wfr=spider&for=pc）

案例详细
资料和提示

思考问题：

（1）上述所涉及项目之间分别存在怎样的数量关系？

（2）上述所涉及项目数据之间相互"掐架"，还有没有其他可能的解释？

对资产负债表的分析，可以揭示企业偿债能力的强弱、资金结构（包括资金来源结构和资金投向结构）的合理程度、财务杠杆的利用程度、财务风险的大小以及企业整体财务状况的健康情况等信息。在资产负债表分析中，不能仅从账面数据简单地得出结论，而要应用一定的分析方法和程序，对报表上的资产、负债和所有者权益项目进行综合分析和科学判断，从中挤出水分，去伪存真，正本清源，进而深入地认识和掌握企业财务状况的本质。

第一节　资产负债表分析概述

资产负债表是反映企业在某一特定日期（月末、季末、半年末、年末）财务状况的财务报表，也称财务状况表。它根据"资产=负债+所有者权益"这一平衡关系，依照一定的分类标准和次序，把某一会计主体在某一特定日期（时点）的各种资产、负债、所有者权益项目予以列示，并对日常工作中形成的大量数据进行高度浓缩、整理后编制而成的，从而使财务报表的使用者能够一目了然地了解企业拥有或控制的经济资源，以及这些资源的不同来源及其结构状态。

根据《企业会计准则第30号——财务报表列报》的规定，企业需要提供比较资产负债表，以便使报表使用者能通过比较不同时点资产负债表的数据，掌握企业财务状况的变动情况及发展趋势，所以，资产负债表还必须就各项目再按"上年年末余额"和"期末余额"两栏分别列报。

一、资产负债表的作用

资产负债表是企业最重要的财务报表之一，在实务工作中，资产负债表的利用率很高，对不同的报表使用者都有着重要作用。其主要作用如下：

1.资产负债表是进一步分析企业生产经营能力的重要资料

资产负债表反映了企业拥有或控制的能以货币计量的经济资源的规模及分布形态。一般来说，企业拥有和控制的经济资源越多，其形成和产生未来经济利益和财富的能力也就越强。资产负债表提供资产总量信息的意义就在于此。但是不同性质和使用期限的经济资源能给企业带来的经济利益和经济效率是不同的，为此资产负债表还提供了企业所控制的经济资源的具体分布结构，并揭示了资产结构的合理程度，所以资产负债表是进一步分析企业生产经营能力的重要资料。

2.资产负债表为分析和评估企业资金来源结构的合理性、财务风险、资本保值增值情况以及债权人利益的保障程度提供了可靠依据

资产负债表提供了企业某一特定日期的负债和所有者权益总额及其构成情况。企业全部资产形成的来源渠道不外乎负债和所有者权益两个方面，其各自在总资产来源中所占的比重体现了债权人和所有者对企业资金的贡献程度，这为分析企业资金来源结构的合理性、财务风险、资本保值增值情况以及债权人利益的保障程度（偿债能力）提供了可靠依据。另外，负债的结构（即负债总额中流动负债和非流动负债所占的比例）不同，流动负债和非流动负债内部各项目的比例不同，导致企业负债经营的风险不同，因此，资产负债表提供的负债规模和负债项目具体结构的数据，又为合理评估企业的经营理财风险提供了重要依据。

3.资产负债表为评估企业举债能力，判断企业财务状况的未来发展趋向提供了基本资料

通过企业资产负债表中的资产与负债、所有者权益的对比，还可以对企业进一步举债的能力做出评价。一般而言，资产负债率越低，企业的偿债能力越强，进一步举债的能力也越强。通过对不同时点的资产负债表的比较分析，还能帮助财务分析人员把握企业财务状况的未来发展趋势。将不同企业同一时点的资产负债表进行对比，还可对不同企业的相对财务状况做出评价。结合利润表的相关数据，计算资产利润率、净资产收益率指标，可以评价企业的获利能力。结合所有者权益变动表，可对企业净资产的变动情况进行分析。

4.资产负债表是解释、评价和预测企业财务弹性的主要依据

企业的财务弹性是指企业应对各种挑战、适应各种变化的能力，如企业抓住突如其来的获利机会的能力、企业在经营危机中生存下来的能力等，主要表现为资产的流动性或变现能力，向投资者和债权人进一步筹措资金的能力等方面。财务弹性强的企业不仅能够通过经营活动获取大量资金，还可以借助于债权人的长期资金和所有者的追加资本及时筹集所需资金扩大经营或调转船头。资产负债表所展示的资源分布情况

及对资源所有权的拥有情况，是解释、评价和预测企业财务弹性的主要依据。

二、资产负债表的格式

资产负债表一般有表首、正表两部分。其中，表首概括地说明报表名称、编制单位、编制日期、报表编号、货币名称、计量单位等。正表是资产负债表的主体，列示了用以说明企业财务状况的各个项目。

资产负债表正表的格式，国际上流行的主要有账户式和报告式两种。我国资产负债表采用账户式。

账户式资产负债表是左右结构，将资产项目列示在报表左方，负债和所有者权益项目列示在报表右方，且负债类项目在上，所有者权益类项目在下。左右两方：资产总额=负债总额+所有者权益总额。

资产负债表内各项目的一般排列顺序是：资产类项目按资产流动性程度的高低顺序，即资产的变现能力排列，先流动资产，后非流动资产，这对投资者进行投资决策和债权人进行信贷决策有重要意义；负债类项目按偿还期限长短和偿债风险大小排列，风险大的项目排在前面，一般来说短期负债对企业的风险和压力要大于长期负债；所有者权益项目一般按其永久性程度递减的顺序排列，先实收资本，后资本公积、盈余公积，最后是未分配利润。资产负债表项目这样的排列顺序可以方便报表使用者正确阅读、分析和利用报表的相关信息。

表2-1列示了永昌公司的比较资产负债表。

表2-1   **比较资产负债表**   会企01表

编制单位：永昌公司   单位：元 币种：人民币

资　产	2×22年末	2×23年末	2×24年末	负债和所有者权益（或股东权益）	2×22年末	2×23年末	2×24年末
流动资产：				流动负债：			
货币资金	51 494	70 683	58 058	短期借款	23 300	41 000	57 000
交易性金融资产				交易性金融负债			
衍生金融资产				衍生金融负债			
应收票据	25 636	51 454	158 037	应付票据	20 165	41 462	45 808
应收账款	37 563	33 158	14 901	应付账款	27 820	36 171	39 474
应收款项融资				预收款项	29 444	16 543	96 627
预付款项	7 809	16 703	7 163	合同负债			
其他应收款	28 726	17 046	2 142	应付职工薪酬	195	193	44
存货	63 365	112 860	116 006	应交税费	1 567	10 351	-80
合同资产				其他应付款	32 693	32 970	19 622
持有待售资产				持有待售负债			

续表

资　产	2×22年末	2×23年末	2×24年末	负债和所有者权益 （或股东权益）	2×22年末	2×23年末	2×24年末
一年内到期的非流动资产				一年内到期的非流动负债		16 000	
其他流动资产	119	24	51	其他流动负债			
流动资产合计	214 712	301 928	356 358	流动负债合计	135 184	194 690	258 495
非流动资产：				非流动负债：			
债权投资				长期借款	29 701	47 000	67 000
其他债权投资				应付债券			
长期应收款				其中：优先股			
长期股权投资	97 387	130 839	154 218	永续债			
其他权益工具投资				租赁负债			
其他非流动金融资产				长期应付款	7 324	4 535	
投资性房地产				预计负债			
固定资产	277 878	395 111	426 850	递延收益			
在建工程	160 328	41 215	48 710	递延所得税负债			
生产性生物资产				其他非流动负债			
油气资产				非流动负债合计	37 025	51 535	67 000
使用权资产				负债合计	172 209	246 225	325 495
无形资产				所有者权益 （或股东权益）：			
开发支出				实收资本（或股本）	148 655	148 655	148 655
商誉				其他权益工具			
长期待摊费用				其中：优先股			
递延所得税资产				永续债			
其他非流动资产				资本公积	311 351	311 351	311 351
非流动资产合计	535 593	567 165	629 778	减：库存股			
				其他综合收益			
				专项储备			
				盈余公积	45 441	65 562	81 799
				未分配利润	72 649	97 300	118 836
				所有者权益（或股东权益）合计	578 096	622 868	660 641
资产总计	750 305	869 093	986 136	负债和所有者权益（或股东权益）总计	750 305	869 093	986 136

第二节 资产项目分析

资产的流动性是反映资产质量的极其重要的因素。在资产负债表分析中，通常将资产按其流动性分为流动资产和非流动资产。这种分类的目的是便于报表使用者了解和分析资产的变现能力和偿债能力。由于不同资产的变现能力和偿债能力不同，企业应对投资在流动资产和非流动资产上的资金采取不同的融资策略，即流动资产中的波动性流动资产一般较多地采用短期负债融资，而长期性流动资产和非流动资产一般较多地采用长期负债融资和权益融资。波动性流动资产，也叫短期性流动资产，是指随着生产经营活动的进行不断起伏变动的流动资产。企业中大部分的现金、应收账款和相当数量的存货资金都属于波动性流动资产。长期性流动资产是指为保证企业生产经营活动的正常开展所必需的最低限度的流动资产，如最佳现金持有额、原材料等存货的保险储备等。资产项目与融资方式的适配性是财务报表分析的一个重要方面。资产流动性分析是指通过对资产的变现能力以及资产与筹资之间的有机联系进行分析，用于判断资产质量和企业偿债能力的一种方法。为了说明资产各个项目流动性的具体变化及对偿债能力的影响，首先必须对资产各个项目的质量进行分析。

视频微课

资产项目分析

一、流动资产项目分析

流动资产是指企业可以或准备在一年内或超过一年的一个营业周期内转化为货币，或被销售，或被耗用的资产。流动资产在资产负债表中依次是货币资金、交易性金融资产、衍生金融资产、应收票据、应收账款、应收款项融资、预付款项、其他应收款、存货、合同资产、持有待售资产、一年内到期的非流动资产、其他流动资产等。分析流动资产，首先应对流动资产在资产总额中所占的比重是否合理进行判断。而这种判断应当结合企业所处行业、企业生产经营规模以及企业所处生命周期阶段来开展。一般而言，成长型企业中流动资产占资产总额的比重相对较高，成熟型企业较低，工业企业较高。下面对流动资产的主要项目做具体分析：

（一）货币资金

货币资金是指企业在生产经营过程中处于货币状态的那部分资产，它是企业资产中最活跃的因素，是流动性最好的资产，具有可立即作为支付手段并被普遍接受等特征，具体包括库存现金、银行存款和其他货币资金。企业保持一定数额的货币资金，主要是为了维持企业日常生产经营活动的正常运转，如采购原材料、支付工资和税金、偿还到期债务本息或支付投资者利润等。若从短期债权人角度来看，企业不仅应保持一定量的货币资金，而且越多越好。

1. 应对货币资金占用规模的适当性进行判断。分析货币资金占流动资产的比重（一般为10%左右），若货币资金过少，则难以满足企业日常生产经营和预防性功能的需要，将影响企业正常生产经营活动；但从财务管理的角度看，货币资金是收益性最差的资产，若货币资金占用过多，则表明企业货币资金沉淀，造成闲置浪费，增加筹资成本，或企业发生了非正常的业务活动。但由于企业的情况千差万别，分析时只能根据企业当时的实际情况，并考虑以下因素进行判断：

（1）企业的资产规模、业务收支规模。一般来说，企业资产总额越大，相应的货币资金规模也就越大；业务收支频繁，且绝对额大的企业，处于货币形态的资产也会较多。假如某企业资产总额为200万元，而货币资金为100万元，这显然很不正常（可能发生了非正常的业务活动或出现了违规的资金流动）。

（2）企业的筹资能力。如果企业信誉好，在资本市场上就能够较容易筹集到资金，向金融机构借款也较方便，因此企业就没有必要持有大量的货币资金。反之，若企业违反了国家有关资金结算的规定遭受处罚或因其他原因造成信誉不佳，企业进一步融资也将发生困难。

（3）企业所处行业的特点。不同行业的企业，其合理的货币资金结构也会有所差异，有时甚至差异很大。如金融企业与工业企业，在相同的总资产规模条件下，就不可能保持相近规模的货币资金。

（4）企业的货币资金构成。企业经济业务有时可能涉及多种货币，不同货币的币值未来可能有不同的走向，不同货币的币值走向决定了相应货币资金的未来质量。此时，企业必须对持有的各种货币进行汇率趋势分析。另外，企业货币资金中可能包含有不能随时支付的部分，如不能随时支取的一年期以上的定期存款、有特定用途的信用证存款、商业汇票存款等，它们必将减弱货币资金的流动性。对此，应关注会计报表附注中的列示说明，以正确评价货币资金的变现能力及其短期偿债能力。如果处于通货膨胀或紧缩时期，分析货币资金项目时还须注意物价变动对货币资金购买力的影响。

2.应对国家有关货币资金管理规定的遵守情况和企业货币资金内部控制制度的实际执行质量做出分析。企业必须遵守国家的现金管理制度，保留规定的货币资金数量；必须严格遵守国家规定的结算政策，否则有可能受到有关部门的处罚，影响企业的进一步融资。企业在货币资金收支过程中的内部控制制度的完善程度以及实际执行质量，直接关系到企业货币资金的运行质量。由于企业货币资金的流入主要由销售活动带来，货币资金的支出主要由采购活动引起，因此销售过程和具体收款过程、采购过程和具体付款过程有关内部控制制度的完善程度及其执行质量，对货币资金管理而言就显得相当重要。当然对这些方面的分析，除了需要利用资产负债表外，还需要结合其他分析资料进行。

（二）交易性金融资产

交易性金融资产主要是指企业为了近期内出售而持有的金融资产，如企业以赚取差价为目的从二级市场购入的股票、债券、基金等。根据我国企业会计准则有关规定，交易性金融资产应当符合两个条件：一是能够在公开市场交易并有明确市价；二是作为剩余资金的存放形式，并保持其流动性和获利性。对交易性金融资产的分析，应从以下几个方面进行：

1.分析交易性金融资产的流动性和获利性。企业进行交易性金融资产投资，其主要目的是利用暂时闲置的资金，购入能够随时变现的有价证券，以获得高于银行存款利率的收益。交易性金融资产具有容易变现、持有时间短、投资损益不确定等特点，因此，在财务报表分析中，需随时把握交易性金融资产的变现能力和获利能力。

2.分析交易性金融资产规模的适度性。保持适度规模的交易性金融资产，表明企业具有较高的理财水平，因为这意味着企业除了通过正常生产经营取得利润之外，还选择第二条渠道（二级资金市场）运作，以获取一定的投资收益。但进行交易性金融资产投资毕竟只是企业利用暂时闲置的资金进行的运作，若交易性金融资产规模过大，必然影响企业的正常生产经营，也有人为地将长期股权投资或长期债券投资"挂账"之嫌，影响这项资产的质量和流动性。比如，企业出于商业目的而购入的主要客户的证券，其实不会将这些证券出售变现用于日常支付需要。因此，按照谨慎性原则，分析时应将年复一年在企业报表中列示的有价证券视为长期投资，企业购入的股份有限公司的股权证也不能列入交易性金融资产。此外，还应注意有的企业为"粉饰"财务指标、提高流动比率，将长期投资人为地转为交易性金融资产。

3.关注交易性金融资产的计量及披露问题。由于二级资金市场上的有价证券的价值瞬息万变，而财务报表为月末披露，因此交易性金融资产无论是在取得时的初始计量还是在资产负债表日后的后续计量，均采用公允价值。企业在持有交易性金融资产期间，其公允价值变动在利润表中以"公允价值变动损益"计入当期损益；出售交易性金融资产时，不仅要确认出售损益，还要将原计入"公允价值变动损益"的金额转入"投资收益"。

4.评价交易性金融资产的投资质量。对交易性金融资产的投资质量进行评价，应结合利润表的相关项目和会计报表附注来考察。一是要关注同期利润表中的"公允价值变动损益"及其在会计报表附注中对该项目的详细说明，看交易性金融资产投资产生的公允价值变动损益为正还是为负；二是要关注同期利润表中的"投资收益"及其在会计报表附注中对该项目的详细说明，看因交易性金融资产投资而产生的投资损益为正还是为负，收益率是否高于同期银行存款利率。

（三）应收票据

应收票据是指企业因销售商品、提供劳务收到商业汇票（包括商业承兑汇票和银行承兑汇票）而形成的债权。商业汇票是商品经济高度发达的产物，其本身也是一种有价证券，商业承兑汇票是一种商业信用行为，银行承兑汇票已转化为一种银行信用行为。企业如果需要资金，可将持有的商业汇票背书后向银行或其他金融机构办理贴现，取得现金。应注意的问题是，我国票据法规定，票据贴现具有追索权，即如果票据承兑人到期不能兑付，背书人负有连带的付款责任。因此，对企业而言，已贴现的商业汇票是一项"或有负债"，应在会计报表附注中列示。若已贴现的应收票据数额过大，也会对企业的财务状况产生较大影响。因此，对应收票据的分析主要是将其和会计报表附注结合起来，了解企业是否存在已贴现的商业承兑汇票，是否会影响企业将来的偿债情况。对于这种"或有负债"可通过"应收票据备查簿"进行确认和验证。同时，要将前后期应收票据的数额进行比较，分析其是否有异常波动。

（四）应收账款

应收账款是指企业因销售商品、提供劳务等业务应向购货单位或接受劳务单位收取的款项，是企业的一项债权，一般按交易发生日或销售确认日的金额予以入账。对应收账款的分析应从以下几个方面进行：

1.对应收账款的数量规模进行合理性判断。应收账款是一种企业提供商业信用的行为，判断应收账款投资数量规模的合理性，应当结合企业所处行业特点、企业经营方式、信用政策、生产经营规模以及企业所处生命周期阶段等因素来分析。例如，一般工业企业的应收账款比零售商业企业所占比重大；企业放松信用政策就会刺激销售，增加应收账款，紧缩信用政策就会制约销售，减少应收账款；处于成长期的企业应收账款规模相对较大，处于成熟期的企业应收账款规模则相对较小。如果某企业的产品在市场上供不应求，但当期应收账款数额较大就违背常理。虽然应收账款是企业的债权，但仅是体现在合同和账面上的资产，目前处于买方市场时代，款项收支的主动权往往掌握在债务人一方。如果应收账款规模过大或过小，对企业的经营都不利。如果应收账款规模过大，且交易各方同处于某一利益集团，就有利用关联方交易虚增企业资产和利润之嫌，因此分析应收账款数额时还应关注有无关联交易现象的存在。

2.进行应收账款质量分析，高度关注坏账损失风险和潜在的损失风险。应收账款作为流动资产项目，一般应于一年内收回。但在实务中，一些企业将已无望收回的应收账款长期挂账，不按规定计提坏账准备，甚至个别企业将一些违规行为隐蔽于应收账款项目之中。因此，首先要利用报表附注中披露的关于债权账龄的分类资料，采用账龄分析法，分析有多少欠款还在信用期内，多少欠款超过了信用期，超过信用期不同时间的款项各占多少，有多少欠款会因拖欠时间太久而可能成为坏账。对企业在1年期以上的应收账款应予以密切关注，或在分析时加以调整。在很多情况下，企业债权的质量不仅与债权的账龄有关，更与债务人的构成有关，因此还必须对债务人的构成进行分析。具体可从债务人的区域构成、债务人的所有制性质、债权人与债务人的关联状况，及债务人的资信品质、偿债能力、资本实力、生产经营稳定程度等方面进行，以评估应收账款的潜在损失风险。此外，还要关注企业坏账准备政策的完善性和坏账准备计提、坏账损失处理方法的合理性，尤其要注意比较企业前后会计期间坏账准备的计提方法是否改变。企业随意变更坏账准备计提方法和比例，往往隐藏着不可告人的目的。如遇到这种情况，首先应查明企业在会计报表附注中是否对坏账准备计提方法的变更予以说明，其次应分析这种变更是否合理，是正常的会计估计变更还是为了调节利润。

（五）应收款项融资

应收款项融资反映资产负债表日以公允价值计量且其变动计入其他综合收益的应收票据和应收账款等，如企业在日常资金管理中，将部分银行承兑汇票贴现、背书，或者对特定客户的特定应收账款通过无追索权保理进行出售。此类金融资产的业务模式既以收取合同现金流量为目标，又以出售该金融资产为目标，其中出售应当满足会计终止确认条件下的金融资产出售的标准。

分析应收款项融资项目时，要准确判断应收款项的安全性；对于不同的客户，信用政策是否有针对性；现金折扣、折让及比例、坏账准备的计提是否合理；内部控制制度是否健全等。

（六）预付款项

预付款项主要是指企业按照购货合同的规定，预先支付给供货单位货款而形成的债权。从资产的流动性看，预付款项是一种特殊的流动资产。由于款项已经支付，除一些特殊情况（如供货方未能按约定提供产品等）外，在未来会计期间不会导致现金流入，即在这种债权收回时流入的不是货币资金而是存货，因此该项目的变现能力很差。

对预付款项进行分析，主要是在考虑特定存货的市场供求状况的基础上判断预付款项的投入规模（预付款项占营业收入或营业成本的比例）是否合适。一般而言，预付款项不会构成企业流动资产的重要部分，如果企业预付款项金额较大，则可能预示着企业有非法转移资金、非法向有关单位提供贷款及抽逃资金等不法行为。另外，如果预付款项规模发生大幅波动，就需要寻找合理的解释。

（七）其他应收款

其他应收款是指企业除应收票据、应收账款、预付款项外的其他应收、暂付款项，包括应收利息、应收股利、各种赔款及罚款、存出保证金、应收出租包装物的租金、预付给企业内部单位或个人的备用金、应向职工个人收取的各种垫付款项等。其他应收款属于企业主营业务以外的债权，与主营业务产生的债权比较，其数额不应过大。如果数额过大，则需对其进行深入的具体分析：

1.可能存在关联方交易的情况，如拆借给母公司的资金等。另外，可能有一些托管收益、资产置换收益等没有到账。关联方其他应收款不能及时收回，一方面形成企业不良资产，另一方面还虚增了企业的其他业务收入。

2.可能隐含其他违规行为。例如，个别企业利用所谓的职业判断，将正常赊销收入中应计入应收账款的业务计入其他应收款，以此"合理避税"，也有可能存在非法拆借资金、给个人销售回扣、抽逃注册资金等违规行为，因而应警惕企业将该项目作为企业成本费用和利润的调节器。

（八）存货

存货是指企业在生产经营过程中为销售或耗用而储备的各种物资。不同行业、不同企业，其存货的内容会有所不同。工业企业的存货包括各种材料、低值易耗品、在产品、半成品、产成品等，商品流通企业的存货则包括在途商品、库存商品、加工商品、出租商品、发出商品、材料物资、周转材料等。存货是企业的一项重要流动资产，其种类繁杂，在流动资产中所占比重较大，又是流动资产中流动性最差的资产，因此加强对存货资金占用的分析非常重要。

首先，应对存货资金的数量规模进行合理性判断。在传统工业企业和商业企业中，存货往往占流动资产总额的一半左右，但随着知识经济的来临和社会化大生产的发展，以及一些先进的存货管理方法（如适时制、零库存管理等）的应用，存货占流动资产的比重不断下降。企业存货处于不断销售和重置或不断耗用和重置的过程之中，其资金规模必须与企业经营活动保持动态平衡。若存货过少，则会影响企业生产的正常进行或坐失销售良机；若存货过多，则会造成资金积压沉淀，影响企业资金周转，导致成本增大、效益降低。因此，结合企业的行业特点，考察存货的流动性、周转速度及与生产经营规模的适配性是存货资产质量分析的重点。

其次，要关注存货发出计价、期末计价及存货跌价准备的计提问题。

（1）资产负债表中，各种存货的账面价值是以实际成本反映的。但在日常会计核算中，由于同类存货的进价成本不一定相同，在计算耗用或销售成本时，就要采用一定的计价方法进行核算。根据现行企业会计准则的规定，企业发出存货的计价方法有先进先出法、加权平均法、移动平均法、个别计价法等。采用的存货发出计价方法不同，发出存货的金额也会不同，对期末存货成本与当期销售成本的确定必然会产生影响。在物价变动时期，其影响尤为明显。因此，企业应结合自身的生产经营特点、存货实物流转特点合理确定发出存货的计价方法，一经确定，不得随意变更。对存货进行分析时，要特别注意企业是否存在利用存货计价方法的变更来调节资产价值和利润的行为。

（2）按照现行企业会计准则的规定，存货的期末计价采用成本与可变现净值孰低法，对于可变现净值低于成本的部分，应当计提存货跌价准备。为此，对存货进行分析时，一方面要关注企业是否存在利用存货项目将潜在亏损挂账的问题，防止一些企业利用存货种类繁杂、重置频繁、计价方法多样等客观因素，将冷背呆滞商品、积压产品、残次品、假冒伪劣产品及违规行为长期隐蔽在存货项目中；另一方面要注意考察企业存货跌价准备的计提对未来产生的财务影响，尤其是企业是否存在利用存货跌价准备的计提政策进行"巨额冲销"的行为。

（九）合同资产

合同资产是指企业已向客户转让商品而有权收取对价的权利，且该权利取决于时间流逝之外的其他因素。如企业向客户销售两项可明确区分的商品，企业因已交付其中一项商品而有权收取款项，但收取该款项还取决于企业交付另一项商品的，企业应当将该收款权利作为合同资产。企业拥有的、无条件（即，仅取决于时间流逝）向客户收取对价的权利应当作为应收款项单独列示。

分析合同资产时要注意：从收取款项的确定性来讲，合同资产要弱于应收账款；合同资产除了信用风险外，还要承担其他风险，如履约风险等。

（十）持有待售资产

持有待售资产是指公司拟出售的资产，但尚未达成出售协议或交易尚未完成的资产。持有待售资产包括许多不同类型的资产，如房地产、设备、股票、债券和其他投资。这些资产通常是公司不再需要或不再想要持有的资产，因此决定将其出售以获取现金。

持有待售资产的账面价值通常等于其净实现价值，即出售后的收益减去出售费用。在持有待售资产的期间，公司需要对其进行适当的会计处理，包括对其进行准确的估值和披露相关信息。分析其总额及结构，看是否会影响未来的生产能力，具体由哪些项目组成，减值准备是否计提充分等。

二、非流动资产项目分析

非流动资产也叫长期资产，是指流动资产以外的资产项目，包括债权投资、其他债权投资长期应收款、长期股权投资、投资性房地产、固定资产、在建工程、无形资产、开发支出、商誉、长期待摊费用、递延所得税资产、其他非流动资产等。它是不能在一年之内或超过一年的一个营业周期以内通过生产经营活动转化为流动资金使用的企业资产。与流动资产相比，它具有占用资金多、周转速度慢、变现能力差等特点。下面对资产负债表中的各主要非流动资产项目做具体分析。

（一）债权投资

债权投资是指债券购买人（投资人，债权人）以购买债券的形式投放资本，到期向债券发行人（借款人、债务人）收取固定的利息以及收回本金的一种投资方式。债权投资项目分析，应主要从以下两个方面进行：

1.分析项目构成和债务人偿债能力。对债权投资而言能否定期收取利息、到期收回本金，取决于债务人在需要偿还的时点是否有足够的现金，因此有必要对债权投资的投资项目或投资对象的具体构成进行分析，并在此基础上对债务人的偿债能力作进一步判断。

2.分析债权投资的收益和减值准备的计提及其转回。首先，应当根据当时的金融市场情况，分析债权投资的回报水平，即投资收益率的高低。一般来说债权投资的收益率应高于同期银行存款利率。其次，债权投资的投资收益是按照权责发生制原则确定的，收益的确认往往先于利息的收取，从而导致投资收益与现金流入不一致，因此应注意分析两者的差异。最后，要注意分析企业是否存在利用债权投资减值准备的计提和转回，人为操纵利润的行为。

（二）其他债权投资

其他债权投资是核算企业按照新金融工具准则分类为以公允价值计量且其变动计入其他综合收益的金融资产。该项目应根据"其他债权投资"科目的相关明细科目期末余额分析填列。对其他债权投资项目的分析，可参照上述债权投资项目。

（三）长期股权投资

长期股权投资是指企业持有的对其子公司、合营企业及联营企业的权益性投资及企业持有的对被投资单位不具有控制、共同控制或重大影响，并且在活跃市场中没有报价、公允价值不能可靠计量的权益性投资。企业进行长期股权投资的目的多种多样，有的是为了建立和维持与被投资企业之间稳定的业务关系，有的是为了保持对被投资企业的控制权，有的是为了增强多元化经营的能力，创造新的利润源泉。不过大多数企业进行长期股权投资的目的都是增加企业的利润，作为对自身经营活动的补充。由于长期股权投资期限长、金额大，对企业的财务状况影响较大，投资风险较大，但长期股权投资的收益也往往较高，有时的投资收益会成为企业收益与现金流量的重要补充。对长期股权投资的分析，一般应从以下几个方面展开：

1.分析长期股权投资的规模总量是否符合法律要求。公司法规定，公司可以向其他企业投资；但是，除法律另有规定外，不得成为对所投资企业的债务承担连带责任的出资人。因此分析时要注意企业的长期股权投资行为是否符合法律要求。

2.分析长期股权投资及其收益的质量。第一，要分析长期股权投资的构成。例如，企业长期股权投资的方向、在各投资对象上的投资额、持股比例等。在此基础上，进一步通过对企业投资对象的经营状况以及效益的分析来判断投资的质量。第二，要分析长期股权投资的收益构成。长期股权投资的收益主要有当期股利收益和股票买卖差价收益，其中差价收益往往具有高度不确定性，也不容易计量。第三，要对利润表中股权投资收益与现金流量表中因股权投资收益而收到的现金之间的差异进行分析，因为这项差异在某种程度上也能说明长期股权投资收益的质量。第四，要根据长期股权投资的目的来区分其收益的质量。长期股权投资是一种经济行为，应当追求投资收益，但有时企业为了全局性战略计划，在被投资企业连续几个会计期间亏损造成本企业投资收益为负数的情况下仍会坚持投资，因为只有这样才能保障本企业生产原料的稳定供应或销售渠道的顺畅。例如，某铜加工厂为了保障原材料稳定供应持有了某铜矿一定份额的股份，即使铜矿连年亏损，也必须控制该铜矿的经营，使其经营领域不会转向。此时投资收益显得不再特别重要。第五，分析长期股权投资减值准备计提的合理性。在实务中，对有市价的长期股权投资是否应当计提减值准备比较容易判断；对无市价的长期股权投资，如果无法获得被投资单位详细、可靠的资料，就难以对投资企业是否应当计提减值准备和应当计提多少减值准备做出正确判断，因此只有深入分析才不至于发生这方面的偏差。

（四）投资性房地产

投资性房地产是指为赚取租金或资本增值，或两者兼有而持有的房地产。企业持有这类房地产的目的不是自用，而是用于投资。投资性房地产主要包括已出租的土地使用权、持有并准备增值后转让的土地使用权和已出租的建筑物等。对投资性房地产的分析，主要应注意企业对投资性房地产的分类是否恰当，是否将投资性房地产与固定资产、无形资产的界限做了正确区分；另外，还要注意分析投资性房地产的数量规模和资产质量情况，以及与本企业生产经营主业的关系是否协调。

（五）固定资产

固定资产是指使用期限较长、单位价值较高，并在使用过程中保持其实物形态基本不变的资产项目。企业会计准则没有对固定资产的单位价值做出界定，只要满足两个条件，即可确认为固定资产：一是为生产和经营管理而持有的有形资产；二是使用寿命超过一年。企业的固定资产主要包括房屋建筑物、机器、机械、运输工具，以及其他与生产经营有关的设备、器具、工具等。企业在对固定资产进行具体确认时，应根据固定资产的上述确认条件，考虑企业的具体情形加以判断。固定资产属于企业的劳动资料，其价值会随着使用磨损而逐渐以折旧的形式转移到产品成本和有关费用中，再随同产品销售转化为企业的货币资金。对固定资产的分析应从以下几个方面进行：

1.应对固定资产的占用规模和结构进行分析。既要了解企业拥有固定资产的总体规模，又要分析固定资产在总资产中所占的比重，还要分析各类固定资产的结构是否实现了优化。一个企业固定资产的多少，通常代表着一个企业生产经营规模的大小和生产能力的高低，在一定程度上代表着企业的市场竞争能力。企业固定资产占用规模和结构的分析应当结合企业所处行业的性质、企业生产经营的规模和特征以及企业所处生命周期阶段来展开。各行业企业的固定资产占总资产的比重必须达到行业要求的标准。一般情况下，工业企业固定资产的比重要大于第三产业的企业。另外，企业生产经营状况的特点不同，对各类固定资产的结构有不同的要求，企业必须不断优化固定资产的内部结构才能提高固定资产的利用效果。

2.需要对固定资产的质量进行分析和判断。具体包括：

（1）固定资产更新情况。即将固定资产期末数减去期初数之差，除以期初数，表明企业固定资产的更新改造程度。更新改造程度较高，意味着该企业的固定资产质量在得到不断优化，固定资产更新快、技术装备处于较领先的水平，企业的后续发展能力和市场竞争能力较强，也代表着企业的生产力和固定资产利用效能较高，市场前景和盈利前景看好。将固定资产原值、折旧和净值结合起来，可以反映固定资产的新旧程度，企业应根据固定资产的新旧程度安排固定资产的更新改造。

（2）非生产经营用固定资产和闲置的固定资产。非生产经营用固定资产是指不直接服务于企业生产经营过程的固定资产；闲置的固定资产是指不需用或不能用的固定资产。这些固定资产由于不具备生产经营能力，且分散和消耗企业的资源，因此是企业的包袱。对此，可针对非生产经营用和闲置固定资产占固定资产总额的比重进行分析。企业应努力削减非生产经营用固定资产在固定资产中的比重，尽快处置闲置的固定资产，以提高固定资产的生产效能、周转效率和流动性。

（3）固定资产清理。固定资产因出售、报废、损毁等原因而转入清理，清理过程中会发生各种清理费用和变价收入。分析时，首先应注意企业对需要清理的固定资产能否尽快清理以盘活资产，优化固定资产分布结构；其次要关注反映在利润表中的固定资产清理净损失（资产处置收益或营业外支出）或净收益（资产处置收益或营业外收入）对企业未来利润总额的影响情况。

3.固定资产折旧政策。固定资产折旧额的大小，直接影响企业的盈利水平。因此，对固定资产折旧的分析，主要应注意影响折旧的因素，包括固定资产的原值或重置价值、固定资产的折旧年限、净残值、企业的实际受益情况和企业计算折旧的目的等。根据现行制度的规定，企业有权在财政部规定的分类固定资产的参考折旧年限区间范围内，根据企业对固定资产的使用情况，自行确定折旧年限。企业的实际受益情况是指固定资产的效能、状况、技术水平的发展状况，企业应按照实际受益情况考虑折旧额在各会计期间的分配情况。因为固定资产一般在使用前期效能好、故障率低、技术水平高，所以企业一般应在使用前期多提折旧，在使用后期少提折旧。企业计算折旧的会计目的和纳税目的不一样，因此国家专门制定了会计折旧政策和税法折旧政策来规范，对此企业必须自觉遵守，分析时要注意分析、判断企业对会计折旧政策和税法折旧政策遵守的严肃性。另外，为了保持市场竞争优势，鼓励技术创新，保证技术水平领先，加速机器设备等经营性固定资产的更新换代，在遵循会计折旧政策和税法折旧政策的前提下，一些财务管理水平高的企业可能会实施一些内部折旧政策。这些内部折旧政策是企业财务政策的重要组成部分，它既不会与会计折旧政策相抵触而直接改变外部投资者对企业市场价值的判断，更不会与税法相抵触而影响既定收益下的纳税现金流量，分析时要注意这些内部折旧政策实施的效果如何。

（六）在建工程

在建工程反映企业期末各项未完成的工程的实际支出和尚未使用的工程物资的实际成本。这部分资金占用还不能发挥生产经营效能，因此企业应加强对工程建设资金的管理，加快工程资金的周转。分析时主要分析这部分资金占用规模的变化、管理情况以及周转速度。

（七）使用权资产

使用权资产是指拥有特定物品或资产的使用权，这种权利通常是在特定的时间段内。使用权益通常可以被拥有者出租或出售给其他人来获得收益。使用权资产仅提供使用权，而不是所有权。使用权资产是一种相对新的资产类型，通常与产品、软件和新技术产品相关。

使用权资产主要解决的是长期经营租赁所可能引起的表外风险。按照以往的会计实务，这一类的资产并不反映在资产负债表中，而是在当年通过计提费用进入利润表。这就在客观上会低估企业的长期负债。

使用权资产项目的分析要关注：（1）资产价值占比。商贸零售和社会服务是占比较高的两个行业。（2）资产价值评估方法的选择。（3）企业的违约风险大小。

（八）无形资产

无形资产是指企业所控制的，能为企业带来经济利益但无实物形态的非货币性长期资产，包括专利权、商标权、土地使用权、著作权、非专利技术等。随着科技进步，特别是知识经济时代的到来，无形资产作为企业可持续发展能力和竞争能力的重要支撑，会给企业的生存和发展带来巨大影响，因而越来越受到企业的重视。分析无形资产项目时，主要应关注以下几个方面：

1.分析无形资产的规模和结构。分析无形资产，首先应对其总额进行数量判断，结合企业所处行业、企业生产经营规模以及企业生命周期阶段分析企业无形资产占资产总额比重的合理性。另外，还要注意考察各类无形资产的结构比重，借以判断无形资产结构的合理性和总体质量。一般而言，专利权、商标权、土地使用权、著作权、特许权等无形资产的价值易于鉴定，质量较高；而非专利技术等不受法律保护的无形资产项目，其价值质量具有很大不确定性。

2.分析无形资产的确认是否科学。与有形资产相比，无形资产给企业提供未来经济利益的大小具有较大的不确定性。无形资产的取得成本无法代表其未来经济价值的大小，其实际经济价值受企业外部因素的影响较大，预期的获利能力不能准确地加以确定。对此，需要关注会计报表附注，分析无形资产的确认是否符合现行会计准则规定的确认条件。此外，还应关注企业自创无形资产所发生的研究和开发支出的处理问题。根据现行会计准则的规定，无形资产依法申请取得前发生的研究与开发费用要区分研究阶段支出与开发阶段支出，其中开发阶段发生的支出如符合条件，可以资本化处理，确认为无形资产；其他费用则费用化处理计入当期损益。因此，要注意某些企业将一些本不符合资本化条件的开发支出资本化，借以达到虚增利润和资产的不法目的。如果发现企业无形资产不正常增加，则有可能是企业为了减少研究和开发支出对利润表的冲击而进行的一种处理。

3.分析无形资产摊销政策。无形资产的摊销问题关系到企业资产和利润数据。现行准则规定，对于寿命有限的无形资产应当考虑与该项无形资产有关的经济利益的预期实现方式，采用适当的摊销方法，将其应摊销金额在使用寿命期内系统、合理地摊销；对于无法预见为企业带来经济利益的期限的无形资产，应视为使用寿命不确定的无形资产，不应进行摊销。因此，对企业无形资产摊销政策进行分析时，应详细审核企业无形资产使用寿命的确定是否准确，有无将本能确定使用寿命的无形资产作为使用寿命不确定的无形资产不予摊销；摊销方法的确定是否考虑了经济利益的预期实现方式；摊销方法和摊销年限有无变更、变更是否合理等。

4.分析无形资产减值准备计提的合理性。无形资产是一种技术含量很高的特殊资源，它的价值确认本来就存在高风险。而且当今世界新技术层出不穷，伴随新旧技术的更换，原有的无形资产一旦落伍必然引发价值贬值。因此，无形资产发生减值十分正常。现行会计准则规定，无形资产减值准备一经确认在以后期间不得任意转回，因此分析无形资产减值准备的计提时，一定要注意减值准备计提的合理性和科学性。

【素养提升】

近几年来，在国家持续支持传统产业优化升级，发展数字经济和新质生产力，促进我国产业迈向全球价值链中高端，加强对中小企业创新的支持，促进科技成果转化等多项举措的推进下，我国企业尤其是上市公司的无形资产在企业总资产中的比重增大，但是受现阶段无形资产会计披露特点的影响，对无形资产的分析成为财务分析中的难点。党的二十大报告指出："教育、科技、人才是全面建设社会主义现代化国家的基础性、战略性支撑。必须坚持科技是第一生产力、人才是第一资源、创新是第一动力，深入实施科教兴国战略、人才强国战略、创新驱动发展战略，开辟发展新领域新赛道，不断塑造发展新动能新优势。"党的二十届三中全会通过的《中共中央关于进一步全面深化改革 推进中国式现代化的决定》提出："强化企业科技创新主体地位，建立培育壮大科技领军企业机制，加强企业主导的产学研深度融合，建立企业研发准备金制度，支持企业主动牵头或参与国家科技攻关任务。构建促进专精特新中小企业发展壮大机制。鼓励科技型中小企业加大研发投入，提高研发费用加计扣除比例。鼓励和引导高校、科研院所按照先使用后付费方式把科技成果许可给中小微企业使用。"请结合这些精神阐述无形资产项目分析的重要性。

（九）长期待摊费用

长期待摊费用是指企业已经支出，摊销期限在一年以上（不含一年）的各项费用，包括以经营租赁方式租入固定资产的改良支出、固定资产大修理支出等。长期待摊费用实际上已不是企业的资产。分析长期待摊费用时，一要审核该项费用是否应在一年以上摊销，二要分析企业是否对之进行了连续平均的摊销，否则该项目可能成为企业调节利润的工具。

（十）其他非流动资产

其他非流动资产一般包括国家批准储备的特种物资、银行冻结存款以及临时设施和涉及诉讼的财产等。这类资产如果比重较大，会影响企业的正常生产经营活动，因此应注意分析这类资产的数额以及在总资产中所占比重的变化。

随堂测 2-2

第三节 负债和所有者权益项目分析

负债是指企业过去的交易或者事项所形成的、预期会导致经济利益流出企业的现时义务。现时义务是指企业在现行条件下已经承担的义务。企业的负债按其偿还期的长短分为流动负债和非流动负债。所有者权益是指企业资产扣除负债后由所有者享有的剩余权益。公司的所有者权益也称为股东权益。所有者权益具体包括实收资本（或股本）、资本公积、盈余公积和未分配利润等。负债和所有者权益是形成企业资产的两种不同性质的资金来源。

对负债项目的分析应注意两个方面：一是对负债性质的分析。要区分从外单位借入的款项和所欠的款项。一般来说前者具有强制性，后者在偿还时间等方面具有一定的灵活性。企业应根据负债的性质及自身的支付能力，妥善安排好负债的偿付，保护好企业自身的信用形象。二是对负债利息的分析。按照借款费用准则的规定，负债利息支出有不同的处理，企业应根据规定合理核算，正确处理。

一、流动负债项目分析

流动负债是指企业将在一年内或者超过一年的一个营业周期内偿还的债务，主要包括短期借款、交易性金融负债、应付票据、应付账款、预收款项、应付职工薪酬、应交税费、其他应付款等项目。从理论上讲，流动负债应按其将来付出的流动资产的价值计价，但因其期限较短，流动负债的现值与将来偿付款的数额差异较小，因此现行制度规定，各项流动负债按实际发生额（现值）计价。流动负债是企业负债的重要组成部分，一般要以流动资产变现或举借新的流动负债来偿还或支付，其财务风险、短期还债压力比非流动负债更大。

一般而言，流动负债主要用于企业的日常生产经营，满足企业简单再生产的需要。分析流动负债项目，首先，应对流动负债的总额进行数量判断，分析流动负债占负债总额的比重，分析流动负债与流动资产的数量关系。这种分析也应当结合企业所处行业、企业生产经营规模以及企业所处生命周期阶段展开。流动负债占总负债的比重，成长型企业较低，成熟型企业较高。其次，要分析各流动负债组成项目的性质和数额，进而判断流动负债的来源渠道及其偿还的紧迫程度。再次，对流动负债的分析，要同企业的经营形势相联系，结合企业的采购政策、付款政策、股利分配政策等分析流动负债占用的合理性。最后，要同企业的流动资产构成相联系，判断流动负债各组成内容的变化是否合理。下面对流动负债各主要项目进行具体分析。

（一）短期借款

短期借款是指企业从银行或其他金融机构借入的期限在一年（含一年）以下的各种借款。短期借款都是为了满足日常生产经营的短期需要而举借的，其数量往往取决于企业生产经营活动对流动资金的需要、现有流动资金的短缺情况等因素。短期借款适度与否，可以根据流动负债的总量、目前的现金流量状况和对短期内的现金流量预期来确定。一个现金流量较差的企业，如果有过多的短期借款，超出了企业的偿债能力，必然会增大财务风险。另外，企业还要结合对短期借款的使用情况来分析短期借款的使用效果。

（二）交易性金融负债

交易性金融负债是指企业承担的交易性金融负债的公允价值，或企业持有的指定为以公允价值计量且其变动计入当期损益的金融负债。如果企业发行了交易性债券等因而承担了这项负债，要密切关注其给企业带来的财务风险和偿债压力。

（三）应付票据

应付票据是企业因赊销交易而签发的允许在不超过1年的期限内按票据上规定的日期支付一定金额的商业汇票。我国目前规定，商业汇票的最长期限为6个月，因此，应付票据的流动性高于应付账款，其偿付压力和财务风险也大于应付账款。因此，分析应付票据项目时不但要关注应付票据的总额，更要深入分析应付票据是否带息、有无发生过延期支付的情况。若是关联方发生的应付票据，应相应了解关联交易的事项、价格、目的，是否存在利用票据方式进行融资的行为。

（四）应付账款

应付账款是指企业因赊购原材料等物资或接受劳务供应而应付给供应单位的款项。在市场经济条件下，应付账款的发生是正常的，也是经常的。但如果应付账款超过信用期限，会严重损害企业的信誉。因此，分析应付账款项目时不但要关注应付账款的总额，更要深入分析应付账款超过信用期限的数额、时间和频率。

（五）预收款项

预收款项是指企业商品销售尚未发生或劳务尚未提供，而向购货方收取的货款或定金。它需要在以后用约定的商品、劳务或出租资产来抵偿。预收款项的数额是否合理要结合企业交易时的实际情况和具体合同条款来评价。

（六）合同负债

合同负债，就是基于合同形成的负债，表示企业销售商品过程中已经收到或应该收到客户支付的合同对价时，但企业还没有履行向客户转让商品的义务。"合同负债"账户期末余额在贷方的，根据其流动性（一年内属于流动负债，一年以上属于非流动负债），在资产负债表中分别列示为"合同负债"（如果报表没有该项目可以放在"其他流动负债"项目中）或"其他非流动负债"项目。

（七）应付职工薪酬

应付职工薪酬是指企业按规定支付给全体职工的各种薪酬，包括职工工资、奖金、津贴和补贴，职工福利费，各种社会保险费，住房公积金，工会经费，职工教育经费，非货币性福利等。分析应付职工薪酬项目时，应注意企业是否通过该项目来调节利润，要警惕企业利用不合理的预提方式提前确认费用和负债，从而达到隐瞒利润、少缴税款的目的。如果出现应付职工薪酬余额过大，尤其是期末数比期初数增长过大，则还要注意企业可能存在拖欠职工工资的行为，而这有可能是企业资金紧张、经营陷入困境的表现。

（八）应交税费

应交税费是指企业在会计期末应缴未缴的各种税金和专项收费。由于应交税费涉及的税种和费用项目较多，因此在分析此项目时，首先应当了解欠税欠费的内容，以便有针对性地分析企业欠税欠费的原因。如果该项目的余额过大，说明该企业拖欠国家税费的现象严重，应当引起密切关注。

（九）其他应付款

其他应付款是企业应付、暂收其他单位或个人的款项。例如，应付债权人的利息、应付股东（投资者）的股利（利润）、应付租入固定资产的租金、收取的包装物的押金、应付保险费、存入保证金、应付统筹退休金等。分析其他应付款项目，首先，要弄清其他应付款中各子项目的金额和时间，分析其合理性；其次，要分析审核企业有否存在利用该项目进行违规操作的行为。

（十）持有待售负债

该项目反映资产负债表日处置组中与划分为持有待售类别的资产直接相关的负债的期末账面价值。这些负债包括出售资产或业务相关的成本，例如法律费用、顾问费用、税费等。此外，企业还需要对待售资产进行减值测试，以确定其是否符合公允价值。如果待售资产的公允价值低于其账面价值，则需要计入减值损失。这些成本和减值损失将被认为是持有待售负债。企业在出售资产或业务之前会将这些负债从资产负债表中分离出来，并将其归类为持有待售负债。

对持有待售负债的分析应关注：（1）对企业的财务指标（负债率、利润率等）、现金流、经营效率、市场信心产生的负面影响。（2）出售的速度、业务结构的优化、成本的控制、资产质量的提高等。

（十一）一年内到期的非流动负债

一年内到期的非流动负债反映企业各种非流动负债在一年之内到期的金额，包括一年内到期的长期借款、长期应付款和应付债券。

二、非流动负债项目分析

非流动负债也叫长期负债，是指偿还期在一年或者超过一年的一个营业周期以上的债务，包括长期借款、应付债券、长期应付款、预计负债、递延所得税负债等。作为企业的一项义务，除具有负债的共同特征外，与流动负债相比，非流动负债还具有债务金额大、偿还期限长、有时可以分期偿还、财务风险和偿还压力较小等特点，因而成为企业筹集长期资金的一种重要方式。由于受资金时间价值的影响较大，非流动负债的价值一般应根据合同或契约规定在未来必须支付的本金和所付利息之和按适当的折现率折现后的现值来确定。

非流动负债主要用于对企业长期资产的投资，满足企业扩大再生产的需要。对非流动负债的分析，首先，应对其总额进行数量判断，分析非流动负债占负债总额的比重。非流动负债占负债总额的比重，一般来说，成长型企业较高，成熟型企业较低。在非流动负债增长的同时，如果企业利润明显增长，说明企业通过负债经营发挥财务杠杆作用的做法正确，企业财务状况良好。其次，非流动负债的变化要与流动负债的变化结合起来分析。如果非流动负债增加、流动负债减少，且销售收入增长，说明企业生产经营资金有长期保证，企业也抓住了扩大业务的机会。如果非流动负债增加、流动负债减少，而销售收入并未增长，有可能是因为企业正在增加在建工程以进行结构性调整，这时要分析工程项目的预期收益，也有可能是因为企业希望通过调整负债结构，用新的非流动负债归还流动负债，以暂时规避短期资金紧张的局面。再次，分析非流动负债的关键是负债数量要适度。与增加投入资本相比，举借非流动负债有利于保持投资者（股东）的控制权；除资本化以外的非流动负债的利息支出可以税前列支，有一定的避税作用；在投资利润率高于负债利率的条件下，非流动负债能给企业带来财务杠杆正效应。但非流动负债的财务风险比权益资金大，如果企业经营不善，市场情况恶化，企业可能陷入财务困境。因此只有适度负债，企业才能实现既利用非流动负债弥补资金缺口，获得财务杠杆利益，又不至于因此造成太大财务风险陷入财务困境。下面对非流动负债各主要项目进行具体分析：

（一）长期借款

长期借款是指企业向银行或其他金融机构借入的期限在一年以上的款项。一般用于企业固定资产购建、固定资产改扩建、大修理工程以及流动资产的正常需要等方面。资产负债表中的长期借款项目反映的是企业尚未归还的长期借款本金和利息。分析时应主要联系企业的实际情况，关注长期借款的数量规模和期限结构的变化情况。

（二）应付债券

应付债券是指企业为筹集长期资金而发行的偿还期在一年以上的债券。资产负债表中的应付债券项目反映的是企业发行的尚未归还的各种长期债券的本金和利息。与长期借款相比，应付债券对企业形成的风险和压力更大。分析时应主要关注应付债券的余额和应归还的期限。

（三）长期应付款

长期应付款是企业除长期借款和应付债券以外的其他各种长期应付款，如融资租赁方式下企业应付未付的租金、专项应付款等。由于融资租赁对企业用作保证的自有资金的数量要求比长期借款要低，租赁公司承担的风险从企业支付的较高的租金中获得补偿，因此相对而言，这部分非流动负债对企业的风险较小。专项应付款是企业取得的政府作为企业所有者投入的具有专项或特定用途的款项。企业收到该款项时将其作为负债，用该款项形成长期资产时转入资本公积。因此该应付款一般无须归还，是一项良性债务。其数额越大，意味着未来所有者权益会有较大增加。分析长期应付款时主要应留意该项目的余额及各子项目的数额。

（四）预计负债

预计负债是因企业对外提供担保、未决诉讼、售后产品质量保证等或有事项而确认的负债。与或有事项相关的义务满足一些条件时，应当确认为预计负债。预计负债比或有负债更接近于真正的负债，因此分析时要注意其数额的大小。

三、所有者权益项目分析

所有者权益（或股东权益）是指企业资产扣除负债后由所有者（或股东）享有的剩余权益，具体包括实收资本（或股本）、资本公积、盈余公积和未分配利润等项目。所有者权益是投资者对企业净资产的要求权，是企业生存和持续发展的基础，也是企业维护债权人权益的保证。企业能否在资金市场上借到资金以及能够借入多少资金，取决于主权资金（所有者权益）的保障程度。因此，所有者权益是企业举借债务的先决条件，也是企业偿还债务本息的基础保障。所有者权益的来源包括所有者投入的资本、直接计入所有者权益的利得和损失、留存收益等。

对所有者权益进行总体分析，要注意以下两个方面：第一，要分析所有者权益总额及其在企业总资金中所占的比重。所有者权益总额是反映企业经济实力的基础，是确保企业存在、稳定和发展的基石，是企业偿债能力及承担风险的保障。对债权人而言，所有者权益在企业总资金中所占的比重越高，其债权就越有保障，对债权人就越有利。第二，要考察企业的股权结构及所有者权益内部各项目构成与企业未来发展的适应性。企业重大经营管理决策权主要掌握在控股股东的手中，控制性股东、重大影响性股东决定着一个企业未来发展的方向。因此，对企业所有者权益进行分析时，必须关注企业控制性股东、重大影响性股东的背景状况。一个公司股权的分散或集中，会形成不同的公司治理结构和决策机制，对公司的经营管理和未来发展会产生不同的影响。所有者权益内部包括投入资本（实收资本、资本公积）和留存收益（盈余公积、未分配利润）。企业是依靠投入资本还是留存收益来扩充所有者权益，对公司的发展也具有不同的影响，因为投入资本的资金成本高，而留存收益一般没有外显资金成本，因此按照融资优序理论，留存收益是企业各种融资方式中的首选。企业通过内部发展筹集的资金多，说明企业获得了更多的经济效益，也体现出企业注重内部积累，具有较高的经营管理水平。第三，要通过分析企业所有者权益与负债之间结构比例的变化，观察企业资金来源结构的稳定性和风险性变化情况。下面对所有者权益各项目进行具体分析：

（一）实收资本（或股本）

实收资本是企业实际收到的投资者投入的资本额，包括国家资本、法人资本和个人资本。对股份公司而言，实收资本即股本。有关法律法规对企业的设立都规定有注册资本的最低限额，因此对实收资本项目进行分析时，首先，应将实收资本与注册资本的最低限额相比较，看是否符合法律法规的要求。其次，对新办企业进行实收资本项目分析时还要考察企业实收资本是否存在不实的情况。因为现实中少数新办企业会利用以下手段虚假出资：账户中计列的只是名义资本，资本金没有全部到位；有些企业在验资时用银行借款充当实收资本；有些企业虽全额出资，但随后将资金抽走；有些企业以高估无形资产的方式，虚列或转增资本。再次，要分析实收资本的结构，观察企业是否按照资本产权多元化的状况建立了合理的代表各方利益的治理结构。最后，要将资本金结构与净收益分配结构相比较，观察资本的平等权利在企业是否得到了实现。

（二）资本公积

资本公积的来源主要包括资本溢价（或股票溢价）、接受捐赠财产形成的公积金、法定财产重估增值等。按照规定，资本溢价和接受捐赠的资产价值可以转增资本，而财产重估增值一般只能用于补偿以后年度的资产减值损失。

（三）库存股

库存股也叫库藏股，是指由公司购回而没有注销并由该公司持有的已发行股份。它的特性与未发行的股票类似，没有投票权或分配股利的权利，在公司解散时也不能变现。库存股的用途是在适当时机再向市场出售而获利或用于对员工及管理层的持股激励。库存股还为公司调整负债与权益资本间的资金结构提供了方便，有利于公司股票价格的稳定。

（四）盈余公积

拓展阅读1

龙力生物债
务违约牵出
财务疑云

盈余公积是企业按规定从税后利润中提取的积累资金。它可以用于转增资本、弥补亏损，特殊情况下还可以用于分配股利。盈余公积越多，表明企业资本积累能力、亏损弥补能力、股利分配能力以及应对风险的能力越强。

（五）未分配利润

未分配利润是企业实现的净利润在提取盈余公积和分配利润后的余额，反映企业各年累积的尚未分配给投资者的利润。未分配利润是未确定用途的留存收益，所以企业在使用未分配利润上有较大的自主权。未分配利润越多，反映企业当年和以后年度的积累能力、股利分派能力以及应对风险的能力越强。分析时应注意的是，未分配利润是一个变量，可将该项目的期末数与期初数相比，观察其变动的曲线和发展趋势。

【分组任务】请四组学生分别在事先（上课前）准备，其中A、B、C三组各推选

1名学生介绍某个行业资产负债表项目的特别之处,第四组推选3名学生点评。介绍时间各5分钟,点评时间各5分钟。

随堂测 2-3

第四节 资产负债表水平分析

资产负债表水平分析也称为资产负债表的横向比较,是将连续数期的资产负债表金额并列起来,形成比较资产负债表,然后比较其相同项目(指标)的增减变动金额和幅度,据以判断企业财务状况的发展变化趋势,并通过各项目的增减变化分析其存在的问题,寻找原因,总结经验教训,便于下一步继续保持或加以改进。下面对资产负债表主要项目(指标)的水平分析具体过程作介绍。

一、资产项目增减变动分析

(一)货币资金增减变动分析

企业货币资金增减变动,可能受以下因素的影响:销售规模的变动、信用政策的变动、为支出大笔现金做准备等。如根据表2-1,永昌公司2×22年末、2×23年末和2×24年末的货币资金余额分别为51 494元、70 683元和58 058元,说明永昌公司三年中货币资金期末余额变化较大,因此要寻找原因,并对照永昌公司的最佳现金持有额、公司生产经营规模的变化分析货币资金管理中是否存在问题、存在哪些问题。

(二)应收商业账款增减变动分析

在流动资金和销售收入不变的情况下,应收商业账款(应收票据和应收账款的总额)的绝对额增加了,表明企业变现能力在减弱,承担的风险增大,其资金占用比重不合理;如果应收商业账款的增加与流动资金增长和销售收入增加相适应,表明应收商业账款占用比重相对合理。如根据表2-1,永昌公司2×22年末、2×23年末和2×24年末的应收商业账款(包括应收票据、应收账款)余额分别为63 199元、84 612元和172 938元,说明永昌公司三年中应收商业账款期末余额在不断增长,为此要寻找具体原因,并对照永昌公司三年的销售规模和信用政策的变化分析应收商业账款管理中是否存在问题、存在哪些问题。从永昌公司应收票据和应收账款两个资产项目的变化看,应收票据的余额(25 636元、51 454元和158 037元)在不断增长,而应收账款的余额(37 563元、33 158元和14 901元)在不断减少,说明公司采用的货款结算方式有了较大变化。

(三)存货增减变动分析

对存货项目的增减变动进行分析时,应特别注意对变动较大的存货子项目进行重点分析。一般来说,存货的增加应以满足生产销售、不盲目采购和无产品积压为前提;存货的减少应以压缩库存量、加速周转、不影响生产销售为前提。这样才说明企业存货资金的管理水平在提高。永昌公司2×22年末的存货余额63 365元,2×23年末和2×24年末的存货余额(分别为112 860元和116 006元)基本持平,比2×22年末大幅增长,应进一步结合公司销售规模的变化、存货各子项目余额的变化来分析其原因,并揭示该公司存货管理水平的变化。

（四）流动资产项目总额增减变动分析

对流动资产项目总额的增减变动进行分析时，要结合企业生产经营规模的变化情况展开，分析其变化的合理性，然后再通过流动资产各构成项目的变化寻找流动资产总额变化的原因，揭示企业流动资产的管理水平。永昌公司2×23年末和2×24年末的流动资产总额（分别为301 928元和356 358元）呈增长趋势，尤其是比2×22年末流动资产总额（214 712元）大幅增长，应进一步结合公司生产销售规模的变化、货币资金、应收款项、存货等流动资产主要项目余额的变化来分析其原因，并揭示该公司流动资产营运管理水平的变化。

（五）固定资产增减变动分析

对企业固定资产的增减变动进行分析时，应当结合企业生产经营规模的变动来展开，对固定资产增长情况、更新情况、报废情况及损失情况进行分析。永昌公司2×22年末、2×23年末、2×24年末的固定资产净值分别为277 878元、395 111元和426 850元，呈逐年增长的趋势，尤其是2×23年末比2×22年末增长幅度较大，应进一步结合公司销售规模的变化、固定资产利用效率的变化来分析其原因，并揭示该公司固定资产管理水平的变化。

（六）无形资产增减变动分析

从发展趋势上看，一个发展健康的企业无形资产应当呈上升态势。无形资产增加幅度较大，表明企业重视对无形资产的投入，企业可持续发展能力较强。

（七）非流动资产总额增减变动分析

对非流动资产总额的增减变动进行分析时，也要根据企业生产销售规模的变动来分析其合理性，再从非流动资产的主要构成项目的变化来分析其原因，以揭示非流动资产营运管理水平的变化。永昌公司2×22年末、2×23年末、2×24年末的非流动资产总额分别为535 593元、567 165元和629 778元，呈逐年增长的趋势，增长幅度平缓，如果结合公司销售规模的变化（2×22年、2×23年、2×24年的销售收入分别为585 714元、724 502元和788 863元），非流动资产总额的增长基本属于正常现象。至于具体非流动资产各年的营运效率如何变化，可以通过计算非流动资产周转率指标来具体体现，从而揭示非流动资产管理水平的变化。永昌公司非流动资产的主要构成项目是长期股权投资、固定资产和在建工程。其中逐年增长的长期股权投资与本企业销售规模关系不大；固定资产属于经营资产，与销售规模联系紧密，固定资产的逐年增长是造成永昌公司非流动资产逐年增长的主要原因；在建工程项目的变动则体现出永昌公司未来生产经营能力的变动情况。

（八）资产总额项目增减变动分析

资产总额项目是体现企业生产经营规模的重要指标，也反映了企业为了实现一定的产出而投入的资源。对资产总额项目的增减变动进行分析时，也主要结合企业生产销售规模的变化来分析其合理性，并通过资产总额各构成项目的变化来剖析其变化的原因，并通过计算总资产周转率来分析企业资产管理水平的变化。永昌公司2×22年末、2×23年末、2×24年末的资产总额分别为750 305元、869 093元和986 136元，呈逐年增长的趋势，增长幅度平缓，结合公司销售规模的变化（2×22年、2×23年、2×24年的销售收入分别为585 714元、724 502元和788 863元），资产总额的增长基本属于正常现象。

二、负债和所有者权益项目增减变动分析

（一）流动负债增减变动分析

主要通过流动负债各个项目的增减变动，分析企业短期融资渠道的变化情况及偿债压力的大小，借以判断企业短期资金的融资能力对企业的生产经营活动的影响。永昌公司2×22年末、2×23年末、2×24年末的流动负债合计分别为135 184元、194 690元和258 495元，呈逐年增长的趋势。这主要是因为流动负债项目，如短期借款、应付票据及应付账款等项目均在不断增长。

（二）非流动负债增减变动分析

主要是通过非流动负债各项目的增减变动，分析企业长期融资渠道的变化情况，借以判断企业长期资金的融资能力。永昌公司2×22年末、2×23年末、2×24年末的非流动负债合计分别为37 025元、51 535元和67 000元，呈逐年增长趋势。这主要是因为作为永昌公司非流动负债主要项目的长期借款在三年中增长明显。2×22年末、2×23年末、2×24年末永昌公司长期借款分别为29 701元、47 000元和67 000元。

（三）所有者权益增减变动分析

通过对所有者权益增减变动的分析，可进一步了解企业对负债偿还的保障程度和企业自身积累资金和融通资金的能力与潜力。增加（减少）注册资本、资本公积发生增减变化、留存收益的增加（减少）等，都会导致企业所有者权益发生增减变动。永昌公司2×22年末、2×23年末、2×24年末的所有者权益合计分别为578 096元、622 868元和660 641元，呈逐年增长趋势，主要是因为盈余公积和未分配利润两个项目的余额在三年中不断增长。

拓展阅读2

1亿元买壶的中超控股19亿元卖壳：上市7年套现30亿元，留下36亿元应收账款

随堂测2-4

第五节 资产负债表结构分析

资产负债表结构分析是在资产负债表水平分析的基础上发展起来的分析方法，也称纵横结合的比较。它是将资产负债表各项目与资产总额或负债和所有者权益总额相比，计算出各项目占总体的比重，并将各项目构成与历年数据及同行业水平进行比较，分析其变动的合理性及其原因，借以进一步判断企业财务状况的发展趋势。首先，以资产负债表中的总体指标（资产总计或负债和所有者权益总计）为100%，计算出其各组成指标占该总体指标的百分比，形成共同比资产负债表（也称结构百分比资产负债表），进行纵向分析。然后，将连续数期的共同比资产负债表并列起来，形成比较共同比资产负债表，以比较共同比资产负债表为依据，比较连续数期各个项目百分比的增减变动情况，进行纵横结合的分析比较，以此来判断有关财务状况的发展趋势。这种方法能消除不同时期（不同企业）之间业务规模差异的影响，因此它既可用于同一企业某一时期财务状况的纵向比较，又可用于同一企业不同时期的横向比较，还可以用于同行业不同企业之间的横向比较。

资产负债表结构分析，要结合企业的行业特点、经营特征和经营状况、风险偏好、企业所处的市场环境、所有者对控制权的态度等因素，才能得出合理的结论。一般而言，生产企业固定资产占总资产的比重要大于流通企业；大量大批生产的企业流

动资产占总资产的比重往往具有相对稳定性，流动资产内部各项目之间也具有相对稳定的比例关系，而单件小批生产的企业流动资产占总资产的比重、流动资产内部各项目的比例关系则往往具有较大的波动性；企业经营状况好、销售顺畅时，货币资金占流动资产的比重会相对提高，应收账款和存货占比会相对下降，固定资产在总资产中的占比会增大，流动资产在总资产中的占比会相对下降；偏好高风险的企业，流动资产占总资产的比重会相对较小，长期资产的占比相对较大，流动资产中的波动性流动资产所占比重也会相对较大，而长期性流动资产（如保险储备）占比会相对较小，企业也会较多地利用负债资金。经营风险已经较大的企业，为了中和企业的整体风险，负债比例一般都比较小；当宏观经济环境处于繁荣阶段时，企业生产销售扩大，其资产结构中的货币资金比重会下降，而应收账款、存货、固定资产比重会上升，此时企业也会利用较多的负债资金。获利能力越大、财务状况越好、变现能力越强的企业，举债筹资会较多；如果企业所有者不愿控制权被稀释，也会较多地利用负债资金，而较少吸收直接投资或发行股票。

一、资产配置结构（投资结构）分析

资产配置结构是指公司资产的具体构成及其组成部分的相互关系。只有得到合理配置的企业资产，才是高质量的资产。因此，企业资产配置结构是否合理，决定了企业资金能否顺畅周转，决定了企业资金使用效率，从而在某种程度上决定了企业经济效益的高低。利用资产负债表进行资产结构分析，可以了解某一时点企业资产的构成情况，判断资产配置结构是否合理。将企业资产结构结合负债及所有者权益项目的构成进行分析，可以判断企业的资金来源结构（资本结构）是否合理、负债是否适度以及公司自有资本的强弱。

（一）各大类资产项目占总资产的结构比重分析

企业资产从大类来讲主要包括流动资产、固定资产、无形资产等项目。在进行各大类资产项目占总资产的结构比重分析时，要注重分析以下几个方面的结构比率：

1.短期金融资产比率

短期金融资产是指企业可以随时用于清欠、退还融资或购买其他资产的资产。这主要包括货币资金、可随时贴现的应收票据、交易性金融资产等。短期金融资产比率是短期金融资产占总资产的比重。这一比率的意义在于，它表明了企业资产的弹性。企业可以随时用这部分短期金融资产来调整资产结构以适应市场变化，满足及时偿付的需要，但持有短期金融资产的收益性很差，所以企业应当根据自身的实际情况选择一个恰当的短期金融资产比率。

2.流动资产比率

流动资产比率是流动资产占总资产的比重。流动资产是企业短期内可运用的资金，相对而言，具有变现时间短、周转速度快的特点。因此，从资产的流动性角度看，流动资产比率越高，流动资产在总资产中所占的比重越大，企业资产的流动性和变现能力就越强，企业的偿债能力和承担风险的能力也越强。但从收益性（获利能力）角度看，流动资产的收益性比长期资产低，因此过高的流动资产比率不是好事。企业为了增加收益，必须加速流动资金的周转，用较少的流动资产占用取得更大的销售收入。确定合理的流动资产比率实质上是在资产的流动性和收益性之间做出权衡。对流动资产比率合理性的分析，一方面应结合企业的行业特征、经营状况和其他经营特征；另一方面必须与同行业的平均水平或行业先进水平进行比较，再结合销售收入的变动情况进行趋势分析，了解流动资产比率的增长是否超过销售收入的增长，就能更好地说明流动资产比率变动的合理性。如果流动资产比率的增长速度快于销售收入增长的速度，说明流动资产的利用效率、周转速度在下降。

3.固定资产比率

固定资产比率是固定资产占总资产的比重。固定资产是企业经营不可或缺的物质条件。固定资产的数量和质量，说明企业的经济实力和技术先进水平，也反映企业的生产经营规模。跟流动资产相比，固定资产具有投资收益高、投资风险大的特点，也就是说流动性差、收益性高。因为固定资产投入资金多、回收时间长、能在企业生产经营过程中长期发挥作用，变现能力差、投资风险大，但它能反映企业工艺技术的先进性水平，决定了企业长期获利能力的高低。因此，企业应根据所处行业的经营特征和企业自身的生产经营实际情况确定一个合理的固定资产比率，同时合理地使用固定资产，保持不断的更新，为提高劳动生产率和扩大生产销售创造条件。同时，还要注重保持固定资产与流动资产之间投资结构的协调。

4.无形资产比率

无形资产比率是无形资产占总资产的比重。无形资产比率指标的高低，可以说明企业知识化和高新技术化的程度，也可以说明企业可持续发展的潜力以及综合竞争能力的强弱。总的来看，在注重无形资产与其他资产结构适配性的基础上，这个比率越高越好。

5.对外投资比率

对外投资比率是指企业对外投资额占总资产的比重。现在不少企业都注重商品经营与资本经营并举，这个比率是反映企业资本经营力度的指标，也可以借此观察企业资本经营的水平和效果。对外投资与对内投资相比，投资收益可能较高，但投资风险较大，因此企业应根据自身的实际情况确定一个合适的对外投资比率。判断对外投资比率是否合理，首先要看企业的对外投资有没有影响企业内部生产经营资金的周转，对外投资能不能获得较高的收益。对外投资比率提高，有可能是企业资金充足，通过对外投资来取得更多收益，但也有可能是企业发展受到了限制，目前的产业或产品利润率较低，需要寻求新的发展目标。因为对外投资风险较大，对外投资比率高，企业投资风险也高，所以企业管理者应具体分析，慎重行事。对生产经营型企业来说，对外投资比率不宜过高。

6.费用性资产比率

费用性资产是指那些名为资产实为费用的资产，是那些由于会计核算要求而暂时列作资产的纯摊销性的资产。费用性资产包括长期待摊费用、递延所得税资产等项目。费用性资产比率是指这些费用性资产占总资产的比重。这类费用性资产绝大多数不能为企业的生产经营提供任何实质性帮助，没有实际利用价值，因此费用性资产比率高，说明企业资产质量低。

下面根据表2-1计算列举永昌公司2×22年末、2×23年末和2×24年末各大类资产项目占总资产的结构比重，并做了简单分析（见表2-2）。

表 2-2 永昌公司各大类资产结构比率 单位：%

项 目	2×22年末	2×23年末	2×24年末
短期金融资产比率	10.28	14.05	21.91
流动资产比率	28.62	34.74	36.14
固定资产比率	58.40	50.20	48.22
无形资产比率	0	0	0
对外投资比率	12.98	15.05	15.64
费用性资产比率	0	0	0

　　永昌公司短期金融资产比率（（货币资金+应收票据）÷总资产）从2×22年的10.28%提高到2×24年的21.91%，说明该公司资产结构的弹性不断增强，即期偿付能力提高，但要注意对企业收益性的影响。

　　永昌公司流动资产比率从2×22年的28.62%上升到2×24年的36.14%，固定资产比率（（固定资产+在建工程）÷总资产）由2×22年的58.40%下降到2×24年的48.22%，说明该公司资产的流动性增强，但对公司的收益性可能会产生负面影响。固定资产比率的下降可能是由于该公司处置了一些闲置固定资产，还要结合公司生产销售规模具体分析流动资产和固定资产的使用效率。

　　永昌公司的对外投资比率（长期股权投资÷总资产）从2×22年的12.98%上升到2×24年的15.64%，对此应结合公司的资金实力、经营目的以及对外投资中各子项目的结构做进一步分析。在保证企业内部生产经营资金需要的前提下进行对外投资，应予以肯定，否则就不可取。该公司下一步是否需要调整对外投资的结构，也要结合具体情况而定。

（二）流动资产构成分析

　　流动资产构成分析中，主要考察货币资金、应收账款、存货等主要流动资产项目占总资产的比重，考察流动资产内部各主要项目占流动资产合计的比重。这些结构比率的合理性，也要结合企业的行业性质、经营状况及其他经营特征而定，要与同行业的平均水平或行业先进水平进行比较，并进行变动趋势分析。表 2-3 列示了永昌公司2×22年末、2×23年末、2×24年末各流动资产项目占总资产的比重。

表 2-3 永昌公司各流动资产项目占总资产的比重 单位：%

项 目	2×22年末	2×23年末	2×24年末
货币资金	6.86	8.13	5.89
应收票据	3.42	5.92	16.03
应收账款	5.01	3.82	1.51
预付款项	1.04	1.92	0.73
其他应收款	3.83	1.96	0.22
存货	8.45	12.99	11.76
流动资产合计	28.62	34.74	36.14
资产总计	100	100	100

表2-4列示了永昌公司2×22年末、2×23年末、2×24年末流动资产内部各主要项目占流动资产合计的比重。

表2-4　　　　永昌公司流动资产内部各主要项目占流动资产合计的比重　　　　单位：%

项　目	2×22年末	2×23年末	2×24年末
货币资金	23.98	23.41	16.29
应收票据	11.94	17.04	44.35
应收账款	17.49	10.98	4.18
预付款项	3.64	5.53	2.01
其他应收款	13.38	5.65	0.60
存货	29.51	37.38	32.55
流动资产合计	100	100	100

永昌公司货币资金占流动资产的比重不断下降，说明即时偿付能力可能有所下降，还可以结合流动负债数据说明即时短期偿债能力的变化；2×24年末应收票据占流动资产的比重比2×23年末上升了27.31%，应收账款的比重下降了6.8%，而两者的比重合计则上升了20.51%，远超8.88%的同期营业收入增长率（见本书第三章），说明企业放松了信用政策或收账不力，应当采取相应措施加以治理；其他应收款占流动资产的比重下降，可能是企业这方面资金管理水平的提高所致；2×24年末的存货比率比2×23年末有所下降，但要高于2×22年末，说明企业销售情况可能存在一定问题，但要结合存货周转率进行具体分析。

（三）固定资产构成分析

固定资产构成分析可以从以下三个方面进行：一是分析生产经营用固定资产构成的变化情况；二是考察未使用和不需用的固定资产构成的变化情况，查明企业在处置闲置固定资产方面的工作效率；三是分析生产经营用固定资产内部结构是否合理。

【头脑风暴】决定企业资产结构的因素有哪些？如何调整资产结构？

二、资金来源结构（资本结构）分析

资金来源结构是指资金来源总额中各项目所占的比重以及它们之间的比例关系。因为负债资金与权益资金相比，资金成本低，财务风险大，短期资金和长期资金相比，资金成本低，财务风险大，因此不同的资金来源结构决定了企业的资金成本高低、财务风险大小、偿债能力的强弱（债权人权益的保障程度）和财务杠杆作用能否充分发挥，从而影响甚至决定企业的获利能力。

一个企业资金来源结构的健全与否，还要看它与企业资产结构的适配性和协调性。企业在各种资产上的投资，在筹资时应合理选择长短期资金与之搭配。只有这样，才能保证企业的资金成本、筹资风险和收益水平达到最佳。

企业各种资金占用（投资）与各种资金来源（筹资）的搭配形式，称为企业的筹资组合。筹资组合，对营运资金（一般指流动资产减流动负债的差额）的管理来说，就是如何处理、搭配流动资产与流动负债之间的关系问题。其着眼点是：如何合理安排长期性流动资产（如现金最低持有额、存货的保险储备等）和波动性流动资产（也称短期性流动资产）的资金来源。所以筹资组合也是企业营运资金管理的重要内容之一。

企业要保持良好的财务状况和稳定的收益水平，在确定筹资组合时应遵循的基本原则是"长期资金长期用，短期资金短期用"。但事实上，由于不同企业对风险和收益的偏好不同、企业所处的行业和经营规模不同，不是每个企业都会按照这一原则去做，因此就形成了不同的筹资组合。筹资组合会影响企业的收益和风险，企业财务管理人员必须认真考虑不同筹资组合带来的不同风险和成本、企业所处的行业、经营规模、当时资金市场的利率情况等因素，做出最优的筹资组合决策。

筹资组合主要有三种类型：稳健型（保守型）组合、适中型（中庸型）组合、风险型（激进型）组合。筹资组合的形式决定着企业的风险和收益水平，企业应当根据自己的实际情况选择不同的筹资组合。

稳健型（保守型）筹资组合策略，是指企业短期筹资只融通部分波动性流动资产的资金需求，另一部分波动性流动资产、所有的长期性流动资产以及所有的长期资产投资所需要的资金，则完全由长期负债和所有者权益资金作为资金来源。在这种筹资组合策略下，由于短期融资所占比重较小，所以企业无法偿还到期债务的风险较低，同时短期利率变动损失的风险也较低。然而，因权益资金和长期负债的资金成本都高于短期资金的资金成本，以及经营淡季仍需负担大量长期负债的利息，从而降低了企业的收益水平。因此，这是一种风险和收益均较低的筹资组合策略。较为保守的企业及其财务人员会使用这种筹资组合策略。

适中型筹资组合策略，也叫正常的筹资组合策略或中庸型策略。这是一种对各项流动资产的投资都用期限相近的流动负债来解决的筹资组合。在这种筹资组合策略下，企业波动性流动资产投资所需的资金用短期负债来筹措，长期性流动资产和长期资产投资所需的资金，则以权益资本与长期负债来解决。采用适中型筹资组合，其筹资风险和资金成本都比较适中。各期偿债次数和偿债数额得到适当的控制，对企业财务状况会产生较好的影响。偏好中等风险的企业及其财务人员会使用这种筹资组合策略。

在风险型（激进型）筹资组合策略下，不仅所有波动性流动资产采用短期筹资方式融通资金，而且一部分或全部长期性流动资产也用短期筹资方式来融通资金，甚至一部分长期资产投资所需要的资金，也用短期筹资来解决。这种筹资组合可以降低资金成本，提高企业的收益水平，但企业必然要在短期筹资到期后重新举债或申请展期，这样企业便会经常地举债和还债，从而加大了筹资风险；还可能面临由于短期负债利率变动，从而增加企业资金成本的风险。因此，这是一种收益较高、风险也较大的筹资组合策略。喜欢冒险的企业及其财务人员在进行筹资组合搭配时多采用此种策略。

若资金来源结构合理，企业的资金实力定然充足，财力基础稳定，易于抵御外来风险。因此，任何企业都要根据自身面临的各种条件，努力寻求最佳的资金来源结构（资本结构）。

（一）资金来源类别结构分析

企业的资金来源按性质可分为负债和所有者权益两大部分；按期限长短可分为短期资金（流动负债）和长期资金（非流动负债和所有者权益）。资金来源类别结构分析就是指对这两种分类下的资金比重及其变动趋势进行分析，反映企业的基本资本结构及其变动趋势。

债务资金和权益资金占企业总资金来源的不同比重，决定了企业资金成本的高低和财务风险的大小，反映出企业负债是否适度和企业长期偿债能力的强弱，也体现出所有者投入一定的权益资金所能控制的企业资产规模的大小。

下面分别列示永昌公司资金来源的性质结构和期限结构（见表2-5、表2-6），并做了简要分析。

表2-5　　　　　**永昌公司负债与所有者权益占总资金来源的比例**　　　　　单位：%

项　　目	2×22年末	2×23年末	2×24年末
负债合计	22.95	28.33	33.01
所有者权益（或股东权益）合计	77.05	71.67	66.99
负债和所有者权益（或股东权益）总计	100	100	100

表2-6　　　　　**永昌公司短期资金与长期资金占总资金来源的比例**　　　　　单位：%

项　　目	2×22年末	2×23年末	2×24年末
短期资金	18.02	22.40	26.21
长期资金	81.98	77.60	73.79
负债和所有者权益（或股东权益）总计	100	100	100

永昌公司负债资金占全部资金来源的比重（资产负债率）从2×22年末的22.95%逐年上升到2×24年末的33.01%，所有者权益资金占全部资金来源的比重（所有者权益比率）从2×22年末的77.05%逐年下降到2×24年末的66.99%，说明该公司的长期偿债能力有所下降，财务风险有所加大，财务杠杆的作用得到了进一步发挥，但该公司的资产负债率总的来看较低，负债筹资能力还有一定的上升空间，所以从总体上说，该公司的资金来源结构在不断优化。

该公司短期资金占总资金来源的比重从2×22年末的18.02%不断上升到2×24年末的26.21%，长期资金占总资金来源的比重从2×22年末的81.98%逐年下降到2×24年末的73.79%，说明该公司资金成本有所下降，财务风险有所加大，收益能力有所提高，所以从这方面来说，该公司的资金来源结构也在不断优化。当然，资金的期限结构是否合理，还要结合公司资产结构的变化、风险偏好、生产经营规模的变化等因素分析，才能得出正确的结论。

（二）负债资金构成分析

企业负债资金来源分为流动负债和非流动负债。负债资金构成分析，主要是分析流动负债和非流动负债在总负债资金中所占的比重。流动负债所占比重越高，说明企业对短期资金的依赖性越强，企业偿债压力和财务风险也就越大，要求企业资金周转的速度要更快。但流动负债占总负债的比重大，企业付出的资金成本会较低，收益性较好。一般来说，非流动负债占负债总额的比重，成长型企业较高，成熟型企业较低。另外，还要分析流动负债中各项目占总流动负债的比重，非流动负债中的各项目占非流动负债总额的比重，以了解更详细的负债资金来源情况，判断负债资金来源的合理性。

下面列示永昌公司的负债资金构成情况（见表2-7），并做了简要分析。

表2-7　　　　　永昌公司流动负债与非流动负债占总负债资金的比例　　　　　单位：%

项 目	2×22年末	2×23年末	2×24年末
流动负债	78.50	79.07	79.42
非流动负债	21.50	20.93	20.58
负债合计	100	100	100

永昌公司流动负债对总负债的比率由2×22年的78.50%上升到2×24年的79.42%，说明该公司的财务风险逐年有所加大。至于这样的流动负债与非流动负债的比重结构是否合理，要结合企业所面临的各方面因素进行分析判断。

（三）所有者权益构成分析

在所有者权益中，实收资本是所有者最初投入企业的资金，而资本公积，尤其是盈余公积和未分配利润是企业用所有者的实际投资带来的资本积累。积累的这部分资本，是企业稳定和充实资金来源、增加盈利的基础之一。所以，分析所有者权益中实收资本和这部分资本积累各自所占的比重，不仅能反映所有者权益的构成情况，而且可以反映企业所有者投入资本的利用效果。如果企业有利润，而且没有完全分完的话，这部分资本积累会不断增加。这部分资本积累无须承担筹资成本，可以增强企业的偿债能力和应对风险的能力，而且可以增强企业利润分配的能力。

下面列示永昌公司所有者权益项目的构成比重（见表2-8），并依此进行简要分析。

表2-8　　　　　　　　永昌公司所有者权益项目构成比重　　　　　　　　单位：%

项 目	2×22年末	2×23年末	2×24年末
实收资本	25.71	23.87	22.50
资本公积+盈余公积+未分配利润	74.29	76.13	77.50
所有者权益（或股东权益）合计	100	100	100

从表2-8可以看出，该公司积累部分的资本规模占所有者权益的比重从2×22年的74.29%逐年提高到2×24年的77.50%，说明所有者投入的资本的利用和积累效果在不断增强。再通过分析所有者权益中的盈余公积和未分配利润两个项目的数额，发现这两个项目的数额确实在这三年中在逐年增加。这样有利于维护公司资本结构的安全与稳定，降低公司的财务风险。

【素养提升】

企业的利益是其利益相关者共同的利益。请同学们思考和讨论：高度重视社会责任履行的企业，相比对社会责任履行重视程度一般或不大重视社会责任履行的同行业企业而言，其负债比率一般来说要高还是要低？为什么？从中可以看出企业履行社会责任和资本结构是有关系的。推而广之，请同学们深入思考和探讨一下，社会主义核心价值观中国家、社会、公民个人层面的"富强、民主、文明、和谐""自由、平等、公正、法治""爱国、敬业、诚信、友善"中的一些方面内容是不是对企业资金结构的决策会产生影响？会产生怎样的影响？如何产生影响？

　　【头脑风暴】决定企业资本结构的因素有哪些？如何调整资本结构？

●●● 本章小结

　　本章首先对资产负债表的作用和基本格式进行了介绍，随后讲述了对资产负债表的各个项目进行数量和质量分析的方法，通过项目分析可以反映公司的资产、负债和所有者权益的数量和质量；最后讲述了对资产负债表进行水平分析和结构分析的方法，主要介绍了用比较资产负债表进行水平分析（横向比较）发现各项目数量规模的发展趋势和利用共同比资产负债表、比较共同比资产负债表进行纵的比较和纵横结合的比较发现资产、负债和所有者权益及其主要项目的结构变化趋势的分析方法。这些分析方法具有很强的应用性，能为财务信息需求者了解企业一般的财务状况提供重要渠道。本章的重点是：资产负债表的水平分析；资产负债表的结构分析。

●●● 进一步学习指南

　　资产负债表是企业最重要的财务报表之一，在实务工作中，资产负债表的利用率很高，对不同的报表使用者都有着重要作用。通过对资产负债表进行分析，可以提示企业偿债能力的强弱、资金结构（包括资金来源结构和资金投向结构）的合理程度、财务杠杆的利用程度、财务风险的大小以及企业整体财务状况的健康情况等信息。如果读者想对资产负债表的一般分析，尤其想对资产负债表水平分析和结构分析有更深入的了解，或者感兴趣的读者想比较一下各种教材对这一问题的不同阐述，可以参考其他教材、文献和法规。

●●● 主要阅读文献

1.马永义.如何分析资产负债表［J］.商业会计，2020（22）：4-8.

2.周凤.财务报表分析［M］.2版.北京：机械工业出版社，2013.

3.张惠忠，裴益政，胡素华.财务报告分析［M］.北京：科学出版社，2017.

4.张献英，王永刚.财务分析学［M］.2版.北京：北京大学出版社，2020.

5.苏布拉马尼亚姆.财务报表分析［M］.宋小明，谢盛纹，译.11版.北京：中国人民大学出版社，2021.

6.薛云奎，郭照蕊.财务报表分析［M］.北京：机械工业出版社，2020.

7.肖星.一本书读懂财报（全新修订版）［M］.杭州：浙江大学出版社，2019.

8.王化成，支晓强，王建英.财务报表分析［M］.2版.北京：中国人民大学出版社，2018.

9.黄世忠.财务报表分析［M］.北京：中国财政经济出版社，2020.

本章测评

10.张新民，钱爱民．财务报表分析［M］．5版．北京：中国人民大学出版社，2019.

11.中华人民共和国财政部，企业会计准则第30号——财务报表列报，2014年1月.

●●● 思考题

1.通过资产负债表你能得到哪些信息？

2.你认为资产负债表中哪些项目是分析的重点？如何分析重点项目？

3.怎样进行资产负债表的水平分析？

4.怎样进行资产负债表的结构分析？

5.你认为应该怎样进行投资结构（资产配置结构）与筹资结构（资金来源结构或资本结构）两者之间的适配性分析？

●●● 练习题

表 2-9 是福庆公司 2×24 年末和 2×23 年末的比较资产负债表。

表 2-9   比较资产负债表

编制单位：福庆公司   单位：万元

资　产	2×23 年末	2×24 年末	负债和所有者权益 （或股东权益）	2×23 年末	2×24 年末
流动资产：			流动负债：		
货币资金	6 328.54	26 079.41	短期借款	27 427.47	24 006.88
交易性金融资产			交易性金融负债		
应收票据	2 558.87	3 643.16	应付票据	5 675.50	8 609.00
应收账款	27 513.03	33 352.48	应付账款	26 928.35	35 944.41
预付款项	5 207.48	5 822.93	预收款项	5 692.47	6 810.75
其他应收款	8 607.51	6 996.30	应付职工薪酬	1 928.75	1 573.02
存货	57 500.82	69 889.67	应交税费	2 134.83	2 250.03
一年内到期的非流动资产			其他应付款	9 452.81	19 199.29
其他流动资产	34.49		一年内到期的非流动负债	1 508.00	663.00
流动资产合计	107 750.74	145 783.94	其他流动负债	393.83	461.93
非流动资产：			流动负债合计	81 142.01	99 518.31
债权投资	44.90		非流动负债：		
其他债权投资			长期借款	8 917.00	15 394.00
长期应收款			应付债券		
长期股权投资	5 576.72	15 049.51	长期应付款	3 172.08	2 709.08

续表

资　产	2×23 年末	2×24 年末	负债和所有者权益 （或股东权益）	2×23 年末	2×24 年末
投资性房地产			预计负债		
固定资产	31 855.72	35 503.41	递延所得税负债		
在建工程	3 778.14	6 622.32	其他非流动负债	−6 376.10	0.00
生产性生物资产			非流动负债合计	5 712.98	18 103.08
油气资产			负债合计	86 854.99	117 621.39
无形资产	503.50	12 726.72	所有者权益（或股东权益）：		
开发支出			实收资本（或股本）	35 274.10	49 553.42
商誉			资本公积	20 424.64	42 938.31
长期待摊费用	586.35	437.47	减：库存股		
递延所得税资产			盈余公积	4 376.94	1 639.87
其他非流动资产			未分配利润	3 165.40	4 370.38
非流动资产合计	42 345.33	70 339.43	所有者权益（或股东权益）合计	63 241.08	98 501.98
资产总计	150 096.07	216 123.37	负债和所有者权益（或股东权益）总计	150 096.07	216 123.37

　　要求：根据福庆公司上述比较资产负债表的数据，对福庆公司两年来资产负债表反映的财务状况进行水平分析、结构分析、投资结构（资产配置结构）与筹资结构（资金来源结构或资本结构）两者的适配性分析。

练习题
参考答案

第三章

利润表一般分析

学习目标： 1.掌握并能应用利润表水平分析和结构分析的方法和原理；

2.熟悉利润表项目分析的相关知识；

3.了解利润表的作用、基本结构和格式；

4.了解企业利润质量恶化的特征。

导入案例

利润表的一般分析包括水平分析和垂直分析。其中，水平分析考察每个项目的增减变动情况。投资者在进行投资决策时，尤其关注企业的增长速度。高增长的企业更会得到投资者的青睐。那么，如何判断企业是否为"高增长"呢？

本案例中的六个小案例（案例详细资料见二维码）反映了增长的六种情形：（1）营业收入增长2倍多，净利润增长约3倍。（2）主营业务收入翻5.6倍，净利润增长10倍。即使除去投资收益，净利润增幅也远大于营业收入增幅。管理费用、销售费用增速都远低于主营业务收入。（3）主营业务收入2年翻倍，而净利润只增长了27.67%。（4）主营业务收入有增长，但增速太慢，净利润增速也太慢，其他尚可。（5）净利润和主营业务收入同步增长。但是最近公司发布一季度业绩预告：预计2017年1月至3月归属于上市公司股东的净利润比上年同期下降42.95%～27.74%。上完市业绩就变脸。（6）符合高增长的各项条件，但在投资前还需查询公司行业和未来前景，并借助行业专家的力量才能做到真正知道企业的未来。

（资料来源：王炜. 穿越牛熊（二）：什么是真正的高增长的定义！［EB/OL］. ［2017-04-19］. http：//blog.eastmoney.com/dlqhww/blog_630470680.html）

案例详细
资料和提示

思考问题：

（1）高增长需具备哪些条件？

（2）投资高增长企业需注意哪些事项？

在市场经济条件下，追求利润最大化已成为企业经营的主要目标。随着我国市场经济体制的进一步完善，企业生产经营呈现出多元化的特点，这给财务报表使用者判断企业利润的构成和质量增添了难度。信息使用者阅读企业利润表不仅应关注最终结果（净利润），而且要采用一定的分析方法和程序，了解企业收入的增长点和开支重点，考察企业利润形成的过程、利润的结构及其发展趋势，剖析影响利润数量和质量的原因，从而挤出虚假业绩的"泡沫"，正确、全面、辩证地认识企业的经营业绩和获利能力。

第一节 利润表分析概述

一、利润表的作用

利润表又称收益表或损益表，是反映企业一定会计期间（月份、季度、半年或年度）经营成果的财务报表。它是依据"收入–费用=利润"的关系，按照其重要性，将收入、费用和利润项目依次排列，并根据会计账簿记录的大量数据累计整理后编制而成的。它是一种动态报表。按照现行制度的规定，企业每个月都必须编制当月的利润表，用于反映企业当月利润的组成以及所得与所耗之间配比结果的信息。

企业经营的主要目的是营利，在风云变幻的市场经济大潮中，利润几乎主宰着企业的沉浮乃至"生杀大权"。利润是企业综合经营业绩的体现，又是进行利润分配的主要依据，企业的盈利能力是投资者等企业利益相关者关注的焦点，所以利润表是财务报表中的主要报表之一，对利润表的分析也显得十分重要。

利润表的作用具体表现在以下几个方面：

1.反映企业经营成果，有利于评价经营业绩。

利润表提供的收入、成本费用等信息，反映企业生产经营所得和所费的情况，给企业经营成果及其形成过程做了一个活生生的"录像"。利润表提供的不同时期的比较数字（本月数、本年累计及上年实际数等），反映了企业利润和盈利能力的发展趋势。利润表还反映企业因盈利活动而引起的权益变化，并最终通过所有者权益的增减表现出来，体现了投资者投入资本的完整性程度。将利润表与资产负债表结合起来分析，能够评价企业的资金营运能力、发展能力以及长期偿债能力，将利润表的有关项目与现金流量表的净流量进行比较，可以了解和判断企业当期实现利润的质量，从而有利于评价和考核企业的经营业绩。

2.可以发现经营管理中的问题，为经营决策提供依据。

分析企业利润的形成过程及其利润构成（结构），并与以前各期相比较，可以找出影响利润变化的具体原因，从而发现经营管理中存在的问题，为企业经营管理者进行经营决策提供依据，有利于企业提高管理水平。

3.有助于预测企业未来的盈利能力，判断企业的价值。

对一个企业的价值进行衡量时，潜在的盈利能力通常是决定企业价值的一个重要因素。借助利润表可以预测企业未来盈利能力发展的趋势和前景，了解企业的经营实力，为判断企业价值的未来变化提供重要依据。通过利润表计算得出的营业收入增长率和净利润增长率等指标及其发展趋势，还能体现企业的经营成长性。

4.有利于投资者和债权人做出正确的投资和信贷决策。

利润表反映企业的综合经营业绩和盈利能力的发展趋势，利润又是进行利润分配的主要依据；将利润表信息与资产负债表信息相结合，可以提供诸如各种资产周转率、资产利润率等反映盈利能力、资金营运能力、长期偿债能力的指标，通过利润表及其他资料反映的企业收入结构、产品销售结构、成本费用结构、利润形成结构等情况，可以判断企业经营结构合理与否，从而有助于投资者和债权人做出正确的投资和信贷决策。

二、利润表的结构和格式

利润表一般由表首和正表两部分构成。表首主要概括说明报表名称、编制单位、编制日期、报表编号和货币计量单位等。正表是利润表的主体部分，主要反映收入、成本费用和利润项目的具体内容、相互关系及其计算过程。我国利润表的栏目一般设有"本月数"和"本年累计"两栏（季度、半年度、年度利润表设"本期金额"和"上期金额"两栏）。"本月数"反映表中各项目的本月实际发生数，"本年累计"反映各项目自年初起至本月止累计实际发生数。

利润表的格式为报告式。目前，国际上通用的报告式利润表主要有单步式和多步式利润表两种。我国财务报表列报准则规定，企业的利润表采用多步式格式。

多步式利润表是通过将当期的收入、成本费用、支出项目按性质加以归类，按利润形成的主要环节,列示一些中间性利润指标,分步计算出当期净利润。多步式利润表将不同性质的收入和费用类别进行对比,得出营业利润、利润总额等中间性的利润数据,分层次反映企业利润的构成和来源渠道,便于使用者理解企业经营成果的不同来源。

普通股或潜在普通股已公开交易的企业,以及正处于公开发行普通股或潜在普通股过程中的企业,还应当在利润表中列示每股收益信息。

永昌公司2×22年、2×23年和2×24年度的比较利润表见表3-1。

表3-1 比较利润表

编制单位:永昌公司　　　　　　　　　　　　　　　　　　　　　单位:元

项　目	2×22年	2×23年	2×24年
一、营业收入	585 714	724 502	788 863
减:营业成本	482 909	631 304	687 108
税金及附加	3 467	4 196	4 579
销售费用	4 663	3 872	3 154
管理费用	4 433	5 769	6 065
研发费用			
财务费用	3 758	2 490	2 811
其中:利息费用			
利息收入			
资产减值损失			
加:其他收益			
投资收益(损失以"-"号填列)	1 731	42	2 801
其中:对联营企业和合营企业的投资收益			
净敞口套期收益(损失以"-"号填列)			
公允价值变动收益(损失以"-"号填列)			
信用减值损失(损失以"-"号填列)			
资产处置收益(损失以"-"号填列)			
二、营业利润(亏损以"-"号填列)	88 215	76 913	87 947
加:营业外收入	12	455	958
减:营业外支出	8 860	38	10 063
三、利润总额(亏损总额以"-"号填列)	79 367	77 330	78 842
减:所得税费用	12 948	10 259	25 977

续表

项　目	2×22年	2×23年	2×24年
四、净利润（净亏损以"-"号填列）	66 419	67 071	52 865
（一）持续经营净利润（净亏损以"-"号填列）			
（二）终止经营净利润（净亏损以"-"号填列）			
五、其他综合收益的税后净额			
（一）不能重分类进损益的其他综合收益			
（二）将重分类进损益的其他综合收益			
六、综合收益总额			
七、每股收益：			
（一）基本每股收益			
（二）稀释每股收益			

　　总体来看，营业收入、营业成本、各类费用、利润项目构成利润表的主体。在多步式利润表中，收入的列报应能反映企业的盈利渠道和发展方向。对于各类费用，企业应当采用"功能法"列报，即按照费用在公司经营与管理活动中所发挥的功能进行分类列报，通常分为从事生产经营业务发生的成本、销售费用、管理费用和财务费用等。这样有助于财务报告使用者了解企业的活动领域和相应的开支。例如，销售费用反映企业在市场营销这一领域的开支大小，管理费用意味着企业为日常经营管理所发生的费用，财务费用表示企业为融资所发生的费用等。向财务报告使用者提供这种结构性信息，能更清楚地揭示企业经营业绩的主要源泉和构成，使相关会计信息更加有用。

三、利润表各项目之间的关系

（一）营业利润

$$营业利润 = 营业收入 - 营业成本 - 税金及附加 - 销售费用 - 管理费用 - 研发费用 - 财务费用 - 资产减值损失 + 其他收益 + 投资收益 + 净敞口套期收益 + 公允价值变动收益 - 信用减值损失 + 资产处置收益$$

　　营业利润是指企业在生产经营活动中实现的经营性利润。营业收入是指企业经营主要业务和其他业务所确认的收入总额，包括主营业务收入和其他业务收入。营业成本是指企业经营主要业务和其他业务所发生的实际成本总额，包括主营业务成本和其他业务成本。税金及附加是指企业经营业务应负担的消费税、城市维护建设税、资源税、土地增值税和教育费附加等。销售费用是指企业在销售商品过程中发生的包装费、广告费等费用和为销售本企业商品而专设的销售机构的职工薪酬、业务费等经营费用。管理费用是指企业行政管理部门为组织和管理生产经营而发生的各种费用。研发费用是指企业在研究与开发过程中发生的费用化支出。财务费用是指企业为筹集生产经营所需资金而发生的筹资费用。资产减值损失是指企业各项资产由于减值而发生的各项损失。其他收益反映应计入其他收益的政府补助等项目。投资收益是指企业以各种方式对外投资所取得的净收益。净敞口套期收益是指净敞口套期下被套期项目累计公允价值变动转入当期损益的金额或现金流量套期储备转入当期损益的金额。公允价值变动收益是指企业按照相关准则规定应当计入当期损益的各项资产或负债公允价值变动的净收益。信用减值损失是指企业按相关准则规定计提的各项金融工具减值准备所形成的预期信用损失。资产处置收益是指企业出售划分为持有待售的非流动资产或处置组时确认的处置利得或损失，以及处置未划分为持有待售的固定资产、在建工程、生产性生物资产及无形资产而产生的处置利得或损失。投资收益、净敞口套期收益、公允价值变动收益、资产处置收益等项目如为净损失，则以"-"号表示。

（二）利润总额

利润总额=营业利润+营业外收入-营业外支出

营业外收入是指企业发生的与其经营活动无直接关系的各项收入。营业外支出是指企业发生的与其经营活动无直接关系的各项支出。

（三）净利润

净利润=利润总额-所得税费用

所得税费用是指企业根据所得税准则确认的应从当期利润总额中扣除的所得税费用。税后净利润归属于所有者，因此企业若实现了净利润就增加了所有者权益，而发生净亏损则减少了所有者权益。

随堂测 3-1

第二节　利润表项目分析

一、收入项目分析

收入是指企业在日常活动中形成的、会导致所有者权益增加的、与所有者投入资本无关的经济利益的总流入，主要包括销售商品或提供劳务的收入和让渡资产使用权的收入。在市场经济条件下，收入作为影响利润指标的重要因素，越来越受到企业和投资者等众多信息使用者的重视。根据收入准则的规定，企业收入的确认应当至少符合以下条件：一是与收入相关的经济利益应当很可能流入企业；二是经济利益流入企业的结果会导致资产的增加和负债的减少；三是经济利益的流入额能够可靠地计量。企业销售商品收入的金额，应按照已收或应收合同或协议价款的公允价值确定。当企业已确认销售收入，买方后来验货发现产品质量问题要求给予销售折让时，则企业应冲减当期销售收入。

收入在利润表中的"营业收入"项目体现。营业收入是企业日常经营活动中取得的经济利益的总流入，包括主营业务收入和其他业务收入。它基本上代表着企业的营业规模，反映了企业生产经营的基本结果，是形成企业业绩的最重要、最基本的来源，也是企业财富和所有者权益增长的基础。通过分析营业收入的构成及其变化趋势，找出企业业绩的主要增长点和营业收入构成变化中存在的问题和解决对策，可以为企业生产经营决策提供依据，增强企业的竞争能力。另外，还要注意分析与关联方交易的收入在总收入中的比重，分析企业有无利用隐匿、转移、分解收入等手段偷逃流转税和所得税的行为。

在企业的营业收入中，主营业务收入所占的比重一般较大，因此对主营业务收入进行分析就显得尤为重要。销售量和销售单价是影响主营业务收入的两个基本因素。在实际工作中，可以运用因素分析法对这两个因素对主营业务收入变化的影响程度进行详细分析。在这两个影响主营业务收入的基本因素中，销售单价对主营业务收入的影响更加敏感，这就要求企业根据市场供求状况以及本企业产品或劳务的成本和质量，合理确定单价，并努力做好营销工作，扩大本企业产品的市场占有份额。

其他业务收入是企业除主营业务收入以外的其他经营活动实现的收入，包括出租固定资产、出租无形资产、出租包装物和商品、销售材料、用材料进行非货币性资产交换或债务重组等实现的收入。对其他业务收入的分析，一要分析它的变动趋势，二要分析它在收入中所占的比重，三要分析导致其他业务收入变动的原因。

视频微课

营业收入分析

二、费用项目分析

作为会计要素的费用是企业在日常活动中发生的、会导致所有者权益减少的、与向所有者分配利润无关的经济利益的总流出。费用表现为资产的减少或负债的增加而引起的所有者权益的减少。费用的确认至少应符合以下条件：一是与费用相关的经济利益应当很可能流出企业；二是经济利益流出企业的结果会导致资产的减少或者负债的增加；三是经济利益的流出额能够可靠地计量。费用是按照历史成本（实际成本）计量的。在利润表中，费用项目主要包括营业成本、税金及附加、销售费用、管理费用、财务费用等项目。

（一）营业成本

"营业成本"项目反映企业在经营主要业务和其他业务发生的实际成本总额，分为主营业务成本和其他业务成本两部分。营业成本不同于其他费用，它是与营业收入相关的，已经确定了归属期，直接依附于相关产品或劳务的、被对象化了的成本。对于工商企业而言，主营业务成本通常就是已售出的产品或库存商品的生产成本或进货成本。营业成本与营业收入相配比，二者之间的差额就是通常所说的毛利额，它基本上代表着企业生产销售的商品和劳务的盈利水平。可以通过计算营业成本占营业收入的比例来分析每百元营业收入中补偿的营业成本是多少，明确营业成本对企业盈利能力的影响力度。对营业成本进行分析时，应注重分析主营业务成本总额及其构成的变动趋势，比较确定本期与前期、历史最佳水平或同行业企业的成本差异，从而找出产生成本差异的原因，便于提出改进对策。必须指出的是，企业营业成本的高低，既有企业不可控制的因素的影响，也有企业可以控制的因素的影响，还有企业通过成本会计核算系统对企业制造成本进行处理的因素的影响，因此，还要注意企业有无利用违反规定的成本开支范围列支成本，或乱摊成本、转移成本，或歪曲各项要素分配的真实性等手法偷逃所得税的行为。

（二）税金及附加

"税金及附加"项目是反映企业在本期经营业务中应负担的消费税、城市维护建设税、资源税、土地增值税和教育费附加等税费。税金及附加费用的高低和企业商品流转额或劳务供应量具有正相关关系，也体现了企业对社会的贡献。它虽然不构成产品的生产成本，但却是企业为了取得营业收入而必须发生的一项费用支出，所以也是影响营业利润的重要因素。在分析时，主要应注意各种税费实际发生额计算的准确性和税费缴纳的及时性。

（三）销售费用

"销售费用"项目是企业在销售商品过程中发生的各项费用以及为了销售本企业产品而专门设立的销售机构的各项经营费用。从销售费用的基本构成及功能看，有的是销售过程中发生的费用，如包装费、检验费、运输费、装卸费、整理费、保险费、销售佣金、委托代销费用等，这些费用与企业的销售业务活动有关；有的是为了促销商品而发生的费用，如广告费、展览费、售后服务费、产品质量保证损失等，它们与企业的未来发展、市场开拓、企业品牌知名度的扩大有关；有的是专设销售机构（销售公司、销售网点、售后服务网点等）的经营费用，如销售人员的薪酬、业务费、销售用固定资产的折旧费和修理费等，这些费用中的一部分与从事销售活动人员的待遇有关。对利润表中销售费用项目进行分析时，可以计算销售费用占营业收入的比例来分析每百元营业收入中补偿的销售费用是多少，从而明确销售费用对企业盈利能力影响力度。更应将企业销售费用的增减变动趋势与销售量的变动结合起来，分析这种变动趋势的合理性、有效性、协调性，而不能片面追求销售费用的降低，否则可能对企业的长期发展不利或者影响企业销售人员的积极性。一般认为，在企业生产经营业务范围扩大的情况下，其销售费用不应降低。另外，也要注重分析销售费用构成的变动情况，找出影响销售费用增减变动的主要因素，总结销售费用管理中存在的问题，以寻求相对控制销售费用的对策。

（四）管理费用

"管理费用"项目是企业行政管理部门为组织和管理企业生产经营所发生的各项费用。管理费用内容庞杂，细目众多，金额较大，几乎成了费用之"筐"，那些应当由企业统一负担的费用一般都计入管理费用。因此，首先，要分析企业是否有虚列管理费用、费用分摊比例是否合理或是否将应计入成本的开支计入管理费用，以判断管理费用的真实性。其次，可以计算管理费用占营业收入的比例来分析每百元营业收入中补偿的管理费用是多少，从而明确管理费用对企业盈利能力的影响力度。再次，可按不同时期将管理费用绝对额或结构进行对比，比较分析有无重大波动和异常，以发现管理费用的开支和管理中是否存在问题。最后，注意管理费用的管理效率，主要应强调相对控制和相对降低，而不是绝对额的控制和降低，因为业务招待费、管理人员薪酬等很多管理费用项目的发生与企业生产经营规模的扩大有关，过分强调管理费用绝对额的控制和降低，既不科学，又可能影响相关管理人员的积极性，对公司的长期发展不利，因此分析时应将企业管理费用的增减变动与生产经营规模的变动结合起来，分析这种变动趋势的合理性和有效性。

（五）研发费用

"研发费用"项目是企业进行研究与开发过程中发生的费用化支出。对研发费用项目进行分析时，也可以计算研发费用占营业收入的比例来分析每百元营业收入中补偿的研发费用是多少，从而明确研发费用对企业盈利能力的影响力度。

（六）财务费用

"财务费用"项目反映企业为筹集生产经营所需资金而发生的筹资费用，包括利息支出（减利息收入）、汇兑损失（减汇兑收益）、金融机构手续费等。与销售费用和管理费用相比，财务费用具有项目少、重点项目突出的特点，其中经营期间发生的利息支出构成了企业财务费用的主体。对财务费用项目进行分析时，也可以通过计算财务费用占营业收入的比例来分析每百元营业收入中补偿的财务费用是多少，从而明确财务费用对企业盈利能力的影响力度。值得注意的是，借款费用应当考虑资本化问题，只有非资本化的金额才能计入财务费用。企业借款利息水平的高低主要取决于借款规模、利率和借款期限三个因素，分析时要结合宏观货币政策、资金市场和企业当时的具体情况进行。

（七）信用减值损失

信用减值损失是企业因购货人拒付、破产、死亡等原因无法收回，而遭受的损失。信用减值损失是损益类科目，借方记增加，贷方记减少。信用减值损失不仅会对企业的财务状况产生负面影响，还可能对整个金融市场造成不良影响。

对信用减值损失项目的分析：首先要看企业有没有建立合理的信用风险管理制度，以评估和监控其信用风险暴露程度。其次看企业有没有根据债务人信用风险暴露的程度，制定适当的信用减值损失预期和准备计划。最后要看企业有没有采取适当的措施来减少和控制信用减值损失的风险，如制定合理的还款计划、增加担保等。

（八）资产减值损失

资产减值是指资产的可收回金额低于其账面价值。利润表中的"资产减值损失"项目反映企业各项资产发生的减值损失。根据新准则规定，为了体现资产的真正价值，当企业资产的可收回金额低于账面价值时，原则上都应将资产的账面价值减记至可收回金额，减记的金额确认为资产减值损失，计入当期损益，同时计提相应的资产减值准备。企业计提的应收款坏账准备、存货跌价准备、债权投资减值准备等，在相关资产价值恢复的时候，可以在原计提的减值准备金额内予以转回，而长期股权投资、固定资产、在建工程、无形资产、商誉等非流动资产相关的资产减值准备一经计提，以后不得转回。企业股东和债权人都很关注资产的现时状况，因为一旦资产减值，就会影响企业的盈利能力和偿债能力。企业经营管理者也可以借此信息掌握不良资产状况，及时做出资产处理和更新决策。

（九）所得税费用

"所得税费用"项目反映企业根据所得税会计准则确认的应从当期利润总额中扣除的所得税费用。由于会计和税法的分离，会计上核算的所得税费用与按照税法计算应缴纳的所得税并不相同。根据现行企业会计准则，所得税采用资产负债表债务法核算，其金额大小不仅受当期应缴纳所得税的影响，而且受包括预期以后期间可能应缴纳（或者可抵扣）项目的影响。所得税费用应依据当期应交所得税和递延所得税资产、递延所得税负债的期末、期初差额加以确定。

$$\text{所得税费用} = \text{当期应交所得税} + (\text{递延所得税负债期末余额} - \text{递延所得税负债期初余额}) - (\text{递延所得税资产期末余额} - \text{递延所得税资产期初余额})$$

对所得税费用的分析，要从企业组织形式、资本结构决策、费用列支方法、销售收入确认的时间、固定资产折旧和存货计价方法等多个方面进行。企业的组织形式不同，纳税义务的认定也有很大的差别。如公司设立下属公司时，选择设立子公司还是分公司对企业所得税负会产生不同的影响。子公司作为独立的纳税义务人要单独缴纳所得税，如果子公司所在地税率较低，子公司可以少缴所得税，而分公司只能将其利润并入总公司缴纳所得税，所以无论其所在地税率高低，均不能增减公司的整体税负。再者，作为公司法人制企业，其利润要缴纳企业所得税，其税后利润作为股利分配给投资者后，投资者还要缴纳个人所得税，而合伙企业和独资企业取得的收益都只需缴纳个人所得税。因此，在设立企业时，要考虑好各种企业组织形式对所得税的影响，做好所得税的税收分析。不同的资本结构决策对所得税费用也有影响。负债的利息可以在税前列支，而权益资金的股息只能从缴纳所得税后的净利润中分配，这样，多利用负债资金就可以起到节税作用，所以企业在进行资本结构决策时就应把所得税费用因素考虑进去。同样，费用列支的时间和数额、销售收入确认的时间、固定资产折旧和存货计价方法，也对企业所得税费用的增减有着不同的影响，企业在决策时应充分考虑并认真分析这些因素。

三、利润项目分析

（一）投资净收益

"投资收益"项目反映企业对外投资收益减去投资损失的净额。投资收益包括对外投资分得的利润、股利和债券利息，投资到期收回或中途转让取得款项高于账面价值的差额，以及按权益法核算的股权投资在被投资方增加的净资产中拥有的数额等；投资损失包括对外投资到期收回或中途转让取得款项低于账面价值的差额，以及按权益法核算的股权投资在被投资方减少的净资产中分担的数额等。随着我国资金市场的发展，企业营业利润中投资收益所占比重日益加大。对投资净收益的分析也要根据当期的实际情况进行。

（二）公允价值变动净收益

"公允价值变动收益"项目用来反映因企业资产或负债公允价值变动形成的应当计入当期损益的利得或损失。公允价值是指在公平交易中，熟悉情况的交易双方自愿进行资产交换或债务清偿的金额。会计上采用公允价值计量的资产通常是一些对价格变化比较敏感的资产，如交易性金融资产、交易性金融负债、采用公允价值计量的投资性房地产、衍生工具、套期保值业务等，企业一般会采取盯市管理策略。值得注意的是，不要把公允价值下降造成的变动损益和上述资产减值损失混为一谈。公允价值变动产生的收益或损失要根据实际情况进行具体分析。

（三）营业利润

利润表中的"营业利润"项目的数额是以营业收入为基础，减去营业成本、税金及附加、销售费用、管理费用、研发费用、财务费用、资产减值损失，加上公允价值变动净收益和投资净收益等计算出来的。因此，营业利润项目分析主要从以下几个方面展开：

1.分析营业利润额的大小和结构。企业营业利润的多少，说明了企业总体经营管理水平和效果。（1）当营业利润较大时，要注意分析以下问题：第一，其他业务利润的多少。其他业务利润是其他业务收入减去其他业务成本的差额。在企业开展多种经营业务时，其他业务利润会弥补主营业务利润的不足，但是如果企业其他业务利润很大，甚至长期高于主营业务利润，企业应当考虑调整产业结构。第二，其他业务利润的用途。要关注企业的其他业务利润主要是用来扩大营业收入，还是主要用于非生产经营性消费。如果用于扩大营业收入，企业的盈利能力会越来越强，而如果用于购买小汽车、高档装修等非生产经营性消费，企业则仍然缺少长远的盈利能力。（2）当营业利润较小时，应着重分析商品销售利润的大小、多种经营的发展情况和各种期间费用的多少。如果期间费用较高，影响了营业利润时，就要详细分析销售费用、管理费用、研发费用、财务费用的构成，找出期间费用居高不下的原因，严格加以控制与管理，以提高营业利润。

2.分析影响营业利润变动的各个因素的影响程度。在工业企业，如果暂时不考虑各种期间费用和资产减值损失、公允价值变动净收益和投资净收益，营业利润由产品销量、销售单价、单位生产成本、流转税费的税率四个因素决定（如果是多品种产品生产企业，还要考虑产品品种结构这一因素）。在进行具体的利润项目分析时，往往是采用因素分析法（连环替代法），在将实际营业利润与计划营业利润对比的基础上，分析影响营业利润变动的各种因素的影响程度，并对企业营业利润的完成情况作恰当的评价，挖掘增加营业利润的因素，从而提出相应对策。

（四）营业外收入和营业外支出

营业外收入和营业外支出是指企业发生的与经营业务无直接关系的各项利得和损失。会计上通过营业外收入核算的项目主要有非流动资产毁损报废利得、非货币性资产交换利得、政府补助（如用于补偿已经发生的损失）、资产盘盈利得、捐赠利得、经批准处理的确实无法支付的应付款项等；通过营业外支出核算的项目主要有非流动资产毁损报废损失、非货币性资产交换损失、债务重组损失、公益性捐赠支出、非常损失、罚没支出、资产盘亏损失等。需要注意的是，与营业活动的收入和费用不同，营业外收入和营业外支出不存在对应或配比关系，某种事项的发生可能有收入而不需要为此付出什么，同样，有些事项的发生仅仅有"付出"而不会得到什么"回报"。因此，这类事项如果出现异常，则需要财务报告使用者做一些特殊处理，比如考察企业正常经营业务的盈利能力，以判断营业外收支对利润总额的影响。另外，应重点对营业外支出项目进行分析，着重检查其是否严格按制度规定的项目、范围和标准列支，是否把应计入产品成本和期间费用的开支也列到了营业外支出中，从而造成成本费用指标的虚假现象。通过对营业外收支的分析，还可以补充说明企业工作的质量，揭露工作中的薄弱环节。

（五）利润总额

对"利润总额"项目进行分析，应主要从以下几个方面进行：

1.分析利润总额的增长与目标完成情况。这主要通过对比本期利润总额的实际数和计划预算数，计算本期计划的完成程度，如果没有完成，还要对未完成利润计划的原因进行深入分析。将本期利润总额与上期利润总额进行比较，计算利润增长率，以动态地观察企业利润的增长情况。比较分析组成利润总额的各项目的本期实际数与上期实际数，以便确定各项目对企业经营成果的影响程度。

2.分析利润总额构成的变动情况，对影响利润总额的各个组成部分进行分析。企业利润总额包括营业利润和营业外收支净额。一般情况下，营业利润是利润总额的主要部分，在利润总额中所占比重最大，而营业外收支净额在利润总额中所占的比重较小。因此在分析时，要注意企业利润总额的构成是否符合上述一般情况。如果企业利润总额是在营业外收支发生大幅波动的情况下形成的，说明企业的利润总额不是以营业利润为基础的，是不稳定、不可持续的，而且利润总额可能不真实。

（六）净利润

企业的净利润等于利润总额减去所得税费用后的余额。它是完全归属于所有者的企业经营成果。企业净利润不仅包括企业经营性盈利，还包括企业投资、资本运作等理财性盈利和非经常性损益。因此，净利润的增减变动是利润表上所有项目增减变动的综合结果。对净利润进行分析，包括对形成净利润的各项目的增减变动及其结构变动的分析，和对其变动差异较大的重点项目的分析。在对营业利润和利润总额进行初步分析的基础上进行净利润的增减变动及其构成分析时，应将分析的重点放在引起本期净利润增减变动的主要项目上，尤其要分清经营性、经常性损益项目的影响和非经营性、非经常性损益项目的影响。

（七）每股收益

在上市公司的利润表中，还有一项"每股收益"项目。每股收益是指当期归属于普通股股东的净利润中，每一股普通股所能享有（或应负担）的净收益（净亏损）金额。利润表上分别以基本每股收益和稀释每股收益列示。每股收益是衡量上市公司盈利能力和进行业绩评价的基本指标，也是股东最关心的指标之一。而在现实经济生活中，每股收益指标同时又是一个容易引起争议和误解的指标。长期以来，学术界和实务界关于每股收益尤其是复杂资本结构下每股收益的核算口径的认识并不统一，诸如"基本每股收益""主要每股收益""稀释每股收益""全面摊薄每股收益""加权平均每股收益"等，不仅叫法不一、名目较多，而且各有各的解释，同时还具有"国际"差异。特别是对于稀释每股收益的稀释性（摊薄）原理的诠释，至今未有统一的认识。一般而言，稀释性潜在普通股是指假设当期转换为普通股会减少每股收益的潜在的普通股，主要包括可转换公司债券、认股权证和股票期权等。

【分组任务】请四组学生分别在事先（上课前）准备，其中A、B、C三组各推选1名学生介绍某个行业企业利润表项目的特别之处，第四组推选3名学生点评。介绍时间各5分钟，点评时间各5分钟。

拓展阅读1

非经常性损益：性价比最高的利润表调节器

随堂测3-2

第三节　利润表水平分析

利润表水平分析也称为利润表的横向比较，是将连续数期的利润表金额并列起来，形成比较利润表，然后比较其相同项目（指标）的增减变动金额和幅度，据以判断企业经营成果的状况及其发展变化趋势，并通过各项目的增减变化分析其存在的问题，寻找原因，总结经验教训，便于下一步继续保持或加以改进。利润表的水平分析趋势比较可以采用环比比较法，也可以采用定基比较法。下面对永昌公司利润表主要项目（指标）的水平分析具体过程分别进行介绍。

一、收入变动趋势分析

营业收入是企业利润的主要来源。收入变动趋势分析，是指通过对营业收入前后各期的比较分析，了解营业收入的增减变化情况，包括变动额和变动率，并在此基础上判断其发展趋势，对企业未来的收入变化做出预测。

永昌公司的营业收入从 2×22 年的 585 714 元逐年增加到 2×24 年的 788 863 元，说明该公司的营业收入基本呈上升趋势，2×24 年营业收入比 2×22 年增长了 203 149 元，增长了 34.68%。这说明该公司经营状况良好，业务发展迅速，前景看好。分析者还可以将永昌公司营业收入的增长速度与同行业其他企业的增长速度相比较，以评价该公司营业收入增长速度的快慢。此外，分析者还应分析永昌公司营业收入增长的原因，了解该公司营业收入的增长究竟主要来源于主营业务收入的增长还是其他业务收入的增长。

二、成本费用变动趋势分析

一般企业中，营业成本是所有成本费用项目的主要部分。成本费用变动趋势分析，是指通过对各成本费用项目前后各期的比较分析，了解各成本费用项目的增减变动情况，包括变动额和变动率，并在此基础上判断其发展趋势，对企业未来的成本费用变化做出预测。

永昌公司营业成本从 2×22 年的 482 909 元逐年增加到 2×24 年的 687 108 元，说明该公司营业成本随着营业收入的增长基本呈上升趋势，2×24 年的营业成本比 2×22 年增长了 204 199 元，增长了 42.29%。对比营业收入的增长率分析发现，该公司营业成本的增长率超过了营业收入的增长率，说明该公司毛利率有下降的趋势，应引起经营管理者的重视。分析者还可以将该公司营业成本的增长速度与同行业其他企业的增长速度相比较，以评价该公司营业成本增长速度是否正常。此外，分析者还应分析永昌公司营业成本增长的原因，了解该公司营业成本增长的主要原因究竟是主营业务成本的增长还是其他业务成本的增长。最为重要的是，要通过计算每年营业成本占营业收入的比例来分析每百元营业收入中补偿的营业成本数的增减变动情况。

永昌公司税金及附加、管理费用随着营业收入的增长也在逐年增长，这应属于正常现象，但也要通过计算每年税金及附加、管理费用占营业收入的比例来分析每百元营业收入中支出的税金及附加、管理费用的增减变动情况是否合理。这样才能真正看到问题的实质。

永昌公司 2×23 年的所得税费用比 2×22 年有所下降，2×23 年的财务费用比 2×22 年下降明显，2×24 年的所得税费用比 2×23 年大幅上升，财务费用略有上升，这些都要结合当时的实际情况做具体分析，寻找升降的具体原因，以利于下一步控制工作的开展。最好也通过计算每年所得税费用、财务费用占营业收入的比例来分析每百元营业收入中支出的所得税费用、财务费用的增减变动情况是否合理。

永昌公司的销售费用从 2×22 年到 2×24 年逐年平稳下降，这与营业收入的逐年增长趋势不符，必须认真查找销售费用下降的原因，以利于下一步采取相应对策。

三、利润项目变动趋势分析

利润项目变动趋势分析是指通过对各利润构成项目（包括公允价值变动净收益、投资净收益、营业利润、营业外收支净额、利润总额、净利润等）前后各期的比较分析，了解各利润构成项目的增减变化情况，包括变动额和变动率，并在此基础上判断其发展趋势，对企业未来的利润构成项目变化做出预测。

永昌公司2×23年的投资净收益比2×22年明显下降，但2×24年又有较大上升。应结合具体情况进行原因分析；该公司营业利润从2×22年的88 215元下降到2×23年的76 913元，2×24年又上升到87 947元，但仍没有达到2×22年的水平。必须从营业收入、各成本费用项目的历年变化中寻找原因，加以改进；该公司营业外收支净额在这三年中变动剧烈，而且2×22年和2×24年这两年的营业外收支净额均为数额较大的负数，比较严重地影响了利润总额，原因必须分析清楚；从利润总额看，在2×22年至2×24年营业收入稳步增长的情况下，该公司利润总额变化不大，2×24年的利润总额还达不到2×22年的水平，必须认真分析造成这种局面的原因，采取相应措施加以改进；从净利润看，2×24年的净利润比前两年下降较明显，原因可以从营业收入和各项成本费用的变动情况中一步一步地分析出来。

随堂测 3-3

第四节　利润表结构分析

利润表结构分析是在利润表水平分析的基础上进行的纵横结合的比较。它是将利润表各项目与营业收入这一项目的总额相比，计算出各项目占总体的比重，并将各项目构成与历年数据及同行业水平进行比较，分析其变动的合理性及其原因，借以判断企业利润的质量和企业营业收入、各项成本费用和经营成果的发展趋势，进而为预测未来的盈利能力提供依据。

首先，以利润表中的营业收入数额为100%，计算出其各因素或各种财务成果占营业收入的百分比，形成共同比利润表（也称结构百分比利润表），进行纵向分析，也叫垂直分析。然后，将连续数期的共同比利润表并列起来，形成比较共同比利润表，以比较共同比利润表为依据，比较连续数期各个项目百分比的增减变动情况，进行纵横结合的分析比较，以此来判断有关财务成果的结构及其增减变动的合理程度以及发展趋势。这种方法能消除不同时期（不同企业之间）业务规模差异的影响，既可用于同一企业某一时期收入、成本费用和利润项目的纵向比较，实际利润构成与标准利润构成之间的比较，又可用于同一企业不同时期的横向比较，还可以用于不同企业之间的横向比较。利润表结构分析，要结合企业的行业特点、经营状况及当时所处的市场环境等因素，才能得出合理的结论。

一、利润表结构总体分析

下面列示了永昌公司比较共同比利润表，作为利润表结构分析的依据，见表3-2。

表 3-2　　　　　　　　　永昌公司 2×22—2×24 年度比较共同比利润表　　　　　　单位：%

项　　目	2×22 年	2×23 年	2×24 年
一、营业收入	100	100	100
减：营业成本	82.45	87.14	87.10
税金及附加	0.59	0.58	0.58
销售费用	0.80	0.53	0.40
管理费用	0.76	0.80	0.77
财务费用	0.64	0.34	0.36
加：投资收益（或损失）	0.30	0.01	0.36
二、营业利润（或亏损）	15.06	10.62	11.15
加：营业外收入	0.00	0.06	0.12
减：营业外支出	1.51	0.01	1.28
三、利润总额（或亏损总额）	13.55	10.67	9.99
减：所得税费用	2.21	1.42	3.29
四、净利润（或净亏损）	11.34	9.26	6.70

　　从营业成本占营业收入的比例看，2×24 年和 2×23 年基本持平，但都比 2×22 年增加了约 4.6%，要分析具体原因，为抓好营业成本控制工作提供依据。税金和附加占营业收入的比例，三年中变化不大。销售费用占营业收入的比例三年中不断下降，这基本可以说明永昌公司销售费用的控制工作做得好，但也要结合具体情况分析其中的原因。管理费用占营业收入的比例三年变化不大，财务费用占营业收入的比例 2×24 年和 2×23 年变化不大，但都比 2×22 年大幅降低，具体原因有待进一步剖析。投资收益占营业收入的比例，2×24 年比 2×22 年略有上升，但 2×23 年与其前后两年相比要低了不少，也要分析具体原因。营业利润占营业收入的比例，2×24 年虽然比 2×23 年略有提高，但比 2×22 年下降不少，说明企业盈利能力 2×23 年和 2×24 年都不如 2×22 年，必须认真剖析原因，采取增加营业利润的措施。虽然永昌公司营业外收入占营业收入的比例三年中有所提高，但该公司营业外支出占营业收入的比例远大于营业外收入占营业收入的比例，而且营业外支出占营业收入的比例三年中变化较大，必须仔细分析原因。从利润总额占营业收入的比例（营业利润率）来看，公司这三年中该指标逐年降低，这说明该公司的盈利能力不但没有提高，反而逐年下降，必须结合收入和成本费用、税金、投资收益、营业外收支净额的变化分析其原因，才能得出正确的解释，并为下一步工作的改进提供对策依据。从所得税费用占营业收入的比例看，三年中也变动较大，也要分析其具体原因。最后，从该公司净利润占营业收入的比例（销售净利率）来看，三年中也在不断下降，且下降幅度不小，这说明该公司的盈利能力在不断下降，一定要联系各种收入、费用项目占营业收入的比例来一项一项地分析造成这个结果的原因，为下一步稳定和提高企业盈利能力提供依据。

二、收入结构分析

收入结构分析是指通过各项收入在总收入中所占的比例来对收入的构成及其发展趋势进行分析，说明企业收入水平及其合理性、稳定性。显然，正常的企业，应以主营业务收入为主，而其他业务收入上升可能预示企业新的经营方向。在主营业务收入分析中，要计算创造主营业务收入的各项业务或各个产品的收入占主营业务收入的比例来分析主营业务收入的构成，并联系各业务或各产品所处的生命周期阶段和市场前景来分析它们的发展趋势，为企业下一步的经营决策提供依据。在其他业务收入分析中，也要计算各项其他业务收入占其他业务收入总额的比例，并联系企业下一步的经营目标进行发展趋势的合理性分析。

三、成本费用结构分析

成本费用结构分析主要是分析企业总成本费用中各项目所占的比重及其发展趋势，说明企业支出水平及其必要性和合理性。总成本费用加上公允价值变动收益和投资收益后形成营业利润，因此，它是营业利润增减变动原因分析中的重要因素。

下面列举永昌公司成本费用结构表并进行简单分析，见表3-3。

表3-3　　　　　　　　永昌公司2×22—2×24年度成本费用结构表　　　　　　　单位：%

项　目	2×22年	2×23年	2×24年
营业成本	96.73	97.48	97.64
税金及附加	0.69	0.65	0.65
销售费用	0.93	0.60	0.45
管理费用	0.89	0.89	0.86
财务费用	0.75	0.38	0.40
成本费用总额	100	100	100

永昌公司营业成本一直占成本费用总额的绝大多数，是总成本费用的主要组成部分，而且从2×22年到2×24年的三年中，营业成本占总成本费用的比重每年都有所上升。因此，永昌公司要提高盈利水平，控制营业成本是关键。该公司税金及附加在总成本费用中的比重三年中比较稳定，与2022年相比，2×23年和2×24年还略有下降。该公司销售费用逐年下降，而且下降幅度较大。管理费用占总成本费用的比重也基本稳定，2×24年比前两年略有下降。财务费用占总成本费用的比重，2×23年和2×24年基本持平，但都比2×22年下降不少。

四、利润业务结构分析

利润业务结构分析主要是对各种性质的业务所形成的利润占利润总额的比重及其

合理性进行的分析。企业利润总额由营业利润、营业外收支净额构成。营业利润又由生产经营性利润（销售利润）和公允价值变动收益、投资净收益构成。通过利润业务结构分析可以说明利润的来源结构及其增减变动的合理程度，考察企业持续产生利润的能力，利润形成的合理性以及企业收益的质量，还可与同行业企业进行比较来说明问题。

对于生产经营企业，一般应以营业利润为主，主营业务利润的下降可能预示着危机的存在，其他业务利润、投资收益的上升可能预示着新的利润增长点的出现，高额的营业外收支净额只不过是昙花一现，甚至可能是造假的结果。

下面列示永昌公司利润总额的构成情况，并进行简单分析，见表3-4。

表3-4　　　　　永昌公司2×22—2×24年度利润总额构成表

项　目	2×22年		2×23年		2×24年	
	数额（元）	占比（%）	数额（元）	占比（%）	数额（元）	占比（%）
销售利润	86 484	108.97	76 871	99.41	85 146	108.00
投资收益	1 731	2.18	42	0.05	2 801	3.55
营业利润	88 215	111.15	76 913	99.46	87 947	111.55
营业外收支净额	-8 848	-11.15	417	0.54	-9 105	-11.55
利润总额	79 367	100	77 330	100	78 842	100

视频微课

盈利结构的
一般分析

拓展阅读2

私募大佬罗伟广的资本魔术

随堂测3-4

从表3-4可以看出，永昌公司营业利润三年来一直是利润总额的最重要构成部分，从构成比例上看一直占据绝对地位。在营业利润中，生产经营性利润（销售利润）又占据绝对地位。可见永昌公司的利润结构基本合理，主业明确，盈利能力基本稳定，公司盈利的质量较高。投资收益在营业利润、利润总额中的占比（贡献）很小，且三年中在营业利润、利润总额中的占比很不稳定，2×22年、2×24年这两年比2×23年占比相对明显要大。2×22年、2×24年的营业外收支净额都是负数（净支出），且数额较大，在利润总额中的占比较高，这一问题应引起高度重视，需要做详细分析，剖析其具体原因。

【素养提升】

党的二十大报告16次提及了"高质量发展"。报告指出，实现高质量发展是中国式现代化的本质要求，是全面建设社会主义现代化国家的首要任务。企业也是这样，不但要追求盈利的数量，而且要关注盈利的质量。只有来源稳定可靠、实现时间分布合理、有现金支持能力的利润，才是高质量的，只有这样，企业也才能做到高质量发展。请同学们谈谈对利润数量和质量关系的认识。

第五节　利润质量恶化的特征分析

利润是反映企业盈利能力和评价企业经营管理业绩的重要依据，因此对利润质量的分析十分必要。一般认为，利润质量高的企业表现为：主营业务利润是企业利润的主要来源；对利润的计量实行持续、稳健的会计政策；企业的收入能迅速转化为现金。而企业利润质量的恶化，也必然会反映到各个方面，不利于企业的长期稳定发展。对于报表使用者而言，可以从以下几个方面来判断企业的利润质量是否正在恶化。

一、反常压缩酌量性成本支出

酌量性成本是指企业管理层可以通过自己的决策而改变其规模的成本。在市场衰退、业务不振时，公司应尽量压缩如开发费用、广告费用、市场营销费、职工培训费等酌量性成本的开支，降低经营杠杆作用，减轻经营风险。但这类酌量性成本支出对企业的可持续发展又非常有利，如果企业在成长发展阶段就降低此类成本支出的话，就属于反常压缩。这种压缩有可能是企业为了当期的利润规模而降低或推迟了本应发生的酌量性成本支出。靠反常压缩酌量性成本支出而获得的利润，是暂时的、低质量的利润。因此，报表使用者在考察企业的盈利能力和经营绩效，制定投资决策时，以利润作为绝对量指标是一种短视的、不科学的行为。

二、变更会计政策和会计估计

按照会计的一致性原则的要求，企业会计政策和会计估计前后各期应保持一致，不得随意变更。如果企业在不符合"会计政策、会计估计变更和差错更正"会计准则要求的条件下变更会计政策和会计估计，目的就有可能是改善企业的报表利润。因此，在企业面临不良的经营状况时，变更会计政策和会计估计的，可以被认为是企业利润质量恶化的一种信号。在企业管理层曾经有过利用会计政策和会计估计变更改善财务状况的"前科"时更是如此。

三、应收账款规模的异常扩大

应收账款的异常变化包括其规模的不正常扩大、应收账款平均收账期的不正常变长等。在企业赊销政策一定的条件下，企业的应收账款规模应该与企业的营业收入保持一定的对应关系，企业应收账款的平均收账期应保持稳定。企业应收账款规模也与采用的信用政策有关。企业应收账款的不正常增加，如其增长速度大大高于企业主营业务收入和利润的增长速度，以及应收账款平均收账期的不正常增加，都有可能是企业为了增加其营业收入而放宽信用政策的结果。过宽的信用政策，会使企业面临未来发生大量坏账损失的风险，从而降低企业利润的质量。

四、存货周转速度过于缓慢

如果企业存货周转速度过于缓慢，表明企业产品的质量和价格、存货的控制或营销策略等方面存在问题。在营业收入一定的条件下，存货周转速度越慢，企业占用在存货上的资金也就越多。过多的存货占用，必然会增加企业存货的储存成本、机会成本等管理成本，导致企业利润质量下降。

五、应付账款规模异常增加

在企业供货商赊销政策一定的条件下，企业的应付账款规模应该与企业的采购规模保持一定的对应关系，企业应付账款的平均付账期应保持稳定。在企业产销较为平稳的条件下，企业的应付账款规模还应该与企业的营业收入保持一定的对应关系。在企业的购货和销售状况没有发生较大变化，供货商也没有放宽信用政策的条件下，企业应付账款规模的异常增加、应付账款平均付账期的不正常延长，有可能表明企业支付能力、资产质量和利润质量的恶化。

六、无形资产规模的不正常增加

如果企业出现无形资产的不正常增加，则有可能是企业利用研究和开发支出的资本化处理，将费用转化为资产，用以弥补应当归属于当期的其他花费或开支，造成的结果一边是利润的虚增，一边是资产的虚列。

七、利润来源过度依赖非主营业务利润

一般来说，企业以主营业务利润、投资收益为利润总额的支点。在正常情况下，上述两类利润来源应当在利润总额中占有合理的比例。但是，在主营业务利润增长点潜力挖尽又没有发现新的利润增长点的情况下，一些企业为了维持一定的利润水平，就有可能通过非主营业务利润和特殊的交易或事项来弥补主营业务利润和投资收益的不足。如通过出售资产、大量从事其他业务来获取利润以使利润表中的利润水平不会下降。显然，这类非主营业务利润和特殊的交易或事项在短期内可能会使企业利润维持表面繁荣，但同时也会使企业的长期发展战略和利润质量受到冲击。

八、计提的各种资产减值准备过低

企业的各种资产减值准备，应严格按照相关会计准则的规定予以计提。但是资产减值准备计提的具体比例仍依赖于企业对有关资产贬值程度的主观认识。在期望将利润高估的会计期间，企业往往选择较低的计提比例。这就等于把应当由企业现在或以前负担的费用、损失人为地递延到未来的会计期间，从而导致当期企业利润质量下降。

九、成本费用出现不正常降低

企业利润表中的营业成本和销售费用、管理费用等期间费用按其习性可以分为固定成本费用和变动成本费用两部分。固定成本费用在一定范围内不随产销业务量的变化而变化，变动成本费用与产销业务量存在正比例变动关系。这样，企业各个会计期间的成本费用一般不太可能发生随着企业产销业务量的增长而下降的情况。但是，在实务中经常会发现在一些企业的利润表中存在收入项目增加的同时成本费用项目却大幅降低的反常情形，在这种情况下，信息使用者完全可以怀疑企业可能在报表中"调"出虚假利润。

另外，如果企业扩张的速度过快，也可能导致取得的利润质量下降。如果一个企

业可供分配的利润较多，又没有合适的投资机会，但该企业一直不采用现金股利的形式分配股利，也可以说明该企业的利润质量不高，利润的实现没有相应的现金收回作保障。

【头脑风暴】 企业利润质量恶化的表现有哪些？具体是如何影响利润质量的？

●●● 本章小结

利润表是财务报表中的主要报表之一，利润是企业综合经营业绩的体现，又是进行利润分配的主要依据，企业盈利能力是投资者等企业利益相关者关注的焦点，对利润表的分析十分重要。本章首先介绍了利润表的作用、基本结构及格式、利润表各项目之间的关系；其次介绍了对利润表中各收入项目、费用项目、利润项目进行分析的基本内容和基本方法；再次结合实例介绍了以收入、成本费用和利润项目变动趋势分析为内容的利润表水平分析的基本原理，结合实例介绍了以利润表总体结构分析、收入结构分析、成本费用结构分析以及利润业务结构分析为主要内容的利润表结构分析的基本方法；最后，介绍了企业利润质量恶化的几种表现。本章的重点是利润表水平分析和结构分析的方法及原理。

●●● 进一步学习指南

利润表是财务报表中的主要报表之一，企业盈利能力是投资者等企业利益相关者关注的焦点。信息需求者阅读和分析企业利润表不仅关注该表的最后结果（净利润），而且要了解企业收入的增长点和开支重点，考察企业利润形成的过程、利润的结构及其发展趋势，剖析影响利润数量和质量的因素，挤出虚假业绩的"泡沫"，从而正确、全面、辩证地认识企业的经营业绩和获利能力。因此，对利润表的分析十分重要。如果读者想对利润表的一般分析，尤其想对利润表水平分析和结构分析有更深入的了解，或者感兴趣的读者想比较一下各种教材对这一问题的不同阐述，可以参考其他一些教材、文献和法规。

●●● 主要阅读文献

1.马永义.如何分析利润表 [J].商业会计，2020（21）：8-11.

2.张利，魏艳华.财务报告分析 [M].上海：上海财经大学出版社，2009.

3.周凤.财务报表分析 [M].2版.北京：机械工业出版社，2013.

4.张惠忠，裘益政，胡素华.财务报告分析 [M].北京：科学出版社，2017.

5.张献英，王永刚.财务分析学 [M].2版.北京：北京大学出版社，2020.

6.苏布拉马尼亚姆.财务报表分析 [M].宋小明，谢盛纹，译.11版.北京：中国人民大学出版社，2021.

7.薛云奎，郭照蕊.财务报表分析 [M].北京：机械工业出版社，2020.

8.肖星.一本书读懂财报（全新修订版）[M].杭州：浙江大学出版社，2019.

9.王化成，支晓强，王建英.财务报表分析 [M].2版.北京：中国人民大学出版社，2018.

10.黄世忠.财务报表分析 [M].北京：中国财政经济出版社，2020.

11.张新民，钱爱民．财务报表分析［M］．5版．北京：中国人民大学出版社，2019.

12.中华人民共和国财政部，企业会计准则第30号——财务报表列报，2014年1月.

●●● 思考题

1.企业利润表的基本内容和具体结构如何？简要解释利润表内各项目之间的关系。

2.你认为利润表中哪些项目是分析的重点？如何分析重点项目？

3.利润表水平分析的目的是什么？如何对利润表进行水平分析评价？

4.怎样进行利润表的结构分析？

5.影响利润质量的因素有哪些？利润质量恶化有哪些表现？

●●● 练习题

表3-5是福昌公司2×22年、2×23年和2×24年度的比较利润表：

表3-5   比较利润表

编制单位：福昌公司   单位：元

项　　目	2×24年	2×23年	2×22年
一、营业收入	376 745	349 433	212 369
减：营业成本	328 184	299 682	176 434
税金及附加	762	569	714
销售费用	10 689	12 238	8 757
管理费用	23 384	18 501	15 094
财务费用	5 007	2 706	2 241
资产减值损失	652	1 358	680
加：公允价值变动收益（损失以"－"号填列）			
投资收益（损失以"－"号填列）	-977	-545	1 793
其中：对联营企业和合营企业的投资收益			
二、营业利润（亏损以"－"号填列）	7 090	13 834	10 242
加：营业外收入	192	376	878
减：营业外支出	436	492	206
三、利润总额（亏损总额以"－"号填列）	6 846	13 718	10 914
减：所得税费用	1 066	3 465	2 443
四、净利润（净亏损以"－"号填列）	5 780	10 253	8 471

练习题
参考答案

要求：对福昌公司的上述比较利润表进行水平分析和结构分析。

第四章

现金流量表一般分析

学习目标：1.掌握现金流量表水平分析、结构分析的方法和技巧；

2.熟悉现金流量表主要项目分析的方法和内容；

3.熟悉现金流量表分析应考虑的因素；

4.熟悉现金流量表与其他财务报表结合分析的内容；

5.了解现金流量表的作用、结构和格式。

导入案例

在现金流量表中，来自经营活动的现金流是最为重要的。它是收付实现制下的企业"净利润"，反映企业的竞争力和体质，也是投资者最为看重的。而筹资、投资活动难以真正增加企业的现金流量。所以，经营现金流不理想的企业可能会采取各种手段来美化它。云南白药（000538）就曾被如此质疑过。

云南白药2011年实现净利润12.11亿元，净资产收益率为21.80%，每股收益为1.74元，靓丽的业绩背后却是负值的经营活动现金流量4.48亿元。该公司解释，这是应收票据未及时兑换所致。2010年年末、2011年年末，该公司应收票据分别为7.84亿元、19.14亿元，同比分别增加48%、144%。2012年该公司经营活动现金流量大幅攀升，由2011年的-4.48亿元增加至7.95亿元，而公司2012年年末应收票据为19.61亿元，比上年同期仅微增2.46%，远低于公司21%的营业收入增速，应收票据占总资产的比例由2011年21.06%下降为18.39%。与此同时，2012年度该公司报告期财务费用同比大增106%，增至133.34万元，这有违公司惯例。2010年、2011年公司财务费用均为负，分别为-1 456万元、-1 931万元。该公司称，财务费用的增加主要是支付票据贴现利息所致。财务报告附注显示，2012年度财务费用中利息支出为1 593万元，这相对于年净利润30.7亿元的云南白药来说并不算多。但是公司采用贴现巨额应收票据使当期财务费用同比翻番来改善经营活动现金流量的做法，或难逃牺牲利润以美化经营活动现金流量的嫌疑。该公司经营活动现金流量在经过2012年后三个季度的短暂转正后，2013年第一季度再度转负为-0.23亿元。对于公司经营活动现金流量常年低于净利润的情况，当时有专业人士认为，云南白药有高估利润的可能。

（资料来源：万如荣，张莉芳，蒋琰. 财务分析［M］. 北京：人民邮电出版社，2014）

思考问题：

（1）为什么说经营现金流是最为重要的现金流？

（2）可以改善经营现金流的其他手段有哪些？

现金是企业经营中的"血液"。"血液"流通是否顺畅、"血液"质量是否良好决定着一个企业的生命力。有时候，一个企业的资产负债表和利润表的数据表明该企业财务状况正常，经营成果也相当不错，但其现金流量表则可能揭示该企业现金不足，收益质量不高，财务状况存在潜在危机。所以，反映企业一定会计期间内现金和现金等价物流入和流出信息的现金流量表，包含着一些企业资产负债表和利润表所没有反映的重要信息，是报表使用者对企业进行财务分析的重要内容。解读一个企业的财务状况和经营成果，不仅要分析资产负债表和利润表的内容，而且要采用一定的分析方法和程序，通过现金流量表分析来了解企业现金的来龙去脉和现金收支的构成情况，考察和验证企业财务状况和经营成果的质量，揭示其原因和问题，从而更全面、正确地认识和评价企业的真实经营业绩，做出正确的投资决策。

第一节 现金流量表分析概述

一、现金流量表概述

现金流量表是反映企业一定会计期间内经营活动、投资活动、筹资活动等对现金及现金等价物产生的影响及其程度的报表。我国企业从1998年开始编制现金流量表，以取代原来编制的财务状况变动表，使资产负债表、利润表、现金流量表构成了一个完整的财务报表体系。现金流量表是以现金为基础编制的财务状况变动表，它不仅反映了企业一定时期的净现金流量，更重要的是它揭示了企业一定时期净现金流量形成的原因，配合对资产负债表和利润表的分析，可以充分反映企业当前的财务状况和经营业绩。

（一）现金流量表的相关概念

1.现金的概念

现金流量表是以现金为基础编制的。现金流量表中的"现金"与平时我们理解的现金概念不同，它是一个广义的概念，包括现金和现金等价物两部分内容。我国《企业会计准则第31号——现金流量表》规定："现金，是指企业库存现金以及可以随时用于支付的存款。现金等价物，是指企业持有的期限短、流动性强、易于转换为已知金额现金、价值变动风险很小的投资。"因此，现金流量表中的"现金"包括企业"库存现金"账户核算的库存现金，"银行存款"账户核算的存入金融机构、随时可用于支付的存款，"其他货币资金"账户核算的外埠存款、银行汇票存款、银行本票存款、信用证保证金存款、信用卡存款。在银行存款和其他货币资金中不能随时用于支付的部分，如不能随时支取的定期存款、已质押的活期存款等，不能作为现金，而应列入投资。现金等价物一般包括3个月内到期的债券投资等，它虽然不是现金，但其支付能力与现金差别不大，可视为现金。权益性投资变现的金额通常不确定，因而不属于现金等价物。企业应当根据具体情况，确定现金等价物的范围，一旦确定不得随意变更。

2.现金流量的概念

现金流量，是指企业某一时期内现金和现金等价物（以下简称现金）流入和流出的数量。在这里，流量是一个相对于存量的概念。存量是某一时点的数据，如会计核算中的余额；流量是一定期间内所发生的数据，如会计核算中的发生额。

企业销售商品、提供劳务、处置固定资产、发行股票和债券、取得银行借款、获得投资收益等取得现金，可以导致现金的流入；企业购买材料、支付薪资、购建固定资产、偿还债务、发放股利、上缴税金等支付现金，可以导致现金的流出。但是，企业现金各项目之间的增减变动，仅是现金形式的转换，不会产生现金流量，如企业将库存现金存入银行、用库存现金购买将于3个月内到期的债券等，就没有使现金流入或流出企业。需要注意的是，现金流量中的现金必须是不受限制而可以自由使用的现金。

我国现金流量表会计准则将现金流量分为三类，即经营活动产生的现金流量、投资活动产生的现金流量和筹资活动产生的现金流量。现金流入总额减现金流出总额等于净现金流量。净现金流量是现金流量表所要反映的一个重要指标，它反映了企业各类活动形成的现金流量的最终结果，可能是正数，也可能是负数。正数为净流入，负数则为净流出。一般来说，现金流入大于现金流出反映了企业现金流量的积极现象和趋势。

企业资产的价值取决于其未来产生现金流量的能力，而企业真实的盈利是建立在持续不断的现金流入的基础上的。只有现金流量不断增长的企业，才能获得持续发展、不断壮大，才具有投资的价值，因此现金流量是分析企业价值和企业盈利质量的一个重要指标。现金流量信息还能够表明企业经营状况是否良好、资金是否紧缺、企业偿付能力的大小，从而为投资者、债权人、企业管理当局提供非常有用的信息。

3.现金流量表的概念

现金流量表，是指反映企业在一定会计期间现金和现金等价物流入和流出的报表。通过现金流量表所反映的企业现金流量的全部信息，可以更全面地揭示企业资产的流动性，更好地评价企业的财务状况及其管理部门取得和运用现金的有效性。现金流量表反映了企业的现金获取、现金支付及偿还能力，因而对现金流量表的分析，是企业决定筹资和投资方针、股利分配计划以及编制现金预算的依据。

现金流量表具有以下特点：第一，现金流量表以现金和现金等价物为编制基础，因此它更能反映企业当前的偿债能力、支付能力和财务灵活性。第二，现金流量表以收付实现制为编制原则。以是否实际收到现金或实际支付现金为依据，报告现金收入和现金支出，是对资产负债表和利润表的重要补充。第三，现金流量表将现金流量分为经营活动、投资活动和筹资活动现金流量三类。对于一些非经常性项目，如自然灾害损失、保险赔款等，其现金流量应根据其性质，分别归并到三类现金流量中反映。第四，现金流量表采用直接法为主、间接法为辅的编制方法，汇率变化对现金的影响作为调节项目单独列示，在附注中还要披露不涉及现金收支的投资活动和筹资活动。

（二）现金流量表的作用

现金流动是一个过程，这一过程产生大量有助于投资和理财决策的现金流量信息。编制现金流量表的主要目的是便于投资者、债权人等财务报表使用者了解和评价企业获取现金的能力，并据以预测企业未来的现金流量。在资本市场日趋完善的条件下，企业的筹资和投资行为逐渐向多元化发展。现金流转情况在很大程度上影响着企业的生存和发展，因此无论是企业经营管理者还是外部投资者、债权人都越来越意识到现金流量信息在分析企业的财务状况以及经营成果质量时的重要性，现金流量表因而成为其做出正确决策的重要信息来源。具体地说，现金流量表主要具有以下几个方面的作用：

1.能够说明企业一定期间内现金流入和流出的原因

现金流量表以现金的流入和流出反映企业在一定时期内的经营活动、投资活动和筹资活动的动态信息，反映企业现金流入和流出的全貌。因此，通过现金流量表能够了解现金从哪里来，又流到哪里去，了解企业净利润与经营活动现金流量之间差异产生的原因，而这些信息是资产负债表和利润表所不能提供的。通过现金流量表能够较全面地评价各项活动的效果，从而有利于分析和评价企业经营活动、投资活动和筹资活动的有效性。

2.能够说明企业的偿债能力、支付能力

资产负债表和利润表中的会计要素是按权责发生制确认的，据此评价和预测企业的偿债能力、支付能力和盈利能力具有一定的局限性。通常情况下，报表阅读者比较关注企业的盈利情况，并且往往以获得利润的多少作为衡量标准。但是，企业一定期间内获得的利润并不代表企业真正的偿债能力或支付能力。在某些情况下，企业利润表上的经营业绩可观，但现金不足，陷入财务困难，偿还不了到期债务；有些企业利润表上反映的经营成果并不可观，却有足够的偿付能力。产生这种情况的原因之一，是会计核算中采用的权责发生制和配比原则。而现金流量表完全以现金的收支为基础，现金存量的增减及现金流量的流向均侧重于实际数量和时机，客观上保证了指标的真实性，消除了会计估计等对盈利能力和支付能力的影响。因此，通过现金流量表可以充分了解企业是否真正有足够的现金用于偿还到期债务、支付股利以及进行必要投资，了解企业现金流入的构成和现金流转的效率和效果，从而为投资者、债权人做出决策提供重要依据。

3.能够分析预测企业未来获取现金的能力及对外筹资的需要

通过现金流量表及其他财务信息，可以了解企业现金的来源和用途是否合理，了解经营活动产生的现金流量有多少，以及企业在多大程度上依赖外部资金。从经营活动取得的净现金流量，反映了企业自我创造现金的能力。据此可以分析、预测企业未来获取或支付现金的能力、企业是否需要对外筹资。从而为企业编制现金流量计划、组织资金调度、合理节约地使用现金创造条件。例如，企业通过银行借款筹得资金，从本期现金流量表中反映为现金流入，但意味着未来偿还借款时要流出现金。又如，本期应收未收的款项，在本期现金流量表中虽然没有反映为现金的流入，但意味着未来将会有现金流入。

4.可以了解企业当期有关现金、非现金投资和筹资活动对财务状况的影响

资产负债表提供的静态财务信息，不能反映企业财务状况变动的原因，也不能表明资产、负债变动给企业带来多少现金，又用去多少现金；利润表只能反映利润的数额和构成，也不能反映经营活动、投资活动和筹资活动给企业带来的现金收支数额，而现金流量表能够反映企业经营活动创造现金流量的能力，投资活动、筹资活动产生和获得现金流量的能力，以及这些现金是如何运用的，能够说明资产、负债、净资产变动的原因，对资产负债表和利润表起到补充说明的作用。现金流量表还能通过附注（补充资料）提供那些不影响当期现金流量，但可能会对企业的资本结构及未来现金流量产生影响的重要投资活动和筹资活动的信息，如债务转为资本、一年内到期的可转换公司债券、融资租赁固定资产等，使财务报表使用者全面了解和分析企业有关现金、非现金投资和筹资活动对财务状况的影响，以便评估企业未来的现金流量，制定合理的投资或信贷政策。

5.有助于分析企业收益的质量和了解企业的成长能力

虽然利润表中列示的净利润指标反映了企业一定时期的经营成果，但是利润表是按权责发生制编制的，它不能反映企业生产经营活动产生了多少现金，而现金流量表中的经营活动现金流量信息恰恰体现了企业生产经营活动产生了多少现金，与净利润

指标相比较，可以了解企业净利润与经营活动现金流量之间的差异，揭示差异出现的规律性，进而可以进一步评价企业一定时期净利润的质量，因为只有实实在在的现金净流入才能代表企业真实、有效的收益，也有利于评价企业运用资产产生有效收益的能力。企业成长能力是指企业未来的发展趋势和发展速度，包括企业规模扩大、利润增加、资产增值等。通过现金流量表中的投资活动和筹资活动产生的现金流量，可以了解企业是从外部筹措资金扩大经营规模，还是收回投资支付到期债务收缩了经营规模。通过若干期现金流量表中投资活动现金流出的数据，可以看出企业对内、对外投资是否面临新的投资机会或发展机遇。

（三）现金流量表和资产负债表、利润表之间的关系

资产负债表、利润表和现金流量表，分别从不同角度反映企业的财务状况、经营成果和现金流量，三者不可相互替代。

资产负债表反映企业某一特定日期所拥有或控制的经济资源及其分布情况、需要偿还的债务以及所有者所拥有的净资产的情况。它表明了企业在某一特定日期的财务状况。但是资产负债表并没有说明一个企业资产、负债和所有者权益的总量和结构从期初到期末发生变化的原因，即企业的财务状况为什么发生了变化。利润表反映企业一定期间内的经营成果，即盈利或亏损的情况，表明企业的盈利能力。利润表在一定程度上说明了企业财务状况变动的原因，但它是按照权责发生制原则计量收入实现情况和资金耗用（成本费用）情况，没有提供经营活动引起的现金流入和现金支出的信息，此外，利润表中有关投资收益和财务费用的信息反映了企业投资活动和筹资活动的效率和成果，但没有反映企业投资的规模和投向以及筹资的规模和来源等信息。

可以说，资产负债表和利润表只能提供企业某一方面的信息，为了全面反映一个企业经营活动和财务活动对财务状况变动的影响，以及财务状况变动的原因，还需要编制现金流量表，以反映经营活动、投资活动和筹资活动引起的企业现金流量的变化及原因。在现代企业经营活动中，在资本市场日益发达的今天，投资活动和筹资活动越来越为企业信息使用者所关注，资产负债表和利润表所提供的信息无法满足其决策所需。现金流量表就是在资产负债表和利润表已经反映了企业财务状况和经营成果信息的基础上，进一步提供企业现金流量的信息，即以现金为基础提供企业财务状况变动的信息，更全面地反映企业真实的财务状况和经营成果的质量，是对资产负债表和利润表的重要补充，是连接资产负债表和利润表的桥梁。资产负债表中各现金及现金等价物项目的年末数–年初数=现金流量表中"现金及现金等价物净增加额"；利润表中的"净利润"项目在现金流量表补充资料中要用间接法调节为"经营活动产生的现金流量净额"。

【头脑风暴】现金流量与利润有何异同？

二、现金流量表的结构和格式

现金流量表的结构包括主表和附注两个部分。主表包括表头和正表。表头主要标明报表的名称、编制时期、编制单位的名称及金额单位。我国企业现金流量表的正表采用报告式结构，主要内容有六个项目，分类反映经营活动产生的现金流量、投资活动产生的现金流量、筹资活动产生的现金流量以及汇率变动对现金及现金等价物的影

响，最后汇总反映企业某一期间现金及现金等价物的净增加额和期末现金及现金等价物余额。

现金流量按照经营活动、投资活动和筹资活动进行分类报告，其目的是便于报表使用者深入了解各类活动对企业财务状况的影响，以及预测评估企业现金流量的未来前景。

经营活动是指企业投资活动和筹资活动以外的所有交易和事项。经营活动产生的现金流入项目主要有：销售商品、提供劳务收到的现金；收到的税费返还；收到其他与经营活动有关的现金。经营活动产生的现金流出项目主要有：购买商品、接受劳务支付的现金；支付给职工以及为职工支付的现金；支付的各项税费；支付其他与经营活动有关的现金。投资活动是企业长期资产的购建和不包括在现金等价物范围内的投资及其处置活动。投资活动产生的现金流入项目主要有：收回投资收到的现金；取得投资收益收到的现金；处置固定资产、无形资产和其他长期资产收回的现金净额；处置子公司及其他营业单位收到的现金净额；收到其他与投资活动有关的现金。投资活动产生的现金流出项目主要有：购建固定资产、无形资产和其他长期资产支付的现金；投资支付的现金；取得子公司及其他营业单位支付的现金净额；支付其他与投资活动有关的现金。筹资活动是指导致企业资本及债务规模和构成发生变化的活动，包括吸收权益资本、发行债券、借入资金、支付股利、偿还债务本息等。筹资活动产生的现金流入项目主要有：吸收投资收到的现金；取得借款收到的现金；收到其他与筹资活动有关的现金。筹资活动产生的现金流出项目主要有：偿还债务支付的现金；分配股利、利润或偿付利息支付的现金；支付其他与筹资活动有关的现金。

现金流量表各项目之间的关系为：现金及现金等价物净增加额=经营活动产生的现金流量净额+投资活动产生的现金流量净额+筹资活动产生的现金流量净额+汇率变动对现金及现金等价物的影响；期末现金及现金等价物余额=现金及现金等价物净增加额+期初现金及现金等价物余额。

正表中的经营活动现金流量采用直接法编制，通过现金收入和支出的主要类别反映来自企业经营活动的现金流量。

现金流量表附注包括三个方面：现金流量表补充资料；当期取得或处置子公司及其他营业单位的有关信息；现金和现金等价物的详细信息。其中现金流量表补充资料又包括三项内容：将净利润调节为经营活动现金流量；不涉及现金收支的重大投资活动和筹资活动；现金及现金等价物净变动情况。企业应当采用间接法在现金流量表补充资料中披露将净利润调节为经营活动现金流量的信息。

正表第一项"经营活动产生的现金流量净额"与补充资料第一项将净利润调节为经营活动现金流量后的结果"经营活动产生的现金流量净额"相等。正表中的第五项"现金及现金等价物净增加额"与补充资料中的第三项现金及现金等价物净变动情况的结果"现金及现金等价物净增加额"存在钩稽关系，金额一致，因为正表中第五项的数额是流入与流出的差额，补充资料中第三项的数额是期末数与期初数的差额，计算依据不同，但结果一致。

下面列示永昌公司2×24年度的现金流量表来说明企业现金流量表的基本格式，见表4-1。

表4-1 　　　　　　　　　　现金流量表　　　　　　　　　会企03表

编制单位：永昌公司　　　　　　　　　　2×24年　　　　　　　　　　单位：元

项　目	本期金额	上期金额
一、经营活动产生的现金流量：		
销售商品、提供劳务收到的现金	710 490	661 555
收到的税费返还	0	15 271
收到其他与经营活动有关的现金	921	1 842
经营活动现金流入小计	711 411	678 668
购买商品、接受劳务支付的现金	514 140	525 838
支付给职工以及为职工支付的现金	22 043	19 803
支付的各项税费	84 078	61 307
支付其他与经营活动有关的现金	19 220	9 118
经营活动现金流出小计	639 481	616 066
经营活动产生的现金流量净额	71 930	62 602
二、投资活动产生的现金流量：		
收回投资收到的现金		
取得投资收益收到的现金	977	90
处置固定资产、无形资产和其他长期资产收回的现金净额	53	14
处置子公司及其他营业单位收到的现金净额		
收到其他与投资活动有关的现金	758	1 120
投资活动现金流入小计	1 788	1 224
购建固定资产、无形资产和其他长期资产支付的现金	73 038	44 545
投资支付的现金	4 332	17 500
取得子公司及其他营业单位支付的现金净额		
支付其他与投资活动有关的现金	1	16 000
投资活动现金流出小计	77 371	78 045
投资活动产生的现金流量净额	−75 583	−76 821
三、筹资活动产生的现金流量：		
吸收投资收到的现金		
取得借款收到的现金	91 000	106 299

续表

项　目	本期金额	上期金额
收到其他与筹资活动有关的现金		
筹资活动现金流入小计	91 000	106 299
偿还债务支付的现金	71 000	55 300
分配股利、利润或偿付利息支付的现金	25 845	14 802
支付其他与筹资活动有关的现金	3 127	2 789
筹资活动现金流出小计	99 972	72 891
筹资活动产生的现金流量净额	−8 972	33 408
四、汇率变动对现金及现金等价物的影响		
五、现金及现金等价物净增加额	−12 625	19 189
加：期初现金及现金等价物余额	70 683	51 494
六、期末现金及现金等价物余额	58 058	70 683

三、现金流量表分析应考虑的因素

现金流量表分析就是以现金流量表为主要信息来源，利用多种分析方法，进一步揭示企业现金流量的信息，并从现金流量角度对企业的财务状况和经营业绩做出评价。

在进行现金流量表分析时，首先，要对现金流量表中经营活动、投资活动和筹资活动的具体项目进行解读。了解企业现金主要来自何方，这些现金流量又是由哪些业务形成的，所取得的现金用在何处，即有多少现金是来自经营活动，经营活动用去了多少现金，有多少现金是来自投资活动和筹资活动，投资活动和筹资活动又用去了多少现金，从而总体上了解企业当年的现金来源和当年的现金流向，现金余额发生了哪些变化。其次，要进行现金流量表水平分析和结构分析。分析企业现金流量增减变动情况及其发展趋势，分析现金流量的构成情况及其变化过程。根据现金流量增减变动和结构变动的结果，结合资产负债表和利润表等资料，寻找各类活动以及各项目变动的真实原因，并针对原因提出一定的改进建议或结论。这可以利用比较现金流量表、共同比现金流量表和比较共同比现金流量表进行。

进行企业现金流量表分析时，要注意以下因素对企业现金流量的影响：

1.企业经营发展周期阶段对现金流量的影响

企业经营状况的好坏与企业经营发展所处的不同阶段密切相关，从而影响企业在不同发展时期从经营活动获取现金的能力的大小。一般来说，初创企业的经营活动现金流量净额较小，投资活动现金流出远大于现金流入，企业更多地依赖筹资活动现金流量以满足生产经营活动的资金需要；当企业发展进入成长期（扩张阶段），经营活动获取现金流量的能力不断增强，但对外筹资仍然是解决资金需要的主要方式，随着企业的发展壮大，投资支出逐渐减少，投资活动现金流入量相应提高，筹资需求降低，企业筹资活动现金流量比重逐渐下降；当企业处于成熟期，经营活动获取现金流量的能力达到最大，并且稳定，成为企业现金流量的主流，企业向股东支付较多股利并偿还借款，对外筹资需求相对减少，筹资活动产生的现金流量常常为现金流出，企业投资活动现金流出因为投资机会的减少而趋于减少；衰退期的企业必须调整产业方向以寻求新的利润增长点，这一阶段企业经营活动产生现金流量的能力降低，而投资却需要增大力度，因为企业需要增加债务，所以筹资活动的现金流入量又会增加。所以运用现金流量表提供的信息资料，开展对企业获取现金能力的评价时，必须考虑企业经营发展周期阶段对现金流量的影响，这样才能做出正确的评价。

2.企业经营战略和经营特点对现金流量的影响

不同的企业以及同一企业的不同发展阶段，其经营战略和经营特点是不同的。如采取扩张战略的企业，常采用多元化的经营方式，投资活动现金流量在企业中占有一定地位，企业现金流量的大小主要取决于投资项目效益的好坏和投资资金的需求状况，经营活动所获取现金流量的比重不一定居于主要地位；而采取内部发展战略的企业，主营业务突出，其现金流量主要取决于经营活动获取现金的能力，而投资活动和筹资活动取得现金的能力居于次要地位。

3.宏观经济周期对企业现金流量的影响

当市场环境处于经济周期的收缩阶段，企业产品销量下降，经营活动现金流量减少，投资于固定资产的现金流出也相应减少，随着应收账款的清理回收、存货的廉价处理，经营活动现金流量又得以提高，所以此时企业现金流量的来源仍以经营活动现金流量为主。当宏观经济周期处于复苏和扩张阶段，产品销量增加，企业经营活动现金流量增加，生产能力方面的投资支出增加，企业对外筹资的需求也会不断扩大，经营活动和筹资活动成为企业获取现金流量净额的主要来源，投资活动现金流量净额会减少，甚至出现负数。

随堂测 4-1

第二节　现金流量表项目分析

企业现金流转状况的好坏，不能简单地从期末与期初现金比较的差额中得出结论，要想全面、正确地评价企业的真实经营业绩，就应对现金流量表各项活动中的各个项目加以比较、分析和评价，以便更好地了解企业的财务状况及现金流量情况，发现存在的问题，预测未来，为决策提供有用的信息。

一、经营活动现金流量主要项目分析

（一）销售商品、提供劳务收到的现金

销售商品、提供劳务收到的现金是指企业销售商品、提供劳务实际收到的现金，包括本期销售收到的现金，前期销售本期收回的现金，向购买方收取的增值税销项税额，本期预收的款项等。但是对于本期销售本期退回的商品和前期销售本期退回的商品支付的现金应从该项目中扣除。企业销售材料和代购代销业务收到的现金也包括在该项目中。该项目的现金流量构成了经营活动现金流入的主要部分。永昌公司2×24

年销售商品、提供劳务收到的现金为 710 490 元，比 2×23 年增加了 48 935 元。

销售商品、提供劳务收到的现金项目发生增减变动的原因有：企业销售策略、市场供求关系、企业信用政策和收账政策发生变化，导致现金流量增加或减少。分析时应结合企业利润表和有关财务报表附注加以分析。

（二）收到的税费返还

收到的税费返还是指企业收到的增值税、消费税、所得税、关税和教育费附加等各种税费的返还款。一般只有外贸出口企业、国家财政扶持领域的企业或地方政府支持的上市公司才有这个项目。这一项目只包括企业上缴后由税务机关等政府部门返还的款项，不包括其他方面的补贴和返还款。企业收到的与非税费有关的现金，如罚款收入、经营租赁固定资产收到的现金、流动资产损失中由个人赔偿的现金收入等应在"收到其他与经营活动有关的现金"项目反映。

该项目发生增减变动的原因与国家税收政策有关，分析时应结合税收政策的变化。这部分现金流量的变化不具有持续性，不能代表企业具有获取现金的正常能力。永昌公司 2×23 年收到的税费返还款为 15 271 元，而 2×24 年收到的税费返还款为 0。

（三）购买商品、接受劳务支付的现金

购买商品、接受劳务支付的现金是指企业购买材料、商品、接受劳务实际支付的现金，包括本期购买商品、接受劳务支付的货款和与货款一并支付的增值税进项税额，前期购买商品、接受劳务本期偿付的应付款项以及预付的购货款等。但是对于本期发生的购货退回收到的现金应从该项目中扣除。该项目的现金流出量是经营活动现金流出的主要部分。

永昌公司 2×24 年购买商品、接受劳务支付的现金为 514 140 元，比 2×23 年减少 11 698 元。导致该项目发生增减变动的原因可能有：企业销售市场变化导致存货的增减变动，企业资金供应的变化和应付账款管理水平的变动导致应付账款的增减变动等。分析时应结合企业利润表、资产负债表和有关的财务报表附注加以分析。

（四）支付给职工以及为职工支付的现金

支付给职工以及为职工支付的现金是指本期企业实际支付给职工的现金以及为职工支付的现金，包括工资、奖金、津贴、补贴、社会保险、住房公积金等，但不包括支付给离退休人员和在建工程人员的现金。支付给离退休人员的现金在"支付其他与经营活动有关的现金"项目反映；支付给在建工程人员的现金则在"购建固定资产、无形资产和其他长期资产支付的现金"项目反映。

永昌公司 2×24 年支付给职工以及为职工支付的现金为 22 043 元，比 2×23 年增加 2 240 元。导致该项目发生增减变动的原因可以结合企业的工薪发展水平、企业的经济效益、职工人数的增减加以分析，并与企业历史水平、本行业平均水平进行比较分析。

（五）支付的各项税费

该项目反映企业按规定实际上缴税务部门的各项税费，包括本期发生并支付的税费以及本期支付以前各期发生的税费和预缴的税金。如支付的增值税、所得税、教育费附加、印花税、房产税、土地增值税、车船税等。

　　企业支付的各项税费应当与其生产经营规模相适应。此外，还应将支付的各项税费项目与利润表的税金及附加和所得税费用进行比较。永昌公司2×24年支付的各项税费为84 078元，比2×23年增加22 771元。

二、投资活动现金流量主要项目分析

　　投资活动现金流量分为对外投资现金流量和经营性长期资产现金流量两个部分。企业对外投资现金流入和流出均可以在现金流量表中投资活动产生的现金流量项目中得到反映。其中短期对外投资在报告期对外出售变现，反映为本期投资活动现金流入；长期对外股权和债权投资如果在未来会计期间出售变现，所得现金流入量将反映在未来会计期间的现金流入量中。我国企业从事长期对外投资的业务较多，因此大多反映为本期发生现金支出，未来期间出售产生现金流入这种现金流转模式。企业本期的长期投资现金流出要依靠未来的投资收益补偿，如现金股利、债券利息等。投资收益所引起的现金流入量往往不能满足对外投资的现金支出，因此在特定会计期间，如果对外长期投资所引起的现金流出量大于现金流入量，说明当期企业对外投资呈现扩张态势；反之，则说明呈现萎缩态势。经营活动现金流量满足其用途后的剩余，应为企业对外投资提供资金支持。企业经营性长期资产投资现金流出，平时要靠使用过程中的折旧、摊销分期补偿，使用一定时期后，通过处置的方式补偿。因此，如果经营性长期资产所引起的现金流出量大于其产生的现金流入量，说明企业当期经营性长期资产呈现增加态势；反之，则呈现收缩规模或调整结构的态势。

（一）收回投资收到的现金

　　收回投资收到的现金是指企业出售或到期收回除现金等价物以外的交易性金融资产、长期股权投资、投资性房地产而收到的现金，不包括债权性投资收回的利息、收回的非现金资产以及处置子公司及其他营业单位收到的现金净额。

　　该项目一般数额很小或为0。永昌公司2×23年和2×24年收回投资收到的现金均为0。如果金额较大，则可能属于企业重大资产转移行为，应与财务报表附注的相关信息联系起来，衡量投资的账面价值与收回现金的差额，考察其合理性。

　　收回投资收到的现金项目发生增减变动的原因可能有：企业为了收缩对外投资规模而减少股权投资，为了解决短期现金需求而出售短期投资，企业前期购买的长期债券到期收回等。如果企业收回股权投资是为了弥补经营活动现金的不足，说明企业资金周转不畅，资金短缺严重；如果是由于投资环境变化或被投资单位经营不善，说明企业在重新调整投资战略。

（二）取得投资收益收到的现金

　　取得投资收益收到的现金是指因股权投资和债券投资而获得的现金股利、利息以及从子公司、联营企业分回利润而收到的现金，不包括股票股利。这部分现金流入表明企业前期投资本期所获得的现金收益，应与利润表中的投资收益结合起来进行分析。企业能否通过投资收益及时收回现金，反映企业对外投资的质量。而且很多时候现金流量表上取得投资收益收到的现金往往需要和上年利润表中确认的投资收益相配比，才能保证口径一致，真实反映投资收益的收现水平。永昌公司2×24年取得投资收益收到的现金为977元，比2×23年增加887元，表明企业进入了投资回收期。

（三）处置固定资产、无形资产和其他长期资产收回的现金净额

处置固定资产、无形资产和其他长期资产收回的现金净额是指企业处置这些资产所取得的现金，减去为处置这些资产而支付的有关费用后的净额。固定资产报废、毁损的变卖收益和由于自然灾害所造成的固定资产等长期资产损失收到的保险赔款收入也包括在该项目中。该项目一般金额不大，且因为处置长期资产收到的现金与处置活动支付的现金在时间上比较接近，所以用净额反映。

处置固定资产、无形资产和其他长期资产收回的现金净额增减变动的原因可能包括：企业将闲置或多余的固定资产等进行变现，也可能是因为企业产业、产品结构将有所调整，这对企业经营和理财是有利的；但也可能是由于经营和偿债方面出现困难，不得不靠变卖固定资产等长期资产以维持生产经营活动或偿还到期债务，或不得不开始收缩投资战线，这种情况将影响企业的未来发展。

（四）处置子公司及其他营业单位收到的现金净额

处置子公司及其他营业单位收到的现金净额项目反映企业处置子公司及其他营业单位收到的现金，减去相关处置费用及子公司及其他营业单位持有的现金和现金等价物后的净额。

该项目一般金额为零，如果有余额，意味着企业当期处置了部分子公司或其他营业单位，这种重大资产转移行为往往表明企业的战略结构将发生改变。也可能是由于企业陷入债务危机，只能靠变卖子公司的现金收入偿债，因此对该项目的分析要结合企业重大事项公告和财务报表附注中的有关说明进行，查明具体原因，以便合理预测其对企业未来财务状况和经营业绩的影响。

（五）购建固定资产、无形资产和其他长期资产支付的现金

该项目反映企业取得这些资产时支付的现金，包括购买设备支付的现金和增值税税款、建造工程支付的现金、支付给在建工程人员的工资、购入或自创取得各种无形资产的实际现金支出等。该项目不包括为购建固定资产等长期资产而发生的借款利息资本化的部分，以及融资租入固定资产支付的租赁费，这两部分应在筹资活动产生的现金流量中单独反映。

固定资产、无形资产的投资规模代表企业扩大再生产的能力，这也是企业除经营活动支出以外最重要的、对企业影响最大的现金流出项目。其数额不同，意味着企业的经营战略不同。永昌公司2×24年购建固定资产、无形资产和其他长期资产支付的现金为73 038元，比2×23年支付的现金增加了28 493元。一般而言，正常经营的企业此项目应当具有一定的数额，其数额的合理性应结合行业、企业的生产经营规模、企业所处生命周期阶段、企业长短期规划以及企业筹资活动现金流入来分析，也要对连续几个会计期间的数据加以比较来分析企业对内投资的情况。应当注意的是，如果该项目的金额小于购建固定资产、无形资产和其他长期资产的现金流入，则表明企业可能正在缩小生产经营规模或者正在退出该行业。遇到这种情况，应当进一步分析是企业自身原因，还是受行业因素影响，以便对企业的未来进行预测。

（六）投资支付的现金

投资支付的现金是指企业进行权益性投资和债权性投资支付的现金，包括企业取得除现金等价物以外的债权投资、股权投资而支付的现金，以及支付的佣金、手续费等附加费用。企业购买债券的价款中含有债券利息的，以及溢价折价购入的，均按实际支付的金额反映。永昌公司2×24年投资支付的现金为4 332元，比2×23年的17 500元下降不少。

投资支付的现金项目反映企业参与资本市场运作、实施股权投资能力的强弱。其规模的大小应和企业的经营特点及战略目标相适应，还需考虑国家宏观经济环境和企业投资环境的变化，同时要结合投资收益进行分析。

三、筹资活动现金流量主要项目分析

现金流量表需要单独反映筹资活动产生的现金流量，通过对现金流量表中筹资活动现金流量的分析，可以了解企业的筹资方式以及筹资规模的大小，了解企业的资本结构，可以帮助投资者和债权人预计对企业未来现金流量的要求权，以及获得前期现金流入而支付的代价。筹资活动产生的现金流量各项目的内容如下：

（一）吸收投资收到的现金

该项目反映企业以发行股票、债券等方式筹集资金实际收到的款项净额（发行收入减去支付的佣金等发行费用后的净额）。企业以发行股票方式筹资而由企业直接支付的审计费、咨询费等费用，以及发行债券支付的发行费用在"支付其他与筹资活动有关的现金"项目中反映。由金融机构直接支付的手续费、宣传费、咨询费、印刷费等费用，从发行证券取得的现金收入中扣除，以净额列示。

（二）取得借款收到的现金

该项目反映企业向银行或其他金融机构举借各种短期、长期借款而收到的现金。永昌公司2×23年和2×24年取得借款收到的现金分别为106 299元和91 000元。

对该项目的分析要注意以下方面：第一，取得借款收到的现金是企业从金融机构借入的资金，其数额的大小体现了企业通过银行等金融机构筹资能力的强弱。应注意剔除企业之间资金拆借等所谓的"借款"。第二，长短期借款的用途不同，因此要结合资产负债表中的短期借款和长期借款项目进一步分析，考察企业从金融机构取得资金的合理性、稳定性和风险程度。第三，该项目要与购建各项资产所支付的现金项目相配比，分析借款合同的执行情况。如果企业购建固定资产所发生的现金支出与借款合同所规定的时间和额度相同，则说明企业执行借款合同的情况较好，反之，如用企业流动资金借款购建固定资产，不但借款合同执行情况不好，而且会对企业近期的偿还能力产生不良影响。

吸收投资和取得借款收到的现金均属于企业对外筹资，其规模大小与经营活动和投资活动的资金需求有关，也与企业理财政策和对外筹资能力有关。分析吸收投资收到的现金和取得借款收到的现金项目时，要注意以下两点：一是要与企业所处的生命周期阶段结合起来分析。如果企业处在成长期，则投资机会多，需要资金量大，吸收投资和取得借款收到的现金会快速增长；如果企业处于成熟期，投资机会明显减少，吸收投资和取得借款收到的现金规模会逐渐缩小。二是要结合经营活动和投资活动的现金净流量进行评价。如果经营活动和投资活动现金流出较大,造成企业经营活动和投资活动现金暂时短缺,可以通过合理安排对外筹资来解决;但如果经营不当造成经营活动现金持续性短缺,则必须加强经营活动管理,否则企业筹资将面临很大的困难。

(三)偿还债务支付的现金

偿还债务支付的现金是指企业以现金偿还债务的本金,包括偿还银行等金融机构的借款本金和偿还到期的债券本金等。企业偿还的借款利息、债券利息不在该项目反映,应在"分配股利、利润或偿付利息支付的现金"项目反映。

(四)分配股利、利润或偿付利息支付的现金

该项目反映企业以现金实际支付的现金股利、支付给其他投资单位的利润,或用现金支付的借款利息、债券利息。不同用途的借款,其利息开支渠道也不一样,如有的计入在建工程,有的计入财务费用等。

对该项目进行分析时应注意以下几个方面:第一,分配股利、利润或偿付利息支付的现金代表了企业现时的支付能力。对此应结合企业的资产规模、所有者权益规模和负债规模以及当期利润水平进行分析。第二,要注意现金流出的时点。该项目既包括以现金支付本期应付的股利和利润,又包括以现金支付前期应付的股利或利润以及预先支付的利润;既包括企业短期借款和长期借款的利息,又包括短期债券和长期债券的利息,而不论利息支出是资本化还是费用化。永昌公司2×24年分配股利、利润或偿付利息支付的现金为25 845元,比2×23年增加11 043元,分配股利、利润或偿付利息支付的现金增加是永昌公司2×24年现金净流量大幅度下降的主要原因,当然偿还的债务增加也是其中的原因之一。

【分组任务】请四组学生分别在事先(上课前)准备,其中A、B、C三组各推选1名学生介绍某个行业企业现金流量表项目的特别之处,第四组推选3名学生点评。介绍时间各5分钟,点评时间各5分钟。

随堂测4-2

第三节 现金流量表水平分析

为了考察企业现金流量增减变动的情况和发展趋势,可以通过编制比较现金流量表的方法来进行水平分析。现金流量表水平分析也称为现金流量表的横向比较,是将连续数期的现金流量表金额并列起来,形成比较现金流量表,然后计算比较相同各类和各项目(指标)的增减变动金额和幅度,据以判断企业现金流量的变化情况(包括有利变化和不利变化)。观察企业现金流量的变动规律和发展趋势,并通过各项目的增减变化分析其存在的问题,寻找原因,总结经验教训,便于下一步继续保持或加以改进。现金流量表的水平分析趋势比较可以采用环比比较法,也可以采用定基比较法。

一、现金流量增减变动分析

现金流量增减变动分析是指将企业本期与上期现金流量表各项目的数据进行比较,看企业现金流量各项目的增减变动情况,从中找出影响企业现金流量变动的主要

原因，为进一步分析指明方向。

现以永昌公司的现金流量表数据为例，说明如何进行现金流量增减变动分析，见表 4-2。

表 4-2　　　　　　　　　　　　　永昌公司现金流量增减变动分析表　　　　　　　　金额单位：元

项　目	2×24 年	2×23 年	2×24 年比 2×23 年	
			增减额	增减率（%）
经营活动：现金流入	711 411	678 668	32 743	4.82
现金流出	639 481	616 066	23 415	3.80
现金流量净额	71 930	62 602	9 328	14.90
投资活动：现金流入	1 788	1 224	564	46.08
现金流出	77 371	78 045	−674	−0.86
现金流量净额	−75 583	−76 821	1 238	−1.61
筹资活动：现金流入	91 000	106 299	−15 299	−14.39
现金流出	99 972	72 891	27 081	37.15
现金流量净额	−8 972	33 408	−42 380	−126.86
汇率变动对现金及现金等价物的影响				
现金及现金等价物净增加额	−12 625	19 189	−31 814	−165.79

从表 4-2 的计算结果可以看出，永昌公司 2×24 年现金及现金等价物净增加额为 −12 625 元，比 2×23 年减少了 31 814 元，下降幅度为 165.79%。其原因是：

（1）经营活动现金流入量和流出量均有所增长，增长幅度分别为 4.82% 和 3.80%，且现金流入量的增长大于现金流出量的增长，导致现金净额的增长更多。2×24 年经营活动现金流量净额为 71 930 元，与 2×23 年的 62 602 元相比，增长金额为 9 328 元，增长幅度为 14.90%，说明永昌公司 2×24 年经营活动创造现金流量的能力有所增强，且增长幅度越高，说明企业的成长性越好。

（2）投资活动现金流入量，2×24 年比 2×23 年增长了 46.08%，现金流出量则有所减少，减少了 0.86%。但从现金流量表可以看出，2×24 年永昌公司购建固定资产、无形资产和其他长期资产支付的现金比 2×23 年大幅增长，从 2×23 年的 44 545 元增长到 2×24 年的 73 038 元，增长了 28 493 元，增长幅度为 63.96%，这说明永昌公司用于生产经营方面的长期资产投资规模扩张明显，企业生产能力大大增强。但由于投资支付的现金、支付其他与投资活动有关的现金等项目的现金流出规模大大缩小，投资活动现金流入又增长较快，最终导致投资活动产生的现金流量净额反而有所增长，增长了 1.61%。

（3）筹资活动现金流入 2×24 年比 2×23 年减少 15 299 元，减少了 14.39%，筹资活动现金流出增长 27 081 元，增长了 37.15%，使得筹资活动现金流量净额减少了 42 380 元，与 2×23 年相比，减少了 126.86%。主要原因是取得借款收到的现金明显减少，偿还债务支付的现金和分配股利、利润或偿付利息支付的现金明显增加，公司借款负债筹资规模缩小，偿还债务和利润的分配增加了。

　　2×24年永昌公司期末现金及现金等价物余额为58 058元，比2×23年的70 683元虽有所减少，但余额仍较高，这些现金可能是以前通过股权或债权筹资形成的。这也是该公司2×24年投资加大、借款减少、偿还债务增多，造成现金及现金等价物净增加额为−12 625元的原因。现金的大量结余，会影响企业资产的盈利能力，永昌公司2×23年、2×24年的投资项目可能还没有结束，2×24年该企业还会加快投资进度，使项目尽快产生效益。

拓展阅读3

协鑫集成科技股份有限公司关于深圳证券交易所2017年年报问询函回复的公告

二、现金流量趋势分析

　　现金流量趋势分析既可以是绝对数趋势分析（即横向比较），又可以是相对数趋势分析（即纵横结合的比较，也叫结构百分比趋势分析）。绝对数趋势分析的方法较简单，适用于对未来绝对数额的预测分析。相对数趋势分析可以使不同规模的公司之间的比较更有实际意义。通过趋势分析可以了解企业现金流量的发展态势，从而为研究企业的经营战略、预测未来的现金流量提供一定的依据。要了解企业现金流量的发展趋势，需要以连续数期的现金流量表为基础（通常需要3～5年的报表资料），计算趋势发展的定比比率并进行比较，以观察其发展变化趋势。分析时先要观察现金及现金等价物净增加额的历年发展变化总趋势，然后再从经营活动、投资活动和筹资活动的现金流入、流出及现金流量净额趋势变动的具体原因进行分析。

随堂测4-3

第四节　现金流量表结构分析

　　现金流量表结构分析是指对现金流量的各个组成部分占总体的百分比及其相互关系的分析，包括现金流入结构分析、现金流出结构分析、净现金流量结构分析和现金流入流出比分析。它是在现金流量表水平分析的基础上进行的纵横结合的比较，分析方法是将现金流量表中某一项目数据作为基数（100%），将各项目数据与这一总体项目的总额相比较，计算出各项目占总体的比重，进行纵向分析，揭示现金流量表中各部分和总体的结构关系，分析各项目的变动对总体产生的影响，了解企业现金的主要来源和主要去向以及净现金流量形成的主要原因。将各项目构成与历年数据进行比较，进行纵横结合的比较，并根据企业所处的不同发展阶段判断现金流量结构分布及其变动的合理性，借以判断企业现金流量的质量和企业各项目现金流入、现金流出和净现金流量的变化趋势及其原因，进而为预测判断企业未来的现金流量发展情况和获取现金的能力提供依据。对现金流量表进行结构分析，还可以采取与同行业先进企业或与本企业条件相当的企业进行比较的方式，明确地位，找出差距，发现问题，进而加以改进。所以纵横结合的现金流量表分析能够达到提高现金流量表分析的质量和企业经营管理水平的目的。

　　现金流量的结构与企业的长期稳定发展密切相关。经营活动是企业的主营业务，经营活动产生的现金流量的稳定性和再生性较好。来自经营活动的现金流量越多，表明企业发展的稳定性越强。在现金流量表分析中，经营活动现金流量是分析的重点，其结构百分比具有代表性。投资活动是企业为了扩大规模或为闲置资产寻找投资场所，筹资活动则是为经营活动和投资活动筹集资金。这两种活动所发生的现金流量应具有辅助性，是服务于主营业务的。这两部分的现金流量过大，表明公司财务缺乏稳定性。

现金流量表结构分析中对总体和组成部分的选择是灵活多样的。既可以将企业全部现金流入量和流出量作为总体，也可以仅将经营活动、投资活动和筹资活动的现金流入、流出量作为总体。但是，总体一旦确定，组成部分的选择应与总体相关，不能任意选取。

下面以永昌公司2×24年现金流量表的数据为例，来分析该公司现金流量结构的情况，见表4-3。

表4-3　　　　　　　　　永昌公司2×24年现金流量表结构分析数据

项　目	金额（元）	内部结构（%）	流入结构（%）	流出结构（%）	流入流出比
一、经营活动产生的现金流量：					
销售商品、提供劳务收到的现金	710 490	99.87			
收到其他与经营活动有关的现金	921	0.13			
经营活动现金流入小计	711 411	100	88.46		
购买商品、接受劳务支付的现金	514 140	80.40			
支付给职工以及为职工支付的现金	22 043	3.45			
支付的各项税费	84 078	13.15			
支付其他与经营活动有关的现金	19 220	3.00			
经营活动现金流出小计	639 481	100		78.29	1.11
经营活动产生的现金流量净额	71 930				
二、投资活动产生的现金流量：					
取得投资收益收到的现金	977	54.64			
处置固定资产、无形资产和其他长期资产收回的现金净额	53	2.96			
收到其他与投资活动有关的现金	758	42.40			
投资活动现金流入小计	1 788	100	0.22		
购建固定资产、无形资产和其他长期资产支付的现金	73 038	94.40			
投资支付的现金	4 332	5.60			
支付其他与投资活动有关的现金	1	0			

续表

项　目	金额 （元）	内部 结构 （%）	流入 结构 （%）	流出 结构 （%）	流入 流出比
投资活动现金流出小计	77 371	100		9.47	0.02
投资活动产生的现金流量净额	−75 583				
三、筹资活动产生的现金流量：					
取得借款收到的现金	91 000	100			
筹资活动现金流入小计	91 000	100	11.32		
偿还债务支付的现金	71 000	71.02			
分配股利、利润或偿付利息支付的现金	25 845	25.85			
支付其他与筹资活动有关的现金	3 127	3.13			
筹资活动现金流出小计	99 972	100		12.24	0.91
筹资活动产生的现金流量净额	−8 972				
四、汇率变动对现金及现金等价物的影响					
五、现金及现金等价物净增加额	−12 625				
加：期初现金及现金等价物余额	70 683				
六、期末现金及现金等价物余额	58 058				
合　计			100	100	

一、现金流入结构分析

　　现金流入结构分析可以反映企业现金总流入结构和各项业务活动现金流入结构，即经营活动现金流入、投资活动现金流入和筹资活动现金流入在全部现金流入中的比重以及各项业务活动现金流入中具体项目的构成情况。通过现金流入结构分析，可以了解企业的现金来自什么渠道，以判断和评价企业现金流入的合理性，把握增加现金流入的途径。通过对企业连续数年的现金流入结构的比较分析，可以判断出企业现金流量的总体质量及各项目现金流入的发展总体趋势，进而为预测企业未来获取现金的能力提供依据。

　　企业经营活动的现金流量一般是企业现金流量的主要来源，是保证企业获得持续、稳定资金来源的主要途径。通过对企业从经营活动获取的现金在企业现金流量中所占的比重进行分析，可以看出企业采用的是何种资金战略。如果比重较大且一直稳定保持，说明企业采取的是依靠经营盈利的自我积累型资金战略，企业资金来源稳定，财务状况良好；如果所占比重较小，说明企业采取的是主要依靠资本投资和对外借款的金融证券型资金战略。

一般来说，在现金流入量中经营活动的现金流入量所占比重最大，特别是主营业务活动现金流入应明显高于其他经营活动的现金流入。但是，对于经营业务不同的企业，这个比例会有较大差别。单一经营、主营业务突出的企业，其主营业务活动的现金流入可能占到经营活动现金流入的95%以上。另外，企业所采取的经营理财策略不同，对待风险的态度不同，其现金流入结构也会不同。一个稳健型、专心经营特定范围内业务的企业，理财策略比较保守，即使有闲置资金也不善于投资，为了减少风险会尽可能少借债，其经营活动的现金流入所占的比例会较高，投资活动和筹资活动的现金流入比例可能较低。一个激进型的企业，经营理财策略比较冒险，往往总是千方百计筹集资金，不断寻找投资机会来扩张企业规模。如果筹资能力较强，投资得当，企业在某一特定时期筹资活动和投资活动的现金流入的比例会较高，有时甚至会超过经营活动的现金流入。如果企业筹资能力强，但投资不得当，其现金流入结构中筹资活动现金流入量较大，而投资活动的现金流入量较小，有时会只有流出，少有流入，甚至没有现金流入。

永昌公司2×24年总现金流入中经营活动的现金流入占88.46%，投资活动的现金流入占0.22%，筹资活动的现金流入占11.32%。所以该公司当年的现金流入主要来自生产经营活动，也有一部分来自筹资活动，而投资活动的现金流入比例很小。在经营活动现金流入中，主要来源于销售商品、提供劳务收到的现金，占99.87%。还要将销售商品、提供劳务收到的现金与经营活动流入的现金总额进行比较，企业产品销售现款占经营活动现金流入的比重大，说明企业主营业务突出，营销状况良好；在投资活动现金流入中，取得投资收益收到的现金占54.64%，其次是收到的其他与投资活动有关的现金，占42.40%，处置固定资产、无形资产和其他长期资产收回的现金净额占2.96%，没有收回投资收到的现金，说明永昌公司投资活动正常；在筹资活动现金流入中，本年取得借款收到的现金91 000元，占100%，说明公司本年对外筹资都来自借款。

二、现金流出结构分析

现金流出结构是指企业各项业务活动现金流出在全部现金流出中所占的比重，以及各项业务活动现金流出中具体项目的构成和比重。通过对现金流出的总流出结构和三项活动流出的内部结构的分析，可以了解企业现金使用的方向，了解影响企业现金流出的主要因素和现金流出的主要原因，从而明确节约现金开支的主要途径。通过对企业连续数年的现金流出结构进行比较分析，可以判断企业各项目现金流出的总体发展趋势，为预测判断企业未来的现金流出发展情况和整个经营理财的发展趋势提供依据。

一般来说，生产经营型企业的经营活动现金流出的比重应较大，尤其是购买商品、接受劳务支付的现金和支付各类经营费用的现金流出应占有较大比重。投资活动和筹资活动现金流出比例的大小，则因企业的理财策略不同而存在较大的差异。而且，经营活动的现金流出应具有一定的稳定性，各期的变化幅度不应过大，而投资活动和筹资活动现金流出的稳定性相对较差，甚至具有偶然性。由于支付投资款、大量到期债务的偿还以及支付股利等活动的发生，这两类活动的现金流出量会呈现剧增现象。因此应结合企业的具体情况加以分析。

永昌公司2×24年的现金流出中，经营活动产生的现金流出占78.29%，投资活动和筹资活动产生的现金流出分别占9.47%和12.24%。所以企业大部分现金流出是为经营活动所需，而投资活动和筹资活动占用较少。在经营活动现金流出中，购买商品、接受劳务支付的现金占80.40%，支付的各项税费占13.15%，支付给职工以及为职工支付的现金占3.45%，支付其他与经营活动有关的现金占3.00%。这说明经营活动现金流出的结构是比较合理的；在投资活动现金流出中，购建固定资产、无形资产和其他长期资产支付的现金占94.40%，投资支付的现金占5.60%，说明该公司正在进行固定资产等长期资产的投资；在筹资活动现金流出中，偿还债务占了71.02%，分配股利、利润或偿付利息支付的现金占25.85%，支付其他与筹资活动有关的现金只占3.13%。企业筹资处于比较良性的循环之中。

三、现金净流量结构分析

现金净流量结构是指企业经营活动产生的现金流量净额、投资活动和筹资活动产生的现金流量净额在现金及现金等价物净增加额中所占的比重。通过现金净流量结构分析，可以了解企业现金净流量形成的原因，反映企业的现金收支是否平衡。通过对企业连续数年的现金净流量结构进行比较分析，可以判断企业现金净流量的总体发展趋势，进而为预测判断企业未来的现金净流量发展情况提供依据。

一般来说，企业在生产经营业务正常开展，投资和筹资规模比较稳定的情况下，现金流量净额越大，则企业活力越强。如果企业现金流量净额主要来自经营活动，说明企业生产和营销状态好，获取现金能力强，坏账风险小；如果企业现金流量净额主要来自投资活动，可能说明企业生产经营能力衰退，需要通过处置非流动资产缓和资金矛盾，也可能是企业为了调整产业产品结构而正在调整资产结构，具体情况应结合资产负债表和利润表进行深入分析才能知晓；如果企业现金流量净额主要是通过筹资活动而产生，则说明企业正从外部筹集大量资金，今后将支付更多股利或利息，将承受较大的财务风险。

现金净流量也可能是负数，即现金流出大于现金流入。在这种情况发生时，不能武断地认为企业获取现金的能力弱，是不好的现象，而应根据不同情况进行具体分析判断。如果现金流量净额是负数，主要是由于企业扩大投资而引起的，说明企业正在进行设备的更新以扩大生产能力或投资开拓更广阔的市场，这意味着企业有更多的发展机会，未来会有更大的现金流入；如果现金流量净额是负数，主要是由筹资活动引起的，说明企业为了偿还债务及利息大量地支出现金，这意味着减轻了未来的偿债需求和偿债压力，财务风险变小，只要经营活动正常，就不一定会走向衰退；如果现金流量净额是负数是经营活动引起的，但通过投资活动和筹资活动的现金流入可以弥补经营活动的现金需求，短期内企业还可以进行正常的经营活动，如果投资活动和筹资活动现金流入无法弥补经营活动的现金需求，不仅会影响企业的短期偿债能力，还有可能威胁到企业的生存，必须采取措施扭转这样的不利局面，使企业走向正常的轨道。

现以永昌公司现金流量表资料为例，分析该公司现金净流量结构的情况。永昌公司 2×24 年现金净流量结构表见表 4-4。

表 4-4 　　　　　　　　　　永昌公司 2×24 年现金净流量结构表

项 目	金额（元）	结构百分比（%）
经营活动产生的现金流量净额	71 930	−569.74
投资活动产生的现金流量净额	−75 583	598.68
筹资活动产生的现金流量净额	−8 972	71.07
汇率变动对现金及现金等价物的影响	0	0
现金及现金等价物净增加额	−12 625	100

从表 4-4 可以看出，永昌公司现金流量净额为负数，经营活动产生的现金流量净额为 71 930 元，占总净流量的 −569.74%，投资活动产生的现金流量净额 −75 583 元，占总净流量的 598.68%，筹资活动产生的现金流量净额为 −8 972 元，占总净流量的 71.07%，说明企业经营活动产生的现金净流量基本能满足投资现金流量的需要，但还要有一定的筹资现金流量作为补充。企业已处于成熟期，并在进行生产结构调整。

如果将不同时期的现金流量结构放在一起进行比较，就可以了解到企业现金流量结构的变化及未来发展趋势。永昌公司 2×22—2×24 年现金流入、流出结构分别见表 4-5 和表 4-6。

表 4-5 　　　　　　　　永昌公司 2×22—2×24 年现金流入结构表 　　　　　　　单位：%

项 目	2×22年	2×23年	2×24年
经营活动现金流入	79.00	86.32	88.46
投资活动现金流入	1.86	0.16	0.22
筹资活动现金流入	19.14	13.52	11.32
合 计	100	100	100

表 4-6 　　　　　　　　永昌公司 2×22—2×24 年现金流出结构表 　　　　　　　单位：%

项 目	2×22年	2×23年	2×24年
经营活动现金流出	68.40	80.32	78.29
投资活动现金流出	18.15	10.18	9.47
筹资活动现金流出	13.45	9.50	12.24
合 计	100	100	100

从表 4-5 可以看出，永昌公司的现金流入中，经营活动取得的现金所占比重很大，而且在全部现金流入中所占的比例在这三年中不断上升，说明企业经营活动发展趋势良好；筹资活动现金流入在全部现金流入中占有一定比例，但三年中该比例在不断下降，说明企业现金需求对筹资现金流入的依赖性在逐步缩小，而越来越依赖于经营活动的现金流入；投资活动现金流入占比极微，作用不大。

从表 4-6 可以看出，永昌公司三年的全部现金流出中主要是经营活动现金流出。经营活动现金流出 2×23 年比 2×22 年有较大幅度增长，但 2×24 年比 2×23 年稍有下降；投资活动现金流出在全部现金流出中占一定比例，但呈逐年下降趋势，说明企业投资力度在减弱；筹资活动现金流出占总现金流出的比重由2×22年的13.45%下降到2×23年的9.50%，但2×24年又上升到了12.24%，但这是企业现金流动的正常表现。

在进行现金流量表结构分析时，应注意结构指标的合理性，同时要与企业所处的发展阶段结合起来分析，各种结构比率在企业的不同发展阶段会表现出不同的特点。例如，处在初创期的企业，流入结构中筹资活动占大部分，流出结构中投资活动占大部分；处在扩张期的企业，经营活动流入增加，筹资活动流入已经下降，但还占一定份额，投资活动现金流出大幅下降，但小额投资仍在继续；在成熟期，占现金流入流出绝大多数的是经营活动现金流量，筹资现金流出增加，因为大量债务到了偿还期，分红比例也在提高，而投资支出基本停止，投资活动流入大量增加；在衰退期，经营活动现金流量跟成熟期相比明显开始减少，此时企业必须调整投资方向，投资活动现金流出有可能增多。

四、现金流入流出比分析

现金流入流出比反映了当期流出的现金取得了多少现金流入的回报，其计算公式为：

当期现金流入流出比=当期现金流入÷当期现金流出

（一）经营活动现金流入和流出的结合分析

将经营活动现金流入量和流出量结合起来进行分析，其实质就是分析企业经营活动现金流量的质量。质量的好坏一方面要看经营活动现金流量的运行是否体现企业发展的战略要求，另一方面要看它与企业经营活动产生的利润是否有一定的对应关系。

正常情况下经营活动产生的现金流入量除了要能够满足企业正常经营活动所需的现金流出外，还应该有足够能力来补偿经营性长期资产的折旧和摊销这些非现金支出，以及支付利息和现金股利。虽然现金流量表中没有体现固定资产折旧和无形资产摊销的补偿，但如果经营活动现金流量在补偿经营活动日常周转所需的现金流出后的净额不能补偿本年固定资产折旧和无形资产摊销费用，经营性长期资产的更新资金到时候只能依靠外筹，这样势必加大资金成本和筹资风险。在现金流量表中，本年利息费用和现金股利引起的现金流出量是作为筹资活动现金流出项目的，但从企业可持续良性发展的角度看，企业不能通过筹资活动的现金流入来支付利息、发放股利，而应该从企业经营活动产生的现金流量净额中保障当年利息的偿还和现金股利的发放。如果经营活动现金流量在用于上述用途后还有多余，就可以为企业对内扩大再生产和对外投资提供额外的资金支持。所以，只有当企业经营活动现金流入能够满足企业所有经营活动的支出还有剩余，才能说明经营活动现金流量运行处于良好状态（企业产品适销对路，应收账款收现快，企业付现成本水平适宜），才能对投资和理财发挥支持和促进作用，企业也才有较好的成长能力和支付能力。

如果经营活动产生的现金流量净额大于零，但不足以完全弥补非现金支出，这时企业面临的现金需求压力虽然较小，但这种状态持续下去，对企业经营活动现金流量的质量不应予以较高评价。如果经营活动现金流入量等于现金流出量，说明企业只能应付经营活动日常开支，企业不可能维持简单再生产，因此经营活动现金流量质量较差。如果经营活动现金流入量小于现金流出量，那么不足部分就需要通过其他途径解决，这种现象如果发生在企业成长阶段还属正常现象，如果发生在正常的经营活动中，说明企业经营活动产生的现金流量质量已经很差。

根据表4-1，永昌公司2×23年和2×24年经营活动现金流入均大于现金流出，现金流量净额分别为62 602元和71 930元，基本上满足了"以收抵支"的要求，但现金流量净额是否能补偿经营性长期资产的折旧和摊销，是否还有能力支付股利和利息，还要结合资产负债表和利润表以及现金流量表的补充资料进行分析。根据表4-3的计算结果，永昌公司经营活动现金流入流出比为1.11，说明企业每1元的现金流出能换回1.11元的现金流入。经营活动现金流入流出比越大越好。在进行经营活动现金流入和流出的结合分析中，还要将销售商品、提供劳务收到的现金和购买商品、接受劳务支付的现金进行比较分析。在企业经营正常、购销平衡的情况下，两者比率大，说明企业的销售利润大，销售回款良好，收现能力强。

（二）投资活动现金流入和流出的结合分析

企业投资现金流入小于现金流出，即投资活动产生的现金流量净额小于零。对于这种情况，应从投资活动的目的来分析。企业投资活动的目的主要有三个方面：其一，为企业以后的生产经营活动奠定基础，如购建固定资产、无形资产等；其二，为企业对外扩张目的进行投资；其三，利用企业暂时不用的闲置资金进行短期投资，以获得一定的收益。因此不能简单地对企业投资活动现金流入小于现金流出做出否定的评价。如处于扩张中的企业发生这种情况，有利于企业的发展和获利，是生产经营状况良好的表现。投资活动现金流入小于现金流出的资金缺口，主要通过挤占经营活动的现金流量，利用经营活动多余的现金流量和对外筹资的现金进行补充，或通过消耗企业现存的现金积累等办法来解决。因此，不能以投资活动现金流量是正数还是负数论其优劣。

企业投资活动现金流入大于现金支出，即投资活动产生的现金流量净额大于零。出现这种情况，应分析具体原因。首先可能是企业前期的投资在本期取得了良好的投资效益；其次可能是企业大量变卖了长期资产。如果处置的是闲置的或多余的固定资产等长期资产，有利于企业经营和理财。如果是为了偿还债务或为解决经营活动急需现金的问题而不得不变卖长期资产，说明企业偿债能力低下或经营活动出现了问题，长此下去会影响企业的未来发展。

永昌公司2×24年投资活动的现金流入流出比为0.02，表明企业处于扩张时期，现金流出很多，现金流入很少，而且现金流出主要用于购建固定资产、无形资产和其他长期资产，这意味着永昌公司未来的生产规模将扩大，企业将面临新的发展机遇，进入生产经营快速增长阶段。一般来说，处于初创期、扩张期和生产经营调整期的企业现金流入流出比较小。

（三）筹资活动现金流入和流出的结合分析

筹资活动是企业财务活动的起点。筹资活动的现金流量既是企业经营活动和投资活动的发动机，又是经营活动和投资活动的需要所引起的。在企业经营活动和投资活动需要现金支持时，筹资活动应该及时足额地筹集资金以满足需求；在企业经营活动和投资活动产生大量闲置现金时，筹资活动应及时清偿相应的债务本息，以提高资金的利用效率。

筹资活动的现金流入大于现金流出，即筹资活动产生的现金流量净额大于零时，说明企业筹措资金能力强，但应与资金使用效果联系起来进行分析，防止企业未来陷入无法支付到期债务的危机当中。当企业处于发展的起步阶段，在扩大投资需要大量资金而企业经营活动创造现金流量能力不强的条件下，企业的现金流量需求主要靠筹资活动来解决。因此，分析判断企业筹资活动产生的现金流量大于零是否正常时，应注意资金成本、资本结构和财务风险等因素，判断企业的筹资活动是否已经被纳入企业的发展规划，分析这种情况是企业管理当局主动以扩大投资和经营活动为目的所致，还是企业因投资活动和经营活动的现金流出失控而被动形成的。

筹资活动的现金流入小于现金流出，即筹资活动产生的现金流量净额小于零时，可能是因为企业在本会计期间集中发生偿还债务、支付筹资费用、分配股利或利润、偿还利息、融资租赁等业务；或者是因为企业经营活动与投资活动在现金流量方面运转较好，不需要对外筹集大量资金，但也有可能是因为企业筹资能力减弱，或没有更好的投资扩张机会，而将剩余现金用于发放股利而形成的。

永昌公司2×24年筹资活动现金流入流出比为0.91，说明企业偿还借款、支付利息、分配股利的现金流出大于筹资产生的现金流入。

一般来说，一个健康成长的企业，其经营活动现金流量应是正数，投资活动现金流量是负数，筹资活动现金流量是正负相间的。永昌公司目前就是这样。

【素质提升】

经济学界有一句名言：利润只是一种观念，而只有现金流才是实在的东西。对现金流量表的分析，分析者一定要树立透过现象看本质的理念，通过现金流量表的相关信息和指标，可以看到企业经营和财务的真实情况，清楚识别现金流量表中的风险，如将现金流量和销售收入、利润的相关数据结合起来，可以发现企业销售收入、盈利的真实质量如何。无论是销售收入还是利润，企业和分析者要注重的不仅是数量，更重要的是质量。当然前提是企业现金流量表的信息是真实可靠的。很多著名的财务分析者正是透过现金流量表的数据发现了企业一些表面上看不出的问题。同时通过现金流量表的分析，让学员理解科学投资、稳健经营对企业的重要性，树立正确的价值观念。请同学们谈谈自己对这些方面问题的理解。

另外现金（广义的）是企业中一种重要的流动资产，对现金流的管理也是企业日常财务管理的主要内容。由于现金资产的特殊性决定了现金也是最容易被侵占、贪污的资产。上课时老师可以举一个让学生感到比较接地气的例子如本地某财务人员或校友的贪污侵占现金的情况，因势利导地进行守法廉洁思想和职业道德教育，同时提高对管好现金资产重要性的认识。

视频微课

现金流量符号组合类型

随堂测4-4

第五节　现金流量表与其他财务报表的结合分析

　　单一现金流量表分析虽然能揭示现金流量结构和状态的相关信息，但所提供的信息是有限的，所以现金流量表分析中必须结合资产负债表和利润表等提供的资料，通过对现金充足率的分析，获得企业偿债能力强弱、收益质量高低、现金流量平衡与否的信息。

一、经营活动现金流量与销售收入、净利润的比较分析

　　将现金流量表与利润表结合起来，把企业一定时期销售商品收到的现金与当期销售收入进行对比，可以观察当期销售收入的收现有效性和质量。如果这个比率较高，说明企业货款回笼及时，销售收入质量好。2×24年永昌公司销售商品、提供劳务收到的现金为710 490元，营业收入为788 863元，两者的比率为90.07%，2×23年这个比率为91.31%，营业收入的收现比例和营业收入的质量稍微有所下降。

　　将利润表中的净利润与经营活动的现金流量净额进行比较，可以考察企业收益的变现能力和净利润的质量。如果这个比率偏低，小于100%，说明企业总有一部分已确认的净收益未收回现金。在实际工作中，分析经营活动现金流量净额比利润表中的净利润更有现实意义。2×24年永昌公司经营活动现金流量净额为71 930元、净利润为52 865元，经营活动现金流量净额占净利润的比率为136.06%，而2×23年这个比率为93.34%，这说明2×24年该公司经营活动获取现金的能力比2×23年有较大提高，也说明公司利润质量有所提高。

二、投资活动现金流量中属于投资收益的部分与利润表中的投资收益的比较分析

　　现金流量表中取得投资收益收到的现金占利润表中的投资收益项目的比重越大，说明企业实现的变现投资收益越高。分析时还应结合企业长期投资的核算方法进行考虑。企业对投资收益的核算采用成本法，一般是在实际收到现金股利时确认为投资收益，两者的适配性较好。而采用权益法核算投资收益时，当被投资单位当年实现利润，投资单位就可以按股权比例确认投资收益，故企业投资收益的变现含量较低。

三、筹资活动现金流量与资产负债表、利润表相关项目的比较分析

　　筹资活动产生的现金流量会直接影响企业的资本结构和偿债能力，体现企业资本结构和偿债能力的相关指标数据主要来自资产负债表，如流动资产、资产总额、所有者权益总额、流动负债、负债总额等。筹资活动属于企业理财活动，企业加大对外举债，就必须承担定期支付利息、到期还本的责任，这必然意味着企业存在一定的财务风险。企业发行股票，就可能存在股票跌价损失的风险。企业采取不同的股利政策，对于筹资活动现金流量净额的影响也不同。将本期用于股利分配的现金流出与前期实现的净利润相比的比例如果较小，则说明企业实施的是低股利分配政策，但也可能是企业扩大投资的资金压力较大。因此，企业筹资规模越大，往往风

险也越大。企业负债筹资的风险比股权筹资的风险更大，因此可以分析吸收权益性资金收到的现金与筹资活动现金总流入进行比较，如果前者比重大，说明企业资本实力强，财务风险小。

随堂测 4-5

本章测评

●●● 本章小结

本章首先介绍了现金流量表的作用、现金流量表与资产负债表和利润表之间的关系、现金流量表的结构和格式、现金流量表分析应考虑的因素等有关现金流量表分析的基础知识；其次介绍了经营活动、投资活动、筹资活动现金流量主要项目的分析方法；然后从现金流量增减变动分析和现金流量趋势分析两个角度介绍了现金流量表水平分析的内容和方法；从现金流入结构分析、现金流出结构分析、现金净流量结构分析和流入流出比分析等四个方面介绍了现金流量表结构分析的方法和技巧；最后又简单介绍了现金流量表与其他财务报表结合分析的内容。本章的重点是现金流量表水平分析和现金流量表结构分析。

●●● 进一步学习指南

现金是企业经营的"血液"。反映企业一定会计期间内现金和现金等价物流入和流出信息的现金流量表，包含着一些企业资产负债表和利润表所没有反映的重要信息，是报表使用者对企业进行财务分析的重要内容。通过现金流量表分析可以了解企业现金的来龙去脉和现金收支构成情况，考察和验证企业财务状况和经营成果的质量，揭示其原因和问题，从而更全面、正确地认识和评价企业的真实业绩。因此，对现金流量表的分析也十分重要。如果读者想对现金流量表的一般分析，尤其想对现金流量表水平分析和结构分析有更深入的了解，或者感兴趣的读者想比较一下各种教材对这一问题的不同阐述，可以参考其他一些教材、文献和法规。

●●● 主要阅读文献

1.马永义.如何分析现金流量表［J］.商业会计，2020（20）：11-14.

2.张利，魏艳华.财务报告分析［M］.上海：上海财经大学出版社，2009.

3.周凤.财务报表分析［M］.2版.北京：机械工业出版社，2013.

4.张惠忠，裘益政，胡素华.财务报告分析［M］.北京：科学出版社，2017.

5.张献英，王永刚.财务分析学［M］.2版.北京：北京大学出版社，2020.

6.苏布拉马尼亚姆.财务报表分析［M］.宋小明，谢盛纹，译.11版.北京：中国人民大学出版社，2021.

7.薛云奎，郭照蕊.财务报表分析［M］.北京：机械工业出版社，2020.

8.肖星.一本书读懂财报（全新修订版）［M］.杭州：浙江大学出版社，2019.

9.王化成，支晓强，王建英.财务报表分析［M］.2版.北京：中国人民大学出版社，2018.

10.黄世忠.财务报表分析［M］.北京：中国财政经济出版社，2020.

11.张新民，钱爱民.财务报表分析［M］.5版.北京：中国人民大学出版社，2019.

12.中华人民共和国财政部，企业会计准则第30号——财务报表列报，2014年1月.

13.中华人民共和国财政部，企业会计准则第31号——现金流量表，2006年2月.

●●● 思考题

1.企业现金流量表的基本内容和具体结构如何？简要解释现金流量表内各主要项目之间的关系。

2.你认为现金流量表中哪些项目是分析的重点？如何分析这些重点项目？

3.现金流量表水平分析的目的是什么？如何对现金流量表进行水平分析评价？

4.怎样进行现金流量表的结构分析？

5.如何结合现金流量表与其他财务报表进行财务分析？

●●● 练习题

1.福达公司2×22—2×24年现金流量表有关资料见表4-7。

表4-7　　　　　　　　　　　　现金流量表有关资料　　　　　　　　　　单位：万元

项　目	2×22 年	2×23 年	2×24 年
经营活动产生的现金流量净额	6 582	8 070	8 496
投资活动产生的现金流量净额	−6 830	−4 617	−4 700
筹资活动产生的现金流量净额	2 219	−4 116	−4 317
汇率变动对现金及现金等价物的影响			
现金及现金等价物净增加额	1 971	−663	−521

要求：对福达公司的现金流量净额进行趋势分析。

2.福荣公司2×23年、2×24年现金流量表有关资料见表4-8。

表4-8　　　　　　　　　　　　现金流量表有关资料　　　　　　　　　　单位：元

项　目	2×24 年	2×23 年
经营活动现金流入	1 609 392.52	1 620 493.63
经营活动现金流出	1 467 257.44	1 544 447.84
投资活动现金流入	163 039.19	202 779.41
投资活动现金流出	255 068.99	183 768.75
筹资活动现金流入	317 610.34	535 518.27
筹资活动现金流出	450 155.22	538 582.06

练习题
参考答案

要求：根据表中的数据编制现金流量结构分析表，并对该公司现金流量的结构进行分析。

第五章

所有者权益变动表分析

学习目标： 1.掌握所有者权益变动表水平分析、结构分析的方法和技巧；

2.熟悉所有者权益变动表分析应考虑的因素；

3.熟悉所有者权益变动表主要项目分析的方法和内容；

4.了解所有者权益变动表的作用、结构和格式等问题；

5.了解所有者权益变动表与其他财务报表结合分析的内容。

导入案例

　　所有者权益是企业资产扣除负债后由所有者享有的剩余权益，是企业自有资本的来源。所有者权益包括实收资本（或股本）、资本公积、库存股、盈余公积、未分配利润等。实收资本（或股本）是所有者权益的主要项目之一，是指投资者按照企业章程、合同或协议的约定投入企业的各种资产的价值，是企业实际收到的投资者投入的资本。在股份公司中，实收资本表现为股本，包括优先股股本和普通股股本。除非企业出现增资、减资等情况，实收资本在企业正常经营期间一般不发生变动。实收资本（或股本）的增加包括资本公积转入、盈余公积转入和发行新股等多种渠道。

　　所有者权益的数量、内部结构的变动等会对企业财务状况和经营发展带来重大影响，严重的会导致公司退市。中弘股份（000979）就是这样一家上市公司，它在2010年借壳上市后，通过公积金转增股本、送股及定向增发股票，股本在短短8年间由5.6亿股上升到83.9亿股，扩大了10倍之多。由于业绩没有相应跟上，再加上一系列的"作死行为"，致使公司股票在2018年出现了连续20个交易日的收盘价低于面值的情况，公司也因而"荣幸地"成为A股历史上第一家面值退市的上市公司。试想一下，如果不是盲目地扩张股本，公司也许不会走到退市的境地。所以，开展财务报表分析时，对实收资本（或股本）的分析是必不可少的内容之一。

　　（资料来源：改编自：市值风云. 不是ST　惨哭ST：1元股中弘股份光怪陆离的作死人生［EB/OL］.［2018-06-25］. https：//www.sohu.com/a/237732916_585920；韩蕾. "仙股"中弘，作死成功［EB/OL］.［2018-10-17］. https：//page.om.qq.com/page/OCRMkgE6Xb0jPLsaECZPoduQ0）

　　思考问题：

　　（1）股本扩张与公司股票价格有何内在联系？

　　（2）2024年7月25日，深圳市天地（集团）股份有限公司（深天地）停牌，成为了A股首家市值退市公司，请问"市值退市"和"面值退市"有何区别？

　　（3）中弘股份案例带给我们怎样的启示？

　　所有者权益是企业资产扣除负债后由所有者享有的剩余权益，是企业自有资本的来源。所有者权益的数量、内部结构的变动等会对企业财务状况和经营发展带来重大影响。所有者权益变动表在2007年以前是以资产负债表附表的形式予以体现的。新准则要求上市公司于2007年正式对外呈报所有者权益变动表。它是反映企业所有者权益的各构成部分当期的增减变动情况的报表，它不仅反映所有者权益总量的增减变动信息，还反映所有者权益增减变动的重要结构性信息。通过分析所有者权益变动表，报表使用者能清晰地了解会计期间各所有者权益构成项目的变动规模、变动结构及其变动趋势，准确理解所有者权益增减变动的原因和过程，因此所有者权益变动表是报表使用者十分关注的主要报表之一。对所有者权益变动表的分析也是财务报告分析的重要内容。

第一节 所有者权益变动表分析概述

一、所有者权益概述

所有者权益变动表是全面反映企业构成所有者权益的各组成部分当期的增减变动情况的动态报表。其主要内容包括：（1）所有者权益总量的增减变动。（2）所有者权益增减变动的重要结构性信息，特别是要反映直接计入所有者权益的利得和损失，让报表使用者准确理解所有者权益增减变动的根源。（3）在一定程度上体现企业的综合收益。

（一）所有者权益及其特征

所有者权益是企业资金来源中最重要的组成部分，是其他资金来源的前提和基础。企业所有者权益主要包括投资者投入的实收资本或股本、投资额超出其注册资本以及直接计入所有者权益的利得和损失而形成的资本公积、生产经营过程中利润积累形成的盈余公积和未分配利润。

所有者权益具有以下特点：（1）所有者权益的性质不同于负债。对企业来说，负债的资金成本相对较低，能满足企业短期资金和一部分长期资金周转需要，但会使企业面临偿还债务本金和利息的压力，财务风险较大。而所有者权益是企业的自有资本（又称主权资金、权益资金），其资金成本虽然较高，但能供企业永久使用，投资者只能依法转让，不能抽回其投资。因此，所有者权益在企业生产经营期间无须偿还，风险小，能满足企业对长期资金的需要。所有者权益中的实收资本（或股本）的资金成本从理论上讲虽然较高，但由于利润（或股利）支付率并不固定，在盈利不多或没有盈利的情况下，企业可以不分配利润（或股利），而留存收益（盈余公积和未分配利润）作为一种内部融资，实际上没有外显的资金成本。当然所有者与债权人对企业享有的权益也大不一样。（2）所有者权益是企业承担财务风险的基础。企业在生产经营活动中，必然面临各种风险，这就要求企业具备相应的承担风险的能力。权益资金越多，企业财务风险越小，如果企业的资金全部是权益资金，则无财务风险可言。企业只有具备一定的所有者权益，才能维护债权人的利益，这也是法定要求。所有者权益在企业资本结构中所占比例的大小，可以反映企业承担经营风险和财务风险的能力。（3）所有者权益是衡量企业经济实力的依据之一。负债是企业借入需要偿还的资金，因此对企业经济实力的衡量不能以总资产为尺度，而应以自有资金（即净资产，也就是所有者权益）的多少为依据。权益资金越多，企业的财务实力越雄厚。所有者权益中实收资本（或股本）和资本公积的数额表明了企业生产经营的基础财务规模，盈余公积和未分配利润的数额展示了企业潜在的财务发展能力。

（二）所有者权益变动表的作用

从国外会计准则制定机构关于财务业绩报告的改革目标和过程来看，都在要求报告更全面、更有用的财务业绩信息，以满足报告使用者投资、信贷及其他经济决策的需要。我国2007年1月1日施行的《企业会计准则——基本准则》（2014年修订）中对所有者权益要素作了如下规定："所有者权益的来源包括所有者投入的资本、直接计入所有者权益的利得和损失、留存收益等。"所以，我国编制所有者权益变动表是为了顺应综合收益改革国际趋势的需要，在一定程度上体现了企业的综合收益。综合收益是指企业在某一期间与所有者之外的其他方面进行交易或发生其他事项引起的净资产变动。综合收益的构成包括两部分：净利润和直接计入所有者权益的利得和损失。其中，净利润是企业已实现并已确认的收益；直接计入所有者权益的利得和损失是指不应计入当期损益、会导致所有者权益发生增减变动的、与所有者投入资本或者向所有者分配利润无关的利得或者损失。在我国所有者权益变动表中，净利润和直接计入所有者权益的利得和损失单列项目反映，体现了企业综合收益的构成，能更好地帮助投资者获得与其决策相关的全面的收益信息。

企业所有者权益的增减变动对企业当期和未来的财务状况（偿债能力、财务风险、财务杠杆作用程度等）有着举足轻重的影响，因此，在进行报表分析时，应对企业所有者权益的总量、增减变动情况及其对财务状况的影响予以足够的重视。企业所有者权益变动表的作用可以概括为以下方面：

1.反映企业财务经济实力，提供企业盈利能力信息。

所有者权益作为企业的自有资本，是企业开展生产经营、承担债务责任、抵御财务风险的财务基础。所有者权益的增减变动直接决定着企业现在和未来开展生产经营活动、承担债务责任、抵御财务风险等方面的经济实力的变化。而所有者权益的增减主要源于企业利润的增减，所以所有者权益变动表也间接地反映出企业的盈利能力，从而能为报表使用者提供企业盈利能力变化方面的信息，据以判断公司净资产的实力、资本保值增值能力以及对负债的保障程度，为决策提供有用的信息。

2.反映企业自有资本的质量，揭示所有者权益变动的原因。

所有者权益变动表全面反映企业的所有者权益在年度内的变化情况，便于会计信息使用者深入分析企业所有者权益的增减变化情况及其发展趋势。所有者权益变动表全面记录了影响所有者权益变动的各个因素的年初余额和年末余额，通过每个项目年末和年初余额的对比以及各项目构成比例变化的分析，可以揭示所有者权益变动的具体原因及过程，揭示所有者权益各构成项目变动的合法性与合理性，从而为报表使用者判断企业自有资本的质量，正确评价企业的经营管理业绩提供信息。

3.反映企业股利分配政策及现金支付能力，为投资者的投资决策提供信息。

所有者权益变动表既有资产负债表中的所有者权益项目的内容，又有利润表中净利润项目的内容，还包括了利润分配方面的内容。向股东分配多少利润取决于公司的利润分配政策和现金支付能力。而现金支付能力的信息又源于现金流量表。因此，该表通过反映利润分配情况，不仅向投资人或潜在投资人提供了有关股利分配政策和现金支付能力方面的信息，便于投资人分析被投资方的投资价值以及股利发放、员工红利等各项权益变动因素，以预测投资效益，而且通过这一过程将资产负债表、利润表、现金流量表等主要报表有机地联系在一起，为报表使用者全面评价企业的财务状况、经营成果和企业发展能力提供了有用信息，所以从受托责任角度看，编制所有者权益变动表，既是对投资者负责，也是对股东和公司自身负责。

4.能更好地为利润表和资产负债表提供辅助信息。

所有者权益变动表中的"直接计入所有者权益的利得和损失"以及"利润分配"与利润表之间存在较强的关联性。"直接计入所有者权益的利得和损失"与利润表中的"公允价值变动收益"相辅相成，共同反映了公允价值变动对企业产生的影响。

"利润分配"则提供了企业利润分配的去向和数量，为利润表提供了辅助信息。所有者权益变动表中提供的所有者结构变动信息与资产负债表中所有者权益部分相辅相成，反映了所有者权益具体项目变动的过程及其原因。另外，现行企业会计准则要求除了在附注中披露与会计政策变更、前期差错更正有关的信息外，还要在所有者权益变动表中更清晰地列示企业会计政策变更和前期差错更正对所有者权益的影响数额，反映会计政策变更的合理性以及会计差错更正的幅度。财务报表的使用者应当从资产负债表、利润表、现金流量表和所有者权益变动表这四张基本财务报表及其关联关系中，深入分析和理解所有者权益变动表所包含的有用信息。

【素质提升】

通过上面内容的学习，我们已经知道，所有者权益变动表既可以为报表使用者提供所有者权益总量增减变动的信息，也能为其提供所有者权益增减变动的结构性信息，特别是能够让报表使用者理解所有者权益增减变动的根源。企业的高质量发展特别需要注重处理好短期利益和长远利益的关系，因此企业必须树立正确处理积累和消费关系的理念，注重长期的发展能力培育，只有这样才能实现可持续高质量的发展。企业经济搞好了，国家和人民都得益，国家经济的高质量发展才能实现，才能为中国式现代化的早日实现打下重要基础。另外所有者权益表的分析中应关注企业所有者权益变动的趋势，并结合企业经营环境、行业发展趋势等因素进行分析，才能做出更准确的判断，这就要求分析者树立系统、全面、联系、协调、统一的正确哲学观点看待问题。另外，分析者还应注意所有者权益变动表的局限性，它往往只能反映历史数据，无法完全依靠它预测这方面的未来发展趋势，需要结合其他资料分析。请同学们谈谈对这些方面的认识和理解。

【头脑风暴】 所有者权益变动表的作用何在？

二、所有者权益变动表的结构和格式

（一）一般企业所有者权益变动表的基本结构和列报格式

所有者权益变动表的结构包括主表和附注两个部分。主表包括表头和正表。表头主要标明报表的名称、编制时期、编制单位的名称及金额单位。所有者权益变动表属于动态报表，根据财务报表列报准则的规定，企业需要提供比较所有者权益变动表，列示所有者权益变动表的比较信息。因此，所有者权益变动表要就各项目分为"本年金额"和"上年金额"两栏分别填列。在结构上，从左向右列示了所有者权益的组成项目，包括实收资本（或股本）、其他权益工具、资本公积、库存股、其他综合收益、专项储备、盈余公积、未分配利润；自上而下反映了各项目年初至年末的增减变动过程，包括上年年末余额、本年年初余额、本年增减变动金额、本年年末余额。

为了清楚地表明构成所有者权益的各组成部分当期的增减变动情况，所有者权益变动表以矩阵的形式列示。一方面，要列示导致所有者权益变动的交易或事项，按照所有者权益变动的来源对一定时期的所有者权益变动情况进行全面反映；另一方面，要按照所有者权益各组成部分（包括实收资本、资本公积、盈余公积、未分配利润和库存股等）及所有者权益总额列示交易或事项对所有者权益的影响。

下面列示永昌公司2×24年度所有者权益变动表，以说明企业所有者权益变动表的结构和具体格式，见表5-1。

表 5-1

编制单位：永昌公司

所有者权益变动表

2×24 年度

会企 04 表

单位：元

项　目	本年金额						上年金额					
	实收资本（或股本）	资本公积	减：库存股	盈余公积	未分配利润	所有者权益合计	实收资本（或股本）	资本公积	减：库存股	盈余公积	未分配利润	所有者权益合计
一、上年末余额	148 655	311 351		65 562	97 300	622 868	148 655	311 351		45 441	72 649	578 096
加：会计政策变更												
前期差错更正												
其他												
二、本年年初余额	148 655	311 351		65 562	97 300	622 868	148 655	311 351		45 441	72 649	578 096
三、本年增减变动金额（减少以"-"号填列）												
（一）综合收益总额					52 865	52 865					67 071	67 071
（二）所有者投入和减少资本												
1. 所有者投入的普通股												
2. 其他权益工具持有者投入资本												
3. 股份支付计入所有者权益的金额												
4. 其他												
（三）利润分配												

续表

项　目	本年金额						上年金额					
	实收资本（或股本）	资本公积	减：库存股	盈余公积	未分配利润	所有者权益合计	实收资本（或股本）	资本公积	减：库存股	盈余公积	未分配利润	所有者权益合计
1. 提取盈余公积				16 237	-16 237					20 121	-20 121	
2. 对所有者（或股东）的分配					-15 092	-15 092					-22 299	-22 299
3. 其他												
（四）所有者权益内部结转												
1. 资本公积转增资本（或股本）												
2. 盈余公积转增资本（或股本）												
3. 盈余公积弥补亏损												
4. 设定受益计划变动额结转留存收益												
5. 其他综合收益结转留存收益												
6. 其他												
四、本年年末余额	148 655	311 351		81 799	118 836	660 641	148 655	311 351		65 562	97 300	622 868

（二）一般企业所有者权益变动表各项目的内容

1. "上年年末余额"项目。该项目反映企业上年资产负债表中实收资本（或股本）、资本公积、盈余公积、未分配利润等的年末余额。

2. "本年年初余额"项目。为了体现会计政策变更和前期差错更正的影响，企业应当在上年年末所有者权益余额的基础上加减"会计政策变更"、"前期差错更正"和"其他"金额进行调整，得出本年年初所有者权益的余额。

3. "本年增减变动金额"项目。该项目分别反映如下内容：（1）"综合收益总额"项目，反映企业当年的综合收益金额。（2）"所有者投入和减少资本"项目，反映企业当年所有者投入的资本和减少资本。包括"所有者投入的普通股"、"其他权益工具持有者投入资本"和"股份支付计入所有者权益的金额"等内容。（3）"利润分配"项目，包括"提取盈余公积"和"对所有者（或股东）的分配"等内容。（4）"所有者权益内部结转"项目，反映不影响当年所有者权益总额的所有者权益各组成部分之间当年的增减变动，包括"资本公积转增资本（或股本）""盈余公积转增资本（或股本）""盈余公积弥补亏损""设定受益计划变动额结转留存收益""其他综合收益结转留存收益"等内容。

4. "本年年末余额"项目。根据"本年年初余额"和"本年增减变动金额"计算得出。

所有者权益变动表"上年金额"栏内各项数字，应根据上年度所有者权益变动表"本年金额"栏内所列数字填列。"本年金额"栏内各项数字一般应根据"实收资本（或股本）""资本公积""利润分配""库存股"等科目的发生额分析填列。由于企业的净利润及其分配情况已经作为所有者权益变动表的组成部分，所以不需要单独设置利润分配表列示。

随堂测 5-1

第二节 所有者权益变动表项目分析

一、所有者权益各组成部分变动情况的分析

所有者权益各组成部分就是构成所有者权益的内容项目，包括实收资本、资本公积、库存股、盈余公积和未分配利润，它们被横向列示在所有者权益变动表中。

（一）实收资本（或股本）变动情况的分析

实收资本（或股本）是指投资者按照企业章程、合同或协议的约定投入企业的各种资产的价值，是企业实际收到的投资者投入的资本。除非企业出现增资、减资等情况，实收资本在企业正常经营期间一般不发生变动。实收资本的变动会影响企业原有投资者对企业的所有权和控制权，也会影响企业的偿债能力和盈利能力。在股份有限公司中，实收资本表现为股本，包括优先股股本和普通股股本。

实收资本（或股本）的增加包括资本公积转入、盈余公积转入、利润分配转入和发行新股等多种渠道。对实收资本（或股本）变动情况进行分析时，要注意以下问题：资本公积和盈余公积转增资本并不影响所有者权益（或股东权益）总额，但是资本公积和盈余公积转增资本后，公司注册资本将会增大。这样一方面为企业经营规模的扩大创造了条件，另一方面也将导致可流通股票数量增加，转增后，股价和股东所持股份的市值可能下跌。因此，分析资本公积和盈余公积转增资本的利弊时，要综合考虑公司的长远发展和股票市场的具体情况。如果公司通过利润分配分派股票股利，一方面会增加公司股本，另一方面也增加了股东手中股票的数量，也可能会稀释股票的价格。而公司发行新股既能增加注册资本和股东权益，又可增加公司的现金资产，可以说是对公司发展最为有利的增资方式。

企业可以按法定程序报经批准减少注册资本。股份公司采用收购本企业股票的方式减资，按注销股票的面值总额减少股本，购回股票支付的价款超过面值总额的部分，依次冲减资本公积和留存收益；购回股票支付的价款低于面值总额的，价款与面值的差额部分增加资本公积。

分析实收资本（或股本）的变动情况，要结合其他因素进行。要注意在公司实收资本（或股本）增长的同时，营业收入和净利润是否相应增加，以观察实收资本周转率、实收资本净利率或加权平均每股收益较上年有无增长。实收资本（或股本）的增加能为公司发展积累物质基础，也有可能给公司带来新的问题。因此，企业应制定科学、合理的资本扩张战略，充分利用募集的资本，壮大公司实力。同时，提高资本使用效率，增强盈利能力，为公司的持续发展奠定基础。

（二）资本公积变动情况的分析

资本公积是企业在非经营业务中产生的资本增值。它不同于实收资本（或股本），实收资本（或股本）是投资者对公司的原始投入，而资本公积是由特定来源形成的，除资本溢价（或股本溢价）外，主要来自非所有者（或股东）的投入。作为所有者权益（或股东权益）的一部分，资本公积有特定的使用流向，是一种"准实收资本"。在对所有者权益变动表进行分析时，要考察其形成过程和使用流向，以便于投资者对公司自有资本的质量做出准确的判断。

资本公积增加的原因主要有：第一，资本溢价（或股本溢价）。它是资本公积的主要来源，包括：公司收到投资者投入的资本与其在注册资本或股本中所占份额的差额；公司发行的可转换公司债券按规定转为股本时形成的差额；企业经股东大会或类似机构决议，用资本公积转增资本时形成的差额等。资本公积为公司以后转增资本奠定了基础。第二，其他资本公积。这包括：企业长期股权投资采用权益法核算时，在持股比例不变的情况下，被投资单位除净损益以外所有者权益的其他变动形成的；按现行企业会计准则的规定实施公允价值计价后出现的各种公允价值与账面价值的差额。

资本公积减少的原因主要是转增资本（或股本）。分析时要注意转增资本的额度以及转增资本后新的股权比例情况。可通过转增资本前后的实收资本净利率、每股收益、每股净资产等指标进一步加以分析。

总之，对实收资本与资本公积的分析，要分析实收资本的增加，有多少是资本公积或盈余公积转入的，有多少是所有者投资形成的；要考察实收资本占所有者权益的比重，分析其比重结构的合理性；要从多个年度实收资本的变动数据，来分析其增长速度和变化趋势。

（三）盈余公积变动情况的分析

盈余公积和未分配利润构成了企业的留存收益。盈余公积是企业按照规定从净利润中提取的各种积累资金，可以用于弥补亏损、转增资本，符合规定条件时也可以用于分派股利。

盈余公积增加的主要来源是按规定从本期净利润中提取的法定盈余公积和任意盈余公积。盈余公积减少的情况一般包括：一是转增资本。实际转增时要按股东原有持股比例结转，且转增后留存的盈余公积不能少于注册资本的25%。二是弥补亏损。如公司用税前利润（5年）无法弥补亏损时，可用税后利润和盈余公积弥补以前年度的亏损。三是分配股利。用盈余公积分配股利的形式有股票股利和现金股利。

分析企业所有者权益变动表中的盈余公积项目，首先要分析盈余公积的变动总额、变动原因和变动趋势；其次要评价盈余公积项目变动的合法性和合理性。盈余公积的增减变化及变动额的多少，取决于企业的盈亏状况和企业的利润分配政策，取决于企业对国家相关规定的遵循程度以及对积累和消费、公司长远发展和股东短期利益的不同考虑。

（四）未分配利润变动情况的分析

企业的未分配利润是未指定用途的留存收益，它是期初未分配利润加上本期实现的净利润，减去提取的盈余公积和分配的利润后的余额。未分配利润是公司利润分配的最终结果，它没有特定的用途，既可以用于生产经营，又可以用于公司的扩张，还可以留待以后年度进行股利分配。未分配利润在所有者权益中的比例提高，说明企业的盈利能力和积累能力增强。

分析企业所有者权益变动表中的未分配利润项目，首先要了解未分配利润的变动总额、变动原因和变动趋势；其次要评价未分配利润变动的合理性。和盈余公积一样，未分配利润的增减变动及变动额的多少，也主要取决于企业的盈亏状况和企业的利润分配政策，取决于企业对积累和消费、公司长远发展和股东短期利益的不同考虑。

总之，对企业留存收益（盈余公积和未分配利润）变动情况的分析，实际上是对企业整个利润分配活动的分析。利润分配活动的分析是依据所有者权益变动表的相关资料，分析企业净利润在企业和所有者之间以及企业盈余公积和未分配利润之间的分配情况及变动状况，确定各主要分配渠道分配额的增减变动幅度和变动趋势、分配结构是否合理、合法。因此，企业利润分配政策决定了流向所有者和留存在公司以图再投资的资金数量，分配政策的恰当与否直接影响企业的市场价值、筹资能力及企业未来的成长性。通过对所有者权益变动表中有关留存收益的变动情况、结构及其变动趋势的分析，可以判断企业所处的生产经营发展不同周期阶段与利润分配政策的适应性，从而预测企业未来的发展前景，评价企业的价值。

留存收益的变动情况主要受企业盈亏状况、利润分配政策、会计政策变更、前期损益调整、资产的流动性、法律和契约性约束、资本成本、投资机会、资本结构等因素的影响，也会受企业生产经营发展所处不同周期阶段的影响。一般来说，企业当年盈利多，留存收益也可能会增加；反之，如果企业当年亏损，则会减少留存收益。此外，留存收益的增减数额还取决于企业的分配政策。如果企业实施留多分少的利润分配政策，则留存收益增加的数额较多；反之，如果留少分多，留存收益增加的数额就少。企业处于初创期和成长期，一般不分股利或实施低股利政策，利润基本留存；企业处于成熟期一般会多发股利少留收益。留存收益的增加，将有利于企业资本的保全、资金实力的增强、筹资风险的降低、财务压力的缓解，资金成本的减少（因为留存收益的资金成本只是一种机会成本）。

二、影响所有者权益变动的主要因素的分析

影响所有者权益变动的主要因素包括会计政策变更、前期差错更正、综合收益总额、所有者投入资本和减少资本、提取盈余公积、向所有者（或股东）分配利润，它们被纵向列示在所有者权益变动表中。影响所有者权益变动的主要因素项目与本期所有者权益变动额的关系，可以通过以下公式来具体理解：本期所有者权益变动额=综合收益总额±会计政策变更和前期会计差错更正的累积影响±所有者投入资本或减少资本-向所有者分配利润-提取盈余公积。

对影响所有者权益变动的主要因素的分析，是对引起所有者权益变动的主要因素项目进行具体剖析对比，分析其变动原因、变动的合理性与合法性、是否存在人为操控的迹象等事项的过程。

为了避免与第二章中资产负债表的分析和第三章中利润表的分析及上述分析内容重复，这里关于对影响所有者权益变动的主要因素的分析只包括以下项目：

1.会计政策变更对所有者权益的影响分析。

会计政策是指会计主体在会计核算过程中所采用的原则、基础和会计处理方式。会计政策变更是指在特定的情况下，企业可以对相同的交易或事项由原来采用的会计政策改用另一种会计政策。企业采用的会计政策在每一个会计期间和前后各期应当保持一致，不得随意变更。但是，满足下列条件之一的，可以变更会计政策：一是法律、行政法规或者国家统一会计制度等要求变更；二是会计政策变更能够提供更可靠、更相关的会计信息。

会计政策变更能够提供更可靠、更相关的会计信息的，主要应当采用追溯调整法进行处理，将会计政策变更累积影响数调整为列报前期最早期期初留存收益。其中，追溯调整法，是指对某项交易或事项变更会计政策，视同该项交易或事项初次发生时即采用变更后的会计政策，并以此对财务报表相关项目进行调整的方法。会计政策变更的累积影响数，是指按照变更后的会计政策，对以前各期追溯计算的列报前期最早期期初留存收益与现有金额之间的差额。对会计政策变更的累积影响数的分析，主要目的在于合理区分属于会计政策变更和不属于会计政策变更的业务或事项。如果当期发生的交易或事项与以前相比具有本质差别而采用新的会计政策、对初次发生的或不重要的交易或事项采用新的会计政策等情况，都不属于会计政策变更的业务或事项。

会计政策变更的累积影响数要在所有者权益变动表中单独列示。

2.前期差错更正对所有者权益的影响分析。

对于前期差错更正对所有者权益累积影响数的分析，主要目的在于及时发现和更正前期差错，合理判断和区分相关业务是属于会计政策变更，还是属于前期差错更正，以保证所有者权益变动信息的准确性。

前期差错是指由于没有运用或错误运用下列两种信息，而对前期财务报表造成省略或错误：一是编报前期财务报表时预期能够取得并加以考虑的可靠信息；二是前期财务报告批准报出时能够取得的可靠信息。前期差错通常包括计算记录错误、应用会计政策错误、会计估计差错、疏忽或曲解事实以及舞弊产生的影响等。前期差错更正是指企业应当在重要的前期差错发现后的当期财务报表中，调整前期相关数据，并在所有者权益变动表中适时披露。前期差错更正主要采用追溯重述法，即在发现与前期相关的影响损益的会计差错时，按其对损益的影响数调整发现的期初留存收益，会计报表其他相关的期初数也应一并调整，从而对财务报表相关项目进行更正。

前期差错更正对所有者权益累积影响数要在所有者权益变动表中单独列示。

【分组任务】请四组学生分别在事先（上课前）准备，其中A、B、C三组各推选1名学生介绍某个行业企业所有者权益变动表项目的特别之处，第四组推选3名学生点评。介绍时间各5分钟，点评时间各5分钟。

第三节　所有者权益变动表水平分析

所有者权益变动表水平分析也称为所有者权益变动表的横向比较，是将连续数期的所有者权益变动表金额并列起来，形成比较所有者权益变动表，然后比较其相同项目（指标）的增减变动金额和幅度，据以判断企业所有者权益变动情况的发展变化趋势，并通过各项目的增减变动分析其存在的问题，寻找原因，总结经验教训，便于下一步继续保持或加以改进。下面结合永昌公司2×24年和2×23年所有者权益变动表中的具体数据，对所有者权益变动表主要项目（指标）的水平分析具体过程进行分别介绍。根据表5-1的相关数据，计算列出2×24年和2×23年相比永昌公司所有者权益各项目增减变动额及变动幅度见表5-2。

表5-2　　　　　　　永昌公司所有者权益各构成项目增减变动分析表

项　目	2×24年金额（元）	2×23年金额（元）	变动情况	
			变动额（元）	变动率（%）
实收资本（或股本）	148 655	148 655	0	0
资本公积	311 351	311 351	0	0
盈余公积	81 799	65 562	16 237	24.77
未分配利润	118 836	97 300	21 536	22.13
所有者权益（或股东权益）总计	660 641	622 868	37 773	6.06

从表5-1中，我们可以看到：永昌公司2×24年产生净利润52 865元，对所有者分配了利润15 092元，剩余37 773元留存企业作为盈余公积和未分配利润。所以所有者权益比2×23年增加了37 773元，增长率达到6.06%。这意味着公司的自有资本得到增加，债权人权益的保证程度得以提高，公司偿债能力、获利能力以及公司下一步发展的资本实力都提高了，所有者权益有一个较好的增长趋势。同时也说明永昌公司2×24年年度经营状况较好，未来有发展潜力。

永昌公司 2×24 年所有者权益的增加，主要得益于盈余公积增加了 16 237 元，增长率为 24.77%；未分配利润增加了 21 536 元，增长率为 22.13%。这说明永昌公司在净利润增长的情况下，比较注重内部发展资金的积累，比较注重公司的下一步持续发展能力的提高。

随堂测 5-3

第四节 所有者权益变动表结构分析

所有者权益变动表结构分析是指对所有者权益的各构成项目金额占所有者权益总额的比重及其变动情况的分析。它能反映企业所有者权益各构成项目的分布情况及其合理程度，预测其未来的发展趋势，揭示目前企业的资本实力和风险承受能力，反映企业的内部积累能力和对外融资能力，从而间接反映企业目前的经营状况和未来经济发展潜力。分析方法是编制共同比和比较共同比所有者权益变动表进行结构分析（纵的分析）和结构变化及其趋势分析（纵横结合的分析）。这些方法既可用于同一企业不同时期的横向比较，还可以用于同行业不同企业之间的横向比较，从中找出与同行业企业间的差距。

一、所有者权益结构变动分析应考虑的因素

所有者权益结构是由于企业采用产权筹资方式形成的，是产权筹资的结果。对所有者权益结构进行分析，必须考虑以下因素：

（一）利润分配政策

所有者权益虽然由四个部分组成，但实质上只分为两类：所有者投入资本和生产经营活动形成的利润积累。一般来说，所有者投入资本不会经常变动，因此，由企业生产经营形成的利润积累决定了所有者权益的数量变动，并直接影响所有者权益结构。在企业经营业绩一定的情况下，所有者权益结构直接受制于企业的利润分配政策。若企业当期采用高利润分配政策，就会把大部分利润分配给所有者，当期留存收益（盈余公积和未分配利润）的数额必然减少，当期所有者权益结构的变动就不太明显；反之，企业采取低利润分配或暂缓分配政策，留存收益比重必然会因此而提高。

（二）所有者权益规模

所有者权益结构变动既可能是所有者权益总量变动引起的，也可能是所有者权益内部各项目本身变动引起的。实务中具体有这样三种情况：一是总量变动，结构变动。如所有者权益各具体构成项目发生不同程度的变动时，其总量会因此变动，由于各项目变动幅度不同，所有者权益结构也会随之变动。二是总量不变，结构变动。这是由所有者权益内部各项目之间相互变动造成的。如以盈余公积转增资本。三是总量变动，结构不变。当所有者权益内部各项目按相同比例呈同方向变动时，会出现这种情况。实务中第三种情况几乎没有，而第一种、第二种情况却是普遍存在的。

（三）企业控制权

企业原来的控制权掌握在原所有者手中，如果企业通过吸收新的投资者追加资本投资来扩大企业资本规模，不但会引起所有者权益构成结构的变化，而且会分散原所有者对企业的控制权。如果老股东不想分散、稀释其对企业的控制权，在企业需要资

金时只能采取负债筹资方式。这样既不会引起企业所有者权益结构发生变动，也不会分散老股东对企业的控制权。

（四）权益资本成本

企业权益资本的资金成本往往要高于负债资金的资金成本，因为所有者承担的风险要大于债权人承担的风险，其回报率要求自然也要高。但在所有者权益的内部构成项目中，投入资本的资金成本往往要远高于留存收益的资金成本。因为作为一种内部融资方式，留存收益实际上没有真正的资金成本，它的资金成本是一种机会成本，而且筹资快捷，无须支付筹资费用。因此，企业要降低资金成本，应尽量多利用留用利润，在所有者权益中加大其比重，企业综合资金成本就会相对降低。

（五）外部环境因素

企业在选择筹资渠道和筹资方式时，往往不会因企业自己的主观意志而定，还要受到经济环境、金融政策、资金市场状况、资本保全法规要求等因素的制约。这些因素影响企业的筹资渠道和方式，也必然影响所有者权益的结构。

二、所有者权益结构及其变动的分析评价

根据表5-1提供的永昌公司所有者权益变动表的资料，编制永昌公司所有者权益结构变动情况分析表，见表5-3。

表5-3 　　　　　　　　　永昌公司所有者权益结构变动情况分析表

项　目	金额（元）		结构（%）		
	2×24年	2×23年	2×24年	2×23年	差异
实收资本（或股本）	148 655	148 655	22.50	23.87	-1.37
资本公积	311 351	311 351	47.13	49.98	-2.85
所有者投入资本合计	460 006	460 006	69.63	73.85	-4.22
盈余公积	81 799	65 562	12.38	10.53	1.85
未分配利润	118 836	97 300	17.99	15.62	2.37
内部形成留存收益合计	200 635	162 862	30.37	26.15	4.22
所有者（或股东）权益总计	660 641	622 868	100	100	—

从表5-3可以看出，2×23年和2×24年所有者权益构成中，所有者投入资本的比重分别是73.85%和69.63%，而内部形成的留存收益分别占26.15%和30.37%，说明所有者投入资本仍然是永昌公司所有者权益构成中的主要部分和主要来源。虽然所有者投入资本的数额两年中没有发生变化，但由于2×24年留存收益比2×23年增加了37 773元，使所有者投入资本在2×24年所有者权益总额中所占比重下降了4.22%，企业内部形成的留存收益的占比则相应上升了4.22%。这说明永昌公司所有者权益项目间的结构变化是由生产经营形成的盈利留用所导致的。公司2×24年资本保值增值率达到了106.06%，资本积累率达到了6.06%，说明公司的盈利能力、偿债能力、资本实力和未来发展能力得到了一定程度的提高。2×24年公司的股利分配率是28.55%，留存收益率达到了71.45%，说明公司注重未来发展资金的需要，注重积累，强调依靠内源融资使公司获得可持续稳定发展，公司制定和实施的利润分配政策比较合理。另外，还要分析构成所有者权益的具体项目如实收资本、资本公积、盈余公积和未分配利润各自在

所有者权益中所占比重的变化情况，更加详细地分析各具体项目在整个所有者权益和整个公司资金结构中的作用程度及其变化情况。如果条件允许，还要与同行业企业进行相应比较，发现本公司所有者权益项目的构成比例是否已经优化，是否还存在差距，以便在下一步的利润分配和筹资结构调整工作中做出改进。当然所有者权益构成项目的结构变动分析，最好用3～5年的资料进行对比，这样才能更加清晰地体现所有者权益项目结构构成的发展趋势，为下一步的决策工作提供更有用的参考信息。

需要指出的是，对所有者权益变动表的分析也不能仅针对所有者权益变动表这一张报表的相关信息展开分析，而是要联系资产负债表、利润表和现金流量表的相关数据做出更有意义的分析。如联系利润表的数据，分析观察实收资本净利率、投资者投入资本收益率、净资产收益率、所有者权益资金周转率等反映企业盈利能力、资金营运能力指标的变化情况；结合资产负债表中的相关信息，分析企业整体资本结构、偿债能力、财务杠杆利用程度、财务风险、资金成本的变化情况。

随堂测 5-4

本章测评

●●● 本章小结

本章首先对所有者权益变动表的作用和基本结构格式进行了介绍，随后讲述了对所有者权益变动表的各个项目进行数量和质量分析的方法；最后介绍了对所有者权益变动表水平分析和结构分析的方法和技巧，主要介绍了用比较所有者权益变动表进行水平分析（横向比较）发现各项目数量规模的发展趋势和利用共同比所有者权益变动表、比较共同比所有者权益变动表进行纵的比较和纵横结合的比较发现所有者权益及其主要项目的结构变化趋势的分析方法。本章的重点是所有者权益变动表的水平分析和结构分析。

●●● 进一步学习指南

所有者权益变动表是反映企业所有者权益的各构成部分的当期增减变动情况的报表。通过分析所有者权益变动表，报表使用者能清晰地了解会计期间各所有者权益构成项目的变动规模、变动结构及其变动趋势，准确理解所有者权益增减变动的原因和过程。因此，对所有者权益变动表的分析也是财务报告分析的重要内容。如果读者想对所有者权益变动表的分析，尤其想对所有者权益变动表的水平分析和结构分析做更深入的了解，或者感兴趣的读者想比较一下各种教材对这一问题的不同阐述，可以参考其他一些教材、文献和法规。

●●● 主要阅读文献

1.马永义.如何分析所有者权益变动表［J］.商业会计，2020（19）.

2.张利，魏艳华.财务报告分析［M］.上海：上海财经大学出版社，2009.

3.周凤.财务报表分析［M］.2版.北京：机械工业出版社，2013.

4.张惠忠，裘益政，胡素华.财务报告分析［M］.北京：科学出版社，2017.

5.张献英，王永刚.财务分析学［M］.2版.北京：北京大学出版社，2020.

6.苏布拉马尼亚姆.财务报表分析［M］.宋小明，谢盛纹，译.11版.北京：中国人民大学出版社，2021.

7.薛云奎，郭照蕊．财务报表分析［M］．北京：机械工业出版社，2020.

8.肖星．一本书读懂财报（全新修订版）［M］．杭州：浙江大学出版社，2019.

9.王化成，支晓强，王建英．财务报表分析［M］．2版．北京：中国人民大学出版社，2018.

10.黄世忠．财务报表分析［M］．北京：中国财政经济出版社，2020.

11.张新民，钱爱民．财务报表分析［M］．5版．北京：中国人民大学出版社，2019.

12.刘金芹．基于所有者权益变动表的财务分析［J］．会计之友，2010（18）．

13.中华人民共和国财政部，企业会计准则第30号——财务报表列报，2014年1月.

14.中华人民共和国财政部，企业会计准则——基本准则（修订），2014年7月.

思考题

1.企业所有者权益变动表的基本内容和具体结构如何？简要解释所有者权益变动表内各项目之间的关系。

2.你认为所有者权益变动表中哪些项目是分析的重点？如何分析重点项目？

3.所有者权益变动表水平分析的目的是什么？如何对所有者权益变动表进行水平分析评价？

4.怎样进行所有者权益变动表的结构分析？

练习题

某公司2×23年、2×24年所有者权益变动表（简表）见表5-4。

表5-4　　　　　　　　　　　　所有者权益变动表（简表）　　　　　　　　　　单位：元

项　目	2×23 年	2×24 年
一、上年年末余额		
实收资本（或股本）	300 000	300 000
资本公积	28 000	32 000
盈余公积	265 400	285 400
未分配利润	68 000	110 000
库存股（减项）		5 400
年初所有者权益合计	661 400	722 000
二、本年增减变动金额（减少以"-"号填列）		
未分配利润增加（+）/减少（-）	200 000	482 000
对所有者（或股东）的分配	138 000	158 000
盈余公积增加、未分配利润减少	20 000	48 200
三、本年年末余额		
实收资本（或股本）	246 000	246 000
资本公积	32 000	32 000
盈余公积	285 400	333 600
未分配利润	11 000	385 800
年末所有者权益合计	722 000	997 400

练习题
参考答案

要求：试对该公司所有者权益变动情况进行水平分析。

第六章

财务报表附注分析

学习目标：1.掌握企业财务报表附注内容分析的方法，包括附注的相关内容对企业偿债能力、资金营运能力和盈利能力分析的影响；

2.熟悉企业财务报表附注的内容；

3.了解财务报表附注的作用、财务报表附注的披露要求、财务情况说明书的基本内容。

导入案例

财务报表附注与资产负债表、利润表、现金流量表和所有者权益变动表等报表本身具有同等的重要性。财务报表附注也是进行财务报告分析的重要依据。根据《企业会计准则第30号——财务报表列报》和相应指南中的规定，财务报表附注主要包括如下内容：（1）企业基本情况；（2）财务报表的编制基础；（3）遵循企业会计准则的声明；（4）重要会计政策和会计估计；（5）会计政策和会计估计变更以及差错更正的说明；（6）报表重要项目的说明；（7）或有事项的说明；（8）资产负债表日后事项的说明；（9）关联方关系及其交易的说明。在业绩不佳的年份，有些公司会通过改变会计政策和会计估计来实现业绩"大翻身"。本案例中的全筑股份在2017—2018年间的操作就是一个很好的例子。

上海全筑建筑装饰集团股份有限公司（全筑股份，603030）成立于1998年，2015年在上交所上市，是一家以住宅全装修为主业的公司。2017年，公司公装施工业务收入占营业收入比超过90%。全筑股份2018年8月15日发布的半年报显示，2018年上半年，公司实现营业收入26.84亿元，同比上涨56.80%；扣除非经常性损益后归属于上市公司股东的净利润为6 496.30万元，同比上涨205.13%。显然，公司上半年业绩增长势头迅猛。公司近三年住宅全装修业务占比均在80%以上，在当时房地产增长放缓的情况下，公司业绩快速增长的秘籍是什么？全筑股份的靓丽业绩是如何实现的？"奥妙"就在能"化腐朽为神奇"的会计方法。

2017年10月27日，公司发布了关于公司会计估计变更的公告，对应收款项信用风险特征组合以及坏账准备计提方法等部分会计估计进行了变更。这次会计估计变更自2017年10月1日开始执行。据2017年年度报告披露，由于这次会计估计变更，2017年减少了应收账款坏账准备4 246.58万元，减少了其他应收款坏账准备656.27万元，最终年净利润增加了4 113.12万元，占本年净利润的24.07%，而这仅是一个季度（2017年10月至12月）对净利润产生的正面作用。在公司应收账款持续增长，周转效率未见改变的情况下，公司2018年上半年应收账款对应的坏账准备计提金额（发生额）相较2017年上半年还下降了2 620.94万元，同比则下降了56.03%，这无疑是公司2018年半年报靓丽业绩的关键。

（资料来源：温星星. 会计估计及会计政策的"灵活应用"，塑造了全筑股份的靓丽业绩 [EB/OL]. [2018-08-21]. https://www.sohu.com/a/249230985_585920）

思考问题：

（1）全筑股份会计估计变更和收入确认存在的问题有哪些？

（2）会计估计变更会对财务报表分析带来怎样的影响？如何调整？

财务报表中的数据是对企业发生的经济业务经过分类、简化、汇总和浓缩后的结果，如果没有说明形成这些数据所使用的会计政策，披露理解这些数据所必需的详细资料，财务报表就不可能充分发挥让报表使用者清晰了解企业财务状况、经营成果和现金流量的效用。因此，财务报表附注与资产负债表、利润表、现金流量表和所有者权益变动表等报表本身具有同等的重要性。另外，目前有些企业还自行编制了财务情况说明书。财务报表附注和财务情况说明书也是进行财务报告分析的重要依据，财务报告分析者必须全面阅读和考察财务报表附注和财务情况说明书，才能使分析工作更加深入，分析结论更加准确、全面和科学。

第一节　企业财务报表附注分析概述

一、财务报表附注的作用

财务报表附注是对财务报表本身无法或难以充分表达的内容和项目以文字描述或明细资料等形式所作的补充说明和详细解释，以及对未能在财务报表中列示的项目的说明，是财务报告体系的重要组成部分。财务报表附注的提供能有效提高会计信息的质量。在会计实务中，财务报表附注主要以旁注（即括号说明）、尾注以及补充报表等形式出现。我国现行财务报表附注形式主要是尾注。

财务报表附注的具体作用主要表现在以下几个方面：

（一）增进会计信息的可理解性和有用性

财务报表以金额数据表示为主，报表披露的规定内容又具有相当的固定性，理解报表信息之间内在的逻辑关系需要一定的理解能力和知识结构，报表提供的是关于企业经济业务的历史信息，因而无法详尽地表述各项目的具体信息以及披露的预测性信息。财务报表附注是对财务报表不能包括的内容或披露不详尽的内容所作的有效补充和明细反映，附注披露的相关信息与基本报表中所列示的项目相互参照，还有助于报表使用者从整体上更好地理解财务报表，所以能增进会计信息的可理解性和有用性。

（二）增强会计信息的可靠性和可比性

只有可靠的报表信息才能使报表使用者做出正确的决策。财务报表提供的信息不会因为它遵守了会计准则，选用了恰当的会计政策就能保证其可靠性。例如，即使资产负债表中的"应收账款"项目所反映的企业赊销额是公允的，但它不一定能充分揭示其可收回余额，如果不在报表附注中进行账龄分析或补充说明，就会削弱"应收账款"项目所提供信息的可靠性。财务报表附注还可以提高会计信息的可比性。例如，通过附注揭示会计政策选择和变更的原因及事后的影响，可以使本企业前后期、不同行业或同一行业不同企业之间提供的会计信息更具可比性，从而便于进行对比分析。

（三）协调信息质量特征，突出重要信息

会计信息质量特征有可理解性、相关性、可靠性、可比性、重要性等方面，但各种质量特征之间存在一定的矛盾，如相关的信息未必可靠，可靠的信息有时不够相关，但报表附注不失为一种协调这些矛盾的良方。例如，可靠性要求会计信息具有可验证性，要求会计确认和计量企业过去已经发生了的经济活动，但相关性要求的决策有用性使信息使用者最希望得到关于企业未来情况的财务信息。报表附注可以披露报表表内无法确认的这类信息，从而提高决策有用性。另外，财务报表中的信息多而杂，一般使用者可能抓不住重点，而附注对报表中重要信息的分解说明，能帮助报表使用者了解哪些是重要信息，从而有利于报表使用者在决策中加以重点考虑。

需要注意的是，财务报表附注和表内信息是不可分割的，共同组成了财务报告体

系。附注中的定量或定性说明，并不能用来替代基本报表中的正常分类、计量和描述，不能与财务报表发生冲突，也不能更正财务报表中的错误。

二、财务报表附注披露的基本要求

尽管财务报表附注在很多方面具有重要的作用，但它也存在一定局限性，如财务报表附注没有财务报表本身直观，由于各个企业经营业务和经营环境的差别，财务报表附注很难做到编制和披露的规范化和标准化。有些企业就是利用了附注编制和披露的随意性而滥用财务报表附注。因此，必须强调财务报表附注披露的基本要求。

(一) 要从量和质两个角度对经济事项进行完整的反映

附注披露的信息既可能是定量信息，又可能是定性信息，还可能是定量和定性信息的结合，所以必须从量和质两个角度对企业经济事项完整地进行反映，以满足信息使用者的决策需求。

(二) 附注信息应当按照一定的结构进行系统合理的排列和分类，有顺序地披露

由于财务报表附注的内容繁多，因此更应按逻辑顺序排列，分类披露，做到条理清晰，具有一定的结构，以便于使用者理解和掌握，也更好地实现财务报表的可比性。如附注中企业对报表重要项目的说明，应当按照资产负债表、利润表、现金流量表、所有者权益变动表及其项目列示的顺序进行披露，采用文字和数字描述相结合、尽可能以列表形式披露重要项目的构成或当期增减变动情况，并且报表重要项目的明细金额合计，应当与报表项目金额相衔接。

三、企业财务报表附注的内容

根据《企业会计准则第30号——财务报表列报》和相应指南中的规定，财务报表附注主要包括如下内容：(1) 企业基本情况；(2) 财务报表的编制基础；(3) 遵循企业会计准则的声明；(4) 重要会计政策和会计估计；(5) 会计政策和会计估计变更以及差错更正的说明；(6) 报表重要项目的说明；(7) 或有事项的说明；(8) 资产负债表日后事项的说明；(9) 关联方关系及其交易的说明。

(一) 企业基本情况

主要是对企业基本情况的说明，包括企业注册地、组织形式和总部地址，企业的业务性质和主要经营活动，母公司以及集团最终母公司的名称，财务报告的批准报出者和财务报告批准报出日。

(二) 财务报表的编制基础

企业应当说明本企业编制报表适用的会计年度、记账本位币、会计计量所运用的计量基础、编制财务报表遵循的基本原则等有关财务报表编制基础的内容。

(三) 遵循企业会计准则的声明

企业相关负责人应当声明编制的财务报表符合企业会计准则的要求，真实、公允地反映了企业的财务状况、经营成果和现金流量，确保会计信息的真实与完整。

(四) 重要会计政策和会计估计

根据财务报表列报准则的规定，企业应当披露重要的会计政策的确定依据，重要会计估计中所采用的关键假设和不确定性因素。不重要的会计政策和会计估计可以不

披露。判断重要与否的标准是与会计政策和会计估计相关项目的性质和金额。

1.会计政策的确定依据

会计政策的确定依据主要是指企业在运用会计政策过程中所作的对报表中确认的项目金额最具影响的判断。例如，如何判断持有的金融资产是持有至到期的投资而不是交易性投资；对于拥有的持股不足50%的企业，如何判断企业拥有控制权并因此将其纳入合并范围；如何判断与租赁资产相关的所有风险和报酬已转移给企业；以及投资性房地产的判断标准等。这些判断对在报表中确认的项目的金额具有重要的影响，其披露有助于报表使用者理解企业选择和运用会计政策的背景，增加财务报表的可理解性。企业应当披露的重要会计政策如下：

（1）存货。确定发出存货成本所采用的方法；可变现净值的确定方法；存货跌价准备的计提方法。

（2）投资性房地产。投资性房地产的计量模式；采用公允价值模式的，投资性房地产公允价值的确定依据和方法。

（3）固定资产。固定资产的确认条件和计量基础；固定资产的折旧方法。

（4）无形资产。无形资产使用寿命的估计；无形资产使用寿命不确定的判断依据；无形资产摊销方法；判断无形资产项目满足资本化条件的依据。

（5）资产减值。主要包括各种计量属性下资产或资产组可收回金额的确定方法、关键假设及其依据。

（6）债务重组。主要包括债务人和债权人在债务重组中相关公允价值的确定方法及依据。

（7）收入。收入的确认原则和方法，包括确定提供劳务交易完工进度的方法。

（8）所得税。确认递延所得税资产的依据。

（9）外币折算。记账本位币及其选定、变更的原因。

（10）金融工具。指定为以公允价值计量且其变动计入当期损益的金融资产和金融负债的性质、指定依据及其他说明；指定金融资产为以公允价值计量且其变动计入其他综合收益的金融资产的条件；确定金融资产已减值的依据及计算减值损失的方法；金融资产和金融负债的利得和损失的计量基础；金融资产和金融负债终止确认的条件等。

（11）企业合并。属于同一控制下企业合并的判断依据；非同一控制下企业合并成本的公允价值的确定方法。

另外，生物资产、股份支付、租赁、石油天然气开采等方面的会计政策也要披露。

2.会计估计中所采用的关键假设和不确定因素的确定依据

这些关键假设和不确定因素在下一会计期间内很可能导致对资产、负债账面价值的重大调整，因此其披露也有助于提高财务报表的可理解性。在确定报表中确认的资产和负债的账面金额过程中，企业有时需要对不确定的未来事项在资产负债表日对这些资产和负债的影响加以估计。例如，固定资产可收回金额的计算需要根据其公允价值减去处置费用后的净额与预计未来现金流量的现值两者之间的较高者确定，在计算资产预计未来现金流量的现值时需要对未来现金流量进行预测，选择适当的折现率，并应当在附注中披露未来现金流量预测所采用的假设及其依据、所选择的折现率的合理性等等。

（五）会计政策和会计估计变更以及差错更正的说明

为了保证会计信息的可比性，一般情况下企业应在每一会计期间采用相同的会计政策，但是在符合变更条件时也可以变更会计政策或会计估计，但应在财务报表附注中说明以下事项：

1.重要会计政策变更的性质、内容和理由。

2.会计政策变更当期和各个列报前期财务报表中受影响的项目名称和调整金额。

3.会计政策变更无法进行追溯调整的事实和原因以及开始应用变更后的会计政策的时点、具体应用情况。

4.重要会计估计变更的内容和理由。

5.会计估计变更对当期和未来期间的影响金额。

6.会计估计变更的影响数不能确定的事实和理由。

7.前期差错的性质和内容。

8.各个列报前期财务报表中受影响的项目名称和更正金额；前期差错对当期财务报表也有影响的，还应披露当期财务报表中受影响的项目名称和影响金额。

9.前期差错无法进行追溯重述的事实和原因以及对前期差错开始进行更正的时点、具体更正情况。

（六）报表重要项目的说明

企业财务报表附注中对报表重要项目的说明，应当按照资产负债表、利润表、现金流量表、所有者权益变动表及其项目列示的顺序进行披露，尽可能以列表形式披露重要项目的构成或当期增减变动情况，并与报表项目相互参照。

资产减值准备明细表、分部报表、现金流量表补充资料应当在附注中单独披露，不作为报表附表。

下面列示一些报表重要项目的披露格式和说明。

1.交易性金融资产

交易性金融资产的披露格式见表6-1。

表6-1 　　　　　　　　　　**交易性金融资产的披露格式**

项　目	期末余额	年初余额
1.交易性债券投资		
2.交易性权益工具投资		
3.指定为以公允价值计量且其变动计入当期损益的金融资产		
4.衍生金融资产		
5.其他		
合　计		

2.应收款项

说明：（1）坏账的确认标准，以及坏账准备的计提方法和计提比例，还包括说明以前年度已提坏账准备但本年度又以各种方式收回的原因，原估计计提比例的理由和合理性，本年度实际冲销的应收款项及其理由。（2）应收账款、预付账款、其他应收款分别计提的坏账准备。（3）应收账款按账龄结构或客户类别的披露。

应收账款按账龄结构披露的格式见表6-2。

表6-2　　　　　　　　　　　　应收账款按账龄结构披露的格式

账龄结构	期末余额	年初余额
1年以内（含1年）		
1年至2年（含2年）		
2年至3年（含3年）		
3年以上		
合　计		

注：有应收票据、预付账款、长期应收款、其他应收款的，比照应收账款进行披露。

3.存货

说明：（1）存货的具体构成；（2）本期存货跌价准备计提和转回的原因；（3）用于担保的存货账面价值。

存货具体构成的披露格式见表6-3。

表6-3　　　　　　　　　　　　存货具体构成的披露格式

存货种类	年初账面余额	本期增加额	本期减少额	期末账面余额
1.原材料				
2.在产品				
3.库存商品				
4.周转材料				
⋮				
合　计				

存货跌价准备的披露格式见表6-4。

表6-4　　　　　　　　　　　　存货跌价准备的披露格式

存货种类	年初账面余额	本期计提额	本期减少额		期末账面余额
			转回	转销	
1.原材料					
2.在产品					
3.库存商品					
4.周转材料					
⋮					
合　计					

4.以公允价值计量且其变动计入当期损益的金融资产的披露格式见表6-5。

表6-5　　　　　以公允价值计量且其变动计入当期损益的金融资产的披露格式

项　目	第一层次公允价值计量	第二层次公允价值计量	第三层次公允价值计量	合　计
⋮				
合　计				

5.债权投资

债权投资的披露格式见表6-6。

表6-6　　　　　　　　　　　　债权投资的披露格式

项　目	期末余额			期初余额		
	账面余额	减值准备	账面价值	账面余额	减值准备	账面价值
⋮						
合　计						

6.长期股权投资

说明：（1）具有重大影响以上的被投资单位的清单及其主要财务信息。

（2）被投资单位由于所在国家或地区及其他方面的影响，其向投资企业转移资金的能力受到限制的，应当披露限制的具体情况。

（3）当期及累计未确认的投资损失金额。

长期股权投资的披露格式见表6-7。

表6-7　　　　　　　　　　　长期股权投资的披露格式

被投资单位	期末账面余额	年初账面余额
1.		
⋮		
合　计		

7.固定资产

（1）各类固定资产的披露格式见表6-8。

（2）企业确有准备处置的固定资产的，应当说明准备处置的固定资产名称、账面价值、公允价值、预计处置费用和预计处置时间等。

8.无形资产

（1）各类无形资产的披露格式见表6-9。

表 6-8 　　　　　　　　　　　　固定资产的披露格式

项　目	年初账面余额	本期增加额	本期减少额	期末账面余额
一、原价合计				
其中：房屋、建筑物				
机器设备				
运输工具				
⋮				
二、累计折旧合计				
其中：房屋、建筑物				
机器设备				
运输工具				
⋮				
三、固定资产减值准备累计金额合计				
其中：房屋、建筑物				
机器设备				
运输工具				
⋮				
四、固定资产账面价值合计				
其中：房屋、建筑物				
机器设备				
运输工具				
⋮				

表 6-9 　　　　　　　　　　　　无形资产的披露格式

项　目	年初账面余额	本期增加额	本期减少额	期末账面余额
一、原价合计				
1.				
⋮				
二、累计摊销合计				
1.				
⋮				
三、无形资产减值准备累计金额合计				
1.				
⋮				
四、无形资产账面价值合计				
1.				
⋮				

（2）计入当期损益和确认为无形资产的研究开发支出金额。

9.商誉的形成来源、账面价值的增减变动情况

10.递延所得税资产和递延所得税负债

（1）已确认递延所得税资产和递延所得税负债的披露格式见表6-10。

表6-10　　　　　已确认递延所得税资产和递延所得税负债的披露格式

项　目	期末账面余额	年初账面余额
一、递延所得税资产		
1.		
⋮		
合　计		
二、递延所得税负债		
1.		
⋮		
合　计		

（2）未确认递延所得税资产的可抵扣暂时性差异、可抵扣亏损等的金额（存在到期日的，还应披露到期日）。

11.资产减值准备

资产减值准备的披露格式见表6-11。

表6-11　　　　　　　　　资产减值准备的披露格式

项　目	年初账面余额	本期计提额	本期减少额		期末账面余额
			转回	转销	
一、坏账准备					
二、存货跌价准备					
三、以公允价值计量且其变动计入其他综合收益的金融资产减值准备					
四、债权投资减值准备					
五、长期股权投资减值准备					
六、投资性房地产减值准备					
七、固定资产减值准备					
八、工程物资减值准备					
九、在建工程减值准备					
十、生产性生物资产减值准备					
其中：成熟生物性生产资产减值准备					
十一、油气资产减值准备					
十二、无形资产减值准备					
十三、商誉减值准备					
十四、其他					
合　计					

12.交易性金融负债

交易性金融负债的披露格式见表6-12。

表6-12　　　　　　　　　　　交易性金融负债的披露格式

项　目	期末公允价值	年初公允价值
1.发行的交易性债券		
2.指定为以公允价值计量且其变动计入当期损益的金融负债		
3.衍生金融负债		
4.其他		
合　计		

13.应付职工薪酬

（1）应付职工薪酬的披露格式见表6-13。

表6-13　　　　　　　　　　　应付职工薪酬的披露格式

项　目	年初账面余额	本期增加额	本期支付额	期末账面余额
一、工资、奖金、津贴和补贴				
二、职工福利费				
三、社会保障费				
其中：1.医疗保险费				
2.基本养老保险费				
3.年金缴费				
4.失业保险费				
5.工伤保险费				
6.生育保险费				
四、住房公积金				
五、工会经费和职工教育费				
六、非货币性福利				
七、因解除劳动关系给予的补偿				
八、其他				
其中：以现金结算的股份支付				
合　计				

（2）企业本期为职工提供的各项非货币性福利形式、金额及其计算依据。

14.应交税费

应交税费的披露格式见表6-14。

表6-14 应交税费的披露格式

税费项目	期末账面余额	年初账面余额
1.增值税		
⋮		
合　计		

15.短期借款和长期借款

（1）借款的披露格式见表6-15。

表6-15 借款的披露格式

项　目	短期借款		长期借款	
	期末账面余额	年初账面余额	期末账面余额	年初账面余额
信用借款				
抵押借款				
质押借款				
保证借款				
合　计				

（2）对于期末预期借款，应分别贷款单位、借款金额、逾期时间、年利率、逾期未偿还原因和预期还款期进行披露。

16.营业收入

（1）营业收入的披露格式见表6-16。

表6-16 营业收入的披露格式

项　目	本期发生额	上期发生额
1.主营业务收入		
2.其他业务收入		
合　计		

（2）披露合同当期预计损失的原因和金额，同时应列表详细披露各合同项目的总金额、累计已发生成本、累计已确认毛利（亏损）、已办理结算的价款金额。

17.公允价值变动收益

公允价值变动收益的披露格式见表6-17。

表6-17 公允价值变动收益的披露格式

产生公允价值变动收益的来源	本期发生额	上期发生额
1.		
⋮		
合　计		

18.投资收益

（1）投资收益的披露格式见表6-18。

表6-18 投资收益的披露格式

产生投资收益的来源	本期发生额	上期发生额
1.		
⋮		
合　计		

（2）按照权益法核算的长期股权投资，直接以被投资单位的账面净损益计算确认投资损益的事实及原因。

19.资产减值损失

资产减值损失的披露格式见表6-19。

表6-19 资产减值损失的披露格式

项　目	本期发生额	上期发生额
一、坏账损失		
二、存货跌价损失		
三、以公允价值计量且其变动计入其他综合收益的金融资产减值损失		
四、债权投资减值损失		
五、长期股权投资减值损失		
六、投资性房地产减值损失		
七、固定资产减值损失		
八、工程物资减值损失		
九、在建工程减值损失		
十、生产性生物资产减值损失		
十一、油气资产减值损失		
十二、无形资产减值损失		
十三、商誉减值损失		
十四、其他		
合　计		

20.营业外收入

营业外收入的披露格式见表6-20。

表6-20   营业外收入的披露格式

项　目	本期发生额	上期发生额
1.非流动资产处置利得合计		
其中：固定资产处置利得		
无形资产处置利得		
⋮		
合　计		

21.营业外支出

营业外支出的披露格式见表6-21。

表6-21   营业外支出的披露格式

项　目	本期发生额	上期发生额
1.非流动资产处置损失合计		
其中：固定资产处置损失		
无形资产处置损失		
⋮		
合　计		

22.所得税费用

说明：（1）所得税费用（收益）的组成，包括当期所得税、递延所得税；（2）所得税费用（收益）与会计利润的关系。

（七）或有事项的说明

新或有事项准则对预计负债、或有负债和或有资产等三类或有事项的披露做了明确规定。财务报表附注对或有事项说明的内容包括：

1.预计负债。预计负债的种类、产生的原因以及经济利益流出不确定性的说明；各类预计负债的期初、期末余额和本期变动情况；与预计负债有关的预期补偿金额和本期已确认的预期补偿金额。

2.或有负债（不包括极小可能导致经济利益流出企业的不经常发生的或有负债）。或有负债形成的原因；经济利益流出不确定性的说明；或有负债产生的财务影响和获得补偿的可能性，无法预计的，应当说明原因。

3.或有资产。或有资产一般情况下不予披露，但或有资产很有可能为企业带来经济利益时，应当披露其形成的原因、预期对企业产生的财务影响等。

（八）资产负债表日后事项的说明

资产负债表日后事项，是指资产负债表日至财务报告批准报出日之间发生的有利或不利事项。这类事项分为调整事项和非调整事项。

调整事项，是指对资产负债表日已存在的情况提供了新的或进一步的证据的事项。例如，已证实资产发生了减值、销售退回，已确定获得或支付的赔偿、利润分配，发现财务报表舞弊或差错等。根据新资产负债表日后事项准则的规定，对于调整事项要进行相关的账务处理，同时调整资产负债表日已编制的报表，并在表下进行附注说明。

非调整事项是指表明资产负债表日后才发生或存在的事项。这类事项主要有：发行股票、债券以及其他巨额举债；企业合并或处置子公司；自然灾害导致资产发生较大损失；资产价格、税收政策和外汇汇率发生较大变动等。这类事项如不加以说明，将影响财务报告使用者做出正确的估计和决策，因此要在财务报表附注中予以说明。披露的内容包括：该事项的内容，估计对财务状况、经营成果的影响。如果无法做出估计，应说明其原因。

（九）关联方关系及其交易的说明

一方控制、共同控制另一方或对另一方施加重大影响，以及两方或两方以上同受一方控制、共同控制或重大影响的，构成关联方。下列各方构成企业的关联方：（1）该企业的母公司；（2）该企业的子公司；（3）与该企业受同一母公司控制的其他企业；（4）对该企业实施共同控制的投资方；（5）对该企业实施重大影响的投资方；（6）该企业的合营企业；（7）该企业的联营企业；（8）该企业的主要投资者个人及与其关系密切的家庭成员；（9）该企业或其母公司的关键管理人员及与其关系密切的家庭成员；（10）该企业主要投资者个人、关键管理人员或与其关系密切的家庭成员控制、共同控制或施加重大影响的其他企业。

关联方交易是指关联方之间转移资源、劳务或义务的行为，而不论是否收取价款。关联方交易通常包括：购买或销售商品及购买或销售商品以外的其他资产、提供或接受劳务、担保、提供资金（贷款或股权投资）、租赁、代理、研究与开发项目的转移、许可协议、代表企业或由企业代表另一方进行债务结算、关键管理人员薪酬。

企业无论是否发生关联方交易，均应在财务报表附注中披露、说明与母公司和子公司有关的下列信息：（1）母公司和子公司名称。母公司不是该企业最终控制方的，还应披露最终控制方的名称。母公司和最终控制方均不对外提供财务报表的，还应披露母公司之上与其最近的对外提供财务报表的母公司的名称。（2）母公司和子公司的业务性质、注册地、注册资本（或实收资本、股本）及其变化。（3）母公司对该企业或者该企业对子公司的持股比例和表决权比例。

企业与关联方发生关联方交易的，应当在报表附注中说明该关联方关系的性质、交易类型及交易要素。交易要素至少应当包括：交易的金额；未结算项目的金额、条款和条件，以及有关提供或取得担保的信息；未结算应收项目的坏账准备金额；定价政策。关联方交易的金额应当说明两年期的比较数据。

关联方交易的说明应遵循重要性原则。对企业财务状况和经营成果有影响的关联方交易，应当分别关联方以及交易的类型说明；不具有重要性的，类型相似的非重大交易可合并说明。

除了上述需要披露说明的项目外，只要对使用者有帮助的其他重要项目，企业也要进行披露说明。

拓展阅读1
财务报表附注对财务报表分析的影响研究

随堂测6-1

第二节　企业财务报表附注的内容分析

由于企业财务报表本身固有的局限性，在财务报告分析中仅仅依据基本财务报表列出的项目和数据所作的财务报告分析结论是不全面的，甚至可能得出错误的结论，从而误导信息使用者的决策。分析企业财务报告时，只有在注重基本财务报表提供的信息的基础上，充分关注和利用财务报表附注所揭示的信息，才能准确地评价企业的财务状况、经营成果和现金流量情况，科学地分析企业的偿债能力、资金营运能力和盈利能力，并找出其存在的问题，提出改进对策，减少因财务报告分析结论的不科学而带来的决策失误。另外，将财务报表附注中的一些信息与基本报表中的情况进行对比，有时还能发现报表中数据可能存在的问题，为进一步深入调查和分析提供依据。

财务报表附注作为财务报告的一部分，其分析内容主要可归纳为三个方面，即财务状况（包括偿债能力）分析、资产管理效率（资金营运能力）分析和盈利能力分析。

在通过财务报表附注对财务状况进行分析时，重点应落实在分析企业的财务弹性上。财务弹性是企业在面临突发事件而产生现金需求时，做出有关反应的能力。现代企业处于一个越来越不确定的经济环境之中，从而会面临更多的突发事件，需要应付更多的突发现金需求。通过财务报表附注可以从以下几个方面反映企业的财务弹性：（1）未使用的银行贷款额度；（2）可能迅速转化为现金的长期资产的有关状况，可用非经营性资产所占的比重来衡量；（3）企业的长期债务状况；（4）或有事项。

在对资产管理效率进行分析时，利用财务报表附注可更深入地揭示企业各项资产管理效率（资金营运能力）高低的内外部原因以及预测企业未来资产的管理情况。

在对企业盈利能力进行评价时，重点是要对企业的盈利进行预测。财务报表附注中的盈利预测信息能够帮助财务报表使用者评价企业未来获取盈利和现金流量的时间、金额和不确定性，从而做出更合理的经营理财决策。

一、财务报表附注对偿债能力分析的影响

企业偿债能力包括短期偿债能力和长期偿债能力。反映短期偿债能力的流动比率、速动比率、现金比率等指标均建立在对企业相关流动资产和流动负债关系的分析之上，其计算时的分母均为流动负债；反映长期偿债能力的资产负债率、产权比率、权益乘数等指标都与企业的负债总额、负债比率有关。影响企业偿债能力的重要财务报表附注项目是或有负债。

或有事项是指过去的交易或者事项形成的，其结果须由某些未来事项的发生或不发生才能决定的不确定事项。按照《企业会计准则第13号——或有事项》的规定，只有同时满足如下三个条件才能将或有事项相关义务确认为预计负债，列示在财务报表附注中：一是该义务是企业承担的现时义务；二是该义务的履行很可能导致经济利益流出企业；三是该义务的金额能够可靠地计量。或有负债确认的第二项和第三项条件往往依靠会计人员的职业判断。尤其是第二项，会计准则应用指南虽然规定了可能性的对应概率，但实际上或有负债的概率很难通过科学的方法计算出来，必须依靠相

关会计人员的职业判断。

或有事项准则只规定了以下四类或有负债必须在会计报表附注中披露：已贴现商业承兑汇票形成的或有负债；未决诉讼或仲裁形成的或有负债；为其他单位提供债务担保形成的或有负债；其他或有负债（不包括极小可能导致经济利益流出企业的或有负债），包括售出产品可能发生的质量事故赔偿、尚未解决的税额争议可能出现的不利后果、污染环境导致的可能支付的罚款和治污费用等，对于企业来说其可能性也是存在的。企业有可能利用或有事项准则对其他或有负债极小可能性的规定不披露或少披露或有负债，这些或有负债一旦成为事实负债，将会加大企业的偿债负担。

由于或有负债的存在，资产负债表确认的负债并不一定完整地反映了企业的负债总额，所以企业偿债能力分析应该结合财务报表附注中披露的或有负债信息。如果存在或有负债，显然会减弱企业的偿债能力；如果存在未被披露的或有负债，更会使偿债能力指标的准确性大打折扣，不考虑或有负债的流动比率、速动比率、资产负债率、产权比率等指标都夸大了企业的偿债能力。所以要准确地反映短期偿债能力分析中的流动比率和速动比率，其公式中分母的流动负债应适当加上或有负债。即流动比率=流动资产÷（流动负债+或有负债×估计概率）×100%。速动比率=速动资产÷（流动负债+或有负债×估计概率）×100%。长期偿债能力分析中的资产负债率和产权比率，其公式中分子的负债总额均要加上考虑了概率的或有负债。即资产负债率=（负债总额+或有负债×估计概率）÷资产总额×100%。产权比率=（负债总额+或有负债×估计概率）÷所有者权益×100%。

除附注中披露的或有负债外，其他或有事项（如或有资产、附注中未披露的或有负债）、承诺事项（如与贷款有关的承诺、信用证承诺、售后回购协议下的承诺等）、亏损合同、重组义务等也会对企业偿债能力产生较大影响；财务报表中未反映的企业资产价值增减也会影响企业的偿债能力。如账面价值可能被高估或低估的资产（如已严重贬值的技术落后的设备、已大幅升值的处于城市中心地段的厂房等）、尚未全部入账的重要资产项目（如企业自行开发、成本较低又计入期间费用的商标权、专利权，以公允价值披露在附注中的企业衍生工具等）；企业长期经营租赁的设备及其租赁费用实际上也是企业的长期资产和长期负债，但未在资产负债表中反映出来，若被忽视也会对企业长期偿债能力产生影响；企业从事合资经营时经济实体间的控制程度与所选择的合并方法不相匹配时，会形成表外融资，影响企业偿债能力。分析者必须结合财务报表附注有关或有事项的信息或其他资料，严加观察和剖析，才能更准确地评价企业的偿债能力。

二、财务报表附注对资金营运能力分析的影响

资金营运能力主要是指企业资金的周转速度，反映了企业资金运用的效率。反映企业资金营运能力的财务分析指标主要有周转率（次数）和周转期（天数）两类。其中周转率指标主要包括总资产周转率、固定资产周转率、流动资产周转率、应收账款周转率和存货周转率等。这些周转率指标一般都是用一定时期（一般为一年）资金周转总额除以周转一次所需的该项资金额计算而得。一定时期的资金周转总额一般都用一年的销售收入额、赊销收入额、销售成本额表示。例如，流动资产周转率=销售收

入净额÷流动资产平均余额×100%。其中，销售收入净额是指利润表中营业收入减去销售退回、销售折扣和折让后的净额。总资产周转率、固定资产周转率指标计算时的分子也是销售收入净额。又如，应收账款周转率=赊销净额÷应收账款平均余额×100%。其中，赊销净额是主营业务收入减去现销收入、销售退回、销售折扣和折让后的净额。由于利润表中没有提供赊销净额的数据，所以有时赊销净额也用销售收入净额来代替。由于收入的确认是一项重要的会计政策，因此必须要认真地分析领会财务报表附注中关于收入确认的会计政策信息。新收入准则中关于收入确认条件的规定非常严格，因而，对于同样的业务，按新准则要求确认的收入一般都比较少，因而计算出来的总资产周转率、固定资产周转率、流动资产周转率和应收账款周转率也偏低。

应收账款周转率的高低，不仅取决于赊销收入净额的多少和应收账款占用数额的合理与否，而且间接地取决于应收账款的账龄分布、客户的信用状况。一旦拖欠大额账款的客户出现严重信用问题或破产倒闭，必然引起连锁反应，导致企业应收账款资金周转不灵。而报表附注中提供的应收账款的账龄分布情况、客户分布状况为这一分析提供了重要的分析依据。

存货周转率=销售成本÷平均存货占用额×100%。要正确理解其分子和分母的意义，也应该仔细阅读和判断财务报表附注中有关存货计价方法的相关信息。销售成本与平均存货占有额的大小与存货流转假设有直接关系。除了个别计价法外，存货的实物流转与价值流转并不一致，严格来说，只有应用个别计价法计算出来的存货周转率才是准确的存货周转率。因而，其他存货流转假设，如先进先出法、加权平均法、移动平均法、计划成本法、毛利率法和零售价法等，都是采用一定技术方法在销售成本和期末存货成本之间进行分配，销售成本和期末存货成本存在着此消彼长的关系。这种关系在采用先进先出法的情况下特别明显。在目前的经济生活中，通货膨胀是不容忽视的全球性客观经济现象，物价普遍呈现持续增长趋势。在通货膨胀条件下，先进先出法下的销售成本偏低，而期末存货偏高，这样计算出来的存货周转率毫无疑问会偏低。对某些企业，如果期末存货按成本与可变现净值孰低法计价，在计提存货跌价准备的情况下，期末存货价值小于其历史成本，公式中的分母变小，存货周转率就会变大。

三、财务报表附注对盈利能力分析的影响

总资产利润率、净资产收益率、销售利润率、成本费用利润率等反映企业盈利能力的主要财务指标，其分子都是息税前利润、税前利润或净利润，所以利润指标是影响盈利能力的重要因素。一般情况下，分析企业盈利能力只涉及正常的生产经营状况。而企业发生的一些非常项目，同样会给企业带来收益或损失，但这只是特殊情况下产生的特殊结果，不能说明企业的正常盈利能力。因此，在进行企业盈利能力分析时，应当排除以下项目：证券买卖等非常项目、已经或将要停止的营业项目、重大事故或法律更改等特别项目、会计准则和财务制度变更带来的累计影响等。这些非常项目的信息资料无一例外要从财务报表附注中去搜寻。另外，现金流量表的补充资料中的一些信息，对分析利润的质量也有重要帮助。

除此之外，影响企业利润的因素还有以下几个方面：

1.存货流转假设。在物价持续上涨的情况下，采用先进先出法结转的销售成本较低，因而计算出的利润偏高，而采用加权平均法等方法计算出的销售成本相对较高，其利润则偏低。

2.计提的各种跌价、减值和损失准备。如企业计提的坏账准备、存货跌价准备、长期股权投资减值准备、固定资产减值准备、无形资产减值准备、在建工程减值准备等，其计提方法和计提比例都会对企业利润产生不小的影响。

3.长期股权投资核算方法。企业对外长期性投资可以采用成本法或权益法进行核算。在采用成本法的情况下，只有实际收到分得的利润或股利时才确认收益；而在权益法下，则是一般情况下每个会计年度都要根据本企业占被投资单位的投资比例和被投资单位所有者权益变动情况确认投资损益。

4.固定资产折旧方法。固定资产折旧采用加速折旧法还是直线法，对企业利润的影响也不小。在采用加速折旧法的前几年，其利润要小于直线法下的利润额，加速折旧末期则其利润一般又要大于直线法。

5.或有事项的存在。或有负债有可能导致经济利益流出企业，未作记录的或有负债将可能减少企业的预期利润；或有资产则有可能导致经济利益流入企业，未作记录的或有资产将可能增加企业的预期利润。

6.关联方交易。分析者要注意企业关联方交易的变动情况，企业关联方交易的大幅度变动往往隐含着粉饰财务报告的可能。

这些影响利润的因素，凡是可能增加企业利润的，会增加企业的盈利能力，反之则会削弱企业的盈利能力。

【头脑风暴】财务分析会用到哪些报表附注资料？

【分组任务】请四组学生分别在事先（上课前）准备，各推选一名学生介绍上市公司年报里的附注资料，并进行小组间相互点评（A-B，B-A；C-D，D-C）。介绍时间各5分钟，点评时间各5分钟。

第三节　财务情况说明书分析

财务情况说明书是企业对自身一定会计期间内生产经营、资金周转、利润实现及分配等情况做出的综合性分析报告。

财务情况说明书曾经是我国企业年度财务报告的组成部分，直到2000年国务院公布的《企业财务会计报告条例》中还要求企业一般要编制财务情况说明书。但现行新的企业会计准则和财务制度对其应否编制和编制内容并没有做出硬性规定。例如，新的企业会计准则并没有明确指出企业必须编制财务情况说明书，但是在基本准则中也留有了余地："财务会计报告包括会计报表及其附注和其他应当在财务会计报告中披露的相关信息和资料。"实务中，监管部门也没有要求上市公司编制财务情况说明书。但有的企业的主管部门要求下属企业编制财务情况说明书。目前一些重视财务管理和财务报告分析工作的企业，会在月末或年末自觉编制包含各种内容的各种形式财务分析报告（财务情况说明书）。所以，财务情况说明书也是财务报告分析的依据之一，是开展财务报告分析的重要的现成参考资料。

企业财务情况说明书的内容一般包括：（1）企业生产经营的基本情况。包括生产产品的品种、产量、质量、销量、销售收入及增长率、市场占有率等。（2）资金增减和周转情况。包括资金的增减额和增减幅度、资金周转速度（周转次数和周转天数）、资金周转速度的变动情况及变动原因等。（3）利润实现和分配情况。说明本期实现的利润及其与上期相比增减变动的情况和增减变动的原因，说明利润分配的情况等。（4）对企业财务状况、经营成果、现金流量有重要影响的其他事项。如财务收支情况（包括财务收支的主要事项及收支金额）、各种税金的缴纳情况、重要财产物资的变动情况、汇率利率税率变动等对企业财务情况产生重大影响的事项等。（5）对未来情况的预测和发展战略等方面。

上市公司的财务情况说明书，一般包括公司基本情况简介；会计数据和业务数据摘要；股本变动及股东情况；公司董事、监事、高级管理人员和员工情况；公司治理结构；股东大会情况简介；董事会报告；监事会报告；重大事项等。

通过阅读和分析财务情况说明书，可以了解企业对财务状况、经营成果、现金流转等情况的自我分析，了解企业对经营理财情况的自我评价、企业经营理财面临的环境、企业的未来发展计划、企业对未来发展的信心、影响企业目标的内外部因素和企业为实现总目标可采取的措施及可能面临的风险等信息。

【素养提升】

党的二十大报告指出："必须坚持系统观念。万事万物是相互联系、相互依存的。只有用普遍联系的、全面系统的、发展变化的观点观察事物，才能把握事物发展规律。"上述财务综合分析的各个方法正是系统观念的具体体现。财务指标之间是相互联系、相互影响的，某一方面的指标（如偿债能力）好，并不代表其他方面的指标（如盈利能力）均好，因此，应当放在一个体系中加以整体考察，才能得到全面、完整的判断。请同学们结合第一章中讲到的财务综合分析方法的应用谈谈这方面的学习体会。

随堂测6-3

本章测评

●●● **本章小结**

本章首先阐述了财务报表附注的作用和财务报表附注的披露要求。其次，介绍了企业财务报表附注的基本内容，包括：（1）企业基本情况；（2）财务报表的编制基础；（3）遵循企业会计准则的声明；（4）重要会计政策和会计估计；（5）会计政策和会计估计变更以及差错更正的说明；（6）报表重要项目的说明；（7）或有事项的说明；（8）资产负债表日后事项的说明；（9）关联方关系及其交易的说明。再次，介绍了企业财务报表附注内容分析的方法，包括附注的相关内容对企业偿债能力、资金营运能力和盈利能力分析的影响。最后，简单介绍了企业财务情况说明书的内容。本章的重点是企业财务报表附注的内容、企业财务报表附注内容分析的方法，包括附注的相关内容对企业偿债能力、资金营运能力和盈利能力分析的影响。

●●● 进一步学习指南

　　财务报表附注与资产负债表、利润表、现金流量表和所有者权益变动表等报表本身具有同等的重要性。财务报表附注也是进行财务报告分析的重要依据，财务报告分析者必须全面阅读和考察财务报表附注，才能使财务报告分析工作更加深入，分析结论更加准确、全面和科学。因此，对财务报表附注的分析也十分重要。如果读者想对财务报表附注的分析，尤其想对企业财务报表附注的相关内容对企业偿债能力、资金营运能力和盈利能力分析的影响做更深入的了解，或者感兴趣的读者想比较一下各种教材对这一问题的不同阐述，可以参考其他一些教材、文献和法规。

●●● 主要阅读文献

　　1.牛同令.财务报表附注在财务分析中的重要性［J］.大众商务，2010（8）.

　　2.张利，魏艳华.财务报告分析［M］.上海：上海财经大学出版社，2009.

　　3.周凤.财务报表分析［M］.2版.北京：机械工业出版社，2013.

　　4.张惠忠，裘益政，胡素华.财务报告分析［M］.北京：科学出版社，2017.

　　5.张献英，王永刚.财务分析学［M］.2版.北京：北京大学出版社，2020.

　　6.苏布拉马尼亚姆.财务报表分析［M］.宋小明，谢盛纹，译.11版.北京：中国人民大学出版社，2021.

　　7.薛云奎，郭照蕊.财务报表分析［M］.北京：机械工业出版社，2020.

　　8.肖星.一本书读懂财报（全新修订版）［M］.杭州：浙江大学出版社，2019.

　　9.王化成，支晓强，王建英.财务报表分析［M］.2版.北京：中国人民大学出版社，2018.

　　10.黄世忠.财务报表分析［M］.北京：中国财政经济出版社，2020.

　　11.张新民，钱爱民.财务报表分析［M］.5版.北京：中国人民大学出版社，2019.

　　12.顾中国.如何分析会计报表附注［J］.中国农业会计，2004（3）.

　　13.中华人民共和国财政部，企业会计准则第30号——财务报表列报，2014年1月.

　　14.中华人民共和国财政部，企业会计准则第13号——或有事项，2006年2月.

●●● 思考题

　　1.企业财务报表附注有什么作用？

　　2.简述企业财务报表附注的内容。

　　3.简述企业财务报表附注的相关内容对企业偿债能力、资金营运能力和盈利能力分析的影响。

　　4.企业财务情况说明书中一般应包括哪些内容？

第七章

财务比率分析

学习目标：1.熟悉企业有关偿债能力、资金营运能力、盈利能力、发展能力等方面的财务分析比率指标；

2.掌握重要财务比率指标的计算方法；

3.理解各种比率分析指标的作用及不足；

4.能够运用各种财务比率对企业财务状况、经营成果以及发展能力进行分析和评价。

导入案例

　　在对借款企业发放贷款前和发放贷款后，银行都必须分析企业的财务报告。如果分析结果显示企业的风险度超过银行的风险承受能力，那么，银行可以立即停止向其发放贷款。中央财经大学财经研究所研究员刘姝威教授于 2001 年写作《上市公司虚假会计报表识别技术》一书的过程中，开始对上市公司蓝田股份 2000 年度的财务报告进行分析。经分析后她认为：蓝田股份的短期偿债能力很弱，不能创造足够的现金流量以维持正常经营活动和保证按时偿还银行贷款的本金和利息，已成为一个空壳，完全依靠银行的贷款在维持生存，这是非常危险的。于是，她于 2001 年 10 月 9 日写了一篇短文《应立即停止对蓝田股份发放贷款》，2001 年 10 月 26 日，只供中央金融工委、人民银行总行领导和有关司局级领导参阅的《金融内参》刊登了这篇短文。此后不久，有关银行相继停止了对蓝田股份发放新的贷款。此后引发了轰动全国的"蓝田事件"。这篇仅 600 字的短文因而成为终结蓝田神话的"最后一根稻草"。这为她带来过诉讼和人身威胁，但她没有低头，仍然到处疾呼：国家和老百姓的钱不能白白扔进一个个无底的黑洞里，更可怕的是像蓝田股份这样的企业还不是个别情况，大有不达目的誓不罢休的气势。2003 年初，刘姝威被评为中央电视台"2002 年经济年度人物"和首届"感动中国十大人物"。CCTV 的颁奖辞称："她是那个在童话里说'皇帝没穿衣服'的孩子，一句真话险些给她惹来杀身之祸。她对社会的关爱与坚持真理的风骨，体现了知识分子的本分、独立、良知与韧性。"

　　（资料来源：刘姝威．蓝田之谜［EB/OL］．［2020-07-04］．https://www.docin.com/p-2397497218.html）

案例详细
资料和提示

　　思考问题：

　　为什么当时刘姝威教授认为，蓝田股份的短期偿债能力很弱，已经成为一个空壳，完全依靠银行的贷款在维持生存，这是非常危险的？

　　财务比率分析是以企业财务报告等资料为基础，通过计算一系列的财务比率，对企业的偿债能力、资金营运能力、盈利能力和发展能力进行分析和评价的方法。企业财务能力的分析主要通过财务比率分析来实现。通过财务比率分析，可以深入了解企业的财务状况、经营成果，评价企业一定时期的经营理财情况和业绩，总结经营理财工作中的经验教训，揭示经营理财中存在的问题，为财务分析者下一步的经营理财决策和控制提供重要依据，促进企业管理水平的提高。

　　本书第一章已经介绍了财务比率分析方法的概念与财务比率的分类。财务比率分析按综合程度可分为单项财务比率分析和综合财务比率分析两类。其中单项财务比率分析由偿债能力、资金营运能力、盈利能力、发展能力等四类分析指标组成，主要反映企业某一方面的财务情况（财务状况和经营成果）；综合财务比率分析则是把各单项比率指标综合在一起进行分析，其目的在于全方位地了解企业的经营理财情况，并据此对企业财务活动和经济效益的优劣做出系统合理的评价。本章主要介绍单项财务比率分析，为第八章第一节进行企业经营理财综合分析打下一定的基础。

　　为了说明进行财务比率分析的方法和技巧，需要整套的企业财务报表资料作为依

据。本章将以永昌公司的资产负债表（表2-1）、利润表（表3-2）、现金流量表（表4-1）和所有者权益变动表（表5-1）的数据为基础，介绍反映企业偿债能力、资金营运能力、盈利能力以及发展能力分析的各项财务比率的计算和分析方法。

第一节　企业偿债能力分析

视频微课

短期长期偿债能力分析的主要指标解析

债权人或者潜在债权人为了确保能从企业及时收回债权，需要分析评价企业的偿债能力。企业自身为了及时偿还债务、降低财务风险也需要关注并衡量自身的偿债能力，进而做好资金筹划和调度，确保企业正常运营。其他利益相关者也会在不同程度上关注企业的偿债能力。

一、偿债能力分析的目的和影响偿债能力的因素

（一）企业偿债能力分析的目的

1.偿债能力分析的含义

偿债能力分析又称企业偿债风险状况分析或偿债安全性分析，是对企业偿还到期债务的能力的分析，包括短期偿债能力分析和长期偿债能力分析。

偿债能力的强弱是判断企业财务状况好坏的主要标准之一。负债是企业由于过去的交易或事项形成的、预期会导致能可靠计量的经济利益流出企业的现时义务。企业可以用资产偿还债务，也可以用劳务抵偿债务，但用资产偿还是最常见的方式。在企业所有资产中，除现金（含现金及现金等价物，下同）外，其他资产常常不具有即时的直接偿付能力，因此分析企业偿债能力的一个关键问题是资产变现力，即各项资产转化为现金的能力，也就是资产结构。企业偿债能力除了取决于资产的流动性外，还取决于负债的规模以及负债的流动性，因此企业偿债能力还取决于负债与所有者权益的比例关系（资本结构）以及各项负债占总负债的比例关系（负债结构）。最终要看各项负债与各项资产的比例关系（比率），即比较债务与可供偿债资产的存量。资产存量超过债务存量越多，则偿债能力越强；企业偿债能力还取决于企业的盈利水平和盈利质量，也就是要看经营活动现金净流量，分析时要比较偿债所需现金和经营活动产生的现金流量。如果经营活动产生的现金流量超过偿债所需的现金越多，则偿债能力越强。

2.偿债能力分析的目的

（1）对债权人而言，偿债能力分析的主要目的是判断其自身债权的偿还保证程度，即确认企业能否按期还本付息。

（2）对企业投资者（所有者）而言，分析偿债能力的目的是判断自身所承担的投资风险与可能获得的财务杠杆利益，以便在投资风险与投资收益间做出权衡，确定投资决策。

（3）对企业管理当局而言，对偿债能力的分析既有监控企业偿债能力的目的，又有保证生产经营过程正常进行的目的。保持适当的偿债能力，不但是企业开展正常生产经营的需要，也是企业保持负债能力的需要。企业未来能否筹集到所需的资金，在一定程度上取决于目前的偿债能力。

（二）影响企业偿债能力的因素

1.影响短期偿债能力的因素

（1）资产的质量——流动性。流动性是指企业资产转化为现金的能力，是资产质量的重要表现形式。一般情况下，不但短期债务需用现金来偿还，而且长期债务最终也需用现金来偿还，而企业不可能出售长期资产来偿还短期债务。因此，资产的流动性越强，尤其是流动资产中变现能力较强的资产，如现金、交易性金融资产、应收账款所占比重越大，企业的短期偿债能力就越强。

（2）企业的经营收益水平。偿还短期债务的现金通常主要来源于企业的经营利润。一个企业的经营收益水平越高，越能获得持续稳定的经营现金流入，短期偿债能力就越强。

（3）流动负债的结构。如果企业必须用现金偿付的流动负债所占比重较大，则必须拥有足够的现金才能保证其偿债能力；如果在流动负债中可用商品或劳务来偿还的流动负债（如预收账款等）占比较大，则只要有足够的存货就能保证其这方面的偿债能力。

（4）表外因素。分析企业的短期偿债能力还应注意一些未在财务报表上充分披露的其他因素。比如，准备变现的长期资产、良好的企业偿债信誉、可动用的银行贷款指标等因素会增强企业的短期偿债能力，而承担担保责任引起的债务、未作记录的或有负债等因素会降低企业的短期偿债能力。

2.影响长期偿债能力的因素

（1）企业的盈利能力。这是影响企业长期偿债能力的最重要因素。企业长期负债大多用于长期性资产投资。在正常的生产经营中，企业不可能靠出售长期资产作为偿债的资金来源，而是主要靠企业的生产经营所得。因此，长期偿债能力与企业盈利能力密切相关。企业能否有足够的现金流入量偿还长期债务本息，主要取决于其是否有稳定良好的盈利水平和盈利质量。

（2）企业的资本结构。也就是长期负债与权益资金（净资产）的比例关系。长期偿债能力必须以拥有较高的权益资金比率为基础。如果企业盈利能力强，但将利润的大部分用于分配股利、红利，权益资金的积累速度慢，就无法提高甚至降低偿还长期债务的能力。即使在企业结束经营时，如果没有足够的权益资金保障，资产又不能以账面价值处理，长期债务也将得不到全部清偿。

另外，经营租赁活动、投资及资本性支出、债务重组、购并和资产出售、或有事项（如诉讼和仲裁）、承诺事项、特殊政策等表外因素，也会对企业的偿债能力产生影响。

企业的债务按照偿还期限划分，分为短期负债和长期负债。因此，企业的偿债能力分析也相应划分为短期偿债能力分析和长期偿债能力分析。

二、短期偿债能力分析

短期偿债能力是指企业偿还流动负债的能力。它是衡量企业财务实力和反映企业财务状况的重要标准。在资产负债表中，流动负债与流动资产形成一种对应关系。一般来说，流动负债要用流动资产偿付，需要用现金来直接偿还，因此可以通过分析流动负债和流动资产之间的关系来判断企业的短期偿债能力。流动负债财务风险大，当企业无能力偿还其短期债务时，其最基本的持续经营能力都会受到影响，更谈不上其他了。债权人也必将蒙受损失。因此，企业短期偿债能力分析通常被列为财务报表分析的首要项目。

评价企业短期偿债能力的财务比率主要有营运资金、流动比率、速动比率、现金比率等，另外还有现金流量与流动负债比率、到期债务本息偿付比率、现金利息保障倍数等。

（一）营运资金

营运资金是指企业一定时点的流动资产减去流动负债后的差额。其计算公式如下：

营运资金=流动资产-流动负债

营运资金是反映企业一定时点短期债务与可偿债资产的存量比较指标。营运资金数额越大，说明流动资产大于流动负债越多，流动负债偿还的可能性越大，企业短期偿债能力越强，财务状况越稳定；反之，则短期偿债能力越弱。

由于营运资金是一个绝对数指标，而不便于不同企业间的比较，只能用于同一企业前后各期的对比以分析其短期偿债能力的发展趋势。另外，在企业提高资金营运效率的情况下，营运资金占用的减少，并不能说明企业短期偿债能力的下降。还要注意企业规模的扩大和缩小问题。如果营运资金显现出不正常的过高或过低，就必须逐项分析流动资产和流动负债。

【例7-1】根据永昌公司2×24年年末资产负债表数据资料计算，2×24年年末、年初永昌公司的营运资金为：

2×24年年末营运资金=356 358-258 495=97 863（元）

2×24年年初营运资金=301 928-194 690=107 238（元）

上述计算结果说明，永昌公司2×24年年末营运资金数额比年初有所减少，主要是由于公司2×24年度流动资产的增加数略小于流动负债的增加数。

（二）流动比率

流动比率是企业一定时点流动资产与流动负债的比率。其计算公式如下：

流动比率=流动资产÷流动负债

在传统财务理念中，流动比率是衡量企业短期偿债能力最通用的主导比率。它表明企业的短期债务可由预期一般在该项债务到期前变为现金的资产来偿付的能力。一般情况下，流动比率越高，表明企业短期偿还债务的能力越强，债权人的权益越有保障；如果该比率过低，则说明企业的短期偿债能力弱。从企业短期债权人的角度看，自然希望流动比率越高越好。但从企业经营者角度看，流动比率不应过高，该比率过高通常意味着企业不能充分利用成本较低的流动负债或者闲置的流动资产过多，从而导致企业的机会成本增加而获利能力减弱。因此，流动比率应保持在一个合适的水平上。国际上一般认为制造业企业流动比率应保持在2倍左右，即流动资产与流动负债的比例保持为2:1，表明企业这方面的财务状况较为稳妥。这是因为流动资产中变现能力最差的存货金额一般占流动资产总额的一半，剩下的部分为流动性较好的资产，至少应等于流动负债，才能保证企业最低的短期偿债能力。但这只是经验上的数据，不同行业、不同企业以及同一企业的不同时期其合理的流动比率不应该完全相同，因此不能用统一标准来评价各企业流动比率合理与否。最近几十年，金融环境和企业经营方式发生了较大变化，流动比率有降低的趋势，大部分企业的流动比率均低于2。一般而言，如船舶、飞机、车辆、机械制造等营业周期较长的制造业企业，流动比率较高；如果企业营业周期较短，则流动比率可以相对较低。所以，流动比率最好与同行业类似企业或同行业的平均水平相比较，才能说明短期偿债能力的好坏。

以流动比率评价企业短期偿债能力的强弱，其前提是假设企业的存货和应收账款的周转情况是正常的。如果应收账款增多且收账期延长，存货存在大量积压，流动比率即使偏高，也不能说明企业短期偿债能力强。所以企业在分析流动比率的基础上，要进一步对速动比率、现金比率、现金流量与流动负债的比率加以考察。流动比率有时还易被企业操纵，因此在分析流动比率时还应当注意剔除一些虚假因素的影响。

【例7-2】根据永昌公司2×24年年末资产负债表数据资料计算，2×24年年末、年初该公司的流动比率为：

2×24年年末流动比率=356 358÷258 495=1.3786

2×24年年初流动比率=301 928÷194 690=1.5508

上述计算结果说明，永昌公司2×24年年初、年末流动比率均低于一般公认标准，反映永昌公司短期偿债能力较差，而且存在进一步下降的趋势。当然，还应结合企业所处的行业、所处的生命周期阶段的具体情况，与同行业的平均水平进一步比较分析，才能得出正确的结论。

（三）速动比率

速动比率是企业某一时点速动资产与流动负债的比率，也称酸性试验比率。速动资产是指可以迅速变现的流动资产，也就是指将那些"放久了容易变酸的项目（如存货、预付账款等）"予以剔除后剩下的流动资产，主要包括货币资金、交易性金融资产、应收款项等。速动资产不包括存货、预付款项等，主要原因是存货的变现能力较差，预付款项等不具有变现能力。速动资产的确定方法有两种：一种是减法，以流动资产扣除存货等计算，速动资产=流动资产−存货−预付款项−一年内到期的非流动资产−其他流动资产，有时为了简化起见或预付款项等流动资产很少，速动资产=流动资产−存货；另一种是加法，直接将货币资金、交易性金融资产、应收款项净值相加计算（用精细的减法或用加法计算出来的速动比率称为超速动比率）。速动比率的计算公式如下：

速动比率=速动资产÷流动负债

速动比率是流动比率的一个重要的辅助指标。较之流动比率，它能够更加准确、可靠地评价企业资产直接偿还短期债务的能力。该比率越高，表明企业偿还流动负债的能力越强，对债权人的保证程度越高。如果速动比率过低，说明企业的短期偿债能力存在问题，但速动比率过高，则又说明企业拥有过多的速动资产，会影响其收益能力，因此速动比率不宜过高。国际上一般认为速动比率为1较为合适，此时表明企业既有良好的短期偿债能力，又有合理的流动资产结构。在实际应用中，应结合不同行业、企业的实际情况分析判断速动比率的合理性。

用速动比率评价企业的短期偿债能力，其前提是应收款项周转情况是正常的。如果企业流动资产中存在大量不易收回的不良应收款项，那么速动比率即使大于1，也不能保证企业有良好的短期偿债能力，所以该比率要与速动资产的实际变现能力结合起来考察，结合企业应收账款周转率、坏账率进行分析。另外，尽管速动比率较之流动比率更能直接反映流动负债偿还的安全性，但并不能认为速动比率较低的企业流动负债到期一定不能偿还。如果企业存货周转顺畅，变现能力较强，即使速动比率较低，只要流动比率高，企业仍然有望偿还到期的短期债务本息。同样，速动比率高也不能说明企业已有足够的现金用来偿债，因此还要结合企业的现金流量状况进行分析。

【例7-3】根据永昌公司资产负债表的相关数据资料计算，2×24年年末、年初永昌公司的速动比率为：

2×24年年末速动比率=（356 358-116 006）÷258 495=0.9298

2×24年年初速动比率=（301 928-112 860）÷194 690=0.9711

尽管永昌公司的流动比率较低，但从速动比率的数值来看，虽然2×24年年末短期偿债能力较年初有所下降，但短期偿债能力依然较好。这表明永昌公司流动资产的变现能力较好，速动资产在流动资产中所占的比重较高。

（四）现金比率

现金比率又称即付比率，是企业现金类资产与流动负债的比率。现金类资产包括企业拥有的货币资金和交易性金融资产，如可随时售出的短期有价证券、可贴现和转让的票据等，它们都可以随时变现，持有它们如同持有现金。现金类资产相当于资产负债表中"货币资金"和"交易性金融资产"两个项目相加的数额，是速动资产减去应收款项的余额。现金比率是最能反映企业即刻偿付流动负债的能力，用它来衡量企业的短期偿债能力最为安全和稳健。现金比率的计算公式如下：

现金比率=现金类资产÷流动负债

现金比率越高，说明企业的短期偿债能力越强，面临的短期偿债压力越小；反之，现金比率越低，说明企业短期偿付能力越弱。站在债权人的角度看，现金比率越高越好。但站在企业有效理财的角度看，现金比率并不是越高越好，因为在企业的所有资产中，现金是流动性最好、收益性最差的资产。过高的现金比率，说明企业资产过多地保留在盈利能力最差的现金类资产上，在提高短期偿付能力的同时，增加了机会成本，降低了获利能力。因此，对于企业来讲，一般不会允许保持过高的现金比率，只要控制在0.2左右，能保证具有合理的现金偿债能力即可。但实际上，不存在适用于所有行业中所有企业的"标准"现金比率。企业必须根据本企业的实际情况，考虑本行业的一般标准来确定自身最合理的现金比率。另外，分析现金比率时，还必须注意现金类资产内涵的变化。如某些特殊用途、不得随便运用的现金，减少了企业实际可动用的现金数量；而某些账面价值不能准确反映其市场价格的有价证券，应对其按实际价格进行相应调整，只有这样才能观察企业真正的即时偿债能力。

【例7-4】根据永昌公司资产负债表的数据资料计算，2×24年年末、年初永昌公司的现金比率为：

2×24年年末现金比率=58 058÷258 495=0.2246

2×24年年初现金比率=70 683÷194 690=0.3631

永昌公司 2×24 年年初的现金比率过高，年末有些改进，现金比率趋向比较正常，这说明该公司在 2×24 年比较有效地运用现金类资产，合理安排资产结构，从而提高了资金的使用效益。当然，要结合企业自身具体情况，并与同行业的平均水平进行比较分析，才能得出正确的结论。

2×24 年年末与年初相比，永昌公司的流动比率、速动比率和现金比率都呈下降趋势，说明该公司的短期偿债能力有下降趋势，财务风险在加大。

上述四个反映企业短期偿债能力的财务指标都是基于资产负债表的数据进行的分析。为了更好地说明企业的短期偿债能力，可以利用现金流量表中的数据，通过下列指标来进行分析。

（五）现金流量与流动负债比率

现金流量与流动负债比率是指企业当期经营活动现金流量净额与期末流动负债的比率，体现企业当期经营活动所产生的现金净流入可以在多大程度上保证期末流动负债的偿还，反映企业通过经营活动创造现金偿还流动负债的能力。其计算公式如下：

现金流量与流动负债比率=当年经营活动现金流量净额÷年末流动负债×100%

一般地说，现金流量与流动负债比率越大，表明经营活动产生的现金净流量保障企业按时偿还到期短期债务的能力越强。分析时必须和同行业企业的该项比率相比较，与本企业流动比率、速动比率结合起来分析，才能正确评价企业的短期偿债能力。应当注意的是，现金流量与流动负债比率的分子是这一年度的经营活动现金流量净额，分母是当年年末的流动负债，年末流动负债是下期才需归还的债务，分子分母的计算口径和时间基础不同，该比率的意义因而受到一定的影响。

【例 7-5】根据永昌公司现金流量表和资产负债表的相关数据资料计算，2×24 年、2×23 年该公司现金流量与流动负债比率为：

2×24 年现金流量与流动负债比率=71 930÷258 495×100%=27.83%

2×23 年现金流量与流动负债比率=62 602÷194 690×100%=32.15%

从以上计算可以看出，永昌公司 2×24 年现金流量与流动负债比率较 2×23 年有所下降，虽然 2×24 年经营活动创造的现金流量净额比 2×23 年有不小的增加，但由于 2×24 年年末该公司流动负债数额比 2×23 年年末增加更多，造成经营活动创造的现金流量净额与流动负债的比率有所下降，但该比率的合理程度还得通过比较同行业平均水平才能得出准确的判断。

（六）到期债务本息偿付比率

到期债务本息偿付比率是指当期经营活动现金流量净额与本期到期债务本金与利息支出之和的比率，反映企业到期债务的本息由经营活动产生的现金流量净额支付的能力。其计算公式如下：

到期债务本息偿付比率=当期经营活动现金流量净额÷本期到期债务本息支出×100%

这一比率越大，说明企业用当年经营活动现金流量净额偿付到期债务的能力越强。该比率大于 100%，意味着经营活动现金流量在保障偿付到期现金债务的需求后，还有剩余可用于企业其他的现金需要。但该比率过大，也意味着企业持有收益能力很低的现金资产过多，增大现金持有的机会成本，从而影响企业的收益能力；该比率过小，则说明企业经营活动产生的现金流量不足以偿付到期债务，如不尽快通过筹资活动解决所需资金，企业的生产经营甚至生存将受到威胁。一般来说，该比率等于100%的情况对企业来说是相对理想的水平。当然，分析时也要根据企业具体情况和与同行业企业相比较才能说明问题。计算该比率时面临的问题是，外部分析者很难获取企业"本期到期债务本息支出"的数据。

【例7-6】若永昌公司2×24年的到期债务本息之和为24 000元，则其到期债务本息偿付比率计算如下：

到期债务本息偿付比率=71 930÷24 000×100%=299.71%

如果同行业的平均到期债务本息偿付比率是250%，说明永昌公司这方面的偿债能力较好。

（七）现金利息保障倍数

为了清楚显示企业当期实际支付利息的能力，需要用现金基础的利息保障倍数指标，它表明企业经营活动产生的现金流量是因支付利息（包括资本化利息）所引起的现金流出的倍数。现金利息保障倍数的计算公式如下：

现金利息保障倍数=（经营活动现金流量净额+付现利息支出+付现所得税）÷付现利息支出

将这一比率与同行业水平相比，可反映企业用经营活动产生的现金支付约定利息的能力。该指标越大，说明企业偿付利息的能力越强。

【例7-7】若永昌公司2×24年付现利息支出为2 811元，付现所得税为25 977元，则其现金利息保障倍数计算如下：

现金利息保障倍数=（71 930+2 811+25 977）÷2 811=35.83

三、企业的长期偿债能力分析

长期偿债能力是指企业偿付未来到期的长期债务的能力，是一个企业保证未来到期长期债务及时偿还的可靠程度。企业长期债务一般数额大、期限长、风险较大。长期偿债能力的强弱，是反映企业财务状况稳定与安全程度的重要标志。企业资本结构的合理与否、盈利能力的强弱和现金流量的充足与否是影响长期偿债能力的重要因素，因此分析长期偿债能力应以企业资本结构、盈利能力和现金流量状况为基础。反映企业长期偿债能力的指标有资产负债率、产权比率、权益乘数、利息保障倍数和现金净流量负债总额比率等。

（一）资产负债率

资产负债率是企业某一时点负债总额与资产总额的比率。它表明企业资产总额中有多少是通过举债而得到的以及总资产对偿还全部债务的保障程度。

资产负债率=负债总额÷资产总额×100%

资产负债率是衡量企业长期偿债能力最重要的指标，也是体现企业资金结构是否合理的指标，同时由于资金结构决定了企业的资金成本和财务风险，因此资产负债率也能间接地体现企业资金成本的高低和财务风险的大小，还体现了企业利用财务杠杆的程度。所以，不论是债权人、投资者（所有者）还是企业管理当局都十分关注这项比率。一般情况下，资产负债率越小，表明企业长期偿债能力越强。对债权人来说，资产负债率越小越好，这样企业偿债越有保障。对企业投资者来说，如果该比率较大，说明利用较少的权益资金投资形成了较多的资产，不仅扩大了生产经营规模，而且在资金息税前利润率大于负债利息率的情况下，还可以利用财务杠杆作用，得到较多的投资净利润，因此此时所有者希望资产负债率高一些，但当资金息税前利润率小于负债利息率时，负债带来的是财务杠杆负效应，会导致净利润减少，所以所有者希望资产负债率低一些。对企业管理当局而言，则希望资产负债率既不能过高也不能过低，而应保持适度，因为举债越多风险越大，再筹资会更困难，不举债或少举债会显得畏缩不前而丧失财务杠杆利益，因此资产负债率又是评价经营管理者理财能力和进取心的一个重要指标。适度的资产负债率表明企业债权人的投资风险较小，企业面临的财务风险适度。目前，国际上一般认为企业资产负债率在50%左右较好。当然利用该比率分析企业长期偿债能力时应当与盈利能力指标结合起来，综合考虑企业的经营情况、资产结构、企业规模、负债期限、企业资产实际价值与账面价值的关系、现金流量情况等因素，并注意与同行业平均水平相比较，才能得出资产负债率是否合理、长期偿债能力是否适当的结论。

需要注意的是，并非企业所有的资产都可以作为偿债的物质保障，如长期待摊费用等因为没有直接的变现能力而不能作为可以偿债的资产。至于无形资产中的商誉、商标权、非专利技术等能否用于偿债，也存在极大的不确定性。因此，又提出"有形资产负债率"这一比较稳健的比率对企业长期偿债能力进行评价。其计算公式为：

有形资产负债率=负债总额÷有形资产总额×100%

有形资产总额=资产总额−无变现能力的资产金额

有形资产总额的原意是"资产总额−无形资产"，因为无形资产的价值、预期变现能力存在更大的不确定性，所以在计算有形资产总额时将无形资产的价值扣除了。但现实经济中，由于无形资产中有不少资产（如专利权等）完全可以变现，而有形资产中有些所谓资产（如长期待摊费用等）却根本不具有变现能力，因此为了更好地突出实际偿债能力，本教材把"有形资产总额"的计算公式定义为"资产总额−无变现能力的资产金额"。

较之资产负债率，有形资产负债率指标将企业偿付安全性的分析建立在更加切实可靠的物质保障基础之上。

【例7-8】根据永昌公司资产负债表的相关数据，计算该公司2×24年年末和年初的资产负债率为：

2×24年年末资产负债率=325 495÷986 136×100%=33.01%

2×24年年初资产负债率=246 225÷869 093×100%=28.33%

从永昌公司2×24年年初和年末的资产负债率看，该公司资产负债率不高，说明该公司长期偿债能力较强。年末与年初相比，资产负债率有所提高，表明永昌公司长期偿债能力、资本结构、资金成本、财务风险和财务杠杆的利用程度都有了一定的变化。

（二）产权比率

产权比率又称为资本负债率，它是企业某一时点负债总额与所有者权益总额的比率，反映了债权人所提供资金与所有者所提供资金的对比关系，因此它不仅反映了所有者权益对债务的保障程度，还可以揭示企业资本结构的合理程度、资金成本的高低、财务风险的大小和企业财务杠杆的利用程度。

产权比率=负债总额÷所有者权益总额×100%

产权比率越低，表明企业的长期偿债能力越强，债权人权益的保障程度越高，承担的风险越小，但企业不能充分地发挥负债的财务杠杆效应。所以，企业在评价产权比率适度与否时，应从提高获利能力与增强偿债能力两个方面综合进行，即在保障债务偿还安全而资金息税前利润率又大于负债利率的前提下，应尽可能提高产权比率。

【例7-9】根据永昌公司资产负债表的相关数据，计算该公司2×24年年末和年初的产权比率为：

2×24年年末产权比率=325 495÷660 641×100%=49.27%

2×24年年初产权比率=246 225÷622 868×100%=39.53%

永昌公司2×24年年末的产权比率比2×24年初上升不少，说明该公司长期偿债能力有所下降，也表明公司的资金结构、财务风险以及财务杠杆利用程度有了不同程度的变化。

与上述资产负债率指标有一个变化形式即有形资产负债率一样，产权比率也有一个变化形式，叫有形净值债务率。它是企业某一时点的负债总额与有形净资产的比率。它是比产权比率更为保守和稳健的衡量长期偿债能力的指标。有形净资产可以是所有者权益扣除无形资产后的余额。一般来说，该比率越低，企业偿债能力越强，财务风险越小。其计算公式如下：

有形净值债务率=负债总额÷（所有者权益－无形资产净值）

但是，在无形资产日益重要的今天，武断地将无形资产全部扣除的做法显然是欠妥的。合理做法应该是将无形资产账面价值高于合理价值的部分扣除。这里牵涉的另一个问题是，无形资产的价值判断本身就比较棘手，所以该指标的正确使用有赖于对无形资产比较可靠的估价。

（三）权益乘数

权益乘数也称权益总资产率，是指企业某一时点资产总额相当于所有者权益总额的倍数，表明企业所有者投入的资本支撑着几倍于自己的资产规模。它也是一个反映企业长期偿债能力、资金结构和财务风险的指标。这一比率越大，说明企业的负债比率越大，净资产在总资产中所占比重越小，长期偿债能力越差。其计算公式为：

$$权益乘数 = \frac{资产总额}{所有者权益总额}$$

【例7-10】根据永昌公司资产负债表的相关数据，计算该公司2×24年年末和年初的权益乘数为：

2×24年年末权益乘数=986 136÷660 641=1.49

2×24年年初权益乘数=869 093÷622 868=1.40

从权益乘数的角度看，永昌公司2×24年年末与年初相比，长期偿债能力有所降低，财务风险有所加大。

在计算权益乘数时，也可以用资产平均总额和所有者权益平均总额代替。此时计算出来的权益乘数是一项反映时期数的动态比率。下一章财务综合分析中的杜邦分析法要用到的就是这个权益乘数的时期比率。

$$权益乘数 = \frac{资产平均总额}{所有者权益平均总额} = \frac{1}{1 - 资产负债率}$$

【例7-11】根据永昌公司资产负债表的相关数据，计算该公司2×24年度的权益乘数为：

$$2×24年度权益乘数 = \frac{(986\,136 + 869\,093) ÷ 2}{(660\,641 + 622\,868) ÷ 2} = 1.445$$

资产负债率、产权比率和权益乘数都表达了资产、负债和所有者权益间的关系，三个比率之间可以相互换算，在表示资本结构和体现长期偿债能力时所起的作用基本相同。其区别主要是：资产负债率侧重于分析债务偿付安全性的物质保障程度；产权比率侧重于揭示资本结构的稳健程度，以及权益资金对偿债风险的承受能力；而权益乘数与资产负债率的意义相同，主要分析所有者权益占资产的比重。

（四）利息保障倍数

利息保障倍数也称已获利息倍数，是企业当期息税前利润总额相当于利息费用的倍数。它反映了企业以当期经营所得利润偿还债务利息的能力，是利用利润表有关资料来分析企业长期偿债能力的指标。其计算公式如下：

利息保障倍数=息税前利润总额÷利息费用

息税前利润是指包括债务利息与所得税的正常业务经营利润，不包括非正常项目利润。为了更加准确地反映利息的保障程度，债务利息应包括财务费用中的利息和资本化的利息费用两部分。

利息保障倍数不仅反映企业盈利能力的大小，而且反映盈利能力对偿还到期债务利息的保障程度，是衡量企业长期偿债能力强弱的重要指标。一般情况下，企业利息保障倍数越高，表明企业长期偿债能力越强。国际上通常认为，该指标为3倍时较为适当。从长期来看，企业若要维持正常偿还利息的能力，利息保障倍数至少应大于1，如果利息保障倍数过小，企业将面临亏损以及偿债的安全性下降的风险。究竟利息保障倍数应是利息的多少倍才算合理，这要根据企业往年经验结合行业特点来判断。

【例7-12】根据永昌公司资产负债表和利润表及有关账簿资料，可计算该公司2×24年和2×23年的利息保障倍数为：

2×24年利息保障倍数=（78 842+2 811）÷2 811=29.05

2×23年利息保障倍数=（77 330+2 490）÷2 490=32.06

从计算结果看，虽然2×24年永昌公司的利息保障倍数比2×23年有所下降，但两年的利息保障倍数都较高，说明该公司用生产经营所得的息税前利润支付利息费用的能力很强，当然还需进一步结合公司往年的情况和行业特点进行判断。

（五）现金净流量负债总额比率

现金净流量负债总额比率是指企业经营现金活动现金流量净额与负债总额的比率，反映企业用经营活动产生的现金净流量偿还全部债务的能力，体现了企业偿债风险的高低。其计算公式如下：

现金净流量负债总额比率=经营活动现金流量净额÷负债总额×100%

公式中的"负债总额"可以用年末负债总额，也可以用全年平均负债总额。现金净流量负债总额比率是偿债能力分析中的指标之一。该比率越高，说明企业偿债能力越强，偿债时效保障越好，相应的风险越小；反之，则说明偿债能力差，偿债时效保障弱，相应风险较大。在正常经营情况下，虽然企业可以用投资活动、筹资活动产生的现金流量来偿还债务，但经营活动产生的现金流量应该是偿还负债的主要来源，因此现金净流量负债总额比率是一个客观性、可比性较强的指标，在判断企业长期偿债能力时应给予足够重视。

在分析现金净流量负债总额比率时，还可以将计算该比率的分母改为长期负债总额，计算出经营活动现金净流量与长期负债总额比率来反映经营活动现金流量净额偿还长期负债的能力；还可以将计算该比率的分母改为1年内到期的长期负债，计算出经营活动现金净流量与本期到期长期负债比率，来反映经营活动现金流量净额偿还1年内到期的长期负债的能力。

【例7-13】根据永昌公司现金流量表和资产负债表的相关数据计算，该公司2×24年和2×23年现金净流量负债总额比率为：

2×24年现金净流量负债总额比率=71 930÷325 495×100%=22.10%

2×23年现金净流量负债总额比率=62 602÷246 225×100%=25.42%

上述计算结果说明，永昌公司通过经营活动产生的现金净流量偿付全部债务的能力较差，而且2×24年现金净流量负债总额比率比2×23年还有所下降。

根据永昌公司现金流量表和资产负债表的相关数据，还可以计算出该公司2×23年和2×24年的现金净流量与长期负债总额比率、现金净流量与本期到期长期负债比率，进一步深入地说明和判断该公司用经营活动产生的现金净流量偿还全部长期负债或1年内到期的长期负债的能力。

【素养提升】

党的二十大报告中有16次提及了"风险"。习近平总书记曾多次强调、反复提醒，要求警钟长鸣。防范风险已成为摆在全党全国面前的重大现实课题。提高防范、化解风险的能力是党的二十大对广大党员干部的一项重要要求。财务风险（筹资风险）是企业财务管理中的一种主要风险，其大小是可以通过企业偿债能力分析的各项指标来体现的。若上述各指标显示企业的财务风险过高，就应当及时采取措施加以管控。请同学们谈谈自己对这方面的理解和看法。

随堂测7-1

第二节　企业资金营运能力分析

一、资金营运能力分析的目的和影响因素

视频微课

资金营运能力分析的主要指标解析

资金营运能力又称为资产管理能力或资产营运效率状况，它是指企业对其资金资源（即资产）的配置和利用能力，是通过生产经营资金（资产）周转速度的有关指标所反映出来的企业资金（资产）的利用效率，也表明企业管理当局在经营管理活动中运用其所拥有资金资源的能力。

每一个企业利用其各项资产形成产出或销售的效率是不同的。资产的利用情况或周转速度不仅与企业的生产经营活动密切相关，而且与企业的资金（资产）管理水平关系密切。企业资产管理的一个重要目标，就是要确定和实现企业各项资产在总资产中的最佳配置。因此，通过对资金营运能力的分析来判断并确定各项资产的最佳组合，实现财务资源的优化配置是财务报表分析的一个重要内容。显然，资金营运能力

分析必须将资产负债表与利润表结合起来进行，其实质是分析企业管理当局是否实现了资金的流动性和增值性的要求。资金营运能力分析既是企业财务状况分析的一部分，又是企业盈利能力分析的一部分，其内容主要包括流动资产周转情况分析、非流动资产周转情况分析和总资产周转情况分析等方面。

（一）资金营运能力分析的目的

资金营运能力表明企业管理当局配置和运用其所拥有资产的效率。它一般通过企业生产经营资金的周转速度指标来衡量。资产配置组合越合理，资金周转速度越快，表明企业资金利用的效果越好，效率越高，资金营运能力越强，企业管理当局的经营理财能力越强。资金营运能力的大小、营运效率的高低对企业盈利能力和偿债能力的强弱有着决定性影响。因此，资金营运能力分析对企业所有者考察其投入资金的运用效率，对债权人评价企业的偿债能力，对加强企业经营和财务管理，甚至对国家制定资源配置政策都具有重要作用。

1.企业管理当局对资金营运能力分析的目的是发现资产结构（投资结构）中存在的问题，制定相关决策，寻找优化途径，达到优化资产配置结构、降低投资风险、加速资金周转、提高资金使用效率的目的。

2.加速资金周转、提高资金运用效率是实现资本保值增值的基本保证和有效途径，因此企业所有者对资金营运能力分析的目的是为科学进行投资决策，选择资金营运能力强、资金利用效率高的企业进行投资，让自己投入企业的资金发挥更大效用，实现更多盈利。

3.债权人对资金营运能力分析的目的是评价企业的偿债能力，判断其投入企业的债权的安全性。债务人的偿债能力来自其盈利能力，而盈利能力又主要来源于其资金营运能力。

（二）影响企业资金营运能力的主要因素

企业资金营运能力需要通过资产的运作来体现，因此，资金营运能力分析主要通过各项资产的周转速度指标反映。周转指标一般有周转率（次数）和周转期（天数）两种。

周转率（次数）即企业在一定时期内的资金周转总额（如销售收入等）与该项资金周转一次所需要的资金量（平均余额）的比率。一定时间内资金周转次数越多，表明周转速度越快，资金营运能力越强。周转期（天数）是指某种资金周转一次所需要的时间。周转期越短，表明周转速度越快，资金营运能力越强。其计算公式如下：

$$周转率（次数）=\frac{周转额}{资产平均余额}$$

$$周转期（天数）=\frac{计算期天数}{周转次数}=\frac{资产平均余额}{周转额}\times 计算期天数$$

通过上述计算公式可以发现，资金营运能力必须将利润表与资产负债表的相关数据有机地结合起来进行计算和分析。即计算企业在某项（或某一组）资产中的投资额产出了多少销售收入（或赊销收入、销售成本），并将计算结果进行各种比较，以揭示企业在配置和运用各种资产过程中的效率状况。

从资金周转率（次数）的计算公式的分子"周转额"和分母"资产平均余额"可以看出，影响企业资金营运能力的主要因素有：

1.所处行业的经营周期。由于企业所处行业不同，会导致不同的企业投入同样的资金会产出不同的销售额水平，从而导致不同的资产周转率。一般而言，在经营周期（资金周转期）长、资产流动性差的行业里，企业投入同样资金产出的周转额少，资金运用的效率就低；在经营周期（资金周转期）短的行业中，投入同样多的资产产出的周转额则较多。

2.资产构成及质量。企业资产构成中，流动资产偏多，非流动资产偏少，则整体周转期短，投入同样多资金产出的周转额就多，资金使用效率高；资产质量好，变现能力强，周转速度快，资金使用效率也高。

3.资产管理水平和财务政策。企业资产管理水平高，资产质量不断提高，企业资产配置合理，结构得以不断优化，资金周转速度加快；财务政策中的应收账款、存货资金管理政策不同，也会导致这些资金周转速度不同，从而影响企业的资金营运能力。

二、资金营运能力分析的比率（指标）

从资金周转速度角度评价资金营运能力的指标主要包括总资产周转率、固定资产周转率、流动资产周转率、应收账款周转率、存货周转率等；资金营运能力也受到资产质量的影响，从资产质量角度评价资金营运能力的指标主要有不良资产比率等。

（一）总资产周转率

总资产周转率也称总资产利用率，是一定时期（一般为一年）企业销售收入净额与资产平均总额的比值，说明企业全部资产的利用效率，是评价企业资金营运能力的综合性指标。其计算公式如下：

总资产周转率（次数）=销售收入净额÷平均资产总额

总资产周转期（天数）=平均资产总额×360÷销售收入净额=360÷总资产周转次数

总资产与销售收入比=平均资产总额÷销售收入净额

其中：销售收入净额=销售收入-销售折扣与折让等；平均资产总额=（资产总额年初数+资产总额年末数）÷2。如果年中资产总额占用在各季度间波动较大，平均资产总额也可以这样计算：

$$年平均资产总额 = \frac{\frac{1}{2}年初 + 第一季末 + 第二季末 + 第三季末 + \frac{1}{2}年末}{4}$$

平均资产总额甚至可以采用更详细的资料进行计算，如按照各月份的总资产占用额计算平均数，即：

$$\frac{\frac{1}{2} \times 1月初数 + 1月末数 + \cdots\cdots + 11月末数 + \frac{1}{2} \times 12月末数}{12}$$

总资产周转率（次数）表明企业总资产在一年中周转的次数，也可以说是企业每1元投资所产生的销售额；总资产周转期（天数）则表明企业总资产周转一次所需的时间天数。用平均资产总额与销售收入净额之比，可以表明企业取得1元销售收入所需要总资产投资是多少。

总资产周转率是考察企业总资产运营能力的重要指标，体现了企业全部资产的周转速度，反映了企业全部资产的管理质量和利用效率。该指标数值越高，说明总资产周转速度越快，资产利用效率和管理水平越高，给企业带来的盈利能力和偿债能力越强；如果该指标较低，说明企业利用全部资产进行经营的效率较差，最终会影响企业的盈利能力。

【例7-14】根据永昌公司资产负债表和利润表的相关数据计算，该公司 2×24 年和 2×23 年总资产周转率（次数）和总资产周转期（天数）为：

2×23 年总资产周转率（次数）=724 502÷〔（869 093+750 305）÷2〕=0.895（次）

2×24 年总资产周转率（次数）=788 863÷〔（986 136+869 093）÷2〕=0.850（次）

2×23 年总资产周转期（天数）=360÷0.895=402.23（天）

2×24 年总资产周转期（天数）=360÷0.850=423.53（天）

在具体分析时，可以将当期的总资产周转率与同行业平均水平相比较，以评价本企业的资产管理水平的高低，也可以与上期指标进行对比，以了解全部资产利用效率的改善情况，也可以观察连续几年的总资产周转率，以分析其变动趋势。

总资产周转率是一个综合指标，它受到很多因素的影响。企业应采取各项措施在既定投资规模条件下扩大销售收入，提高资产的利用程度，处理多余的资产，以提高总资产周转率水平。

（二）固定资产周转率

固定资产周转率是反映固定资产周转情况和利用效率的指标，它是企业一定时期销售收入净额与平均固定资产净值的比率。其计算公式为：

$$固定资产周转率（次数）=\frac{销售收入净额}{平均固定资产净值}$$

$$平均固定资产净值=\frac{固定资产净值年初数+固定资产净值年末数}{2}$$

一般情况下，固定资产周转率越高，表明企业固定资产的利用越充分，同时也表明固定资产投资规模得当，固定资产结构合理，能够充分发挥使用效率；反之，如果固定资产周转率不高，则表明固定资产使用效率不高，产出成果不多，固定资产营运能力不强。

计算出固定资产周转率后，也需要与本企业以前年份和同行业的情况进行对比才能说明问题。

【例7-15】根据永昌公司资产负债表和利润表的相关数据计算，该公司 2×24 年和 2×23 年固定资产周转率（次数）和固定资产周转期（天数）为：

$$2×23 年固定资产周转率（次数）=\frac{724\ 502}{(395\ 111+277\ 878)÷2}=2.15（次）$$

$$2×24 年固定资产周转率（次数）=\frac{788\ 863}{(426\ 850+395\ 111)÷2}=1.92（次）$$

2×23 年固定资产周转期（天数）=360÷2.15=167.44（天）

2×24 年固定资产周转期（天数）=360÷1.92=187.50（天）

运用固定资产周转率指标分析时，需要考虑固定资产因计提折旧而其净值在不断减少，以及因更新重置其净值突然增加的影响。同时，由于采用不同的折旧方法会影响其可比性，故在分析时要注意剔除这些不可比因素。

（三）流动资产周转率

流动资产周转率是指企业一定时期的销售收入净额与平均流动资产总额的比率。它是反映全部流动资产周转速度和利用效率的指标，是评价企业资金营运能力的重要指标。其计算公式为：

$$流动资产周转率（次数）=\frac{销售收入净额}{平均流动资产总额}$$

流动资产周转期（天数）=360÷流动资产周转次数

平均流动资产总额=（期初流动资产+期末流动资产）÷2

如果流动资产在年中波动较大，平均流动资产总额也可以采用分季或分月平均的方法计算。

【例7-16】根据永昌公司资产负债表和利润表的相关数据计算，该公司2×24年和2×23年流动资产周转率（次数）和流动资产周转期（天数）为：

$$2×23年流动资产周转率（次数）=\frac{724\ 502}{(214\ 712+301\ 928)÷2}=2.80（次）$$

$$2×24年流动资产周转率（次数）=\frac{788\ 863}{(301\ 928+356\ 358)÷2}=2.40（次）$$

2×23年流动资产周转期（天数）=360÷2.80=128.57（天）

2×24年流动资产周转期（天数）=360÷2.40=150.00（天）

通常认为，在正常经营情况下，流动资产周转速度越快，表明流动资产利用效果越好，以相同的流动资产完成的周转额越多，从而相对节约了流动资金，等于相对扩大了资产投入，增强了企业的盈利能力和偿债能力。生产经营和理财任何一个环节上的工作改善，都会反映到流动资产周转率指标上来。但是，流动资产周转过快可能意味着企业业务扩张太快，也可能意味着企业应收账款、存货等流动资产投资不足，对销售造成不利影响。

计算出流动资产周转率后，需要与本企业以前年份和同行业的情况进行对比才能说明问题。为查明流动资产周转加速或延缓的原因，还要进一步分析平均流动资产总额构成项目变动的影响，如应收账款周转率、存货周转率的变动。

通过对该指标的分析对比，一方面可以促进企业加强内部管理，充分利用其流动资产；另一方面也可以促进企业采取措施扩大销售，提高流动资产的使用效率。

（四）应收账款周转率

应收账款周转率是指企业一定时期内赊销收入净额与平均应收账款余额的比率，用以反映企业应收账款的周转速度和利用管理效率。用时间表示的周转速度是应收账款周转天数，也称为应收账款回收期。其计算公式如下：

$$应收账款周转率（次数）=\frac{赊销收入净额}{平均应收账款余额}$$

应收账款周转期（天数）=360÷应收账款周转次数

应收账款是因企业赊销产生的，因此从理论上说，其分子应按赊销收入净额计算。但对财务报表外部使用者来说，难以得到确切的赊销收入数据，而且报表内部使用者取得该项详细数据也不容易。因此，把现销视为收账时间为零的赊销，在计算应收账款周转率指标的分子用"销售收入净额"比较好。另外，计算应收账款周转率指标的分母"平均应收账款余额"应包括应收票据。如果应收账款余额的波动性较大，应尽可能采用更详尽的计算资料计算其平均余额。

应收账款是企业重要的流动资产。一般来说，应收账款周转率越高，周转期越短，说明应收账款的变现速度越快，账龄越短，应收账款的利用和管理效率越高，还可减少收账费用和坏账损失，相对增加流动资产的投资收益。应收账款周转率高，资产的流动性强，企业短期偿债能力也强，在一定程度上可以弥补流动比率、速动比率在分析短期偿债能力方面的不足；反之，企业的营运资金则过多地滞留在应收账款上，会影响正常的资金周转。但应收账款周转率不是越高越好，过高的应收账款周转率也可能说明企业在赊销政策方面存在问题，或为尽早收回款项而给予顾客过高的现金折扣，从而降低企业的盈利水平，或奉行过严的信用政策，付款条件苛刻，虽然降低了应收账款数额，但同时抑制了销售量的增加，最终影响企业的盈利水平。

【例7-17】根据永昌公司资产负债表和利润表的相关数据计算，该公司2×24年和2×23年应收账款周转率（次数）和应收账款周转期（天数）为（年周转额用销售收入净额计算）：

$$2×23年应收账款周转率（次数）=\frac{724\,502}{(37\,563+25\,636+33\,158+51\,454)÷2}=9.80（次）$$

$$2×24年应收账款周转率（次数）=\frac{788\,863}{(33\,158+51\,454+14\,901+158\,037)÷2}=6.13（次）$$

2×23年应收账款周转期（天数）=360÷9.80=36.73（天）

2×24年应收账款周转期（天数）=360÷6.13=58.73（天）

影响应收账款周转率的因素有许多，如企业季节性经营、大量使用分期付款结算或现金结算方式等。财务报表使用者应将该指标与该企业的前期指标、同行业平均水平或其他类似企业的该项指标相比较，以判断该指标的合理程度。

【素养提升】

党的二十届三中全会通过的《中共中央关于进一步全面深化改革 推进中国式现代化的决定》中提出，要健全社会信用体系和监管制度，社会主义核心价值观中的个人层面也特别强调"诚信、友善"。请同学们思考和讨论以情感人、以德服人、以诚待人、以信聚人在收账管理、提升应收账款周转速度中的作用。推而广之，请大家思考企业及其相关管理人员的诚信和友善等品德在企业应收账款管理乃至整个财务管理中的作用，怎样理解以德服人方能固本、以诚待人方能长远的道理。

（五）存货周转率

存货周转率是指企业一定时期的销售成本（营业成本）与平均存货余额的比率，它是反映企业流动资产的重要组成部分——存货资金——的周转速度的指标，也是衡量企业生产经营各环节中存货运营效率和管理状况的综合性指标。其计算公式如下：

$$存货周转率（次数）=\frac{销售成本}{平均存货余额}$$

存货周转期（天数）=360÷存货周转次数

如果各期存货资金占用额比较稳定，平均存货余额可以直接用"（期初数+期末数）÷2"来计算；如果存货资金占用额的波动较大，平均存货余额也应采用更详细的资料进行计算。

一般而言，存货周转率高，表明存货资金周转速度快，企业在采购、储存、生产、销售各环节的存货资金使用和管理效率高，存货转换为现金或应收账款的能力强，存货占用水平低，存货积压的风险也相对降低，而且存货周转率指标的高低还影响企业短期偿债能力和盈利能力。但存货周转率不是越高越好，过高的存货周转率也可能表明该企业存货管理中出现问题，如可能导致缺货而影响正常的生产经营活动，或由于采购次数过于频繁，每次订量过小而增加存货采购成本。存货周转率过低，则往往表明存货资金管理不善，销售不畅，存货积压，资金沉淀。

报表使用者对存货周转率分析评价时除了考虑不同行业、不同经营方式等因素的影响之外，还应对存货的结构以及影响存货周转速度的重要项目进行分析，如计算分析原材料、在产品、产成品周转率等，使存货在保证生产经营连续性的同时，尽可能少地占用经营资金，提高资金的使用效率。还要注意的是，存货计价方法对存货周转率具有较大影响，因此，在分析企业不同时期或不同企业的存货周转率时，应注意存货计价方法的口径是否一致。

【例7-18】根据永昌公司资产负债表和利润表的相关数据计算，该公司2×24年和2×23年存货周转率（次数）和存货周转期（天数）为：

$$2×23年存货周转率（次数）=\frac{631\ 304}{(63\ 365 + 112\ 860) ÷ 2}=7.16（次）$$

$$2×24年存货周转率（次数）=\frac{687\ 108}{(112\ 860 + 116\ 006) ÷ 2}=6.00（次）$$

2×23年存货周转期（天数）=360÷7.16=50.28（天）

2×24年存货周转期（天数）=360÷6.00=60（天）

永昌公司2×23年、2×24年资金营运能力比率见表7-1。

表7-1　　　　　　永昌公司2×23年、2×24年资金营运能力比率（指标）

比率（指标）	2×24年	2×23年	差 异
总资产周转率（次）	0.85	0.895	-0.045
总资产周转期（天）	423.53	402.23	+21.30
固定资产周转率（次）	1.92	2.15	-0.23
固定资产周转期（天）	187.50	167.44	+20.06
流动资产周转率（次）	2.39	2.80	-0.41
流动资产周转期（天）	150.00	128.57	+21.43
应收账款周转率（次）	6.13	9.80	-3.67
应收账款周转期（天）	58.73	36.73	+22
存货周转率（次）	6.00	7.16	-1.16
存货周转期（天）	60	50.28	+9.72

永昌公司反映资金营运能力的所有指标，无论是总资产周转率、固定资产周转率、流动资产周转率、应收账款周转率和存货周转率，还是总资产周转期、固定资产周转期、流动资产周转期、应收账款周转期和存货周转期，2×24年与2×23年相比均有不同程度的恶化，各项资产周转率（次数）指标减少，周转期（天数）指标增加，说明永昌公司的资金营运能力退化，各类资产利用效率下降，资产管理中存在较大问题，因此永昌公司必须引起高度重视，查清原因，加以改进。

需要说明的是，在上述反映资金营运能力各指标的计算中均以年度作为计算期，但在实际中，计算期应视分析的需要而定，而且应保持分子与分母在时间口径上的一致。

总之，反映企业资金营运能力的各项资产的周转率指标用于衡量企业运用资产赚取收入的效率和能力，经常同反映盈利能力和偿债能力的指标结合在一起使用，可全面评价企业的财务状况和盈利能力。

（六）不良资产比率

不良资产比率是企业年末不良资产总额占年末资产总额的比重。它是从资产质量角度评价企业资产营运能力和状况的指标。

不良资产比率=不良资产总额÷资产总额

年末不良资产总额是指企业资产中存在问题或已经支出正待摊销而难以参与正常生产经营运转的那部分资产的数额，如3年以上未收回的应收账款、积压的商品物资、不良投资、长期待摊费用、递延所得税资产等项目。

一般情况下，不良资产比率越高，表明企业沉淀下来、不能正常参与经营运转的资金越多，资产利用率越差。因此，该指标越小越好。

（七）反映资产管理效率的现金流量比率

现金、应收账款和存货等流动资产的管理是企业日常财务管理的重要内容。从管理效率的角度看，要想准确评价企业资产营运效率的高低，还应借助现金流量表的相关资料进行分析，如对销售现金流入比率、应收账款收现率、赊销收入折现系数比率的分析。

1.销售现金流入比率

销售现金流入比率主要用于衡量销售收入与销售现金流入量的对称关系，反映企业每1元销售收入回收现金的能力，体现企业销售收取现金价款的能力和水平，也体现销售收入的质量，同时也从一个侧面揭示出企业当前的运行是否处于过度经营状态。其计算公式为：

$$销售现金流入比率=\frac{销售现金流入量}{销售收入净额}$$

一般而言，该比率越高，表明企业应计现金流入量对实际或有效现金流入量的转化能力越强，收入质量越高；反之，则意味着企业的销售收入存在较大的质量问题，应调整销售方针和赊销策略，加大收账力度。

如果该比率接近1，说明企业当期的销售收入款项基本都已收回了现金或说明企业当期收回现金的销售收入加上当期收回上期的应收账款与当期的销售收入总额基本相等；如果该比率接近于0，说明企业销售款项中大部分未能收回现金，有可能是应收账款政策存在问题；如果该比率连续若干年均小于1，说明企业应收账款占用较大，影响现金的流转。

2.应收账款收现率

其计算公式如下：

$$应收账款收现率=\frac{应收账款平均收现额}{应收账款平均余额}$$

该比率反映企业应收账款收现管理水平的高低，如能同时配合应收账款账龄进行分析的话，更有现实意义。

3.赊销收入折现系数比率

$$赊销收入折现系数比率=\frac{\sum\left(各时间段应收账款收现额×折现系数或期限系数\right)}{期间内应收账款累计发生额}$$

该比率是从时间价值角度对赊销收入或应收账款的收现质量进行评价，在国内外一些成功企业中已得到应用。该指标对于提高企业相关责任者的赊销管理活动的风险意识，增强时间价值观念，加快应收账款收现速度，减少机会成本和坏账损失，提高应收账款投资效率都有一定的作用，但其计算分析有赖于一些明细资料的取得。

随堂测7-2

第三节　企业盈利能力分析

视频微课

一般企业的盈利能力分析（包括数量和质量）

盈利是企业生存和发展的前提，是所有者对企业投资的根本动力，对资金增值的不断追求也是企业经营理财的动力源泉和直接目的。盈利能力也叫获利能力，即企业赚取利润的能力，就是资金增值的能力。它通常表现为利润数额的大小与盈利水平的高低。由于会计六大要素有机统一于企业的资金运动过程，通过筹资、投资、取得收入、补偿成本费用实现利润。因此，可以按照利润（产出）与其他会计要素（投入）间的关系，设置销售利润率、成本费用利润率、总资产报酬率、净资产收益率和资本保值增值率等指标，分析评价各会计要素投入的盈利能力情况。无论是企业投资者、债权人还是经营管理者，都十分重视和关注盈利能力。利润是投资者取得投资收益、债权人收取本息的来源，是经营者经营业绩和管理效率的集中表现，也是职工福利、政府税收的重要保障。企业偿债能力从长期看主要取决于其盈利能力，提高资金营运能力的主要目的是提高其盈利能力，因此，对企业盈利能力的分析十分重要，在财务报表分析中居于核心地位。

企业盈利能力分析可以从盈利的数量和质量、一般企业盈利能力和上市公司盈利能力、企业自身盈利能力和社会贡献能力等角度展开。反映盈利能力的财务比率都是动态比率，且一般都是越高越好。

一、盈利能力分析的目的和影响企业盈利能力的因素

（一）盈利能力分析的目的

盈利能力分析就是通过一定的方法，分析评价企业能获取多大数量和多高质量的利润的能力。具体就是分析企业盈利多少、盈利水平高低、获取利润的渠道和方式的合理性以及盈利的稳定性和持久性等。盈利能力分析的目的具体包括：

1.正确评价企业一定时期的经营业绩。利润是企业一定时期经营业绩的集中表现和核心内容，是评价企业一定时期经营业绩的主要指标。企业能否获得利润、能获取多少利润、如何获取利润是各利益相关者关心的主要问题，因此盈利能力分析是正确评价企业一定时期经营业绩的基本手段和有效方式。

2.及时准确发现企业经营理财中可能存在的问题。盈利能力分析既可以总结成绩，又可以发现存在的问题，尤其在通过对比同行业先进企业和本企业历史最高水平

进行分析时更容易发现企业经营理财中的不足和差距。

3.为企业利益相关者提供决策和管理依据。无论是所有者、债权人、政府部门还是经营管理者，都十分重视和关注企业盈利能力，因为这关系到他们的切身利益。通过盈利能力分析，总结成绩，发现问题，寻找原因，预测未来，可以为他们进行科学的投资决策和经营管理决策提供依据。所有者不仅关心企业当前的盈利能力，还关心企业的发展前景和投资风险。通过分析，所有者还可以评价经营管理者的业绩，为制定合理的薪酬制度提供依据；债权人最关注的偿债能力和支付能力，从根本上取决于企业盈利的稳定性和持久性；承担受托责任的经营管理者的经营管理业绩主要体现于盈利的数量和质量；利润又是政府税收的重要保障，所以政府税务部门对企业盈利能力也特别关注。

（二）影响盈利能力的因素

企业盈利能力受各方面因素的影响，分析这些因素的影响对评价盈利能力相当重要。

1.生产经营能力

一个企业生产经营能力强，其全要素生产率就高，各要素（包括资本、劳动、技术、土地等）投入产出比就高，销售收入扩大，成本费用降低，从而带来较高的盈利水平。如，资金营运能力就是企业在资金方面的经营能力，它的提高就可以用较少的资金投入产生较多的销售收入，从而获得更多的盈利。

2.成本费用水平

企业成本费用水平对盈利能力产生反方向的影响。成本费用控制能力和管理水平越高，盈利能力越强。

3.风险因素

企业在生产经营中的风险主要有经营风险和财务风险两种。在市场经济条件下，企业要获得较高的收益必须冒较大的风险，而企业冒了较大的风险，获利的机会就多。因此，经营风险和财务风险、经营杠杆和财务杠杆等也是决定盈利能力的重要因素。

二、企业盈利能力分析的财务比率（指标）

（一）企业自身盈利能力基本分析

1.企业盈利能力数量分析

（1）一般企业盈利能力的数量分析

①销售利润率

销售利润率，也称营业利润率，是指企业一定时期取得的利润与销售收入（营业收入）净额的比率。由于企业利润有主营业务利润、营业利润、利润总额和净利润等多种形式，因此要注意销售利润率指标计算时所用的利润形式，尽可能做到与销售收入净额在计算口径上相互匹配。在实际工作中，销售利润率一般主要有三项指标形式：销售毛利率、销售利润率和销售净利率。其计算公式为：

$$销售毛利率 = \frac{毛利}{销售收入净额} \times 100\% = \frac{销售收入净额 - 销售成本}{销售收入净额} \times 100\%$$

$$销售利润率=\frac{利润总额}{销售收入净额}\times100\%$$

$$销售净利率=\frac{净利润}{销售收入净额}\times100\%$$

销售利润率表明企业销售收入的获利能力。该指标值越高，表明从销售收入中获取盈利的水平就越高，盈利能力就越强；反之，则相反。

【例7-19】根据永昌公司利润表的相关数据计算，该公司2×23年和2×24年的销售利润率和销售净利率分别为：

2×23年销售利润率=77 330÷724 502×100%=10.67%

2×24年销售利润率=78 842÷788 863×100%=9.99%

2×23年销售净利率=67 071÷724 502×100%=9.26%

2×24年销售净利率=52 865÷788 863×100%=6.70%

销售利润率和销售净利率指标计算出来后，都要与本企业前期数或计划数或同行业水平进行比较才能说明问题。

②成本费用利润率

成本费用利润率是指企业一定时期的利润总额与成本费用总额的比率。其计算公式为：

$$成本费用利润率=\frac{利润总额}{成本费用总额}\times100\%$$

其中：成本费用总额=销售成本+销售费用+管理费用+财务费用

该指标越高，表明企业为取得利润而付出的代价越小，成本费用控制得越好，盈利能力越强。在评价成本费用开支的效果时，应注意成本费用与利润之间在计算层次和口径上的对应关系。

【例7-20】根据永昌公司利润表的相关数据计算，该公司2×23年和2×24年的成本费用利润率分别为：

2×23年成本费用利润率=77 330÷643 435×100%=12.02%

2×24年成本费用利润率=78 842÷699 138×100%=11.28%

成本费用利润率指标计算出来后，也要与本企业前期数或计划数或同行业水平进行比较才能说明问题。

③总资产报酬率

总资产报酬率也称资金利润率、资产利润率、资产收益率，是投资报酬率的一种，是指企业在一定时期内的息税前利润或净利润与平均资产总额的比率，因此通常有总资产息税前利润率（ROA）和总资产净利率两项指标。其计算公式为：

$$总资产息税前利润率=\frac{息税前利润}{平均资产总额}\times100\%$$

$$总资产净利率=\frac{净利润}{平均资产总额}\times100\%$$

【例7-21】根据永昌公司资产负债表和利润表的相关数据，假设永昌公司财务费用全部为利息费用，平均资产总额为年初数和年末数的平均额，计算该公司2×23年和2×24年的总资产息税前利润率和总资产净利率分别为：

2×23年总资产息税前利润率=79 820÷809 699×100%=9.86%

2×24 年总资产息税前利润率 =81 653÷927 614.5×100%=8.80%

2×23 年总资产净利率 =67 071÷809 699×100%=8.28%

2×24 年总资产净利率 =52 865÷927 614.5×100%=5.70%

总资产报酬率表明企业总资产利用的综合效果。该指标值越高，表明投资盈利水平越高，获利能力越强；反之，则相反。判断总资产报酬率指标高低的重要参照指标有社会平均利润率、行业平均利润率等指标。一般来说，如果总资产报酬率低于行业平均水平，表明该企业经营理财效果欠佳。

总资产报酬率的高低与企业内外众多因素等有着密切的关系，因此，它是反映企业投入与产出对比关系的一项综合性指标。为了正确评价企业经济效益、挖掘提高利润水平的潜力，可以将该指标进一步分解为总资产周转率和销售利润率，即：

总资产净利率 =（销售收入净额÷平均资产总额）×（净利润÷销售收入净额）

=总资产周转率×销售净利率

上式表明，要提高总资产报酬率，企业不但要加速资产周转，扩大销售，提高资产的利用效率，而且要尽可能提高投入产出比率，从提高资金营运能力和盈利能力两个方面下功夫。

④净资产收益率

净资产收益率（ROE）也称权益资金税后利润率、权益净利率、净资产报酬率、资本利润率、资本收益率、股东权益报酬率、净值报酬率等，它是企业一定时期内的净利润与平均净资产（即所有者权益）总额的比率，反映企业自有资金（权益资金）的投资收益水平，是反映企业盈利能力的核心指标。其计算公式如下：

$$净资产收益率 = \frac{净利润}{平均净资产总额} \times 100\%$$

净资产收益率是企业所有财务比率中综合性最强的一个指标。在某种程度上说，它是一般企业财务管理的基本目标。该比率越大，表明企业所有者权益资金获取收益的能力越强，运营效益越好，企业所有者所享受的净利润越多，企业盈利能力相应越强，对债权人的保障程度也越高；反之，则相反。该指标通用性强，适应范围广，不受行业局限，在国际上的企业综合评价中使用率非常高。通过该指标的综合对比分析，可以看出企业盈利能力在同行业中所处的地位以及与同类企业的水平差异。而且该指标与总资产报酬率之间有着内在联系，由于"净资产收益率=总资产净利率×平均权益乘数"，因此企业负债比率越低，其总资产报酬率与净资产收益率越接近；企业负债比率越高，净资产收益率超出或低于总资产报酬率也就越多。这是财务杠杆的作用所导致的。该指标还可以分解为三个因素，受企业盈利能力、资金营运能力和偿债能力的综合影响，因为"净资产收益率=销售净利率×总资产周转率×平均权益乘数"。

【例7-22】根据永昌公司资产负债表和利润表的相关数据，假设永昌公司平均净资产总额是年初数和年末数的平均额，计算 2×23 年和 2×24 年该公司的净资产收益率分别为：

2×23 年净资产收益率 =67 071÷600 482×100%=11.17%

2×24 年净资产收益率 =52 865÷641 754.5×100%=8.24%

⑤资本保值增值率

资本保值增值率是企业扣除客观因素（如企业实收资本等增减）后的年末所有者权益总额与年初所有者权益总额的比率，反映了企业当年权益资金在盈利（留存收益）供给下的实际增减变动情况，是评价企业盈利能力的辅助指标，也是反映企业发展能力的指标之一。其计算公式为：

$$资本保值增值率=\frac{扣除客观因素后的年末所有者权益总额}{年初所有者权益总额}\times100\%$$

资本保值增值率是根据"资本保全"原则设计的指标，反映了投资者投入企业资本的保全性和增长性。一般认为，资本保值增值率高，表明企业留存收益多，盈利能力好，资本保全状况好，所有者权益增长快，债权人的债权也越有保障，企业发展后劲和发展能力越强。该指标通常应大于100%，若小于100%，则表明企业权益资本受到侵蚀，妨碍了企业进一步发展壮大，应予以充分重视。

【例7-23】根据永昌公司资产负债表和所有者权益变动表的相关数据，计算2×23年和2×24年该公司的资本保值增值率分别为：

2×23年资本保值增值率=622 868÷578 096×100%=107.74%

2×24年资本保值增值率=660 641÷622 868×100%=106.06%

该公司2×23年和2×24年资本保值增值率，表明该公司资本保全和增值状况较好。

永昌公司2×23年、2×24年盈利能力数量分析比率见表7-2。

表7-2　　　　永昌公司2×23年、2×24年盈利能力数量分析比率（指标）　　　　单位：%

比率（指标）	2×23年	2×24年	差异数
销售利润率	10.67	9.99	-0.68
销售净利率	9.26	6.70	-2.56
成本费用利润率	12.02	11.28	-0.74
总资产息税前利润率	9.86	8.80	-1.06
总资产净利率	8.28	5.70	-2.58
净资产收益率	11.17	8.24	-2.93

从永昌公司各项反映盈利能力的数量指标看，2×24年每一项指标的数额都比2×23年有所下降或有较大幅度的下降，说明从盈利能力的数量角度看，2×24年存在不少问题，需要找到具体原因，加以改进。

（2）上市公司盈利能力的数量分析

上市公司公开披露的财务信息很多，投资者要想通过众多的信息准确了解企业的经营成果的现状和未来，没有其他任何工具可能比正确利用财务比率更重要。除上述一般企业盈利能力的数量分析外，上市公司盈利能力的数量分析还要注重以下指标：①每股收益；②每股股利；③市盈率；④每股净资产。

上市公司盈利能力数量分析的具体内容参见本书第九章。

2.企业盈利能力的质量分析

按照会计分期假设和权责发生制原则确认的企业账面利润，只表现为一种应计现金流量与企业或股东的可能财富。从财务上讲，只有当应计现金流量转化为实际现金流量时，才表明利润的真正实现与企业或股东财富的实质性取得。如果账面利润不能转化为足够的实际现金流入量，势必给企业带来极为不利的负面影响。倘若企业长时间处于现金短缺状态，必然会陷入严重的财务困境，这无疑从根本上损害了企业和股东的利益。所以如果单纯地强调盈利能力的数量势必导致企业对账面利润的盲目追求，造成过度经营的不良后果。没有质量保证的盈利能力对企业而言是祸而非福。因此财务报表使用者在分析企业盈利能力时，还必须从利润来源的稳定可靠性、利润实现的时间分布和利润的现金支持能力等角度深入分析盈利的质量。盈利能力的质量高低也是其现金流动能力强弱的主要表现之一。

（1）利润来源的稳定可靠性分析

在企业利润的总体构成中，主营业务利润所占的比重大小是决定利润是否具有稳定可靠性的基础。如果一个企业在利润总额提高的同时，主营业务利润以及在总利润中所占的比重却呈现下降的趋势，往往是企业经营不稳定的征兆，若得不到及时纠正，企业有可能从此转入衰退甚至失败。当然，在主营业务利润水平总体滑坡的同时，如果其中的某些项目的利润出现大幅增长的势头，也往往意味着企业调整产品经营结构的良好时机，如果能够及时抓住，便可能将企业引向成功之路。

衡量利润来源的稳定可靠性可通过分析这样两个指标：营业利润占利润总额的比重和主营业务利润占营业利润的比重。

①营业利润占利润总额的比重

$$营业利润占利润总额的比重 = \frac{营业利润}{利润总额} \times 100\%$$

【例7-24】根据永昌公司利润表的相关数据，计算该公司2×23年和2×24年营业利润占利润总额的比重分别为：

2×23年营业利润占利润总额的比重=76 913÷77 330×100%=99.46%

2×24年营业利润占利润总额的比重=87 947÷78 842×100%=111.55%

永昌公司2×24年营业利润占利润总额的比重为111.54%，主要是因为该公司2×24年发生了大量营业外支出，导致利润总额低于营业利润。这是一种不正常的现象。

该指标反映企业生产经营活动所创造的利润和其他收益在整体利润来源结构中的地位。一般而言，营业利润所占比重越大，表明企业利润来源的基础越是稳固，盈利能力的质量也就越高。

②主营业务利润占营业利润的比重

与企业核心能力相关的业务是企业的主营业务，主营业务盈利能力的强弱对整个企业市场竞争力的优劣以及未来发展起着决定性作用。因此，通过计算和分析主营业务利润占营业利润总额的比重，有助于进一步考察企业利润基础的稳定性和可靠程度，并对盈利的质量水平做出更为准确的把握。当然，主营业务利润的数据需要分析者以一定方法获得。

（2）利润实现的时间分布

资金是有时间价值的，时间价值是影响企业经营业绩的一个至关重要的因素。同样数额的利润，如果实现时间分布不同，其价值内涵和质量也是截然不同的。需要说明的是，在考察利润实现时间分布的结果时，还应当分析导致这一结果的原因所在。如果所预期或业已出现的利润实现时间分布结果是完全随机或偶然的，则说明这种利润并非真正稳定可靠的。

衡量利润实现的时间分布的合理性，可分析这样两个指标：利润实现的期限结构和利润期限系数比率。

①利润实现的期限结构

$$利润实现的期限结构=\frac{不同时间段实现的利润额}{相关分析期实现的利润总额}$$

②利润期限系数比率

$$利润期限系数比率=\frac{\sum\left(不同时段利润额 \times 折现系数或期限系数\right)}{分析期利润总额}$$

企业既可以按平均资金成本率或必要投资报酬率为折现率计算出不同时间段的利润额对期初的折现系数，也可以按下列公式计算：

折现系数=（分析期总月份+1-利润所在月份）÷分析期总月份

（3）利润的现金支持能力

现金之于企业，犹如血液之于肌体，关注现金对利润的支持程度，意义重大。一般可分析以下指标：销售现金流入比率、应收账款收现率、赊销收入折现系数比率、营业净利润现金比率等。前三个指标已在资金营运能力分析中介绍过，这里只介绍营业净利润现金比率。

营业净利润现金比率是企业一定期间经营活动现金流量净额与净利润的比率，反映企业净利润的收现程度，是从经营活动现金流量的结果对企业利润的现金保障水平进行评价分析的指标。其计算公式为：

$$营业净利润现金比率=\frac{经营活动现金流量净额}{净利润}\times100\%$$

【例7-25】根据永昌公司现金流量表和利润表的相关数据，计算2×23年和2×24年该公司的营业净利润现金比率分别为：

2×23年营业净利润现金比率=62 602÷67 071×100%=93.34%

2×24年营业净利润现金比率=71 930÷52 865×100%=136.06%

该比率越高，表明企业实现的净利润的有效性就越大，净利润质量越高，整个经营理财处于良好运行状态；反之，则意味着企业经营理财的最终成果缺乏有效质量保证，对以往及当前的经营理财工作需做出检讨和改进。

在上市公司，可以用每股净现金流量与每股收益相比较，也可以反映公司盈利的质量及可用于支配的现金数。如果每股收益较高，但每股现金流量较低，股东就无法期望取得较高的现金股利。并且，如果公司现金总量不足，还有可能导致现金性风险。

另外，还可以通过资本现金流量比率（即经营活动现金流量净额÷平均所有者权益总额）和全部资产现金回收率（即经营活动现金流量净额÷平均资产总额）等指标考察企业利用权益资金或总资产创造经营活动净现金流量的能力，也可以说明企业的盈利质量问题。

（二）企业社会贡献能力分析

从财务角度看，企业对社会的贡献主要包括四个方面：政府的税收、职工的工薪、债权人的利息和股东的净利润。在财务报表分析中，评价企业社会贡献能力的指标主要有社会贡献率和社会积累率。

1.社会贡献率

社会贡献率是指一定时期企业的社会贡献总额与平均资产总额的比率，反映企业利用投入的社会资源（资产总额）对社会经济利益的贡献程度。其计算公式为：

$$社会贡献率=\frac{企业社会贡献总额}{平均资产总额}\times100\%$$

企业社会贡献总额包括已缴或应缴的各种税金和附加、已支付的各种工资薪金和社会保险金、已支出的利息费用和产生的净利润。这些数据资料都可以从企业财务报表中获取。这个指标的数值越大，反映了企业的社会贡献越大，是社会和市场进行资金资源有效配置的重要依据。

2.社会积累率

社会积累率是一定时期企业上缴的各项财政收入（主要是税收）与其社会贡献总额的比率。其计算公式如下：

$$社会积累率=\frac{企业上缴财政收入总额}{社会贡献总额}\times100\%$$

这项指标反映了企业对社会的经济贡献中用于社会积累的份额，体现了企业社会贡献总额中用于社会消费和社会积累的比例关系。

随堂测 7-3

【素养提升】

认真履行社会责任是目前世界上企业发展的崭新潮流，也是企业经营的重要目标。一个企业如果不履行社会责任，从长远看是不可能获得可持续发展的。企业的社会责任主要有依法纳税、保障产品和服务的高质量、保护员工权益和改善员工待遇、保护生态环境、支持社区发展和慈善事业等。请同学们进一步思考对其他企业社会责任的履行应如何进行分析。

第四节　企业发展能力分析

发展能力，又称成长能力，是企业未来一定时期不断改善其财务状况和经营业绩、提升企业价值的能力，例如利润扩大、销售增长的前景和趋势。它是企业核心竞争力和综合能力的体现。发展能力分析通常是对企业未来一定时期有关发展能力的动态发展变化趋势的分析，其分析比率一般都可以利用资产负债表和利润表上的数据计算求得。

一、企业发展能力分析的作用和影响发展能力的主要因素

（一）发展能力分析的作用

在激烈的市场竞争条件下，企业市场价值在很大程度上取决于未来的盈利能力，与企业未来的资产规模、销售收入、收益增长及股利政策的紧密联系。增强企业偿债能力、资金营运能力和盈利能力最终都是为了使企业能够长久地发展壮大，这是所有

企业利益相关者所期望的。

因此发展能力分析对于判断企业未来一定时期拥有资源的服务潜力、未来变化趋势，判断企业发展后劲、行业地位、面临的发展机遇与挑战各因素变化、未来需要的追加投入、资金结构和融资的发展，对于制订中长期经营、投资、融资发展计划，进行科学的经营和财务战略决策，选择合理的扩张发展速度和模式都具有重要的意义和作用。

（二）影响企业发展能力的主要因素

衡量发展能力的核心指标是企业价值的增长，而影响企业价值增长的因素主要有以下几个方面：

1.销售收入。不断增长的销售收入是企业发展的主要依托，只有销售收入不断稳定增长，才能为企业不断发展提供充足的财务资源。

2.资产和净资产规模。资产和净资产是企业发展的基础，是企业取得收入和盈利的保障。在资金营运能力和盈利能力保持稳定的情况下，企业资产和净资产规模与收入规模、盈利规模之间存在正比例关系，如果扩大资产和净资产的投入，收入和盈利必将获得正比例增长。

3.资金营运能力和盈利能力。在资产和净资产规模不变的情况下，提高企业的资金营运能力和盈利能力，销售收入和利润将获得增长。如果在扩大资产和净资产投入规模的前提下，提高资金营运能力和盈利能力，则企业销售收入和利润的增长更快，增长了的销售收入和利润又为企业的进一步发展提供了更充足的财务资源，从而带来企业发展的良性循环。

4.股利政策。合理的股利政策更注重为企业的下一步发展提供积累资金（留存收益），尤其是企业处在初创期和成长期的时候，必将有助于更好地树立投资者的信心，从而改善企业财务形象，提升企业价值。

除以上与财务有关的影响企业发展能力的因素外，核心业务战略、经营能力、企业制度、人力资源等内部因素和行业环境、政府扶持政策等外部因素都会影响企业的发展能力。

二、企业发展能力分析的财务比率（指标）

（一）销售增长率

销售增长率是指企业本年销售收入增长额同上年销售收入总额的比率。销售收入是企业规模的具体体现，是企业综合实力的市场表现。销售增长率是衡量市场占有能力、预测企业经营业务拓展趋势的重要指标，也是企业扩大资金规模的重要前提。不断增加的销售收入，是企业生存和发展的基础条件。因此，销售增长率是评价企业成长状况和发展能力的重要指标。其计算公式如下：

销售增长率=本年销售收入增长额÷上年销售收入总额×100%

本年销售收入增长额是本年销售收入总额与上年销售收入总额的差额。如果销售增长率小于零，说明由于种种原因，导致企业销售萎缩。

为了体现企业销售收入的增长趋势和稳定程度，还可以用"三年销售平均增长率"指标来评价。

三年销售平均增长率=$[$（当年销售收入总额÷三年前那年销售收入总额）$^{1/3}-1]$ ×100%

假如站在2×24年角度评价企业三年销售平均增长率状况，则三年前那年销售收入总额是指2×21年的销售收入总额。

该指标值越高，表明企业经营业务竞争能力越强。利用这一指标，能较好地从销售规模角度体现企业的发展状况和发展能力，避免因少数年份销售收入的不正常增长而产生对企业发展能力的错误判断。

（二）资本积累率

资本积累率是企业本年所有者权益增长额与年初所有者权益的比率。它反映企业当年权益资本的积累能力，是从净资产角度评价企业发展能力的重要指标。其计算公式如下：

资本积累率=本年所有者权益增长额÷年初所有者权益总额×100%

式中，本年所有者权益增长额=所有者权益年末数−所有者权益年初数。

资本积累率反映了企业当年所有者权益的变动水平和投资者投入资本的保全性和增长性，体现了企业权益资本的积累情况，展现了企业经营的资本实力和发展潜力。

为了反映企业权益资本连续三年的积累情况，在一定程度上体现企业这方面的持续发展水平和发展趋势，还可以用"三年资本平均增长率"指标来评价。其计算公式如下：

三年资本平均增长率 = [(年末所有者权益总额 ÷ 三年前年末所有者权益总额)$^{1/3}$ − 1] × 100%

由于一般增长率指标在分析时具有"滞后性"，仅反映当期情况，而利用该指标，能够反映企业资本积累或扩张的历史发展状况及发展趋势。该指标越高，表明企业所有者权益资金越充足，抗风险和连续发展的能力越强。

与资本积累率类似，上一节中提到的资本保值增值率也是反映企业发展能力的指标。

（三）总资产增长率

总资产增长率是企业本年总资产增长额同年初资产总额的比率。总资产增长率可以衡量企业本期资产规模的增长情况，评价企业经营规模总量上的扩张程度。其计算公式如下：

总资产增长率=本年总资产增长额÷年初资产总额×100%

总资产增长率指标从企业资产总量扩张方面衡量企业的经营实力和发展能力，表明企业规模增长对其发展后劲的影响。该指标越高，表明企业当年资产经营规模扩张的速度越快。但利用该指标进行实际分析时应注意资产规模扩张的质与量的关系，以及企业的后续发展能力，避免资产盲目扩张。

固定资产和无形资产等长期资产是企业发展的重要依托。因此，还可以设置固定资产成新率、技术投入比率等指标从资产角度反映企业的发展能力。

固定资产成新率是企业当期平均固定资产净值同平均固定资产原值的比率，反映企业所拥有的固定资产的新旧程度，体现固定资产更新的快慢和持续发展的能力。

技术投入比率是指企业技术转让费支出和研究开发投资支出占当年主营业务收入净额的比率，反映企业对新技术的研究开发和引进投入的重视程度和能力，说明企业的发展动力储备情况。

（四）营业利润增长率

营业利润增长率是企业本年营业利润增长额与上年营业利润总额的比率，反映企业营业利润的增减变动情况，体现了营业利润对企业发展的支撑力度。其计算公式为：

$$营业利润增长率 = \frac{本年营业利润增长额}{上年营业利润总额} \times 100\%$$

除此之外，还可以设置净利润增长率等利润增长指标，反映企业盈利能力对发展能力的支持性。

（五）可持续增长率

企业的发展扩张速度分为适度型、低速型、超速型三种。如何选择合理的扩张速度是企业发展中一个十分重要的问题。因此，在企业发展能力分析中可以引入"可持续增长率"这一指标，分析企业的可持续增长能力。

可持续增长率是指企业在保持目前经营效率（盈利能力和资金营运能力）和财务政策（资本结构和股利政策）的情况下能够实现的增长速度（即企业销售增长所能达到的最大比率）。无论从经营上还是从财务上看，企业的发展速度最好是可持续发展速度（即可持续增长率），即企业在继续维持目标资本结构、不发行新股筹资的前提下的最大增长速度。它基于以下假设：（1）企业已经确立且打算继续维持目标资本结构和目标股利政策；（2）不愿意或不打算增发新股，增加债务是其唯一的外部筹资来源；（3）公司的销售净利率和资产周转率（即经营效率）将维持在当前水平。

在满足以上假设的前提下，可以得到企业的销售增长率、资产增长率、负债增长率、权益资金增长率均相等，且权益资金的增加仅表现为本期留存收益。企业最大增长速度在假定无新股发行和不支付股利的情况下，应等于其净资产收益率。

可持续增长率=权益资金增长率=本期留存收益÷期初所有者权益

=销售净利率×总资产周转率×收益留存比率×期初权益期末总资产乘数

【例7-26】某公司在某年度用5 000万元权益资金赚取了1 000万元净利润，即净资产收益率为20%，则下一年度的净利润在净资产收益率不变情况下将增加为1 200万元（20%×6 000）。因此，只要该公司保持20%的净资产收益率，不发放股利，此时权益资金增长率为20%（200÷1 000×100%），如果保持目标资本结构不变，负债也增长20%，则公司的总资产增长率也将保持在20%，如果经营效率（即销售净利率和总资产周转率）不变，销售增长率也将达到20%。所以，可持续增长率=留存收益÷期初股东权益。

如果企业发放股利，如股利支付率为40%，则留存收益再投资的比率为60%，企业增长率为20%×60%=12%，即企业可持续增长率最大值为12%。本例中，600万元净利润用于再投资，下一年度产生的净利润将为1 120万元（5 600×20%），增长率为12%。

【头脑风暴】讨论企业偿债能力、资金营运能力、盈利能力和发展能力的关系。

【分组任务】请四组学生分别在事先（上课前）准备，各推选1名学生介绍四种财务能力的基本指标，并小组间相互点评（A-B，B-A，C-D，D-C）。介绍时间各5

拓展阅读

进行财务比率分析时应注意的问题

随堂测7-4

分钟，点评时间各5分钟。

●●● 本章小结

本章讲述了反映企业四种财务能力的各种财务比率的计算和分析方法。偿债能力分析是对企业偿还债务能力的分析，偿还债务能力是企业生存和发展的基础。资金营运能力分析是对企业的资产管理水平和运用效率的分析，某种意义上也是对企业经营效率的分析。盈利能力分析实质上分析的是企业经营的效果。发展能力分析是对企业发展潜力和趋势的分析。偿债能力、资金营运能力、盈利能力和发展能力是相互联系、相互影响的。本章介绍了众多财务比率指标，相同的比率对于不同的分析主体可能得出不同的结论，所以必须学会财务比率分析的实际应用技巧。本章的重点是反映企业偿债能力、盈利能力、资金营运能力、发展能力等方面的重要财务分析指标的计算和应用。

●●● 进一步学习指南

企业财务比率分析是以企业财务报表等资料为基础，通过计算一系列的财务比率，对企业的偿债能力、资金营运能力、盈利能力和发展能力进行分析和评价的方法。企业财务能力的分析主要通过财务比率分析来实现。通过财务比率分析，可以深入了解企业财务状况、经营成果，评价企业一定时期的经营理财情况和业绩，总结经营理财工作中的经验教训，揭示经营理财中存在的问题，为企业下一步的经营理财决策提供重要依据，促进企业管理水平的提高。因此，企业财务比率分析在财务报表分析中占有十分重要的地位。如果读者想对企业财务比率分析问题做更深入的了解，或者感兴趣的读者想比较一下各种教材对这一问题的不同阐述，可以参考其他一些教材、文献。

●●● 主要阅读文献

1.张惠忠，裘益政，胡素华.财务报告分析［M］.北京：科学出版社，2017.

2.财政部会计资格评价中心.财务管理［M］.北京：经济科学出版社，2024.

3.张惠忠.企业财务管理［M］.2版.大连：东北财经大学出版社，2022.

4.张新民，钱爱民.财务报表分析［M］.5版.北京：中国人民大学出版社，2019.

5.傅荣，史德刚.财务报告编制与分析［M］.4版.大连：东北财经大学出版社，2014.

6.张献英，王永刚.财务分析学［M］.2版.北京：北京大学出版社，2020.

7.吉布森.财务报表分析：利用财务会计信息［M］.胡玉明，译.12版.大连：东北财经大学出版社，2012.

8.张新民，王秀丽.企业财务报表分析案例精选［M］.大连：东北财经大学出版社，2006.

9.张先治.财务分析［M］.5版.大连：东北财经大学出版社，2015.

10.张梦倩.论财务比率分析的局限性及改进措施［J］.当代会计，2015（1）.

思考题

1. 影响企业偿债能力的因素有哪些？

2. 列举评价企业短期偿债能力的指标，并简要说明如何利用这些指标对企业短期偿债能力进行分析。

3. 目前国际上一般认为企业资产负债率在50%左右较好。你认为这是否符合我国企业的特点？

4. 如何分析评价企业的资金营运能力？应运用哪些指标进行评价？

5. 在分析盈利能力时，是否需要结合偿债能力指标进行？在进行偿债能力分析时，是否需要考虑企业的盈利能力？

6. 如何进行企业盈利能力的质量分析？

7. "可持续增长率"这一指标有什么用处？

8. 在进行财务比率分析时要注意哪些问题？

练习题

1. 福贵公司有关资料见表7-3。

表7-3　　　　　　　　　　　　　　**福贵公司有关资料**　　　　　　　　　　金额单位：万元

项　目	期初数	期末数	本期数或平均数
存货	3 600	4 800	
流动负债	3 000	4 500	
速动比率	0.75		
流动比率		1.6	
总资产周转次数			1.2
总资产			18 000

假设该公司流动资产等于速动资产加存货。

要求：（1）计算该公司流动资产的期初数和期末数；

（2）计算该公司本期销售收入；

（3）计算该公司本期流动资产平均余额和流动资产周转次数。

2. 已知福华公司有关资料如下：

（1）2×23年年末简化资产负债表见表7-4。

表7-4　　　　　　　　　　　　　　**资产负债表（简表）**　　　　　　　　　　单位：万元

资　产	期末余额	负债和所有者权益	期末余额
现金	30	应付票据	25
应收账款	60	应付账款	55
存货	80	应付工资	10
其他流动资产	30	长期借款	100
固定资产净值	300	实收资本	250
		未分配利润	60
总　计	500	总　计	500

（2）该公司2023年度销售收入为1 500万元，净利润为75万元。

要求：（1）计算销售净利率；

（2）计算总资产周转率（用期末数计算）；

（3）计算权益乘数；

（4）计算净资产收益率。

3.福富公司年初存货为15 000元，年初应收账款为12 700元；年末流动比率为3.0，速动比率为1.3，存货周转率为4次，流动资产合计为27 000元。

要求：（1）计算该公司本年销货成本；

（2）如果本年销售收入净额为96 000元，除应收账款外的速动资产是微不足道的，其应收账款周转天数为多少天？

4.已知福星公司2×24年12月31日资产负债表见表7-5。

表7-5

资产负债表（简表）

2×24年12月31日

单位：万元

资　产	年　初	年　末	权　益	年　初	年　末
流动资产：			流动负债合计	105	150
货币资金	50	45	长期负债合计	245	200
应收账款净额	60	90	负债合计	350	350
存货	92	144	所有者权益合计	350	350
其他流动资产	23	36			
流动资产合计	225	315			
固定资产净值	475	385			
总　计	700	700	总　计	700	700

同时已知，该公司2×23年度销售净利率为16%，总资产周转率为0.5次，权益乘数2.5，净资产收益率20%，2×24年度销售收入为350万元，净利润为63万元。

要求：（1）计算2×24年末的流动比率、速动比率、资产负债率和权益乘数；

（2）计算2×24年总资产周转率、销售净利率和净资产收益率；

（3）分析销售净利率、总资产周转率和权益乘数变动对该公司两年间净资产收益率变动的影响（净资产收益率=销售净利率×总资产周转率×权益乘数）。

练习题
参考答案

第八章

财务综合分析

学习目标：1.掌握财务报告综合分析的概念；

2.掌握企业经营理财综合分析的基本方法，如杜邦财务分析基本模型、沃尔比重评分法；

3.熟悉杜邦分析法的改进模型、财务业绩和非财务业绩结合的综合分析评价体系；

4.熟悉财务危机预警分析和企业价值评估分析的基本方法；

5.通过拓展阅读，了解企业绩效评价的方法；

6.通过拓展阅读，了解企业财务战略分析、企业社会责任分析评价的内容和方法。

导入案例

近几年来，长江商学院终身教授薛云奎在喜马拉雅平台运用四维分析法开设了三季财务报表分析课程，第一、第二季课程分别分析了 15 家和 16 家公司的案例；第三季课程的主题是"薛云奎带你发现好公司"，案例分析方法采用了四维分析法的升级版，除了系统比较华为、美的和腾讯等好公司与国内外同行业的一系列好公司的经营、管理、财务和业绩之外，还对这些公司的治理结构进行分析和讨论。通过 10 年甚至更长的时间窗口，充分认识案例公司的发展规律和内在本质，建立更加广泛的分析维度，使学习者的认知更加全面。

薛云奎教授结合理论和实践创立的基于公司财报的分析方法论体系——四维分析法，不预设立场，有机地将公司战略、经营、管理、财务与公司财报相融合，将公司商业活动与财报数据相融合，不断穿透表象，洞见企业内在价值，将公司财报分析从"术"的层面上升到"道"的高度。

具体来看，四维分析法即以资产负债表、利润表和现金流量表为核心分别从经营、管理、财务和业绩四个维度有机地将公司战略、经营、管理与财务相融合来挖掘财报背后的信息。对于四个维度的权重次序，薛云奎教授认为依次是经营占 50%、管理占 25%、财务占 15%、业绩占 10%。其中"财务"就是企业如何理财。可见，从财报角度洞察企业的经营、管理、财务和业绩的含金量，穿透公司的竞争优势与劣势，洞见公司潜在风险与收益，是评判企业是否能真正称其为好企业，为投资者、债权人和公司核心决策层提供客观中立的分析结论和决策依据的一种方法论体系。

案例详细
资料和提示

（资料来源：吕笑颜，陈茜. 薛云奎：以四维分析法洞见企业内在价值 [J]. 商学院杂志，2019（10）：44-45；长江商业评论. 两天教您看透上市公司财报——薛云奎四维分析法·技能分享营 [EB/OL].［2018-10-15］. https://www.sohu.com/a/259557998_465192；薛云奎，郭照蕊. 财务报表分析 [M]. 北京：机械工业出版社，2019.）

思考问题：

（1）你认为"四维分析法"这种财务综合分析方法是否完美？除了分析这四维外，是否还应纳入其他维度或内容进行综合分析才能得出更综合、全面可靠的结论？

（2）如果还需纳入其他维度或内容，你认为有哪些？

企业财务报告的主要目标是决策有用性。投资者通过财务报表分析希望对经管层的经营理财综合能力、经营绩效和企业价值等进行较为全面的评估；债权人除了分析偿债能力外还要了解其支撑基础；企业经管层希望通过财务报表分析评价实施的经营管理政策措施的合理性，对未来财务情况进行预测；其他利益相关者（如政府相关部门）需要了解企业社会责任的履行情况。上述分析目标通过单独的某一类指标显然无法达到或无法完全达到，以多类财务比率指标为基础，运用多种分析方法进行的财务综合分析应运而生。

第一节　企业经营理财综合分析

财务报表分析的最终目的在于全方位剖析和了解企业经营理财的状况，并对企业财务状况、经营成果、发展后劲的优劣做出全面、准确、客观的评价。为此就必须进行相互关联的分析，也就是结合企业外部环境和内部经营理财的方方面面进行综合分析。单独分析任何某个类别的财务指标、某一方面财务能力显然无法达到这一目的。因此，需要通过各种财务能力指标的综合分析，并采用适当的标准进行综合性的评价，即经营理财综合分析。

经营理财综合分析，就是将企业盈利能力、资金营运能力、偿债能力和发展能力等诸多方面的分析纳入一个有机的整体，全面地对企业的经营状况、财务情况进行解剖和分析，从而对企业绩效和发展后劲的优劣做出准确的综合评价和判断。它不是就财务论财务，不仅是财务分析，而且是对企业经营理财情况的综合分析。所以，这种分析必须具备分析内容的综合性、分析方法的结合性、分析指标的搭配性、分析结果的多用性等特征。

企业经营理财综合分析的方法或体系较多，其中影响较大、运用较广的主要是杜邦财务分析体系及其改进模型帕利普财务分析体系、沃尔比重评分法。其他还有哈佛分析框架、平衡计分卡等。

一、杜邦财务分析体系

（一）杜邦财务分析体系的产生和意义

运用趋势分析法和财务比率分析法，虽然可以了解企业各方面的财务情况，但不能反映企业各方面财务情况之间的关系。企业经营理财情况是一个完整的系统，外部内部各因素都是相互依存、相互作用的，任何一个因素的变动都会引起企业整体经营理财情况的改变。因此，财务报表分析者在进行企业经营理财情况的综合分析时，必须深入分析影响企业经营理财情况的各项内外部因素及其相互之间的关系，这样才能比较全面地揭示企业综合经营理财情况的全貌。

杜邦财务分析体系就是利用几种主要财务比率之间的关系对企业经营理财情况和经济效益进行系统分析评价的方法，是一种比较实用的财务综合分析体系。这种方法首先由美国杜邦公司的经理于1919年创造出来并于1920年开始应用，故名杜邦财务分析体系或杜邦分析模型、杜邦分析法。杜邦分析法是用来评价公司综合盈利能力和股东回报水平，从企业经营和财务角度评价企业综合绩效的一种经典方法。

杜邦分析体系有助于企业投资者和管理层更加清晰地看到"净资产收益率（ROE）"这一财务管理基本目标的决定因素，以及盈利能力（销售净利率）与资金营运能力（总资产周转率）、偿债能力（权益乘数、筹资结构）之间的相互关系，给投资者和管理层提供了一张明晰的考察公司盈利能力、资产管理效率和筹资结构是否能最大化地为股东提供投资回报的路线图。

（二）杜邦财务分析体系的基本原理

杜邦财务分析体系的计算等式如下：

净资产收益率=销售净利率×总资产周转率×平均权益乘数

其公式推导过程如下：

净资产收益率=净利润÷平均净资产

　　　　　　=（净利润÷平均资产总额）×（平均资产总额÷平均净资产）

　　　　　　=总资产净利率×平均权益乘数　　　　　　　　　　　　　　　　（1）

总资产净利率又可以表达为：

总资产净利率=净利润÷平均资产总额

　　　　　　=（净利润÷销售收入）×（销售收入÷平均资产总额）

　　　　　　=销售净利率×总资产周转率　　　　　　　　　　　　　　　　　（2）

综合公式（1）和公式（2），可以得出净资产收益率的杜邦等式：

净资产收益率=销售净利率×总资产周转率×平均权益乘数

其中，平均权益乘数是平均总资产与平均所有者权益的比率。

利用这种方法进行综合分析时，可把各项财务指标间的关系绘制成杜邦分析图（如图8-1所示）。

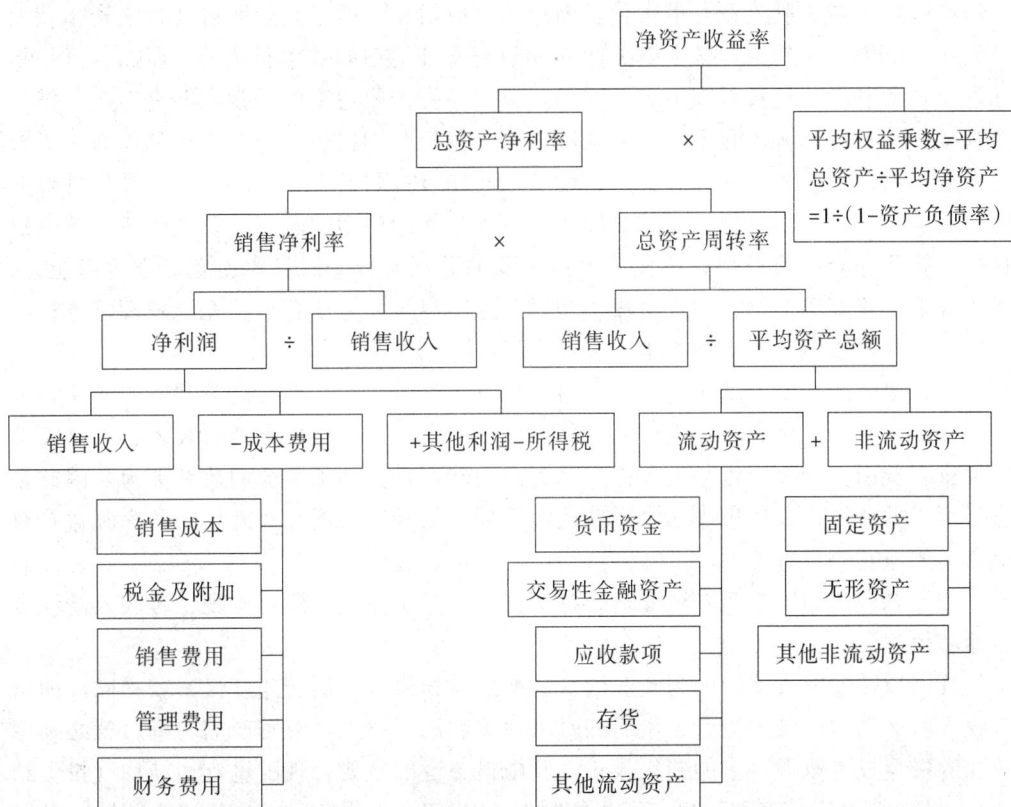

图8-1　杜邦分析图

杜邦分析体系将企业的各项经营理财活动看作一个大系统，把系统内相互联系、相互作用的各项财务指标间的关系制成杜邦分析图，以全面、直观地反映影响净资产收益率的各个因素及其影响程度和原因。杜邦分析图的左边部分，主要是分析企业盈利能力和资金营运能力及其内在联系；右边部分，主要分析企业偿债能力和投资结构、资本结构（筹资结构）等财务结构，并展示其内在关系。资产投资收益能力（总资产净利率）和筹资结构（权益乘数）共同影响净资产收益率。因此，净资产收益率是杜邦财务分析体系的核心，是一个综合性最强的指标，反映了公司财务管理基本目标（实际上也是企业经营理财的总目标）的实现情况。一般传统观点认为，企业是所有者的，因此所有经营理财活动都要为实现所有者的利益（净资产收益率）而努力。

（三）杜邦财务分析体系的应用

杜邦财务分析体系通过几种主要财务比率之间的相互关系，全面、系统、直观地反映出企业的经营理财情况，结合因素分析法总结出存在的问题和下一步努力的方向，其基本特点是系统、简明、清晰，易于为财务报表使用者理解。运用杜邦分析模型时，主要从以下几个方面展开：

（1）净资产收益率是一个综合性最强的财务指标，是杜邦分析系统的核心、龙头、起点和归宿

企业经营和理财的目标主要是实现股东财富（在一般企业或股份公司分别体现为净资产收益率或每股收益）最大化，而净资产收益率反映了企业所有者投入资本获取净利润的能力，体现企业各项财务活动和经营管理活动的效率和效果。所以，这一指标是企业所有者、经营者都十分关注的。影响净资产收益率的因素主要有三个：销售净利率、总资产周转率和平均权益乘数。三个指标分别代表了企业的盈利能力、资金营运能力和偿债能力。这样分解后，就可以将净资产收益率这一综合指标发生升降变化的原因具体化，比只用一项综合性指标更能具体地说明问题。要实现企业经营理财目标，提高净资产收益率，不仅要提高企业的盈利能力，而且要提高资金营运能力，还要合理配置筹资结构，使资金成本和财务风险尽可能趋于合理，充分发挥财务杠杆作用，并使偿债能力达到适当水平。

（2）销售净利率反映企业净利润与销售收入的关系，它是提高盈利能力的关键

从图8-1可以看出，提高销售净利率有两个途径：一是扩大销售收入；二是降低各种成本费用。扩大销售收入和提高总资产周转率都提高了企业的盈利能力。因此企业必须千方百计扩大销售收入、降低成本费用。另外努力增加对外投资的净收益等对提高销售净利率也有帮助。

（3）总资产周转率反映企业资金营运能力，揭示企业总资产实现销售收入的综合能力和效率

资产周转速度直接影响到企业的获利能力，如果资产周转速度慢，获得同样的销售收入就必须占用较多资产，从而相对减少了利润。要提高总资产周转率，就必须用较少的资金投入取得更多的销售收入，其中最关键的是要合理配置资产结构（投资结构）。投资结构的合理与否决定了投资风险与投资收益的高低，对总资产周转率及净资产收益率会产生举足轻重的影响。绝不能发生某一类资产由于投入不合理而成为影响总资产顺畅周转的瓶颈。因此，企业应当联系销售收入分析资产的配置和使用是否合理，资产总额中对内投资和对外投资、对内投资中流动资产和非流动资产、流动资产中波动性流动资产和长期性流动资产的投资结构（资产配置结构）是否恰当，这就

必须深入分析影响总资产周转率的各具体因素，通过对固定资产周转率、流动资产周转率、应收账款周转率、存货周转率等有关资产组成部分使用效率的分析，判明影响资产周转的主要问题出在哪里，从而进一步加强对各项资产的管理，不断优化其配置结构。只有这样才能消除资金周转中的瓶颈制约，提高资产的周转速度。

（4）权益乘数是企业平均总资产和平均所有者权益之比

权益乘数不仅体现企业偿债能力的高低，还体现企业筹资结构（资本结构）是否合适、资金成本和财务风险是否合理、给企业带来的财务杠杆作用大小如何。资本结构中负债比率越大，权益乘数就越高，有可能会给企业带来较多的财务杠杆利益，但同时也会带来较大的财务风险。因此，要提高净资产收益率，必须合理配置企业的筹资结构，使资金成本和财务风险尽可能趋于合理，充分发挥财务杠杆的作用，并使企业偿债能力达到适当水平。

通过杜邦财务分析体系自上而下分析，分析者不仅可以了解企业财务状况和经营成果的全貌，还可以明确企业各项主要财务指标间的相互关系，查明各项主要财务指标的增减变动情况及其影响因素和影响程度，而且还为决策者提供了优化经营理财状况、提高企业经营效益、实现财务管理目标的基本思路，为进一步采取改进措施指明了方向，即提高净资产收益率的根本途径在于扩大销售规模、节约成本费用、合理配置投资结构、加速资金周转、优化筹资结构、确立风险意识、发挥杠杆作用等。

下面仍以永昌公司的资产负债表（表2-1）、利润表（表3-2）及第七章的相关财务比率的计算结果为例介绍杜邦分析法的应用。

从净资产收益率这一杜邦分析体系的终极目标看，2×24年与2×23相比，下降了26.25%，这一下降幅度不小，说明永昌公司2×24年总体经营理财工作的业绩远不如上年，公司财务和经营面临很大问题。具体而言，除体现筹资结构的权益乘数比上年有所上升（上升近7.20%）且资产负债率仍保持较为稳健（从上年的28.33%上升到33.01%）外，体现企业资金营运能力的总资产周转率指标略有下降（下降5.03%），而体现盈利能力的销售净利率指标下降更为明显（下降了27.65%）。永昌公司必须引起高度重视，并进一步深入查明企业内外部存在的各种影响经营理财综合成果的因素，采取措施努力加以改进。

下面以表8-1所列指标数据为依据，采用因素分析法中的差额分析法，计算分析销售净利率、总资产周转率和平均权益乘数三个因素的升降对2×24年公司净资产收益率下降的具体影响程度，以便公司找出和抓住主要矛盾，下一步"对症下药"予以改进。

表8-1 永昌公司2×23年、2×24年杜邦分析法主要财务比率（指标）

比率（指标）	2×24年	2×23年	差异数
销售净利率（%）	6.70	9.26	-2.56
总资产周转率（次）	0.85	0.895	-0.045
总资产净利率（%）	5.70	8.28	-2.58
平均权益乘数	1.445	1.348	+0.097
净资产收益率（%）	8.238	11.17	-2.932

【例8-1】采用差额分析法计算确定各因素变动对净资产收益率的影响程度如下：

（1）销售净利率下降对净资产收益率下降的影响：

（6.70%-9.26%）×0.895×1.348=-3.089 %

（2）总资产周转率下降对净资产收益率下降的影响：

6.70%×（0.85-0.895）×1.348=-0.406 %

（3）权益乘数上升对净资产收益率下降的影响：

6.70%×0.85×（1.445-1.348）=+0.552%

三个因素对净资产收益率的总影响程度是：-3.089%-0.406%+ 0.552%=-2.943%（计算结果稍有差异是因为计算过程中数据的保留小数位数问题）。

由于传统杜邦财务分析体系偏重企业所有者的利益角度展开分析，没有发挥现金流量表数据的作用，没有考虑到对发展能力、公司长期价值创造这一因素的分析，也没有区分经营活动损益和金融（财务）活动损益对净资产收益率的贡献程度，因此其评价指标体系的设计具有一定的局限性，需要加以改进和完善。

（四）杜邦分析法的改进模型——管理用财务报表综合分析

企业活动分为经营活动和金融活动两个方面。经营活动包括销售商品或提供劳务等营业活动以及与此有关的生产性资产投资活动。金融活动包括筹资活动以及多余资金的利用，企业在资金市场上进行这些金融活动。由于传统杜邦财务分析依据的传统财务报表中没有区分经营活动损益和金融活动损益、金融负债和经营负债、经营性资产和金融性资产，因此据此分析出来的结果就无法分清两者的业绩和责任，也无法有针对性地实施下一步的管理和改进措施。为此，需要在编制管理用财务报表的基础上，改进杜邦财务综合分析系统。

1.管理用财务报表

（1）管理用资产负债表

一般资产负债表向管理用资产负债表的转换如图8-2所示，管理用资产负债表的结构如图8-3所示。

在管理用资产负债表中，资产可以分为经营资产和金融资产两类。区分经营资产和金融资产的主要标志是有无利息，如果能够取得利息则列为金融资产。金融资产主要包括交易性金融资产和货币性资金。

负债可以分为经营负债和金融负债两类。划分经营负债与金融负债的一般标准是有无利息。金融负债一般包括短期借款、长期借款、应付债券等。

因为，资产=负债+股东权益，可以得出：

经营资产+金融资产=经营负债+金融负债+股东权益

经营资产-经营负债=金融负债-金融资产+股东权益

净经营资产=净金融负债+股东权益

（2）管理用利润表（如图8-4所示）

因为，净利润=（息税前经营利润EBIT-利息I）×（1-所得税税率）=息税前经营利润×（1-所得税税率）-利息×（1-所得税税率），所以，企业净利润=经营利润-净利息费用。

（3）管理用现金流量表（见表8-2）

从表8-2管理用现金流量表的基本格式中可以看到，它分为上下两个部分：

标准资产负债表

资产	负债
	股东权益
资产总计	负债及股东权益总计

| 经营资产 金融资产 | 经营负债 金融负债 股东权益 |
| 资产总计 | 负债及股东权益总计 |

调整资产负债表

经营资产 减：经营负债	金融负债 减：金融资产
	净金融负债（净负债）
	股东权益
资产总计	负债及股东权益总计

净经营资产=净金融负债+股东权益
其中：净经营资产=经营资产-经营负债
净金融负债=金融负债-金融资产

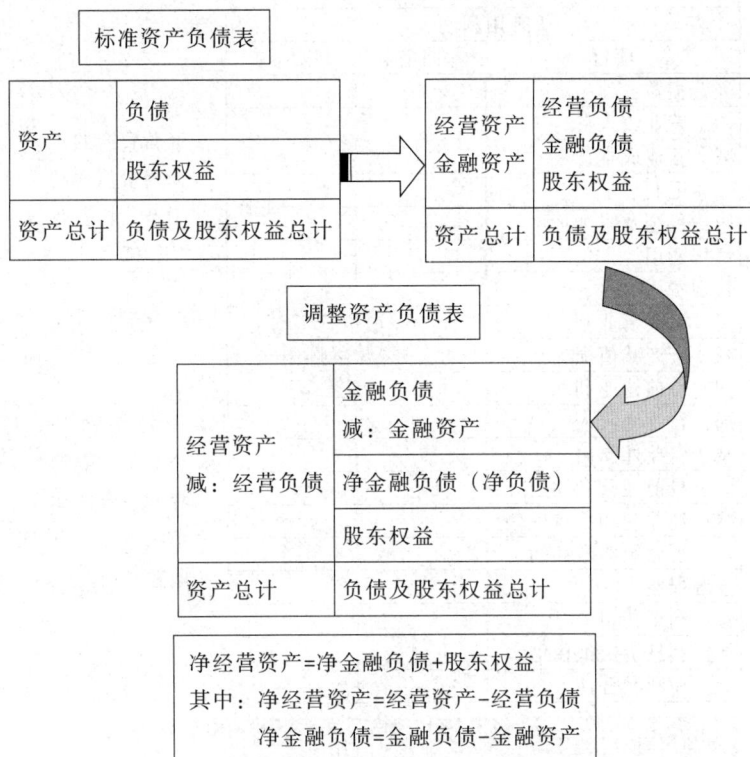

图8-2 一般资产负债表向管理用资产负债表的转换

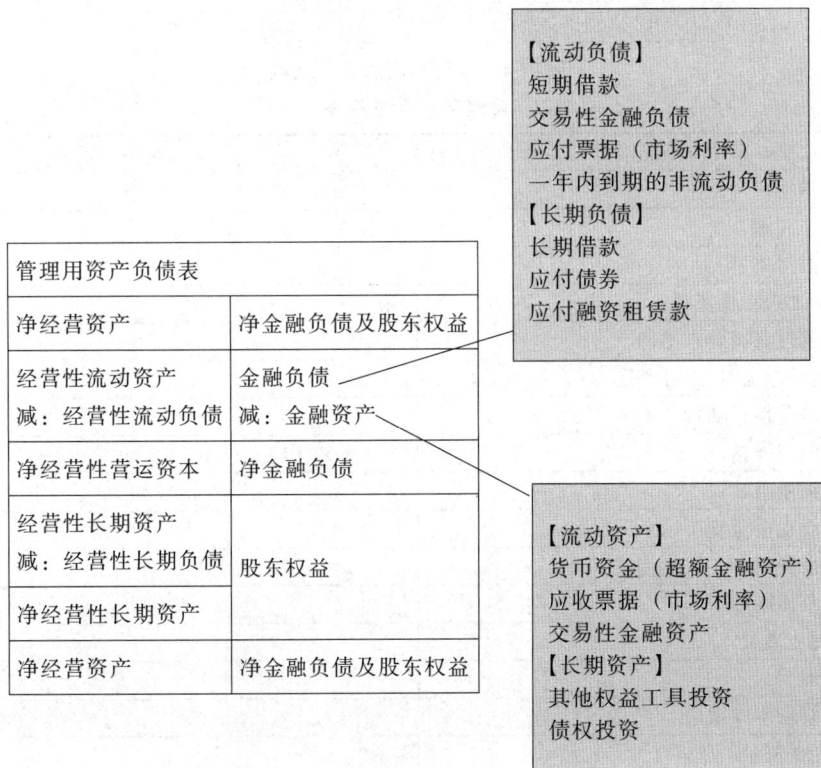

【流动负债】
短期借款
交易性金融负债
应付票据（市场利率）
一年内到期的非流动负债
【长期负债】
长期借款
应付债券
应付融资租赁款

管理用资产负债表	
净经营资产	净金融负债及股东权益
经营性流动资产 减：经营性流动负债	金融负债 减：金融资产
净经营性营运资本	净金融负债
经营性长期资产 减：经营性长期负债	股东权益
净经营性长期资产	
净经营资产	净金融负债及股东权益

【流动资产】
货币资金（超额金融资产）
应收票据（市场利率）
交易性金融资产
【长期资产】
其他权益工具投资
债权投资

图8-3 管理用资产负债表的结构

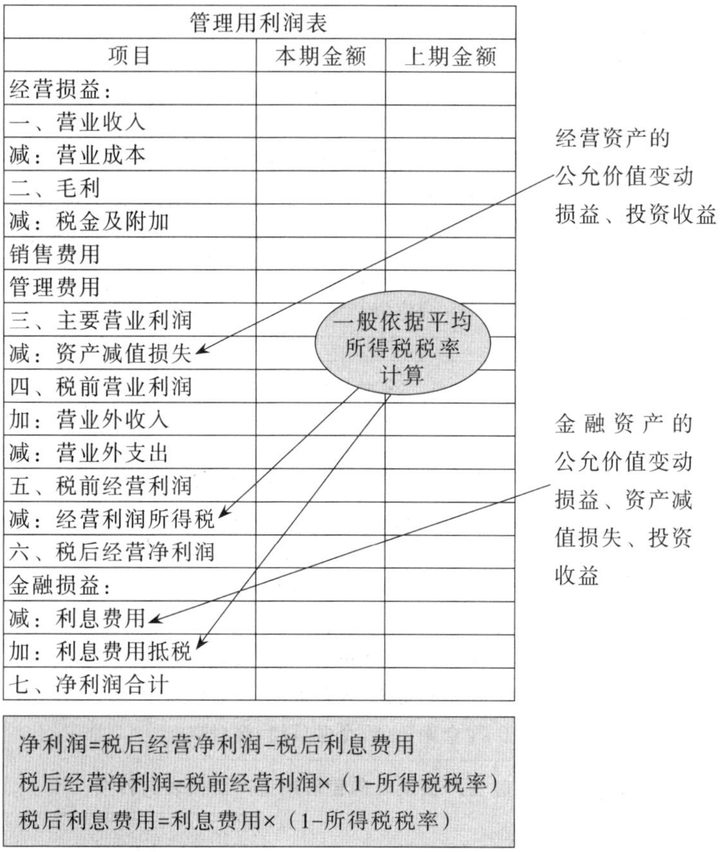

管理用利润表		
项目	本期金额	上期金额
经营损益：		
一、营业收入		
减：营业成本		
二、毛利		
减：税金及附加		
销售费用		
管理费用		
三、主要营业利润		
减：资产减值损失		
四、税前营业利润		
加：营业外收入		
减：营业外支出		
五、税前经营利润		
减：经营利润所得税		
六、税后经营净利润		
金融损益：		
减：利息费用		
加：利息费用抵税		
七、净利润合计		

经营资产的公允价值变动损益、投资收益

一般依据平均所得税税率计算

金融资产的公允价值变动损益、资产减值损失、投资收益

净利润=税后经营净利润−税后利息费用

税后经营净利润=税前经营利润×（1−所得税税率）

税后利息费用=利息费用×（1−所得税税率）

图 8-4　管理用利润表的结构

表 8-2　　　　　　　　　　管理用现金流量表

项目	本期金额
经营活动现金流量	
税后经营净利润	
加：折旧与摊销	
=经营活动现金毛流量	
减：经营性营运资本增加	
=营业现金净流量	
减：净经营性长期资产增加	
折旧与摊销	
实体现金流量合计	
金融活动现金流量	
税后利息费用	
减：净负债增加	
=债务现金流量	
股利分配	
减：股权资本净增加	
=股权现金流量	
融资现金流量合计	

上半部——实体现金流量。

税后经营净利润+折旧与摊销=经营活动现金毛流量

经营活动现金毛流量-经营性营运资本增加=营业现金净流量

营业现金净流量-（净经营性长期资产增加+折旧与摊销）=实体现金流量

下半部——融资现金流量。

债务现金流量=税后利息费用-净负债增加

股权现金流量=股利分配-股权资本净增加

债务现金流量+股权现金流量=融资现金流量

2.管理用杜邦财务分析体系

采用改进后的杜邦分析模型首先要把公司的资产分为经营资产和金融资产、负债分为经营负债和金融负债、损益分为经营损益和金融损益（即净利息费用）。净经营资产=经营资产-经营负债，净金融负债（即净负债）=金融负债-金融资产。

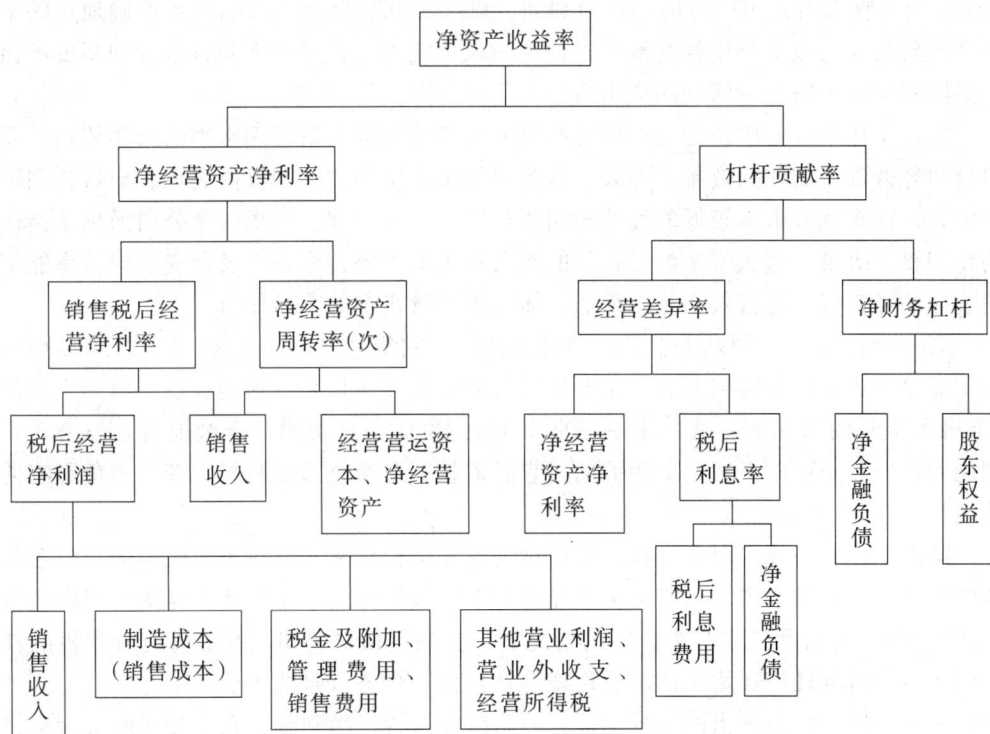

图8-5 改进后的杜邦财务分析体系图

图8-5中，

净资产收益率=净经营资产净利率+杠杆贡献率

$$\frac{净经营}{资产净利率} = \frac{税后}{经营净利润} \div \frac{净经营}{资产} = \frac{销售税后}{经营净利率} \times \frac{净经营资产}{周转率（次）}$$

杠杆贡献率=经营差异率×净财务杠杆

经营差异率=净经营资产净利率-税后利息率（即税后财务费用比率，也叫净利息率）。

税后利息率=税后利息费用÷净金融负债（即净负债）

净财务杠杆=净金融负债÷股东权益

$$权益净利率 = \frac{税后经营净利润}{股东权益} - \frac{税后利息费用}{股东权益}$$

$$= \frac{税后经营净利润}{净经营资产} \times \frac{净经营资产}{股东权益} - \frac{税后利息费用}{净负债} \times \frac{净负债}{股东权益}$$

$$= \frac{税后经营净利润}{净经营资产} \times \left(1 + \frac{净负债}{股东权益}\right) - \frac{税后利息费用}{净负债} \times \frac{净负债}{股东权益}$$

$$= 净经营资产净利率 + (净经营资产净利率 - 税后利息率) \times 净财务杠杆$$

这一核心公式中的权益净利率即净资产收益率。这样,

净资产收益率=净经营资产净利率+(净经营资产净利率-税后利息率)×净财务杠杆

根据该公式,净资产收益率取决于三个驱动因素:净经营资产净利率(可进一步分解为销售税后经营净利率和净经营资产周转次数)、税后利息率和净财务杠杆。

改进后的杜邦财务分析体系图中的第一个比率——销售税后经营净利率,反映出每1元销售收入给公司产生的经营净利润。剔除了利息费用的影响,更准确地反映了生产经营活动的成本费用控制水平,公司的议价能力、技术水平和日常管理制度等诸方面因素均会影响经营活动的成本费用。

第二个比率——净经营资产周转率是公司经营投资决策管理水平的最终体现,反映公司经营资产的使用效率。如果一个公司做出了错误的长期投资决策,导致长期资产闲置,那么就会带来较低的经营长期资产周转率;同理,如果一个公司做出了错误的短期投资决策,那么带来的是较低的经营营运资本周转率。净经营资产周转率能衡量公司的经营资产运营效率是否得当,体现了经营资金的营运能力。

第三个比率——税后利息率(净利息率),它等于税后利息费用除以净金融负债。通过公式可以了解到利息费用节税后给公司盈利所带来的影响。在公司产生借款(金融负债)的情况下,这一比率一直小于1,税后利息费用(金融损益)与公司获利能力在一般企业中一直是负相关的。它是借款利息给公司获利能力带来的负影响的体现。

第四个比率——净财务杠杆,也被称为财务结构比率,反映净金融负债与股东权益的比率。它体现了借款可以为生产经营带来资金的增加,在经营差异率(即净经营资产净利率-税后利息率)大于零的情况下,金融负债对公司盈利能力有着积极的杠杆作用。净财务杠杆还用来衡量公司现有杠杆水平财务风险的大小。

拓展阅读1

杜邦分析法还可以从哪些方面加以改进?

公司净资产收益率由两部分构成:一是净经营资产净利率,它是公司经营活动带来的对所有者净利润的贡献;二是杠杆贡献率,即"(净经营资产净利率-税后利息率)×净财务杠杆",它是公司金融活动(也叫筹资活动或财务活动)带来的对所有者净利润的贡献。这样,两方面的贡献泾渭分明。如果造成损失,两个方面的责任也清清楚楚。

(五)杜邦分析法的改进模型——帕利普财务分析体系

帕利普财务分析体系是美国哈佛大学教授帕利普(Palepu)对杜邦财务分析体系进行变形、补充而发展起来的。帕利普在《企业分析与评价》一书中,将财务分析体系中的常用比率分为四大类:偿债能力比率、盈利能力比率、资产管理效率比率、现金流量比率。帕利普财务分析体系的原理是将某一个要分析的指标层层展开,这样便可探究财务指标发生变化的根本原因。

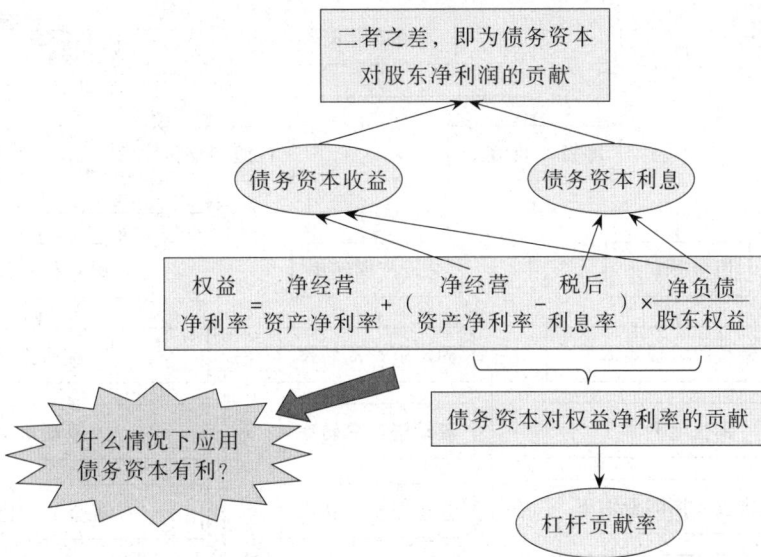

$$\frac{权益}{净利率} = \frac{净经营}{资产净利率} + \left(\frac{净经营}{资产净利率} - \frac{税后}{利息率}\right) \times \frac{净负债}{股东权益}$$

图8-6 公司经营活动和金融活动对所有者净利润（权益净利率）的贡献

帕利普财务分析体系的分析过程包括以下五个方面：可持续增长率、利润动因分析、经营管理评估、投资管理评估和融资管理评估。

1.可持续增长率

从长远看，企业的价值取决于企业的盈利能力和增长能力。这两项能力又取决于其产品市场战略和资本市场战略。前者包括经营战略和投资战略；后者包括融资战略和股利政策。财务分析的目的就是评价企业在经营管理、投资管理、融资战略和股利政策四个领域的管理效果。可持续增长率是企业在保持经营效率（盈利能力和营运能力）和财务政策（筹资结构和股利政策）不变的情况下所能达到的增长率，它取决于净资产收益率（ROE）和股利政策。因此，可持续增长率将企业的各种财务比率统一起来，以评估企业的增长战略是否可持续，其原理如图8-7所示。

可持续增长率=净资产收益率×（1-股利支付率）

2.分析利润动因——分解净资产收益率

企业的净资产收益率受两个因素的影响：企业利用资产的有效性（最终体现为总资产净利率）、与股东的投资相比企业的资产基础有多大（即权益乘数）。

净资产收益率=总资产净利率×平均权益乘数

为了更直观地了解利润的动因，可以将净资产收益率进一步分解为：

净资产收益率=销售净利率×总资产周转率×平均权益乘数

分解后的公式表明：影响企业净资产收益率的动因是销售净利率、总资产周转率和权益乘数（即财务杠杆作用）。

3.评估经营管理——分解销售净利率

销售净利率表明企业经营活动的盈利能力，因此，对销售净利率进行分解能够评估企业的经营管理效率。常用的分析工具是共同比利润表，即把销售收入定为100%，利润表中的所有其他项目都用一个销售收入比率表示。共同比利润表可用于企业一定期间利润表各项目的纵向比较，也可用于行业内企业间的横向比较。通过分析共同比利润表，可以了解企业的毛利率与其竞争战略的关系、毛利率变动的

```
                          ┌──────────────┐
                          │  可持续增长率  │
                          └──────┬───────┘
                    ┌────────────┴────────────┐
            ┌───────┴───────┐          ┌───────┴───────┐
            │  净资产收益率   │          │  1-股利支付率  │
            └───────┬───────┘          └───────────────┘
        ┌───────────┼───────────────────────────┐
  ┌─────┴─────┐ ┌───┴──────┐            ┌────────┴────────┐
  │  销售净利率 │ │ 总资产周转率│            │   财务杠杆作用    │
  └─────┬─────┘ └────┬─────┘            └────────┬────────┘
```

销售收入成本率	固定资产周转率	流动比率
销售毛利率	流动资产周转率	速动比率
销售收入期间费用率	营运资金周转率	现金流动比率
销售收入研发费用率	应收账款周转率	负债／资产比率
销售收入其他利润率	应付账款周转率	负债／权益比率
销售收入营业外收支率	存货周转率	负债÷有形净值比率
销售税前利润率		以收入为基础的利息保障倍数
销售税费率		以现金为基础的利息保障倍数

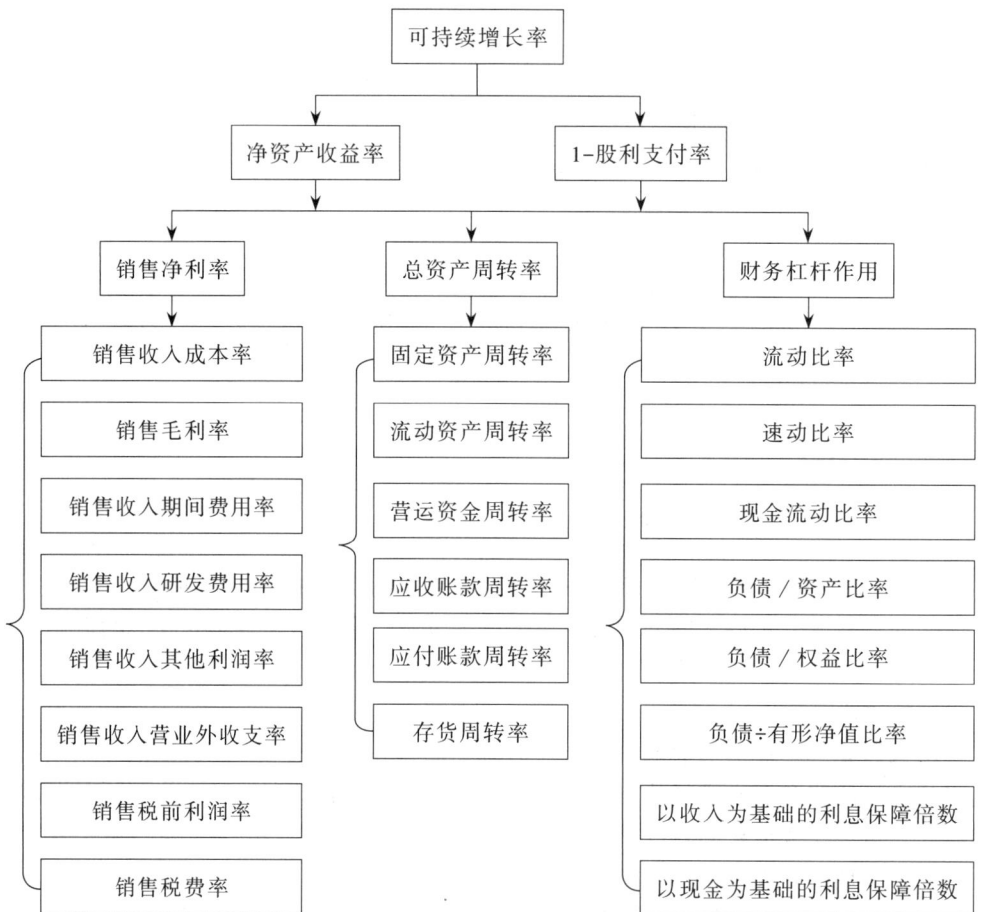

图8-7 帕利普财务综合分析体系

主要原因；期间费用率与其竞争战略的关系、期间费用率变动的原因；企业的经营管理效率等。

4.评估投资管理效率——分解总资产周转率

对总资产周转率的详细分析可评估企业投资管理的效率。资产管理分为：流动资产管理和长期资产管理。流动资产管理分析的重点在应收账款、存货和应付账款。评估资产管理效率的主要财务指标有：总资产周转率、固定资产周转率、营运资金周转率、应收账款周转率、应付账款周转率、存货周转率。通过分析这些财务指标可评估企业的投资管理效率。

5.评估融资管理——检验财务杠杆的作用

财务杠杆使企业拥有大于其所有者权益的资产基础，即企业通过借款和一些不计息债务等来增加总资本。只要债务的资金成本低于总资产利润率，财务杠杆就可以提高企业的净资产收益率，但同时财务杠杆也加大了企业的财务风险。评估企业财务杠杆风险程度的财务指标有：流动比率、速动比率和现金流动比率（经营活动现金净流量÷流动负债）等流动性比率以及资产负债率、有形净值负债率和利息保障倍数等长期偿债能力比率。

帕利普财务分析体系从可持续增长率角度切入综合分析企业的经营理财情况，比传统杜邦财务分析体系从净资产收益率角度切入分析前进了一步。

二、沃尔比重评分法（财务比率综合评分法）

（一）沃尔比重评分法的含义

在进行企业财务报表分析时，可以通过将本期财务比率与历史数据进行比较，分析经营理财情况的发展趋势，但这种方法只能看出企业自身的发展变化，而很难评判其在行业中的优劣地位。因此，必须将企业的财务比率数据与同行业的平均水平或先进水平比较，才能了解在同行业中所处的位置，然而这种方法只能做出定性评价，如与同行业平均水平相当，或比同行业平均水平略好或略差，而无法定量地评价该企业财务情况和经营效益究竟处于何种程度。

其实早在 1928 年，亚历山大·沃尔（Alexander Wole）在其编写的《信用晴雨表研究》和《财务报表比率分析》等著作中提出的信用能力指数概念及综合比率评价体系就可以弥补上述缺陷。沃尔选择了七个财务比率，即流动比率、产权比率、固定资产比率、存货周转率、应收账款周转率、固定资产周转率、自有资金周转率，用线性关系结合起来，并分别给定各指标的分数比重，总计100分。然后确定标准比率值（以行业平均数为基础），将实际比率值与标准比率值相比，得出相对比率值，将此相对比率值与各指标评分比重相乘，确定各项比率指标的得分及总体指标的累计总评分，以此来评价企业的财务信用状况。这种方法称为沃尔比重评分法。其评分过程分三步：

（1）计算相对比率值。相对比率值=实际比率值÷标准比率值。

（2）计算某项比率得分。某项比率的评分分数=该比率评分比重×相对比率值。

（3）计算综合得分。企业综合评分=∑各项比率指标的评分数。

（二）沃尔比重评分法的应用

【例8-2】下面用沃尔的方法，对某公司××年的财务信用状况进行评分，见表8-3。

表8-3　　　　　　　　　　某公司××年沃尔比重评分法财务信用分析表

财务比率	比重 （1）	标准比率值 （2）	实际比率值 （3）	相对比率值 （4）= （3）÷（2）	评分 （5）= （1）×（4）
流动比率	25	2	5.3	2.7	66
净资产／负债	25	1.5	4.7	3.1	78
资产／固定资产	15	2.5	4.5	1.8	27
销售成本／存货	10	8	16.7	2.1	21
销售额／应收账款	10	6	16.4	2.7	27
销售额／固定资产	10	4	11	2.8	28
销售额／净资产	5	3	3	1	5
合计	100				252

利用沃尔比重评分法，得出该公司××年的财务信用状况评分的结果是252分，按照沃尔比重评分法的原理，得分越高，企业财务信用就越好。

虽然原始的沃尔比重评分法只是用来评价企业的财务信用状况，但从理论上讲仍有明显的缺陷，就是未能证明为什么要选择这七个指标来评价企业的信用状况，而不是更多或更少，或者选择别的财务比率，以及未能证明每个指标所占评分比重的合理性。该方法从技术上讲也有一个问题，就是某一个指标严重异常（过高或过低，甚至是负数）时，会对总评分带来不合逻辑的重大影响，这个缺陷是由财务比率与其比重相"乘"引起的。

因此，在采用此方法进行企业整个经营理财情况综合分析评价时，应注意以下几个方面的问题：（1）同行业的标准比率值必须尽可能准确无误；（2）标准分值权重的规定应根据指标的重要程度尽可能合理地加以确定；（3）分析采用的指标体系应尽可能全面，采用指标越多，分析的结果就相对越接近现实。尽管沃尔比重评分法这种财务比率综合评分法在理论上还有待证明，在技术上也需完善，但它在实践中仍具有较为广泛的应用价值。

目前的时代早已不是沃尔的时代了，实践中采用沃尔比重评分法进行经营理财情况综合分析评价时使用的财务比率指标，可以根据不同的分析需要结合各类企业的实际情况而定，每项指标的分值比重也可以根据实际情况更灵活、更合理地确定。

【例8-3】下面通过一个简单的例子，介绍这种财务比率综合评分法的基本步骤。

一般认为企业财务情况综合分析评价的主要内容是盈利能力、偿债能力、资金营运能力、发展能力。假设反映盈利能力、偿债能力、资金营运能力和发展能力的常用指标见表8-4。如果以100分为总分，评分的标准分值及其他情况也见表8-4。

表8-4 综合评分的标准

指　标	标准评分值（权重）	标准比率（%）	行业最高比率（%）	最高评分	最低评分	每分比率的差（%）
盈利能力：						
总资产净利率	20	10	20	30	10	1
销售净利率	20	4	20	30	10	1.6
净资产收益率	10	16	20	15	5	0.8
偿债能力和资金营运能力：						
权益资金比率	8	40	100	12	4	15
流动比率	8	150	450	12	4	75
应收账款周转率	8	600	1 200	12	4	150
存货周转率	8	800	1 200	12	4	100
发展能力：						
销售增长率	6	15	30	9	3	5
净利润增长率	6	10	20	9	3	3.3
人均净利增长率	6	10	20	9	3	3.3
合　　计	100					

标准比率应以本行业平均数为基础，适当进行理论修正。

在给每个指标评分时，应规定上限和下限，以减少个别指标异常对总分造成不合理的影响。上限可定为正常评分值的1.5倍，下限定为正常评分值的1/2。此外，给分时不采用"乘"的关系，而采用"加"或"减"的关系来处理。例如，总资产净利率的标准值为10%，标准评分为20分；行业最高比率为20%，最高评分为30分，则每分的财务比率差为1%〔（20%-10%）÷（30分-20分）〕。总资产净利率每提高1%，多给1分，但该项得分不超过30分。

根据这种方法，对福成公司的经营财务情况进行综合评价，得86.10分（见表8-5），是一个经营财务情况中等偏下的企业。

表8-5　　　　　　　　　　　　**福成公司经营财务情况综合评分**

指　标	实际比率（%）①	标准比率（%）②	差异③=①-②	每分比率的差④	调整分⑤=③÷④	标准评分值⑥	得分⑦=⑤+⑥
盈利能力：							
总资产净利率	8.15	10	-1.85	1	-1.85	20	18.15
销售净利率	4.97	4	0.97	1.6	0.61	20	20.61
净资产收益率	14.48	16	-1.52	0.8	-1.9	10	8.10
偿债能力和资金营运能力：							
权益资金比率	49	40	9	15	0.6	8	8.6
流动比率	233	150	83	75	1.11	8	9.11
应收账款周转率	981	600	381	150	2.54	8	10.54
存货周转率	1 111	800	311	100	3.11	8	11.11
发展能力：							
销售增长率	4.64	15	-10.36	5	-2.07	6	3.93
净利润增长率	-15	10	-25	3.3	-7.57	6	-1.57
人均净利增长率	-18	10	-28	3.3	-8.48	6	-2.48
合　计						100	86.10

财务比率综合评分法的关键是确定"标准评分值"和建立"标准比率"。只有长期连续实践、不断修正，才能取得较好效果。

三、财务业绩和非财务业绩结合的综合分析评价体系

业绩评价有对企业和经营者等个人或群体的评价两个层面。从对企业的业绩评价看，财务分析与业绩评价虽有一定区别但联系十分紧密，如纯粹的财务报表分析是客观的，而业绩评价因涉及大量非财务业绩可能是主观的、非客观的，但两者都有总结过去、评价现在、预测未来的功能。财务综合分析和企业业绩评价都面向企业的财务和经营管理，所以财务综合分析的方法一直以来在评价企业业绩过程中起着重要且不

可替代作用。企业的业绩既包括财务业绩，也包括非财务业绩，有时候非财务业绩比
财务业绩对企业而言更重要。因此，将财务业绩和非财务业绩结合起来进行分析评价
才称得上是真正的综合分析评价体系。

（一）哈佛分析框架

有效的财务分析评价体系不仅应注重对企业财务报表数据的分析，更应重视非财
务信息，站在战略的高度对企业各方面的经营理财情况进行分析评价。2000年由哈
佛大学帕利普（K.G.Palepu）、希利（P.M.Healy）和伯纳德（V.L.Bernard）等三位学
者提出的哈佛分析框架正是在一定程度上克服了传统财务报表分析的局限性而产生的
综合分析评价方法之一，能够从整体上把握企业经营和财务情况，从而预测企业未来
发展前景。他们认为财务分析不应只分析报表数据，而应站在战略的高度，结合企业
外部环境存在的机会和威胁、内部条件的优势和不足，分析一个企业的经营和财务情
况，并在科学预测的基础上为企业未来发展指明方向。哈佛分析框架主要包括企业战
略分析、会计分析、财务分析及前景分析，如图8-8所示。

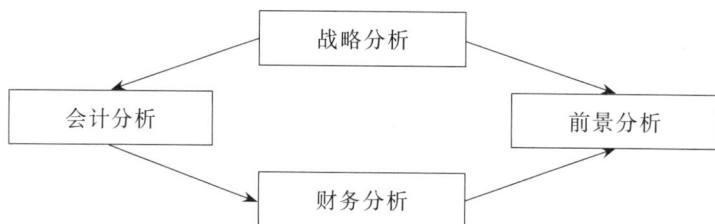

图8-8　哈佛分析框架的基本流程

（1）战略分析

战略分析是哈佛分析框架中财务分析的起点，目的在于确定主要的利润动因和经
营风险，并定性评估企业的盈利能力。从整体上分析企业采用的战略，比如成本领
先、差异化、集中化战略。分析企业在这些战略的指引下的成绩如何，即做了哪些
事、怎么做的、做到什么样的结果、与预期有没有差距。接下来的分析就是寻找差距
产生的原因，出现了什么问题、未来该如何调整。

企业战略从整体上决定企业未来发展方向并为实现企业目标服务，所以战略分析
成为企业财务分析的出发点。战略分析作为非财务信息是对传统财务分析的补充，这
也是哈佛分析框架的独特之处。通过对经营范围、竞争定位、关键成功因素及风险等
的分析，可以为外部利益相关者提供企业目标、发展趋势、市场格局等相关信息。战
略分析在一定程度上反映了经营管理现状，可以作为评价企业经营管理水平的依据，
进而为财务分析奠定基础。

（2）会计分析

会计分析建立在战略分析的基础上，目的在于评价企业会计反映基本经营现实的
完整性、准确性。财务报表分析结果的可靠性在很大程度上取决于企业披露的会计信
息的完整性和准确性，所以在哈佛分析框架中，会计信息质量分析成为企业财务分析
不可忽视的重要组成部分。会计分析的重心应放在分析企业运用会计原则的恰当性和
对会计处理的灵活程度上，放在保障会计信息质量的内部控制制度和流程的实施效果
上。财务报表附注可以提供关于会计政策与会计估计运用恰当性的有效证据。另外也

可以通过对行业、竞争对手、外部宏观经济环境的剖析来判定企业财务数据的真实性。根据分析结果重新调整财务报表中的相关数据以消除异常数据。

（3）财务分析

在对企业会计信息恰当性分析并得出调整后的会计数据之后就可以针对财务报表进行财务分析。财务分析目标是运用财务数据评价企业当前和过去的经营理财情况和综合业绩。哈佛分析框架下的财务分析并不是单纯分析企业财务数据，而是结合所处的行业环境及企业发展战略解释财务数据异常的原因，与战略目标结合，找出经营理财中存在的问题。在进行财务分析时应重点关注财务指标或数据在某一时点（或时期）的异常变化，分析产生变化的原因。

（4）前景分析

前景分析侧重于预测企业未来，在战略分析、会计分析和财务分析的基础上对企业的未来做出科学预测，为企业发展指出方向，为战略管理者提供战略决策、调整、规划支持，从而形成新的战略循环。这里的前景分析不同于传统财务分析中的企业发展能力分析，企业未来的发展前景是企业战略定位、产业环境及企业财务能力综合的结果，而不仅仅是从财务指标增长率来评价。分析发展前景时应注重企业能否发挥自身技术优势及其与竞争对手的竞争能力。具备较强竞争能力的企业即使短期业绩达不到预期，从长期来看依然具有较好的投资前景。

哈佛分析框架下的企业财务分析全面考虑了关乎企业发展的各个方面，如图8-9所示。从时间角度来说包括企业的过去、现在和将来；从分析的广度来说包括对企业战略、会计、财务、前景的分析；从分析的深度来说，不仅是对报表数据的分析，也是结合战略、环境深入分析财务数据的合理性。

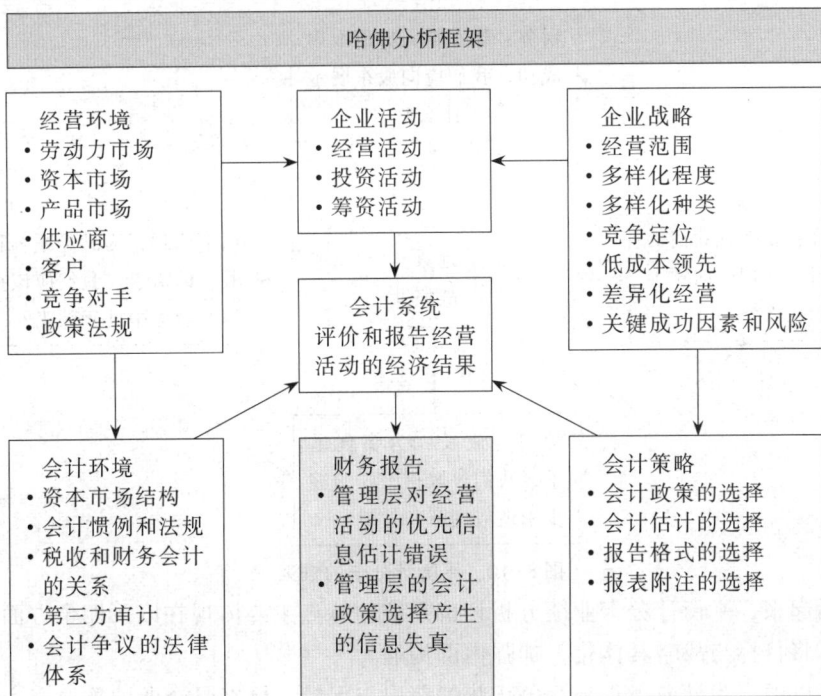

图8-9　哈佛分析框架中的"从经营活动到财务报表"

但是，哈佛分析框架仅是一个分析逻辑，应该具有弹性，作为分析者不是只能在这个框框里面分析，而应该结合分析对象企业的实际，与其他分析方法有机结合。这个框架里面只有四个方面的分析，实际分析工作中可以根据需要灵活加入其他方面分析或调整这四个方面内部的分析内容。

哈佛分析框架除了用来分析企业经营理财综合情况及其前景之外，还可以用于信贷分析、证券投资分析、并购分析、债务/股利分析以及公司战略分析。

【分组任务】请四组学生分别事先（上课前）准备，各推选一名同学介绍哈佛分析框架中四种分析（企业战略分析、会计分析、财务分析、前景分析）应该怎么做，相互点评（A-B，B-A；C-D，D-C）。介绍时间各5分钟，点评时间各5分钟。

（二）平衡计分卡

1.平衡计分卡的基本特点

平衡计分卡（balanced scorecard）是由美国哈佛商学院教授罗伯特·S.卡普兰（Robert S.Kaplan）和大卫·P.诺顿（David P.Norton）于1992年针对传统以财务业绩为主的业绩评价系统的缺陷而创建的。它是一个综合性的企业经营和财务业绩分析评价系统，主要强调非财务业绩和非财务指标的重要性，围绕企业远景目标和战略，通过对财务、顾客、内部流程、学习与成长等四个各有侧重又相互影响的方面的业绩评价，达到沟通目标、战略与企业经营理财活动三者间的和谐关系，实现短期利益和长期利益、局部利益与整体利益的协调，以追求企业的可持续发展。平衡计分卡是一套能使高层经理快速而全面地考察企业业绩的测评指标体系，既包含了财务业绩衡量指标，说明企业已采取的经营理财行动所产生的财务业绩结果，也包含了非财务业绩指标（顾客、内部流程、学习与成长）。平衡计分卡的框架如图8-10所示。

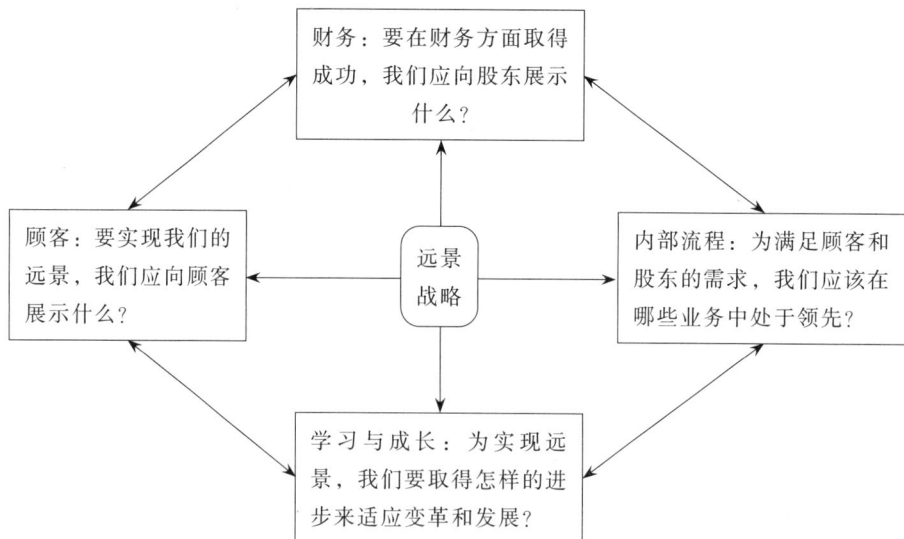

图8-10　平衡计分卡的框架

概括起来，平衡计分卡业绩分析评价系统的特点主要体现在以下四个方面：

（1）将目标与战略具体化，加强内部沟通。

（2）以顾客为导向，重视竞争优势的获取与保持。顾客是企业的重要资产，是企业生存发展的动力。如何确认、增加和保持这项资产的价值，对企业取得竞争优势至关重要。平衡计分卡将顾客作为单独一个方面来考虑，在观念上是重大提升。

（3）重视非财务业绩的评价及结果考核与过程考核的统一。

（4）利用多维因素，促进短期利益和长期利益的平衡。

2.平衡计分卡的构成内容及指标体系（如图8-11所示）

（1）财务方面

即我们怎样满足股东？财务绩效评价体系显示了企业总体战略计划及其实施是否达到预期目标，是否增加了利润直至最终是否实现了企业价值最大化。而对企业价值的计量离不开相关财务指标，如经营利润、净资产收益率、现金流量和经济附加值

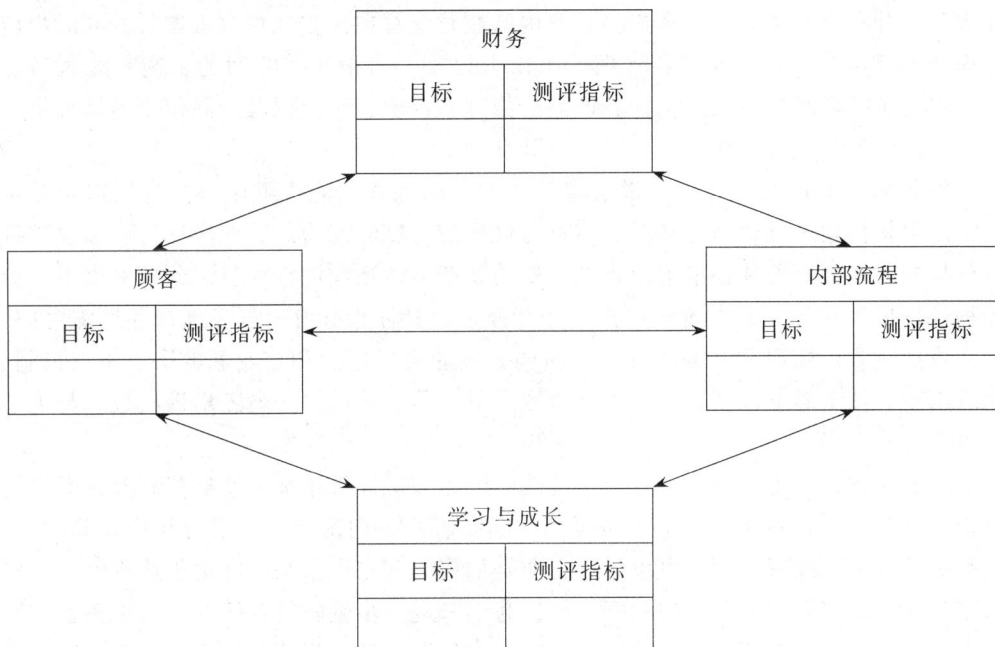

图8-11 平衡计分卡的构成内容

等。对财务业绩评价指标体系的设计不单纯是一个财务问题，更重要的是财务绩效评价成功与否，对企业经营绩效的改善具有重大影响。因此，财务评价指标体系应考虑以下问题：向信息使用者提供哪些有用信息？财务评价指标应如何确定？应采取什么行动才能满足所有者的要求？

（2）顾客方面

即顾客怎样看待我们？我们应向顾客展示什么？市场经济条件下，一个企业要想获得生存并有所发展，必须服务好顾客，一心为顾客提供服务。因此，企业如何从顾客角度去运作，已成为管理层首先要考虑的问题之一。平衡计分卡要求企业决策层要把为顾客服务的声明转化为具体可行的测评指标，这些测评指标要能真正反映与顾客相关的各种因素。一般顾客关心的要素主要包括：时间、质量、性能与服务、成本等。时间是指能否按顾客要求及时满足其所需；质量指顾客所得到的产品质量如何或享受服务的好坏；性能与服务可以衡量企业产品或服务在为顾客提供价值方面能起什么作用；成本是企业在一定时期内投入要素的多少。因此，针对顾客所需，对企业业绩评价的核心指标包括客户满意程度、客户保持程度、企业市场形象名次、新客户的

获得（客户名单增长率）、客户获利能力以及在目标范围内的市场份额等。

（3）内部流程方面

即我们必须擅长什么？我们应该在哪些业务中处于领先？这些内部营运与技术指标用来反映企业组织是否较好地高效完成了其核心工作，同时使股东获得预期的财务收益。具体可分为以下三个方面：①创新阶段：要求企业进行充分的市场调查，寻找客户所要求的潜在需要，从而挖掘新客户，创立新市场。这是企业能否成功的关键一环。该阶段又可细分为两个阶段：一是进行市场调查以确定市场规模、客户偏好以及对目标产品的调查；二是设计开发新产品。②经营过程：企业进行生产经营提供产品和服务，并将产品及时交付客户。企业内部经营流程在注重销售收入增长的同时也应考虑盈利率（如 ROI）与资金管理效率以求得收入与报酬率之间的平衡。③售后服务：主要包括产品售后质量保证，产品的修理、退货、调换以及产品使用的培训等。

（4）学习与成长方面

即我们要取得怎样的进步来适应变革和发展？我们能否继续提高并创造企业价值？该类指标用来反映企业学习、改进与创新的态度和能力。企业应在生产和改进现有产品的同时，开发并创造适应市场需要的新产品。还应注重对员工的技术水平、劳动积极性以及培训方面评价，以提高经营业绩。具体指标有：开发新产品所需时间、产品成熟过程所需时间、新产品上市时间、企业文化理念和企业家素质、用人机制、组织创新、员工满意程度、员工人气指数、骨干员工流动性、员工培训次数、员工建议数量等。

综上所述，平衡计分卡在保留了传统的财务分析评价指标体系的基础上，引进能对未来经营业绩进行考评的非财务动因（包括客户、内部流程、学习与成长等）。利用平衡计分卡，经营管理者可以计量企业是如何为现在和未来的客户创造价值，如何建立和提高内部生产力和管理效率，如何为未来进一步做好经营而对人员、系统和程序进行投资，不断提高企业和员工的创新性和学习精神。当然，平衡计分卡也存在一些缺陷：①其中的非财务业绩有些是外部化的，有些是内部化的；有些是定量的，有些是定性的；有些是标准作业式的，有些则是全方位笼统式的。因此，与其称之为指标体系，不如称之为评价时应考虑的因素，难以用货币来衡量，有些指标甚至根本无法计量。因此计算综合评价分数要采用定量和定性结合的计分方法，定性计分中难免带有一定的主观成分。②非财务业绩指标上的改进与利润增长的关系较为模糊，很难辨认出非财务指标上的改进到底引起了利润多大的变化。③非财务指标之间的关系错综复杂。有些联系得很紧密，不易分别确定其重要程度；有些则可能是相互矛盾的，一个指标需要其他指标做出牺牲才能得以改善，容易引起各部门之间的冲突。

随堂测8-1

第二节　企业财务预测分析

一、财务预测分析的内容

预测是进行科学决策的前提。企业经营活动会对财务情况产生影响，而财务情况又会影响企业预期的经营活动。财务预测是在对企业财务报表等资料进行分析的基础上，根据当前的情况和未来的经营、财务战略，采用一定方法，对企业财务活动未来一定时期的发展趋势和结果做出的科学推测和判断过程。

财务预测分析是企业财务管理工作的重要环节之一，承担提出财务决策方案、为制订财务计划（预算）提供资料的职责，是财务决策的基础、编制财务计划（预算）的前提，也是组织日常财务活动的必要条件，在企业经营理财中不可或缺。财务预测分析的内容主要有以下方面：

（1）在融资活动中，需要用销售百分比法、资金习性分析法、线性回归分析法等方法预测分析融资的数量、时间安排、与投资配合的筹资组合、融资前后的资本结构、财务风险等。

（2）在投资活动中，对内和对外投资、对内投资中的长期资产和流动资产投资、流动资产投资中的长期性和波动性流动资产投资都需要用一定的方法做好预测分析，分析各种投资的收益和风险，使投资决策建立在可行的基础上，保证投资结构合理。尤其是企业进行金额大、时间长、风险高的投资项目（如固定资产投资项目、对外并购项目等）时，财务可行性分析评价就显得尤为重要。

（3）在经营活动中，财务预测分析通过预计财务报表将主要经营目标转换成财务收入、利润、资产收益等效益指标，并与企业预算等管理工作相衔接，为做好预算的制定和控制工作、保障经营活动的有序开展奠定基础。

（4）在战略管理过程中，在战略分析、决策、实施、控制等环节，财务预测分析展示了企业各种战略决策的未来财务成果和前景，提高了企业对不确定事件的应变能力，从而减少不利事件出现带来的损失，增加利用有利机会带来收益的可能性。

总之，企业的所有经营和财务、战略活动都需要预测分析，而经营和财务活动紧密结合，因此财务预测分析适用于经营和财务、战略活动的方方面面。

本书仅以企业财务危机预警分析和企业价值，尤其是并购中有关目标公司的价值评估两个问题来说明财务预测分析的方法。

【素养提升】

党的二十大报告指出："必须牢固树立和践行绿水青山就是金山银山的理念，站在人与自然和谐共生的高度谋划发展"。在习近平生态文明思想指导下，"十四五"时期，我国生态文明建设进入了以降碳为重点战略方向、推动减污降碳扩绿协同增效、实现生态环境质量改善由量变到质变的关键时期。减排治污降碳将成为中国未来经济增长和转型最大的推动力。全国上下全面贯彻新发展理念、深入落实"双碳"目标、全力推动经济社会发展全面绿色转型，对企业构成了较为刚性的环境和降碳目标约束，并驱动其加速绿色低碳转型走上可持续发展道路。我们知道，一个长期投资项目是否可行，要从经济、技术、社会（包括资源、环境、就业及有关社会发展的其他方面）、财务等四个方面加以研究，根据项目投资财务可行性分析假设，财务可行性分析研究是在假设投资项目已经具备了经济、技术、社会可行性的前提下，投资决策者仅是为了进行项目财务可行性分析而估算相关现金流量，在项目财务决策中只关注财务性指标（如投资回收期、净现值、内含报酬率等）反映的财务经济回报，并将未来投资的财务回报作为投资项目财务决策的最主要评价依据。那么，请同学们思考和讨论：不包括项目的社会可行性研究（那儿自有一整套定量指标体系和定性分析内容），仅就项目的财务可行性研究而言，要不要将项目对降碳、环境等绿色发展方面的财务影响（相关收入和由此导致的成本费用）纳入计算项目财务决策指标所依赖的基础信息（现金流量）之中？为什么要纳入？如何纳入？（最后一问可仅谈谈你的思路，也就是说，如何给长期投资项目的财务可行性分析和决策评价披上绿色？）

二、财务危机预警分析

（一）财务危机的概念

企业在生产经营过程中，几乎不可避免地要与各种主体发生债权债务关系，形成各种各样的负债。当企业经营理财过程中由于管理理念滞后、决策行为失误、资源配置低效、竞争风险应对不当、风险管理功能乏力、一味追求销售数额而忽略了销售质量等原因，导致企业经营活动无法产生足够的现金流量以偿付到期债务，企业财务状况就会面临这样一种困境：一方面要借入新债以偿还到期债务；另一方面又要周转资金用于继续生产经营，并努力赚取利润、回笼资金来偿还新的债务。然而一个已经在资金上捉襟见肘的企业是很难让人相信其偿还债务能力的，这样的企业很难再借入资金；没有了新的资金来源，债权人就可能采取行动迫使债务人履行还债义务，如向法院提起诉讼，这时企业可以通过出售资产，与其他企业合并，减少资本支出，进行资产重组，或采用发行新股、与债权人协商谈判、债权换股权等债务重组方式使企业摆脱困境。当这些举措无效时，企业才因风险不断加大而进入真正的财务危机阶段，甚至导致破产。

因此，所谓企业财务危机是指企业陷入无法偿还到期债务的财务困境。而且这种"无法偿还"是指长期的、连续的不能偿还，即陷入了整体性的非常风险——收支性风险，通常预示着企业经营理财的失败，而不是暂时性不能偿还（暂时性不能偿还仅是一种结构性的经常风险——现金性风险）。在激烈的市场竞争过程中，企业可能经常会因各种内外原因而面临这种危机。当然，处于财务危机之中的企业由于种种因素的存在并不一定会破产。

可见，单从财务上，自然不足以揭示财务危机的根源，但透过财务业绩的优劣变化却能够使企业感觉到危机的存在，这显然有助于企业延伸追溯危机的深层原因。毫无疑问，任何企业的财务危机由萌芽到恶化，并非瞬间所致，通常都是经历了一个渐进积累转化的过程。在这一过程中，各种危机的因素都将直接或间接地在资金运动的"晴雨表"——一些敏感性财务指标值的变化上反映出来。这样，通过观察这些敏感性财务指标的优劣变化，便可以对企业的财务危机发挥预警作用。

（二）财务危机预警分析的意义

所谓财务危机预警分析，就是以企业财务报表、经营资料为依据，通过设置并观察一些敏感性财务指标的变化，而对企业可能或将要面临的财务危机事先进行监测预报的财务分析诊断过程。这样的一个财务分析诊断系统叫作财务危机预警系统。

作为一种成本低廉的财务预测、分析、诊断工具，一个有效的企业财务危机预警系统对企业经营者具有重要意义：（1）可以及时预知企业财务危机的先兆，随时观察发生财务危机的早期特征，发现经营理财中隐藏的问题，提醒企业经营管理者早做准备预防财务危机的发生或采取对策控制财务危机的进一步扩大；（2）也可以通过寻找导致企业财务状况恶化的原因，提出改进建议告知经营者应朝什么方向努力，弥补企业现有财务管理和经营中的缺陷，切实有效地化解问题，从根本上消除经营和财务隐患。

企业能否建立健全财务危机预警机制也是其他利益相关者关注的焦点问题。利用财务危机预警分析的结果，投资者在发现企业财务危机萌芽后能够及时处理现有投资，减少损失；银行等金融机构可以做出正确贷款决策并进行信贷风险控制；供应商可以在预警信号的帮助下做出有效的信用决策并对应收账款进行更有效管理；审计人员可以利用这种预警信号合理确定其审计程序，准确判断企业前景，发表恰当的审计意见，规避审计风险。所以，财务预警分析是企业风险控制的重要部分。

（三）财务危机预警分析的方法

财务危机预警分析方法有定性分析法和定量分析法。定性分析法主要可以根据实际情况采用意见汇集法、专家小组法、德尔菲法等。这里主要从定量分析的角度说明财务危机的预警分析方法。财务比率分析是常见的企业财务危机预警定量分析技术。在进行财务危机预警分析时首先应当选择最有代表性的与财务危机发生敏感相关的财务指标。作为财务危机预警分析的指标必须具有以下特征：（1）高度的敏感性。即危机因素一旦萌生，在相关指标上能迅速反映出来。（2）先兆性而非状态性。即必须是危机初步产生时的先兆性指标，而非已经陷入危机时的结果性指标。（3）危机诱源性。建立并运用一定的分析模型进行分析判断。按照建模时所用财务比率是单一的（单变量）还是多样的（多变量）来区分，财务危机预警定量分析方法又分为单变量预警模型和多变量预警模型。

1.单变量预警模型

单变量预警模型是指运用单一变量、个别比率来分析预警财务危机可能性的方法。当企业的该项比率指标趋向于恶化到一定标准时，即可认为是将要发生财务危机的先兆或已经发生了财务危机。

1968年，美国芝加哥大学的威廉·比弗（William Beaver）教授经实证研究后首次提出可以运用财务比率来预测企业财务危机的单变量分析法。他认为公司财务失败不仅仅局限于破产，还包括债券或优先股股利不能及时支付等。"现金流量净额与负债总额之比"这个比率能较准确地判定公司的财务状况，"净利润与资产总额之比"的判定效果次之。

在此后几十年的实务中，企业根据所处的行业和发展阶段不同，一般选择使用企业安全率、资产利润率、资产负债率等作为单变量预警指标。

如用企业安全率进行财务危机预警分析时，由于企业安全与否由经营和财务两个方面共同决定，因此该比率由两个指标组成：一是经营安全率，一般用安全边际率表示，代表经营能力、销售能力；二是资金安全率，代表财务状况。因此在预警分析中，将安全边际率和资金安全率结合起来，以判断企业存在财务危机的可能程度。

安全边际率=安全边际额÷现有或预计的销售额

　　　　=（现有或预计的销售额-保本销售额）÷现有或预计销售额

资金安全率=资产变现率−资产负债率

资产变现率=资产变现金额÷资产账面金额

资产变现金额是指企业立即处置其所有资产后可以变成现金的总额。计算时要以资产负债表所列的各项资产一一加以估算加总而得。

资产变现率=（现金及其等价物+良性债权+适销存货+可变现无形资产）÷资产总额

用企业安全率进行实际预警分析时，可以用安全边际率和资金安全率画出一个象限图，横轴代表安全边际率，纵轴代表资金安全率，这样构成四个象限，如图8-12所示。

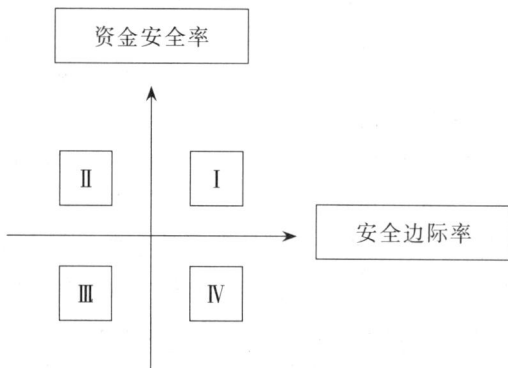

图8-12　企业安全率图

当两个指标共同确定的企业安全率落在第Ⅰ象限，即两个安全率指标均大于0时，表明企业经营状况和财务状况都良好，可以适当采取扩张策略；企业安全率落在第Ⅱ象限，即资金安全率为正，安全边际率为负时，表明企业财务状况尚好，但市场销售能力不足，此时企业应加强营销管理，增强创造利润的能力；企业安全率落在第Ⅲ象限，即两个安全率均小于0时，表示企业已陷入经营和财务状况都不好的境地，随时都有爆发财务危机和关门的可能，经营者应下定决心立即采取措施，进行有效的企业重整；企业安全率落在第Ⅳ象限，即安全边际率为正、资金安全率为负时，表明企业财务状况已露出危机征兆，经营者应将改善财务资本结构作为首要任务，提高自有资金比例，注重现金流量观念，积极开源节流，此时市场营销应采取适度的成长策略，并要求营销部门提高对客户的信用标准，防止坏账损失，加强账款回收力度。

单变量预警模型简明有效，但其局限性也很明显，主要是单变量比率可以判别企业是否有财务危机的可能，但不能确定财务危机的具体程度如何，尤其是安全边际率和资金安全率一正一负时。

2.多变量预警模型

多变量预警模型是运用多变量模型思路建立多元线性函数公式，即运用多个财务比率指标加权汇总产生的总判别分，综合反映企业财务状况和风险，来预测和判别财务危机的方法。由于企业规模、行业、地域、国别等诸多差异，至今已有数种多元线性函数模型在财务管理文献中出现，按所建模型是否具有动态预警能力、财务预警系统是否易于修改和扩充，多变量预警模型又可以分为静态统计模型和动态非统计模型。静态统计模型又分为线性判别模型（如阿尔特曼的Z计分模型）、主成分预测模型、简单线性概率模型、Logit模型（对数比率模型）和Probit模型（概率单位模型）

等。动态非统计模型主要是把人工智能中的归纳式学习方法应用于财务危机预测，目前这种方法中最常用的是神经网络预测模型。因此企业不应拘泥于任何经验资料，不能完全照搬某种模式，而应根据自身实际情况来设计符合自身要求和特点的财务危机预警系统。

这里主要介绍阿尔特曼的Z计分模型。

1968年，美国纽约大学阿尔特曼（Altman）教授在制造业中分别选取了33家破产企业和33家良好企业为样本，搜集了样本企业财务报表中的有关数据，通过整理从22个变量中选定对预测破产最有用的5个变量，经过综合分析建立了一个判别函数：在这模型中他赋予5个基本财务比率指标以不同权重，并加权产生了一个总的判断分（称为Z值）来预测企业是否有破产的可能性。因此，该模型也被称为Z-Score模式、Z计分模式，其判别函数为：

$$Z=0.012X_1+0.014X_2+0.033X_3+0.006X_4+0.999X_5$$

其中：Z值=判断分。

X_1=（营运资金／资产总额）×100

X_2=（留存收益／资产总额）×100

X_3=（息税前利润／资产总额）×100

X_4=（普通股和优先股市场价值总额／负债账面价值总额）×100

X_5=销售收入净额／资产总额

因此，该模式实际上是通过五个变量（五种财务比率），将反映企业偿债能力的指标（X_1、X_4）、反映获利能力的指标（X_2、X_3）和反映资金营运能力的指标（X_5）有机联系起来，综合分析预测企业财务失败或破产的可能性。

X_1反映了企业资产的变现能力和规模特征，该指标越大，说明企业资产的流动性越强，财务状况越理想。一般来说，对于经历长期经营亏损的企业，其营运资金相对于总资产将有所缩减，因此该指标是企业是否面临停止运营的最有效指示器之一。

X_2衡量的是企业获利积累水平，也反映企业盈利在一定时期内留存进行再投资的比例。指标值越大，说明企业内部融资和再投资能力越强。

X_3衡量的是企业资产的获利能力，该比率剔除了税收和杠杆因素的影响，是预测企业财务危机的重要依据之一。

X_4反映企业的融资结构，表明所有者权益和债权人权益的相对关系，反映企业偿债能力和投资者对企业前景的判断，指标值越大，说明企业越有投资价值。

X_5反映企业资产周转情况，用来衡量资产利用的效率，并可推测企业在竞争条件下有效经营的能力。

阿尔特曼依据这一模型，运用经验数据提出了判断企业破产风险的临界值为2.675。也就是说，如果企业Z值大于2.675，则表明企业财务状况良好，发生破产的可能性极小；如果Z值小于1.81，则表明企业潜伏着破产危机。若Z值在1.81～2.675，则属于未知区域（灰色地带），说明企业财务状况处于极不稳定状态。一般情况下，Z值越高，企业破产的概率就越低；反之，Z值越低，企业财务状况越危险，破产的可能性就越大。通过计算若干年的Z值更容易发现该企业是否存在财务危机的征兆。因此，企业可以通过 Z 值的计算来判断自己处于何种状态，一旦发现处于警戒状态，就应当及时采取措施，调整经营和财务策略，以降低破产的可能性。

上述模型主要用于股票已上市交易的制造业企业，为了能够将该预警模型应用于私人企业和非制造业企业，阿尔特曼又对该模型进行了修正，即：

$$Z = 0.065X_1 + 0.0326X_2 + 0.01X_3 + 0.0672X_4$$

式中：

X_1 =（营运资金÷资产总额）×100

X_2 =（留存收益÷资产总额）×100

X_3 =（息税前利润÷资产总额）×100

X_4 =（企业账面价值÷负债账面价值）×100

在这个预警模型中，当目标企业的 Z 值被测定为大于 2.90 时，说明企业的财务状况良好；Z 值小于 1.23 时，说明企业已出现财务失败的征兆；Z 值处于 1.23 ~ 2.90 时为"灰色地带"，表明企业财务状况极不稳定。

"Z-Score"模型为企业提供了一种预测未来一定时期内财务失败可能性的思路和方法。在评价和预警企业风险方面有重要的参考价值，可以帮助经营者及早发现潜在的财务危机，以便在财务危机的萌芽阶段采取有效措施控制风险。

应该注意，在运用该方法求出的 Z 值评估企业财务危机可能性时，一定要考虑到企业之间的差别，即不同国家、行业、规模以及处于不同发展阶段的企业，是不能用统一的 Z 值标准来评判的。实务中，最好先找到同行业中最安全企业的 Z 值，以此为参考标准，评估企业自身的财务危机程度才是更合理的做法。而且，"Z-Score"模型所提供的仅是一种预测企业财务失败可能性的思路和方法而已，企业在实际应用时，对里面的财务比率数量和内容、指标的权数都应该根据实际情况加以灵活调整。

在运用"Z-Score"模型进行财务预警分析时，还必须注意它的时效性，即运用该模型得出的预测结果表明的只是短期财务状况，而非长期和永久的财务状况。此外，企业财务报表的真实性和客观性将对 Z 值的判别结果产生决定性的影响，分析者在运用该方法时一定要注意这个因素。

三、企业价值评估分析

（一）企业价值评估分析及其用途

企业价值评估分析是指以财务报表数据为依据，综合分析企业历史财务情况以及未来影响财务情况变动的各项因素，利用专门方法评估企业价值的过程。企业价值评估分析的主要目的是向投资人、管理者等相关决策者提供企业价值方面的信息，以帮助决策者做出科学的决策。

通常情况下，企业价值评估分析主要用于以下几个方面：

（1）投资决策分析。投资原理告诉我们，无论是巨额投资如并购一家企业还是微小投资，都要在该项投资品（资产）的内在价值大于等于其购买价格时才能投资，因为只有这样才能让投资产生的预期报酬率（或称内含报酬率）大于等于投资者要求的投资报酬率（或称期望的、必要的投资报酬率），达到或超过投资者的要求。所以，所谓"正确的投资"是指投资者支付的资产价格不超过（即小于等于）资产的价值。资产价值是由资产预期带来的净利润、股利或现金流量决定的，因为投资品的内在价值是以该投资品未来经营期或使用寿命期内各年产生的收益（包括净利润、股利或净现金流量等）按照投资者要求的投资报酬率折现的现值。通过价值评估，可以寻找被市场低估的资产，如企业、证券等，以获得大于等于投资者所要求的收益。因此，任何投资决策离不开对投资品价值的评估，企业价值评估也不例外。

（2）企业战略分析。企业战略管理包括战略分析（评估）、战略决策（选择）、战略实施与控制。战略分析通常包括环境分析、产业分析和公司内部分析，其核心内容是运用定价模型，制定和说明战略方案，战略分析的过程实际上是评价当前与今后为股东创造财富的关键因素，分析时常常使用价值评估方法。比如，主并方在处理是否购并目标企业这类战略投资问题时，需要估算目标企业在主并方预期的合理价值，与目标企业及其所有者提出的购买价格进行比较，为企业的战略决策提供依据。

（3）企业价值管理。依据现代企业理论，企业财务管理的目标是股东财富最大化或企业价值最大化。但是，企业价值的计量在现实中是个大问题。上市公司的价值一般在完善的资本市场条件下可以用股票市价来体现，而一般企业的价值只能通过评估来反映。评估是要付出代价的，所以一般企业没涉及并购重组等大事时不会评估。

因此，现实中企业价值评估分析最常用的是企业并购重组中有关目标公司的价值评估。

（二）企业价值评估方法

企业价值评估的一般对象是企业整体的经济价值，它是指一个企业作为一个整体的公平市场价值。根据不同的情况，企业整体价值又可分为实体价值和股权价值、持续经营价值和清算价值、少数股权价值和控股权价值等。不同的企业价值评估需要采用不同的评估方法。

1.《资产评估执业准则——企业价值》（中评协〔2017〕36号）规定。根据评估目的、评估对象的具体情况，企业价值评估的基本方法可分为收益法、市场法、成本法（资产基础法）三类。企业价值评估可以在这三类方法中根据具体情况加以选择，有时需要用两种评估方法进行评估，并对结果进行比较和判断。

（1）收益法

收益法是指将预期收益资本化或者折现，确定评估对象价值的评估方法。收益法中常用的具体方法包括股利折现法和现金流量折现法。评估人员可以根据评估对象特点选择收益法的不同方法进行评估，选择恰当的预期收益口径，并确保折现率与预期收益的口径保持一致。

股利折现法是将预期股利进行折现以确定评估对象价值的具体方法，通常适用于缺乏控制权的股东部分权益价值评估。预期股利应当体现市场参与者的通常预期，适用的价值类型通常为市场价值。

现金流量折现法包括企业（实体）自由现金流量折现模型和股权自由现金流量折现模型。在实际控制或者评估目的是获得实际控制权情形下，从特定投资者的角度预测现金流量时，适用的价值类型通常为投资价值。

现金流量折现法涉及的参数包括收益期（即预测期，包括明确的预测期及后续期）、各期的现金流量和折现率（资本成本）。所以评估人员应当按照法律、行政法规规定，以及被评估企业所在行业现状与发展前景、协议与章程约定、经营状况、资产特点和资源条件等，恰当确定收益期。企业经营达到相对稳定前的时间区间（明确的预测期）是确定预测期的主要因素。应当在对企业收入结构、成本结构、资本结构、资本性支出、投资收益和风险水平等综合分析的基础上，结合宏观政策、行业周期及其他影响企业进入稳定期的因素合理确定预测期。应当综合考虑评估基准日的利率水平、市场投资收益率等资本市场相关信息和所在行业、被评估单位的特定风险等相关因素确定折现率。应当根据企业进入稳定期的因素分析预测期后的收益趋势、终止经营后的处置方式等，选择恰当的方法估算预测期后（后续期）的价值。

（2）市场法

市场法又称相对价值法、可比公司价值法、可比交易价值法，是指将评估对象与可比上市公司或者可比交易案例进行比较，确定评估对象价值的评估方法。其具体包括上市公司比较法和交易案例比较法两种。前者是指获取并分析可比上市公司的经营和财务数据，计算价值比率，在与被评估企业比较分析的基础上，确定评估对象价值的方法。后者是指获取并分析可比企业的买卖、收购及合并案例资料，计算价值比率，在与被评估企业比较分析的基础上，确定评估对象价值的方法。价值比率通常包括盈利比率、资产比率、收入比率和其他特定比率。

（3）资产基础法

资产基础法又称成本法（包括重置成本法、成本加和法、账面价值法等），是指以被评估单位评估基准日的资产负债表为基础，评估表内及可识别的表外各项资产、负债价值，确定评估对象价值的评估方法。

采用资产基础法进行企业价值评估，各项资产的价值应当根据其具体情况选用适当的评估方法，所选评估方法可能有别于其作为单项资产评估对象时的具体评估方法，应当考虑单项资产对企业价值的贡献。

成本法、市场法、收益法是国际公认的三大价值评估方法。由于历史原因，成本法成为我国企业价值评估实践中首选方法和主要方法，被广泛使用。但从科学性角度看，最常用最理想的企业定价模型是收益法中的现金流量折现定价模型，因为以它为代表的是折现式价值评估模式，而成本法、市场法都没有考虑资金时间价值。市场法中的相对价值定价模型可以对成本法和收益法起补充作用。相对价值定价模型中用得较多的是上市公司比较法（可比公司价值法），包括市盈率法、市净率法、市销率法（市价÷销售额）法等。

【头脑风暴】讨论企业价值评估的三类基本方法（收益法、市场法、成本法（资产基础法））及其包含的具体方法分别适用于哪些情况下的企业价值评估。

2.根据估值基础不同，企业价值评估方法可以分为五类：以资产负债表为基础、以利润表为基础、以现金流量为基础、以价值创造动因为基础、以期权为基础等，见表8-6。其中，收益法中的自由现金流量估价法应用最为普遍。收益法中的经济利润法、内部收益率法（IRR）、资本资产定价模型（CAPM）、经济增加值（EVA）估价法和期权法中的实物期权估价法等在我国尚处于不断探索发展中。

表8-6 公司价值评估方法

资产负债表	利润表	现金流量	价值创造动因	期权
账面价值	价格乘数	股利现金流量	经济增加值（EVA）	B/S期权定价模型
清算价值	销售收入乘数	股权自由现金流量	经济利润（EP）	实物期权估价模型
重置价值	EBITDA乘数	公司（实体）自由现金流量	现金增加值（CVA）	
……	……	……	……	

（三）现金流量折现法（DCF）

收益法下的企业价值等于企业未来投资收益的现值，未来投资收益可根据情况用股利、净利润和净现金流量等表示。不同收益的折现值，反映的企业价值内涵不同，用途也不同。在这三种折现模式中，效用性最差、应用最少的是股利折现模式。利用净现金流量作为投资收益进行折现，被认为是最理想的企业价值折现评估方法，因为净现金流量在收益的质量性、风险性方面显然优于以权责发生制为基础的净利润指标，其折现值更能全面、准确地反映企业价值。

1.企业股权价值与企业实体价值评估模型

如果将评估对象企业的未来现金流量仅定义为所有者的现金流量，则现金流量的现值实际上反映的是企业股权价值。将企业股权价值加上企业净债务价值，可得到企业价值。如果将企业未来现金流量定义为企业所有资本提供者（包括所有者和债权人）的现金流量，则现金流量现值反映的是企业实体价值，从企业实体价值中减去净债务价值才能得到企业股权价值。其中净债务价值是指净债务的公允市场价值，也就是债权人现金流量的现值。

（1）企业股权价值模型：

$$股权价值 = \sum_{t=1}^{\infty} 股权现金流量_t / (1 + 权益资本成本)^t$$

式中，股权现金流量是指企业在一定期间能够提供给投资者（股东）的现金流量。权益资本成本是指投资者（股东）投资所要求的必要报酬率，也可以称之为股权现金流量等风险投资的机会成本。t指股权带来的现金流量的年度。

（2）企业实体价值模型：

$$实体价值 = \sum_{t=1}^{\infty} 实体自由现金流量_t / (1 + 加权平均资本成本)^t$$

式中，实体自由现金流量是指企业全部现金流入减去付现成本费用以及必要资本支出后的剩余部分，是企业在一定期间可以提供给所有投资者（即股权投资者和债权投资者）的税后现金流量。加权平均资本成本是指按企业资本结构与个别资本成本加权平均得出的综合资本成本，代表了与企业现金流量匹配的等风险投资的必要报酬率。t指现金流量年度。

$$股权价值 = 实体价值 - 净债务价值$$

$$净债务价值 = \sum_{t=1}^{\infty} 偿还债务现金流量_t / (1 + 等风险债务资本成本)^t$$

2.现金流量折现法参数的估计

现金流量折现模型的参数包括预测期的年数、各期的现金流量和资本成本。这些参数是相互影响的，需要整体考虑，不能孤立地看待和处理。

（1）自由现金流量的估计

运用现金流量折现法估计企业价值时，要使用实体自由现金流量与股权自由现金流量的概念。实体自由现金流量是指归属于企业全部股东和债权人可自由支配的现金流量总和。股权自由现金流量是指归属于全部股东的可自由支配现金流量。无论是实体自由现金流量还是股权自由现金流量，都是扣除一切必须支出后剩余的现金流量，因此称之为可自由支配的现金流量。

未来现金流量的数据需要通过财务预测取得。自由现金流量预测方法有很多，如单项预测和全面预测，单项预测容易忽视数据间的联系，因此最好采用全面预测，也就是编制全套的预计财务报表，包括预计利润表、预计资产负债表和预计现金流量表。三张预计财务报表的格式与本章第一节中的管理用财务报表相同，只是数据是面向未来预测期的。由于计算机的普遍使用，实务中全面预测被越来越多地使用。

①预测销售收入。主要预测销售收入的增长率，然后根据基期的销售收入和预计增长率计算预测期的销售收入。销售收入增长率一般以历史增长率为基础，根据未来的变化进行修正。

②确定预测时间，也就是预测期的年数。预测的时间范围涉及预测基期、明确的预测期（也叫详细预测期）和后续期。预测的基期通常是预测工作的上一个年度。基期的各项数据被称为基数，包括各项财务数据、它们的增长率，反映财务数据间联系的财务比率（如销售百分比）。确定明确的预测期内的现金净流量现值是用现金流量折现法进行企业价值评估最重要的内容。要预测现金净流量现值，首先要明确预测期。从预测的准确性、必要性角度考虑，通常实务中将明确的预测期（详细预测期）定为5~7年，最多不超过10年。企业增长的不稳定时期有多长，详细预测期就定为多长。然后企业的销售增长进入稳定状态，有稳定的投资回报率，也就是进入了预测中的后续期，也称"明确的预测期之后"。详细预测期和后续期的划分不是事先主观确定的，而是在实际预测过程中根据销售增长率和投资回报率的变动趋势确定的。

③预计利润表和预计资产负债表。

第一，通过预计利润表预计税后经营利润。税前经营利润=销售收入-销售成本-销售和管理费用-折旧和摊销，税后经营利润=税前经营利润-税前经营利润所得税。

第二，预测工作从预计利润表转向预计资产负债表，预计净经营资产。净经营资产总计=经营营运资本+净经营长期资产=（经营流动资产-经营流动负债）+（经营性长期资产-经营性长期负债）=经营资产-经营负债。

第三，预计融资。上述预计得出的净经营资产是全部的融资需要，因此也称为"净资本"或"投资资本"。企业根据自己的情况（如维持目标资本结构的约束），通过短期借款、长期借款和内部融资等方式筹到等于"净资本"或"投资资本"的资金。

第四，再返回预计利润表，预计利息费用。借款数额预计出来后，利息支出的预计只要考虑短期借款和长期借款的利率就行。

第五，预计净利润。净利润=税后经营净利润–净利息费用。净利息费用就是税后利息费用，它等于利息费用–利息费用抵税。

第六、预计股利和年末未分配利润。

这样预测期第一年的预计利润表和预计资产负债表的预测工作完成，然后转向预测期第二年的预测。

④预计现金流量。

根据预计利润表和预计资产负债表编制预计现金流量表，只是一个数据的转换过程，见表8-7。

表8-7　　　　　　　　　　××公司预计现金流量表

年份	基期	2×19年	2×20年	2×21年	2×22年	2×23年	2×24年
税后经营利润							
加：折旧与摊销							
营业现金毛流量							
减：经营营运资本增加							
营业现金净流量							
减：净经营性长期资产增加							
折旧与摊销							
实体现金流量							
债务现金流量							
税后利息费用							
减：短期借款增加							
长期借款增加							
债务现金流量合计							
股利分配							
减：股权资本发行							
股权现金流量合计							
融资现金流量总计							

A.实体自由现金流量的计算。

实体自由现金流量可以根据以下公式计算：

实体自由现金流量=营业现金净流量–资本支出

=（息前税后利润+折旧与摊销等非付现成本–营运资本净增加额）–资本支出

式中，营业现金净流量是指息前税后利润加折旧与摊销等非付现成本，再减去营运资本净增加额后的余额。需要特别注意的是，公式中的营业现金净流量（即税后经营利润）只扣除息税前利润（经营损益）产生的所得税，不考虑利息（金融损益）的所得税影响。因为负债筹资利息不属于经营活动，应把利息支出作为债权人现金流量，与一般现金流量表中的经营活动产生的现金流量净额不同。

资本支出是指用于购置各项长期经营资产的支出减去无息长期负债（即经营性长期负债）增加额的差额，实际上是净经营长期资产总投资的概念，在预计现金流量表中，它等于本年净经营性长期资产增加额+折旧与摊销。资本支出是维持企业可持续增长及竞争优势所必需的。

息前税后利润是指已扣除所得税，但未扣除利息的利润。使用息前税后利润是因为在企业实体价值评估的现金流量现值模型中，使用的折现率是税后资本成本，为了使现金流量与折现率一致，也要使用税后现金流量。

B.股权自由现金流量的计算。

股权自由现金流量与实体自由现金流量的区别在于需要扣除属于债权人的现金流量，公式如下：

股权自由现金流量=实体自由现金流量-债权人现金流量

债权人现金流量=利息支出-利息所得税+偿还债务本金-新借债务本金

　　　　　　　=税后利息支出-有息债务净增额

股权自由现金流量=实体自由现金流量-税后利息支出+有息债务净增额

⑤后续期现金流量增长率的估计。

后续期价值的估计方法有许多种，包括永续增长模型、剩余收益模型、价值驱动因素模型、价格乘数模型、延长预测期法、账面价值法、清算价值法、重置成本法等。在永续增长模型下：

后续期价值=现金流量$_{t+1}$÷（资本成本-现金流量增长率）

在后续期的稳定状态下，实体自由现金流量、股权自由现金流量和销售收入的增长率相同，因此，可以根据销售增长率估计现金流量增长率。

（2）折现率的确定

折现率高低主要取决于企业资本成本的水平。为了与现金流量定义相一致，计算股权价值的折现率应使用权益资本成本，计算企业实体价值应使用加权平均资本成本。由于个别资本成本取决于投资者从其他同等风险投资中预期能得到的投资报酬率，因此，折现率的高低必须能准确反映现金流量的风险程度。只有折现率准确反映现金净流量的风险，价值评估结果才能准确。否则，不准确的折现率将使价值评估结果偏高或偏低。

3.现金流量折现法的具体应用

根据现金流量期限长短与变化特征，现金流量折现法包括永续增长模型、两阶段增长模型与三阶段增长模型。使用哪个模型取决于分析评估人员对评估对象未来现金流量的估计。

（1）应用现金流量折现法计算股权价值

①永续增长模型。永续增长模型假设公司未来永久保持一个固定的自由现金流量增长率，永续增长模型如下：

股权价值=下期股权现金流量/（股权资本成本-现金流量永续增长率）

永续增长模型的特例是永续增长率等于零，即零增长模型。

永续增长模型的使用条件是：影响现金流量的各种财务比率保持不变，即销售净利率、总资产周转率、权益乘数和股利发放率不变。当增长率接近折现率时，股票价值趋于无限大。因此，对于增长率和股权成本的预测质量要求很高。

【例8-4】某公司2×24年每股息前税后利润10元，每股折旧与长期资产摊销30元，每股资本支出35元，该年比上年营运资本每股增加2元，每股债权人现金流量2元。预计公司在未来将持续保持5%的自由现金流量增长率。该公司的股权资本成本为10%。若当期股票市价为每股18元，是否值得购买该股票？

$$每股股权自由现金流量 = 每股息前税后利润 + 每股折旧摊销 - 每股资本支出 - 每股营运资本净增加额 - 每股债权人现金流量 = 10+30-2-35-2=1（元）$$

每股价值=1×（1+5%）/（10%-5%）=21（元）

显然，该股票被市场低估，应该买入。

②两阶段增长模型。两阶段增长模型假设自由现金流量增长分两个阶段：第一个阶段增长较快，称为详细预测期或明确的预测期（简称预测期）；第二个阶段增长较慢，且增长率不变，称之为后续期。两阶段增长模型如下：

股权价值=预测期股权现金流量现值+后续期股权现金流量现值

假设预测期为n，则

$$股权价值 = \sum_{t=1}^{n} \frac{股权现金流量_t}{(1+股权资本成本)^t} + \frac{\dfrac{股权现金流量_{n+1}}{股权资本成本 - 永续增长率}}{(1+股权资本成本)^n}$$

③三阶段增长模型。三阶段增长模型假设自由现金流量的增长分三个阶段，分别为高速增长阶段、增长率递减阶段和永续增长阶段。三阶段增长模型如下：

假设预测期为n，增产递减期为m，则

股权价值=高速增长期现金流量现值+增长递减现金流量现值+后续期现金流量现值

$$= \sum_{t=1}^{n} \frac{高速增长期现金流量_t}{(1+股权资本成本)^t} + \sum_{t=n+1}^{n+m} \frac{增长递减现金流量_t}{(1+股权资本成本)^t} + \frac{\dfrac{后续期现金流量_{n+m+1}}{股权资本成本 - 永续增长率}}{(1+股权资本成本)^{n+m}}$$

（2）应用现金流量折现法评估企业价值

现金流量折现模型在评估企业价值时可以分为三种类型：

①永续增长模型。

企业价值=下期实体现金流量/（加权平均资本成本-永续增长率）

②两阶段模型。

企业价值=预测期现金流量现值+后续期现金流量现值

假设预测期为n，则

$$公司价值 = \sum_{t=1}^{n} \frac{公司现金流量_t}{(1+加权平均资本成本)^t} + \frac{\dfrac{公司现金流量_{n+1}}{加权平均资本成本 - 永续增长率}}{(1+加权平均资本成本)^n}$$

③三阶段模型。

企业价值=高速增长期现金流量现值+增长递减现金流量现值+后续期现金流量现值

拓展阅读3

评估企业价值的经济利润折现法（DEP）

拓展阅读4

企业财务战略分析

拓展阅读5

企业社会责任分析

拓展阅读6

企业绩效评价

随堂测8-2

教学案例

薛云奎：穿透"华谊兄弟"10年财报

本章测评

假设预测期为n，增长递减期为m，则

$$公司价值 = \sum_{t=1}^{n} \frac{高速增长期现金流量_t}{(1+加权平均资本成本)^t} + \sum_{t=n+1}^{n+m} \frac{增长递减期现金流量_t}{(1+加权平均资本成本)^t} + \frac{\dfrac{后续期现金流量_{n+m+1}}{加权平均资本成本-永续增长率}}{(1+加权平均资本成本)^{n+m}}$$

评估企业价值使用的现金流量折现模型与计算企业股权价值使用的现金流量折现模型一样，只是选取参数不同。在评估企业价值时，分别使用实体现金流量和加权平均资本成本。由于企业自由现金流量包括股权自由现金流量和债权人现金流量，折现率应选择与现金流量对应的加权平均资本成本。另外，实体自由现金流量的增长率与股权自由现金流量的增长率也不同，前者不受财务杠杆等因素的影响。

【例8-5】已知华星公司预测权益资本成本为10%，债务资本成本5.5%，预测期资本结构为权益资本占55%，债务资本45%，后续期权益资本成本为9.4166%，债务资本成本不变，后续期平均资本结构为权益资本68%，债务资本32%，该公司从第11年开始进入稳定期，增长率为3%，计算过程显示在表8-8中。

表8-8　　　　　　　　　　　华星公司的公司价值计算表　　　　　　　　　金额单位：万元

项目 \ 年度	5（现在）	6	7	8	9	10	11
公司自由现金流量	107.1	110.06	121.05	133.19	146.47	161.14	178.84
折现系数（8%）		0.9259	0.8573	0.7938	0.735	0.6806	
加权平均资本成本（%）		8	8	8	8	8	8.16
每期现金流量现值		101.9	103.78	105.73	107.66	109.67	
预测期公司价值	528.74						
后续期公司价值	5 260.67						
公司价值合计	5 789.41						

根据表8-8中数据计算说明如下：

（1）预测期使用的折现率（加权平均资本成本）=10%×55%+5.5%×45%=8%

后续期使用的折现率（加权平均资本成本）=9.4166%×68%+5.5%×32%=8.16%

（2）$\dfrac{后续期现金}{流量现值} = \dfrac{后续期第一年}{自由现金流量} / \left(\dfrac{加权平均}{资本成本} - \dfrac{永续}{增长率}\right) \times \dfrac{折现率为8\%的}{复利现值系数}$

=178.84/（8.16%-3%）×0.6806=2 358.88（万元）

（3）公司价值=528.74+2 358.88=2 887.62（万元）

● ● 本章小结

本章讨论财务报表分析方法的综合应用，着重从企业经营理财综合分析、企业财务预测分析（包括财务危机预警分析和企业价值评估分析）等方面讲述了财务报表分析的综合应用及其所能实现的功能。其中，企业经营理财综合分析介绍了杜邦财务分析体系及其改进模型（包括管理用财务报表综合分析、帕里普财务分析体系）、沃尔比重评分法、财务业绩和非财务业绩结合的综合分析评价体系（包括哈佛分析框架、平衡计分卡）等三类方法；企业财务预测分析则介绍了财务危机预警分析和企业价值评估分析的理论和方法。本章拓展阅读中还介绍了企业财务战略分析、企业价值评估的经济利润折现法、企业社会责任分析、国资委效绩评价指标体系和以 EVA 为基础的业绩评价方法。这些内容也是财务综合分析的组成或延伸部分。掌握和了解这些内容和方法对提高学生的财务综合分析能力大有裨益。本章的重点是杜邦财务分析体系、沃尔比重评分法等企业经营理财综合分析的基本方法以及财务危机预警分析、企业价值评估分析的基本方法。

●●● 进一步学习指南

企业财务报表的主要目标是决策有用性。本章讲述的企业经营理财综合分析、企业财务危机预警分析、企业价值评估分析等三个问题和拓展阅读中所附的企业财务战略分析、企业社会责任分析和企业绩效评价这三个问题对企业不同的利益相关者的决策和控制都具有重要现实意义。因此，这些问题也是财务报表分析的重要构成内容。但限于篇幅，本书只能介绍一些相关的基本知识和分析原理，如果读者想对这些问题做更深入的了解，想比较一下各种教材对这些问题的不同阐述，可以参考其他一些教材、文献和法规。

●●● 主要阅读文献

1.张先治，陈友邦．财务分析［M］．10 版．大连：东北财经大学出版社，2022.

2.中国注册会计师协会．财务成本管理［M］．北京：中国财政经济出版社，2024.

3.高巧利．我国上市公司财务危机预警模型分析［J］．商业经济研究，2016（5）：187-188.

4.陈泽航，刘秋金，章福东，等．H 公司财务战略分析及优化路径［J］．财务与会计，2021（5）：84-85.

5.国务院国有资产监督管理委员会，《中央企业综合绩效评价实施细则》（国资发评价〔2006〕157 号）.

6.张惠忠，裴益政，胡素华．财务报告分析［M］．北京：科学出版社，2017.

7.财政部会计资格评价中心．财务管理［M］．北京：经济科学出版社，2024.

8.中国资产评估协会，《资产评估执业准则——企业价值》（中评协〔2017〕36 号）.

9.张惠忠．企业财务管理［M］．2 版．大连：东北财经大学出版社，2022.

●●● 思考题

1.简述杜邦财务分析体系的优点和局限性，并说明杜邦分析体系的分析要点。

2.简述帕利普分析体系中主要财务指标之间的相互关系。

3.简述管理用财务报表分析的指标体系。

4.简述沃尔比重评分法。

5.简述哈佛分析框架。

6.简述平衡计分卡。

7.简述财务危机预警分析中单变量模式与多变量模式。

8.简述企业价值评估的基本方法。

●●● 练习题

1.某公司有关的财务比率资料见表8-9。

表8-9　　　　　　　　　某公司有关的财务比率资料

财务比率	2×23 年	2×24 年
应收账款周转天数	36	36
存货周转率（次数）	2.59	2.11
毛利/销售收入	40%	40%
息税前利润/销售收入	9.6%	10.63%
利息费用/销售收入	2.4%	3.82%
销售净利率	7.2%	6.81%
总资产周转率（次数）	1.11	1.07
固定资产周转率（次数）	2.02	1.82
资产负债率	50%	61.3%
利息保障倍数	4	2.78

要求：用杜邦财务分析原理，比较该公司2×23年与2×24年的权益净利率（净资产收益率），定性分析其变化的原因。

2.某公司相关财务比率资料见表8-10。

表8-10　　　　　　　　　某公司相关财务比率资料

主要财务比率	2×24 年	2×23 年	变动
税后经营净利率	6.891%	7.908%	-1.017%
净经营资产周转次数	1.7202	2.0372	-0.3170
税后利息率	9.020%	12.595%	-3.575%
经营差异率			
净财务杠杆	0.8167	0.5898	0.2269
杠杆贡献率			
权益净利率			

要求：（1）计算填列表 8-10 中缺少的数据；

（2）根据因素分析法分析 2×24 年与 2×23 年相比，各驱动因素对权益净利率变动的影响程度。

3.A 公司营运资本占总资产的比重为 0.3，留存收益占总资产的比重为 0.08，息税前利润与总资产的比值为 0.18，股票市价与负债账面价值的比值为 1.5，总资产周转率为 0.6。

要求：运用 Z 计分模型，分析企业是否有破产的危机。

4.表 8-11、表 8-12 分别是属于同一行业的 A、B、C 三家公司的资产负债表与利润表的部分项目及数据。

表 8-11　　　　　　　　　　资产负债表部分数据　　　　　　　　　　单位：万元

资产	A公司	B公司	C公司	负债及所有者权益	A公司	B公司	C公司
流动资产	110	150	160	流动负债	50	80	100
存货	80	100	120	长期借款	150	200	270
固定资产	340	300	290	股本	120	130	100
				留存利润	130	40	-20
总计	450	450	450	总计	450	450	450

表 8-12　　　　　　　　　　利润表部分数据　　　　　　　　　　单位：万元

项目	A公司	B公司	C公司
销售收入	250	180	100
利息	40	60	65
税前利润	150	80	5
所得税	50	30	3
税后利润	100	50	2

已知 A 公司的权益资本市场价值为 500 万元，B 公司的权益资本市场价值为 200 万元，C 公司的权益资本市场价值为 90 万元，A、B、C 公司的股本均为 100 万股。

$$Z=1.2X_1+1.4X_2+3.3X_3+0.6X_4+0.999X_5$$

要求：（1）用 Altman 模型计算 A、B、C 公司的 Z 值；

（2）根据 Altman 模型来分析 A、B、C 公司财务情况，预测该企业是否处于财务危机中。

5.A 公司是一个规模较大的跨国公司，目前处于稳定增长状态。2×24 年每股净利润为 23.5 元。根据全球经济预期，长期增长率为 4%，预计该公司的长期增长率与宏观经济相同，为维持每年 4% 的增长率，需要每股股权本年净投资 21.7 元。据估计，该企业的股权资本成本为 11%。

要求：（1）请计算该企业 2×24 年每股股权现金流量和每股股权价值；

（2）如果该股票的市场价值是 25 元，该股票是否具有投资价值？

6. 已知某公司预测期权益资本成本为 8%、债务资本成本为 6%，预测期资本结构为权益资本占 60%、债务资本占 40%，后续期权益资本成本为 7.5%、债务资本成本不变，后续期平均资本结构为权益资本 50%、债务资本成本 50%。该公司前 5 年为预测期，从第 6 年开始进入后续期，增长率为 3%。公司前 6 年的自由现金流量分别为 110 万元、120 万元、130 万元、140 万元、150 万元 和 160 万元。

要求：计算该公司现在的企业价值。

7. B 公司是一家化工企业，其 2×23 年和 2×24 年的财务资料见表 8-13：

表 8-13   B公司有关财务资料   单位：万元

项目	2×23 年	2×24 年
流动资产合计	1 144	1 210
长期投资	0	102
固定资产原值	3 019	3 194
累计折旧	340	360
固定资产净值	2 679	2 834
其他长期资产	160	140
长期资产合计	2 839	3 076
总资产	3 983	4 286
股本（每股 1 元）	3 641	3 877
未分配利润	342	409
所有者权益合计	3 983	4 286
主营业务收入	2 174	2 300
主营业务成本	907	960
主营业务利润	1 267	1 340
销售费用	624	660
其中：折旧	104	110
长期资产摊销	20	20
利润总额	643	680
所得税（30%）	193	204
净利润	450	476
年初未分配利润	234	342
可供分配利润	684	818
股利	342	409
未分配利润	342	409

公司 2×24 年的销售增长率 5.8%，预计今后的销售增长率可稳定在 6% 左右，且资本支出、折旧与摊销、营运资本以及利润等均将与销售同步增长，当前的国库券利率 8%，平均风险溢价 2%，公司的股票 β 值为 1.1。

要求：（1）计算公司 2×24 年的股权自由现金流量；

（2）计算公司 2×25 年初的股票价值；

（3）倘若该股票市场价格为每股 1 元，该股票是否具有投资价值？

练习题
参考答案

第九章

上市公司财务分析

学习目标：1.掌握上市公司财务会计信息的特点；

2.掌握上市公司投资价值分析的主要财务指标及其应用；

3.熟悉上市公司的管理层讨论与分析的内容；

4.了解上市公司盈利预测和业绩预告。

导入案例

在股票市场上买一家上市公司的股票，实际上就是买这家上市公司，该上市公司的经营业绩和未来的现金流量就是股票真正的价码。而这方面最有价值的信息来源就是会计信息，即公司定期、不定期发布的财务报告。"股神"巴菲特就是一个典型的注重基本面分析的积极投资者，他把自己的日常工作概括为"阅读"，而他阅读得最多的就是财务报表。有人对巴菲特1965—2006年的投资业绩进行过统计，发现在此期间巴菲特的财富增长幅度是3 600多倍，是同期美国股市涨幅的55倍。巴菲特的投资理念其实很简单，那就是价值投资。价值投资是一种积极的、理性的投资行为。在价值投资理念的指导下，财务报表的作用就显得尤为重要。巴菲特几乎不用电脑，在他的办公室里最多的就是上市公司的年报（他保存着几乎美国所有上市公司的年报）。曾经有记者问巴菲特："我应该怎么学习股票投资呢？"巴菲特回答说："看上市公司的年报。"记者又问："但美国有那么多家上市公司，上市公司的年报岂不是太多了？"巴菲特就淡淡地告诉他："很简单，按照字母顺序，从第一家公司的年报开始看起。"这也许有些夸张，对常人来说匪夷所思。但巴菲特的确是把他的大部分时间都用来阅读上市公司年报、行业资料等这些基本面的分析资料上。在他进行投资前，他就已经对目标公司的财务报表进行了非常缜密的分析，通过透视财务报告，对公司的内在价值进行评估，并据以指导投资决策。正是因为能透视财务报告，才有巴菲特在股票投资上的巨大成功。

多年来，巴菲特从未出售过其作为董事长的伯克希尔·哈撒韦的任何股票。2024年11月25日，94岁的巴菲特公布后事安排：将其持有的伯克希尔现值约1 480亿美元的20.6363万股A类股（占其全部财富的99.5%）全部捐给家族慈善基金。自2006年承诺将股票捐赠给慈善事业以来，截至2023年巴菲特仅向盖茨慈善基金会就捐赠了550亿美元。美联社称如果巴菲特和他的第一任妻子从未捐赠过伯克希尔的任何股份，那么该家族的财富将接近3 640亿美元——这将让他轻松成为世界首富。

（资料来源：崔刚. 上市公司财务报告解读与案例分析［M］. 北京：人民邮电出版社，2009；周扬. "无意建立家族传承的商业帝国"，巴菲特宣布遗产分配细节［N］. 环球时报，2024-11-27）

案例详细
资料和提示

思考问题：

（1）财务分析对价值投资有什么用？

（2）上市公司投资价值分析光看财报行吗？

上市公司和企业集团都是现代企业组织的高级形式。截至2022年底，在上海、深圳、中国香港、纽约等全球交易所上市的中国上市公司共计6 939家，股票总市值约128万亿元人民币（约18.37万亿美元）。截至2023年底，中国内地上市的公司有5 346家（沪深主板3 208家、创业板1 333家、科创板566家、北交所239家）。截至2024年10月，A股上市公司总数已达到5 372家，总市值约85.16万亿元人民币，股票市值位列美国、欧盟后居全球第三。上市公司基本涵盖了国民经济90个行业大类的"龙头企业"，被称为实体经济的"国之重器"。但与截至2022年6月底全国1.61亿个的市场主体、5 038.9万家的企业相比，上市公司仍是凤毛麟角。因此，上市公司

的财务分析有其特殊性。本章主要介绍上市公司的财务分析问题。

中国的上市公司是自20世纪90年代初以来伴随着国有企业的股份制改革和证券市场的产生发展起来的。随着我国经济体制改革、市场经济建设和对外开放的进程，中国的上市公司从无到有、从少到多、从弱到强，迅速地成长和壮大，目前已成为我国市场经济中最为活跃、现代企业制度较为完善、管理水平较为先进、对各地经济社会发展影响较大的经济组织形式。随着2019年7月22日科创板的开板，标志着我国以主板、中小板、创业板、科创板为场内核心圈，以新三板、股权交易所、券商柜台市场为场外核心圈，以债券、期货、衍生品市场为延伸的境内多层次资本市场体系进一步完善。上市公司作为资本市场的基石，其组织形式、资源配置、资本运作的特殊性决定了上市公司财务报告的特殊性，由于上市公司投资者众多，政府和市场对其信息披露的监管比一般企业更为严格，因此上市公司的财务分析备受广大信息使用者关注，其分析方法也成为分析者必须掌握的技能。

【素养提升】

党的二十大报告指出，要"健全资本市场功能，提高直接融资比重"，"依法规范和引导资本健康发展"。党的二十届三中全会通过的《中共中央关于进一步全面深化改革 推进中国式现代化的决定》提出，完善促进资本市场规范发展基础制度。发展多元股权融资，加快多层次债券市场发展，提高直接融资比重。优化国有金融资本管理体制。健全投资和融资相协调的资本市场功能，防风险、强监管，促进资本市场健康稳定发展。支持长期资金入市。提高上市公司质量，强化上市公司监管和退市制度。建立增强资本市场内在稳定性长效机制。完善大股东、实际控制人行为规范约束机制。完善上市公司分红激励约束机制。健全投资者保护机制。推动区域性股权市场规则对接、标准统一。2024年4月12日，国务院发布了《关于加强监管防范风险推动资本市场高质量发展的若干意见》（新"国九条"），要求推动上市公司提升投资价值，鼓励上市公司聚焦主业，综合运用并购重组、股权激励等方式提高发展质量。财务报表分析在进一步推动资本市场高质量发展、提升上市公司质量方面发挥的作用将越来越大。请同学们谈谈如何通过加强财务报表分析来提升上市公司质量和推动资本市场高质量发展。

第一节　上市公司信息披露概述

一、上市公司财务会计信息的特点

1.上市公司财务信息提供的内容与形式有专门制度规范体系

《会计法》、会计准则和制度是企业财务报告编制的规范体系。上市公司的信息披露除会计准则和制度外另有其专门的法规体系，主要有《公司法》《证券法》，证监会《上市公司信息披露管理办法》（2021年修订），《公开发行证券的公司信息披露编报规则》中有关财务报告的一般规定，《公开发行证券的公司信息披露内容与格式准则》中有关季度报告、半年度报告、年度报告、招股说明书、上市公告书的内容与格式规定，还有证券交易所制定的上市规则和其他信息披露规则等，逐渐形成了一套上市公司信息披露的规范体系，规范了上市公司信息披露的范围、内容与格式，也使得上市公司的财务分析具有系统性与可比性。

2.上市公司的财务信息更详细、更公开公平、更强调时效性

财务报告主要功能在于对外提供和交流财务信息，用于满足投资者、债权人、政府管理部门及内部管理层等信息使用者的需要。由于上市公司股东众多且分散，许多股东除了公司提供的公开信息外几乎没有其他的渠道了解自己所投资的公司了，所以，他们对有关公司经营理财各方面的信息要求更详细。2020年3月1日实施的新《证券法》设置专章规定信息披露问题，证监会修订的《上市公司信息披露管理办法》完善了信息披露的原则、临时报告事项，强调了公司自愿披露问题和董监高等相关主体的责任，明确了控股股东、实际控制人的配合义务。上市公司信息披露文件既包含了大量财务信息还囊括了许多重要的非财务信息。信息披露义务人应当同时向所有投资者公开披露信息，体现公开和公平。在提交信息的时间上也有严格的要求：年度报告应当在每个会计年度结束之日起4个月内，中期报告应当在每个会计年度的上半年结束之日起2个月内，季度报告应当在每个会计年度第3个月、第9个月结束后的1个月内编制完成并在证监会指定的媒体公开披露，第一季度的季度报告的披露时间不得早于上一年度的年度报告。

3.上市公司的财务会计处理手段与方法要比一般企业更规范、更稳健

上市公司作为信息披露义务人，应当真实、准确、完整、及时地披露信息，简明清晰、通俗易懂，不得有虚假记载、误导性陈述或者重大遗漏。根据现行会计制度，上市公司不能高估利润、资产，反而要充分估计可能存在的损失、负债和风险；否则，一旦信息公开，被查出造假或歪曲事实，要受到经济处罚或负刑事责任。

4.上市公司的财务信息应当经注册会计师审计

财务信息涉及公司内部及外部众多集团、个人的利益，为增强公司外部信息使用者对信息真实性、公允性、全面性、合法性的信赖，证监会规定，上市公司年度报告中的财务会计报告应当经符合《证券法》规定的会计师事务所审计。

二、上市公司信息披露文件的种类与内容

（一）上市公司信息披露文件的种类

按照《上市公司信息披露管理办法》的规定，上市公司公开发行股票、交易股票，必须公开披露的信息包括：

（1）招股说明书、募集说明书与上市公告书。

（2）定期报告，包括年度报告、中期报告、季度报告。

（3）临时报告，包括重大事件公告和其他公告。

（二）上市公司信息披露的有关文件的具体内容

1.招股说明书、上市公告书和募集说明书

（1）招股说明书是股份公司在其公开发行的股票经中国证监会注册后，发行人就募股事宜发布的书面通告，包括释义、正文和附件（备查文件及查阅方式）。

招股说明书正文主要内容包括：①概览。其包括公司简介、主营业务、控股股东和实控人简介、公司主要财务数据及财务指标、本次发行情况、资金募集用途、竞争

优势。②本次发行概况。③风险因素。④发行人基本情况。⑤业务和技术。其包括主营业务和主要产品及其变动情况、所处行业情况、在行业中的竞争地位、主要业务情况、各类资产情况、核心技术和研发情况、存货质量控制情况等。⑥同业竞争与关联交易。⑦董事、监事、高管人员与其他核心人员。⑧公司治理。⑨财务会计信息和管理层讨论与分析。其包括财务报表、会计政策、税收和纳税、最近一年重大收购兼并情况、主要财务指标、盈利预测、资产评估情况、财务状况分析、盈利能力分析、现金流量分析、资本性支出分析、股利分配政策。⑩募集资金运用。⑪业务发展目标和规划。⑫其他重要事项。其包括信息披露和投资者服务、重大合同、对外担保、重大诉讼或仲裁、控股股东或实控人最近三年有无重大违法行为等。⑬董事、监事、高级管理人员及有关中介机构声明。

（2）上市公告书是发行人在其公开发行股票在证券交易所挂牌交易日之前三天内向公众公告披露发行与上市有关事项的信息文件。其内容包括：要览、绪言；发行企业概况；股票发行与承销；董事、监事及高管人员持股情况；公司设立情况；关联企业及关联交易；股本结构及大股东持股情况；公司财务会计资料；董事会上市承诺；重要事项揭示；上市推荐意见；备查文件目录。上市公告书的内容应当概括招股说明书的基本内容和公司近期的重要资料，与招股说明书相比，增加了董事会上市承诺、上市推荐人及其意见两个部分。

招股说明书与上市公告书二者不同之处在于：招股说明书的公布标志着股份公司即将上市，可向社会公众发行股票募集股份，而上市公告书的公布则标志着公司已成为上市公司，所以招股说明书在前，上市公告书在后；招股说明书面向股票一级市场，其目的是向社会公众募集资金，而上市公告书则面向股票二级市场，其目的是向社会公众宣布在一级市场发行的股票可以在证券交易所流通交易。

（3）募集说明书是公司公开发行公司债券筹资时提供和公告的。其主要内容包括：①债券发行依据。本次发行的审批文件文号。②本次债券发行的有关机构。③发行概要，包括债券名称、发行总额、期限、利率、还本付息、发行价格、发行方式、发行对象、发行期、认购托管、承销方式、信用级别、担保、重要提示等。④承销方式。⑤认购与托管。⑥债券发行网点。⑦认购人承诺。⑧债券本息兑付办法。⑨发行人基本情况。⑩发行人业务情况。⑪发行人财务情况，包括近三年主要财务数据及财务报表；发行人财务分析报告（包括营运能力、盈利能力、偿债能力和现金流量分析等）。⑫已发行尚未兑付的债券。⑬募集资金用途。⑭担保情况。⑮偿债保证措施。⑯风险与对策。⑰信用评级。⑱法律意见。⑲其他应说明的事项。⑳备查文件。

2.定期报告

（1）季度报告

季度报告应当记载以下内容：①公司基本情况；②主要会计数据和财务指标；③中国证监会规定的其他事项。

（2）中期报告

中期报告即半年度报告，应当记载以下内容：①公司基本情况；②主要会计数据和财务指标；③公司股票、债券发行及变动情况，股东总数，公司前十大股东持股情况，控股股东及实际控制人发生变化的情况；④管理层讨论与分析；⑤报告期内重大诉讼、仲裁等重大事件及对公司的影响；⑥财务会计报告；⑦中国证监会规定的其他事项。

（3）年度报告

年度报告应当记载以下内容：①公司基本情况；②主要会计数据和财务指标；③公司股票、债券发行及变动情况，报告期末股票、债券总额，股东总数，公司前十大股东持股情况；④持股百分之五以上股东、控股股东及实际控制人情况；⑤董事、监事、高级管理人员的任职情况、持股变动情况、年度报酬情况；⑥董事会报告；⑦管理层讨论与分析；⑧报告期内重大事件及对公司的影响；⑨财务会计报告和审计报告全文；⑩中国证监会规定的其他事项。

3.临时报告

依据《上市公司信息披露管理办法》的规定，发生可能对上市公司证券交易价格产生较大影响的重大事件，投资者尚未得知时，上市公司应当立即披露，说明事件的起因、目前的状态和可能产生的影响。所谓"重大事件"包括：

（1）公司的经营方针和经营范围的重大变化；

（2）公司的重大投资行为，公司在一年内购买、出售重大资产超过公司资产总额百分之三十，或者公司营业用主要资产的抵押、质押、出售或报废一次超过该资产的百分之三十；

（3）公司订立重要合同或者从事关联交易，可能对公司的资产、负债、权益和经营成果产生重要影响；

（4）公司发生重大债务和未能清偿到期重大债务的违约情况，或者发生大额赔偿责任；

（5）公司发生重大亏损或者重大损失；

（6）公司生产经营的外部条件发生重大变化；

（7）公司的董事、三分之一以上监事或者经理发生变动；董事长或经理无法履行职责；

（8）持有公司百分之五以上股份的股东或者实际控制人持有股份或者控制公司的情况发生较大变化，公司的实际控制人及其控制的其他企业从事与公司相同或者相似业务的情况发生较大变化；

（9）公司分配股利、增资的计划，公司股权结构的重要变化，公司减资、合并、分立、解散及申请破产的决定；或者依法进入破产程序、被责令关闭；

（10）涉及公司的重大诉讼、仲裁，股东大会、董事会决议被依法撤销或者宣告无效；

（11）公司涉嫌违法违规被有权机关调查，或者受到刑事处罚、重大行政处罚；公司的控股股东、实际控制人、董事、监事、高级管理人员涉嫌违法违纪被有权机关调查或者采取强制措施；

（12）新公布的法律、法规、规章、行业政策可能对公司产生重大影响；

（13）董事会就发行新股或者其他再融资方案、股权激励方案形成相关决议；

（14）法院裁决禁止控股股东转让其所持股份；任一股东所持公司百分之五以上股份被质押、冻结、司法拍卖、托管、设定信托或者被依法限制表决权；

（15）主要资产被查封、扣押、冻结或者被抵押、质押；

（16）主要或者全部业务陷入停顿；

（17）提供重大担保；

（18）获得大额政府补贴等可能对公司资产、负债、权益或者经营成果产生重大影响的额外收益；

（19）变更会计政策、会计估计；

（20）因前期已披露的信息存在差错、未按规定披露或者虚假记载，被有关机关责令改正或者经董事会决定进行更正；

（21）中国证监会规定的其他情形。

同时公开发行公司债券的上市公司，重大事项还应当包括与债券相关的重大事项。上市公司控股子公司、参股公司发生上述规定的重大事件，可能对上市公司证券交易价格产生较大影响的，上市公司也应当履行信息披露义务。

上市公司应当在重大事件最先发生的任一时点，及时履行信息披露义务。公司披露重大事件后，已披露的重大事件出现可能对上市公司证券交易价格产生较大影响的进展或者变化的，应当及时披露进展或者变化情况、可能产生的影响。

临时报告是上市公司持续信息披露义务的重要组成部分。除以上规定的重大事项外，还包括：（1）涉及上市公司的收购、合并、分立、发行股份、回购股份等行为导致上市公司股本总额、股东、实际控制人等发生重大变化的，信息披露义务人应当依法履行报告、公告义务，披露权益变动情况。（2）上市公司应当关注本公司证券的异常交易情况及媒体关于本公司的报道，如果可能对公司证券交易产生重大影响时，公司应当及时向相关各方了解真实情况，必要时应以书面方式问询和解释。（3）公司证券交易被中国证监会或证券交易所认定为异常交易的，上市公司应当及时了解造成证券交易异常波动的因素，并及时披露。

（三）管理层讨论与分析

"管理层讨论与分析"（简称MD&A）是上市公司定期报告（半年报和年报）中管理层对本公司过去经营状况的评价分析以及对公司未来发展趋势的前瞻性判断，是对公司财务报表中所描述的财务状况和经营成果的解释，是对经营中固有风险和不确定性的揭示，同时也是对公司未来发展前景的预期。

管理层讨论与分析是上市公司中期报告和年度报告的重要组成部分。要求上市公司编制"管理层讨论与分析"的目的在于，使公众投资者能够有机会了解管理层自身对公司财务状况和经营成果的分析评价，公司未来一定时期内的计划，及未来发展所面临的机遇、挑战和各种风险。这些信息在财务报表及附注中并没有得到充分揭示，对投资者的投资决策却非常重要。这些信息有利于投资者把握公司未来发展方向，满足其对信息相关性和前瞻性的要求。

管理层讨论与分析信息大多涉及"内部性"较强的定性型软信息，无法对其进行详细的强制规定和有效监控，因此，西方国家的披露原则是强制与自愿相结合，企业可以自主决定如何披露这类信息。我国也基本实行这种原则，如中报和年报中的"管理层讨论与分析"部分，都规定某些管理层讨论与分析信息必须披露，而另一些管理层讨论与分析信息鼓励公司自愿披露。

上市公司"管理层讨论与分析"主要包括以下两部分：

（1）报告期间经营业绩变动的解释

① 概述公司报告期内总体经营情况，列示公司营业收入、营业利润、净利润的同比变动情况，说明引起变动的主要影响因素。公司应当对前期已披露的公司发展战略和经营计划的实现或实施情况、调整情况进行总结，若公司实际经营业绩较曾公开披露过的本年度盈利预测或经营计划低10%以上或高20%以上，应详细说明造成差异的原因。公司可以结合业务发展规模、经营区域、产品等情况，介绍与公司业务相关的宏观经济层面或外部环境的发展现状和变化趋势，以及公司的行业地位或区域市场地位，分析公司存在的主要优势和困难，分析公司经营和盈利能力的连续性和稳定性。

② 分析公司主营业务及其经营状况。公司应当根据自身实际情况，分别按行业、产品或地区说明报告期内公司各主营业务的收入、成本、利润的构成情况和市场占有率情况，并分析其变动情况，若相关数据与以前报告期间相比出现显著变化，应说明原因。若报告期内产品或服务发生重大变化或调整，公司应介绍已推出或宣布推出的新产品及服务，并说明对公司经营及业绩的影响。公司还应当披露向前5名供应商的采购金额合计、前5名客户的销售额合计占年度采购、销售总额的比例。

③ 若报告期内公司各项资产、负债占总资产的比重和各项期间费用、所得税等财务数据同比发生重大变动，应当说明主要影响因素。公司应说明报告期内其主要资产采用的计量属性和计量技术。如主要资产计量属性在报告期内发生重大变化，应当说明原因及对公司财务状况和经营成果的影响。

④ 结合公司现金流量表相关数据，说明公司经营活动、投资活动和筹资活动产生的现金流量的构成情况，若相关数据同比发生重大变动，公司应当分析主要影响因素。若报告期公司经营活动产生的现金流量与净利润产生重大差异，应当解释原因。

⑤ 公司可以根据实际情况对设备利用情况、订单获取情况、产品销售或积压情况、主要技术人员变动情况等与公司经营相关的重要信息进行讨论与分析。

⑥ 公司主要控股企业、参股企业的经营情况及业绩分析。分析本年取得和处置子公司的情况及对公司整体生产经营和业绩的影响。分析单个子公司或参股公司对公司合并经营业绩造成的重大影响及其变动原因。

⑦ 公司控制的特殊目的实体情况。公司存在其控制的特殊目的实体时，应介绍公司的控制权方式和控制权内容，并说明公司从中可以获取的利益和所承担的风险。

（2）企业未来发展的前瞻性信息

① 公司应当结合回顾的情况，分析所处行业的发展趋势及公司面临的市场竞争格局。产生重大影响的，应提供管理层对相关变化的基本判断，详细分析对公司可能的影响及程度。

② 公司应当向投资者提示管理层所关注的未来公司发展机遇和挑战，披露公司发展战略，以及拟开展的新业务、拟开发的新产品、拟投资的新项目等。若公司存在多种业务，还应当说明各项业务的发展规划。同时，公司应当披露新年度的经营计划，包括（但不限于）收入、费用成本计划，新年度的经营目标（如销售额的提升、市场份额的扩大、成本下降、研发计划等），以及为达到上述经营目标拟采取的策略和行动。公司可以编制并披露新年度的盈利预测，该盈利预测必须经过具有证券期货

相关业务资格的会计师事务所审核并发表意见。

③ 公司应当披露为实现未来发展战略所需的资金需求及使用计划，以及资金来源情况，说明维持公司当前业务并完成在建投资项目的资金需求、未来重大的资本支出计划等，包括未来已知的资本支出承诺、合同安排、时间安排等。同时，对公司资金来源的安排、资金成本及使用情况进行说明。公司应当区分债务融资、表外融资、股权融资、衍生产品融资等项目，对公司未来资金来源进行披露。

④ 公司应当遵循重要性原则披露可能对公司未来发展战略和经营目标的实现产生不利影响的所有风险因素（包括宏观政策风险、市场或业务经营风险、财务风险、技术风险等），针对自身特点进行风险揭示，披露的内容应当充分、准确、具体。同时，公司可以根据实际情况，介绍已（或拟）采取的对策和措施，对策和措施应当内容具体，具备可操作性。

第二节　上市公司投资价值分析

一、上市公司投资价值分析概述

站在股东、债权人、公司管理层等利益相关者角度对上市公司进行的一般财务分析，其目标、内容和方法与一般企业大同小异，不外乎财务能力（偿债能力、资金营运能力、盈利能力、发展能力）分析、财务综合分析（经营理财综合分析）、财务风险和财务危机预警分析等。

随着我国资本市场越来越完善，多层次资本市场越来越健全，机构投资者越来越多，上市公司投资者越来越倾向于价值投资而非盲目的跟风炒作，站在潜在投资者角度进行的上市公司投资价值分析，成为对上市公司分析评价的重要内容。

上市公司投资价值分析是一个艰苦的工作，既需要对上市公司进行持续深入的跟踪调查，又需要有很宽的基本面分析，如宏观经济发展大势、公司背景（如成立时间、创立者、所有制性质、公司重大事件等）、所属行业特征及前景（如产业结构、产业增长趋势、产业竞争态势、相关产业分析、相关"概念""题材"证券分析、人才和劳动力需求、政府影响力等），更要对公司治理结构和治理机制、企业家能力、经营管理水平、公司改革和创新能力、公司主营业务（如主要产业主导产品、产品定价、生产类型、公共关系、市场营销等）、公司竞争力、经营财务战略及风险等展开分析，还要征求证券专家、企业管理专家的意见。仅就公司财务分析而言，就要分析比较能够反映公司盈利能力、资金营运能力、偿债能力（资产负债管理能力）、资产结构和质量、成长性等多个方面的起码10余个基本财务指标，如主营业务收入、营业毛利率、净利率、总资产报酬率、净资产收益率、每股收益、总资产周转率、存货周转率、应收账款周转率、资产负债率、流动比率、速动比率、每股净资产、经营现金流、现金股利发放率、市盈率、市净率等。

对于上市公司来说，最重要的财务指标是每股收益、每股净资产和净资产收益率。证券信息机构通常定期公布按照这三项指标的高低排序的上市公司排行榜，可见其重要性。不过，除了这三项指标外，还有一些其他指标诸如市盈率等也经常用到。

视频微课

每股收益、市盈率和每股净资产及其在公司投资价值分析中的作用

它们共同构成了上市公司特有的财务比率体系。计算出财务比率，从财务比率进行分析，可以判断上市公司的盈利能力、经营能力、偿债能力、资金管理能力、发展能力等，体现上市公司的投资价值。下面仅就属于上市公司特有而本教材前面几章没有介绍过的财务比率指标作一介绍。

二、公司投资价值分析的财务指标及应用

（一）每股收益

1.每股收益的概念

每股收益（EPS）也叫每股盈余或每股利润，是证券市场上常见的公司投资价值评价指标之一，通常和净资产收益率共同表达上市公司的获利能力和业绩水平。经营盈利业绩是股票基本面分析的重中之重，衡量公司经营业绩的最主要指标是每股收益及其增长率，所以该指标是评价股票好坏及估算股票市价的一个相当重要的因素。上市公司每股收益越高，其可供股东分配的利润就越多，如果证券市场是完善的，那么此时其股票市价通常也会越高。因此，每股收益指标不仅用于评价公司获利能力，而且往往也是决定股票投资价值的重要指标。

2.每股收益的计算

我国会计准则要求在计算每股收益时，需充分考虑股份变动的时间影响因素后加权计算得出基本每股收益；另外，为了与国际准则相接轨，还要考虑潜在的稀释性股权计算稀释每股收益。2007年，证监会对《公开发行证券的公司信息披露编报规则第9号——净资产收益率和每股收益的计算及披露》进行了修订，要求上市公司在定期报告中应同时披露基本每股收益和稀释每股收益。

（1）基本每股收益

基本每股收益的计算，按照归属于普通股股东的当期净利润除以当期实际发行在外普通股的加权平均数计算确定，考虑的是当期实际发行在外的普通股股份，反映目前的股本结构下的盈利水平。以公式来表示：

$$基本每股收益 = \frac{净利润 - 优先股股利}{发行在外的普通股加权平均股数}$$

$$\frac{发行在外的普通}{股加权平均股数} = \frac{期初发行在}{外普通股股数} + \frac{当期新发行普通股股数 \times 已发行时间}{报告期时间} -$$

$$\frac{当期回购普通股股数 \times 已回购时间}{报告期时间}$$

就上述公式而言，具体加权考虑因素详见表9-1。

表9-1 　　　　　　　　　　**基本每股收益计算时的时间加权因素**

报告期内股本变动的情形		是否需要考虑时间加权因素
股本增加	发行新股	是
	债转股	
	公积金转增股本	否
	股票股利分配	
股本减少	回购股份	是
	缩股	否

【例9-1】某公司2×24年度归属于普通股股东的净利润为25 000万元。2×23年末的发行在外普通股股数为8 000万股，2×24年2月8日，经公司2×23年度股东大会决议，以截至2×23年末公司总股数为基础，向全体股东每10股送红股10股，注册登记变更完成后本公司总股数变为16 000万股。2×24年11月29日发行新股6 000万股。计算该公司2×24年度基本每股收益如下：

基本每股收益=25 000÷〔8 000+8 000+（6 000×1/12）〕

$\qquad\qquad\qquad$ =1.52（元/股）

在上例的计算中，公司2×23年度分配10送10导致总股数增加8 000万股，由于送红股是将公司以前年度的未分配利润对投资者进行分配，并不影响公司的所有者权益，因此新增的这8 000万股不需要按照实际增加的月份加权计算，直接计入分母；而公司发行新股6 000万股，这部分股份由于在2×24年11月底增加，对全年的利润贡献只有1个月，因此应该按照1/12的权数进行加权计算（注：该部分股份也可按照实际增加的天数进行加权计算）。

（2）稀释每股收益

实践中上市公司常常存在一些潜在的可能转化成上市公司股权的工具，如可转换公司债券、认股权证或股票期权等，这些工具有可能在将来的某一时点转化成普通股，从而减少上市公司的每股收益。

稀释每股收益，即假设公司存在的上述可能转化为上市公司股权的工具都在当期全部转换为普通股股份后计算的每股收益。相对于基本每股收益，稀释每股收益充分考虑了潜在普通股对每股收益的稀释作用，以反映公司在未来股本结构下的资本盈利水平。

稀释每股收益的计算需要在基本每股收益的基础上，假设公司所有发行在外的稀释性潜在普通股在当期均已转换为普通股，从而分别调整归属于普通股股东的当期净利润（分子）及发行在外普通股的加权平均数（分母）计算而得的每股收益。

【例9-2】某上市公司2×24年7月1日按面值发行年利率3%的可转换公司债券，面值10 000万元，期限5年，利息每年末支付一次，发行结束1年后可以转换股票，转换价格为每股5元，即每100元债券可转换为1元面值的普通股20股。2×24年该公司归属于普通股股东的净利润为30 000万元，2×24年发行在外普通股加权平均数为40 000万股，债券利息不符合资本化条件，直接计入当期损益，所得税税率为25%。假设不考虑可转换公司债券在负债成分和权益成分之间的分拆，且债券票面利率等于实际利率。

稀释每股收益计算如下：

①基本每股收益=30 000÷40 000=0.75（元/股）

②假设全部转股，所增加的净利润（可转换债券的税后利息）=10 000×3%×6÷12×（1-25%）

$\qquad\qquad\qquad\qquad\qquad\qquad\qquad$ =112.5（万元）

③假设全部转股，所增加的年加权平均普通股股数=10 000÷5×6÷12=1 000（万股）

④增量股的每股收益=112.5÷1 000=0.112 5（元）＜原每股收益0.75元，可转换债券具有稀释作用

⑤稀释每股收益=（30 000+112.5）÷（40 000+1 000）=0.73（元/股）

3.使用每股收益指标进行公司投资价值分析应注意的问题

每股收益指标在资本市场上具有很强的代表性，这一财务指标在不同行业、不同规模的上市公司之间具有较大的可比性，因而在各上市公司之间的业绩比较中应用较为广泛。此指标越大，公司盈利能力越好，股利分配来源越充足，资产增值能力越强。但是该指标的局限性也不容忽视。实际上每股收益指标并不能完全反映上市公司的经营成果，更不能反映公司的财务状况、现金流量。仅仅依赖每股收益指标进行投资，片面、孤立地看待每股收益的变动，可能会对公司的盈利能力及成长性的判断产生偏差。

所以，不能简单地仅从每股收益的大小去分辨公司的优劣，并据此来选取股票。股票只不过是一个份额的概念，不同股票的每股资金含量并不一定相同，这在不同公司以及同一公司的不同时期普遍存在。每股含有的净资产和市价都可能不同，即每股收益仅仅代表的是某年每股的收益情况，基本上不具备延续性，因此不能将它单独作为判断公司成长性的指标。当上市公司分配股票股利或是为了融资选择增发和配股或者发行可转换公司债券时，总股本会发生变化。由前面提到的每股收益的计算公式可以看出，如果总股本发生变化，每股收益会发生相反的变化。所以，这时再纵向比较每股收益的增长率会发现，很多公司没有很高的增长率，甚至是负增长。此外，每股收益并不反映股票内含的风险，特别是在不同行业之间，公司经营和财务风险可能相差很大，这也进一步限制了每股收益在公司之间的比较。

因此，在使用该指标时，一定要结合其他财务信息、非财务信息等相关因素，如公司的净利润增长率、净资产收益率、销售利润率、资产周转率等指标的变化以及公司所处行业的生命周期阶段、行业地位、宏观环境变化等因素的变化，进行综合分析后理性投资。

（二）市盈率

市盈率（P/E 或 PER）也称价格与收益比率、市价盈利比率，是指每股普通股的市场价格与每股收益（EPS）之间的比率。计算公式为：

$$市盈率 = \frac{普通股每股市价}{普通股每股收益}$$

计算时，股价通常取最新收盘价，而EPS方面，若按已公布的上年度EPS计算，称为历史市盈率（historical P/E）；计算预估市盈率所用的EPS预估值，一般采用市场平均预估值，即追踪公司业绩的机构搜集多位分析师的预测所得到的预估平均值或中值。

市盈率是最常用来评估股价水平是否合理的指标之一，对个股、类股及大盘都是很重要的参考指标，是投资者普遍关注的指标。它反映投资者对每元净利润所愿意支付的价格，长线投资者可以从中看出股票投资的翻本期（如一家公司的市盈率是100倍，那么按当前的股价投资就要通过该公司赚100年的净利润才可以收回投资成本），短线投资者则可从中观察到股票价格的高低，可以用来估计股票的投资报酬和风险。在市价确定的情况下，每股收益越高，市盈率越低，投资风险越小。一般来说，应选择市盈率较低的股票，但市盈率长期偏低的股票未必值得选择，因为它可能是不活跃、不被大多数投资者看好的股票，而市场永远是由大众行为决定的，因此，其价格也很难攀升。仅从市盈率高低的横向比较看，高市盈率说明投资者普遍相信该公司未来每股收益将较快成长，公司能获得投资人的看好，具有良好的前景。所以一些成长性较好的公司的市盈率一般要高一些。但也应注意，某种股票的市盈率过高，也意味着该股票的投资风险很大。一般认为市盈率保持在20～30倍之间是正常的，至于股票市盈率究竟在何种水平值得选择，并无绝对标准。

在分析市盈率时，应注意以下几点：（1）该指标不能用于不同行业的公司的比较；（2）当每股收益很小或亏损时，市价不会降低至零，很高的市盈率往往也不能说明任何问题；（3）市盈率受净利润的影响，而净利润受可选择的会计政策的影响，从而使得上市公司间的比较受到限制；（4）市盈率直接受市价影响，市价变动的影响因素很多，短期内投机炒作会使市价上下波动，有时甚至是巨幅变动，因此，市盈率指标的应用，也要结合企业所处行业、企业其他指标等综合考虑，观察其长期发展趋势。

（三）每股净资产

1.每股净资产的概念

每股净资产也称每股账面价值或每股权益、每股净值，反映了每股股票代表的公司净资产价值，是支撑股票市场价格的重要基础。从理论上讲，每股净资产反映了公司中属于股东的资产的价值，在理论上提供了股票的最低价值，故有人把它视为股票的"含金量"，是股票的内在价值。在投资人看来，该指标与每股市价的差额是公司的一种潜力，每股净资产值越大，表明公司每股股票代表的财富和实力越雄厚，通常创造利润的能力和抵御外来因素影响的能力越强。因为市价总是包含了投资者的预期，股票市价高于账面价值（每股净资产）越多，表明投资者认为这个公司越有发展前景。所以该指标是判断公司内在价值最重要的参考指标之一。只要公司的净资产是不断增加的，尤其是每股净资产是不断提升的，则表明公司正处在不断成长之中。相反，如果公司每股净资产不断下降，则公司前景就不妙。

2.每股净资产的计算

每股净资产的计算公式为：

$$每股净资产 = \frac{年末股东权益}{年末普通股股数}$$

也就是，归属于上市公司股东的每股净资产=年度末归属于上市公司股东的所有者权益÷年度末普通股股份总数。

【例9-3】某上市公司2×23年初发行在外的普通股股数为100万股，2×23年4月1日增发15万股，9月1日回购12万股。2×23年年末股东权益为1 232万元，则：

年末普通股股数=100+15-12=103（万股）

每股净资产=1 232÷103=11.96（元/股）

看每股净资产，不能光看其绝对值的大小，还要看资产的质量，这就需要引进一个新的指标——调整后的每股净资产。调整后每股净资产计算公式如下：

$$\frac{调整后}{每股净资产} = (\frac{报告期末}{股东权益} - \frac{3年以上}{应收款项} - \frac{待处理}{资产净损失} - \frac{长期}{待摊费用}) ÷ \frac{报告期末}{普通股股份总数}$$

之所以要对每股净资产进行调整，主要是因为有些上市公司的净资产中含有较大的水分。一些公司由于资产总额中长期收不回来的应收账款、长期待摊费用金额较大，使总资产规模扩大，在负债一定的情况下，净资产的数额也随之扩大。账龄较长的应收账款、长期待摊费用、递延所得税资产的流动性、变现能力都几近于无，因此这些公司虽然有较高的每股净资产，却不能说明财务状况较好。将报告期末股东权益剔除三年以上应收账款、长期待摊费用、待处理资产净损失和递延所得税资产后再计算每股净资产，能挤掉不实资产，使净资产变得更"净"，不但有利于真实反映资产的盈利能力，而且还夯实了股东权益，更真实地反映了股东拥有资产的价值。而且应注意，当一家公司净资产值与经调整后净资产值相差较大，其资产质量和资产盈利能力状况将令人担忧。

3.使用每股净资产指标进行投资价值分析应注意的问题

对于投资者来说，每股净资产是进行投资决策的重要参考依据。利用该指标进行横向和纵向对比，可以衡量公司的发展状况和发展潜力，估计其上市股票或拟上市股票的合理市价，判断股票投资风险的大小。例如在公司性质相同、股票市价相近的条件下，某一公司的每股净资产越高，则公司发展潜力与其股票的投资价值越大，投资者所承担的投资风险越小。但是，也不能一概而论，在市场投机气氛较浓的情况下，每股净资产指标往往不太受重视，投资者特别是短期投资者更注重股票市价的变动，有的公司的股票市价低于其账面价值（每股净资产），投资者会认为这个公司没有前景，从而失去对该公司股票的兴趣；如果市价高于其账面价值，而且差距较大，投资者会认为公司前景良好，有潜力，因而甘愿承担较大的风险购进该公司股票。

（四）市净率

市净率（P/B或PBR）也称市账率，是指上市公司每股股票市价与每股净资产的比值。计算公式为：

$$市净率=\frac{每股市价}{每股净资产}$$

市净率可用于投资价值分析，而且从长期来看，市净率是决定股票市场价格走向的主要依据。通常而言，上市公司每股内含净资产值高而每股市价不高的股票，即市净率越低的股票，其投资价值越高；反之，则其投资价值越小。市净率还是衡量上市公司资产质量的指标，因为每股净资产是股票的账面价值，它是用成本计量的，而每股市价则是指股权资产的现在市场价值，它是证券市场交易的结果。市价高于账面价值时，说明企业资产的质量较好，有发展潜力，反之则资产质量差，没有发展前景。优质股票的市价都超出每股净资产许多，一般说来市净率达到3倍可以树立较好的公司形象。市价低于每股净资产的股票，就像售价低于成本的商品一样，属于"亏损"产品，其价值只能看公司今后是否还有转机，或者经过资产重组能否提高获利能力，否则投资者将处于很大的投资风险当中。在评估高风险公司、资产大量为实物资产的公司的投资价值时特别重视市净率。

（五）与公司投资价值相关的其他比率

1.股本收益率

股本收益率是公司净利润与普通股股本总额之间的比率，用以反映发行在外的普通股股本的获利能力。计算公式为：

$$股本收益率=\frac{净利润}{发行在外的平均普通股股本}\times100\%$$

与净资产收益率相比，股本收益率反映的是股东原始投资额的获利能力，而净资产收益率反映的是股东在公司中拥有的全部投资额的获利能力，包括原始投资产生的盈余留在公司中的那部分投资额。相比较而言，净资产收益率表达获利能力更全面些，因为股东对公司的投资完整地讲，不仅包括原始投资，而且包括盈余留在公司中的那部分相当于再投资的数额。在分析应用中，较好的方法是结合总资产收益率、净资产收益率指标分析股本收益率，而且将不同时期的指标进行比较后了解其获利能力的趋势，不过这种趋势有时会受到股本变动的影响。还需要进行同行业之间的横向比较，以确定其指标的高低。

2.每股净现金流量与每股收益比率

在上市公司，可以用每股经营活动净现金流量与每股收益相比较，即每股净现金流量与每股收益比率，可以反映公司盈利的质量及公司可用于支配的现金数。如果每股收益较高，但每股净现金流量较低，股东就无法期望取得较高的现金股利。并且，如果公司现金总量不足，还有可能导致现金性风险甚至收支性风险。

$$每股净现金流量与每股收益比率=\frac{每股经营活动现金流量净额}{每股收益}\times100\%$$

3.每股股利

每股红利是指上市公司实际发放的普通股现金股利与年末普通股股份总数的比例，反映股东从公司获利中实际分得的那部分投资收益。计算公式为：

$$每股股利=\frac{支付的普通股现金股利总额}{年末发行在外的普通股股数}$$

【例9-4】B公司2×23年年末发行在外的普通股为2 000万股，2×23年共获得净利润2 000万元，董事会决定用其中的1 000万元发放现金股利，则：

每股收益=2 000÷2 000=1（元）

每股股利=1 000÷2 000=0.5（元）

上市公司为达到扩大经营或防范风险等目的，对实现的净利润通常不会全部分派给股东，有时即使获利非常丰厚却出于特殊原因很少进行分配。这样对于那些想要获取股利收入的中小股东而言，无疑是不利的。反之，有时公司当年获利不多，但是公司却用滚存利润支付一定的股利。对于追求股利的中小股东而言，希望每股股利高而且平稳，因为每股股利越高，这部分股东获利就会越多。而对于大股东来说，一般追求的是公司发展后的资本利得，不希望公司支付太多的股利，以免影响公司长远发展。

另外，对于投资者来说，在具体评价一个公司的每股股利时，还应结合每股收益、利润留存率等指标进行综合分析。如果每股收益、利润留存率低，而每股股利较高，则说明公司将大部分利润用于发放股利，可能意味着公司要在下一年度进行再融资；如果每股收益、利润留存率较高，而每股股利也较高，则说明公司当年经营状况好，获利能力较强，发展前景好。

4.股利支付率和留存收益比率

股利支付率是指公司净利润中用以发放现金股利的资金所占的比重；留存收益比

率是公司留存盈利（即净利润-现金股利）与净利润的比率。它们和每股股利指标都反映上市公司当期利润的积累和分配情况。每股股利、股利支付率和留存收益比率主要受公司支付股利的能力（盈利状况、现金状况）和股利分配政策等因素的影响。而盈利状况、现金状况和股利分配政策都是影响上市公司投资价值的重要因素。

$$股利支付率=\frac{每股股利}{每股收益}\times100\%$$

$$留存收益比率=\frac{每股收益-每股股利}{每股收益}\times100\%$$

因此，股利支付率+留存收益比率=1

在公司投资价值分析的实际中，很多投资者常常忽视这两个指标，而把重点放在对股价变动的分析上，把赚取股票差价（资本利得）作为投资的主要回报。其实对一个成熟的公司来说，并不希望股价波动较大，股价的波动很容易引起他人的炒作。对股价波动不大（公司价值稳定）的公司进行投资，小股东追求的投资报酬往往主要来自每期股利（当期收益），而大股东追求的是"放长线钓大鱼"——公司发展后实现的资本利得。

在使用股利支付率和留存收益率这两个指标进行公司投资价值分析时，需要综合考虑一些相关因素。一方面，股利支付率越高、留存收益率越低，发放的股利就相对越多，留存收益越少，对于注重短期利益和当期收益的小股东和潜在小投资者的吸引力越大，也就越有利于在他们心目中树立良好的公司形象和信誉（前提是股利分配不但高而且比较稳定）。如此便形成良好的股利政策信号效应，吸引更多的小投资者，刺激股价上升，并方便了公司的再融资。而另一方面，公司的收益并不等于其现金流量，有的公司每股收益很高，但却没有足够的现金流去满足较高的现金股利分配需求。因此公司为维持高现金股利分配政策可能不得不对外举债维持生产经营，进而增加资金成本，最终会影响公司的未来收益、股东权益和公司的长远发展。而且高股利支付伴随着公司的低积累（留存收益率低），也可能会引起那些真正的价值投资者（如机构投资者）对公司可持续发展的担忧。概而言之，股利支付率（留存收益率）作为公司股利政策的核心，体现了公司的经营方针，也是公司财务管理的三大内容（筹资、投资、利润分配）之一。从公司长远利益考虑，为积累资金扩大经营规模，尤其是处在初创期和发展期的公司，留存收益比率应该大些。没有留存收益的公司，在某种程度上可以说是没有希望的公司。因此，股利支付率和留存收益率都是公司投资价值分析中不可忽视的指标，兹事体大，不可不慎。上市公司确定股利支付率（留存收益率），应当结合公司自身战略发展的需要，并权衡由此带来的利弊得失，以便做出对公司最有利的股利分配政策。同样地，站在投资者的立场上，在分析股利支付率、留存收益率这两个指标时应该结合其他指标，并深入了解上市公司的股利分配政策及其可能后果，透过股利分配的表象看问题，在此基础上做出更加明智的判断和抉择。

大股东与中小股东对股利的诉求有可能会不一致。不同的股利政策会造成他们之间的利益冲突，从而影响共同富裕目标的实现。当然，不能简单地以股利支付与否、支付率的大小作为判别标准。现金股利多，支付率高，可能会对中小股东有利，也可能恰恰相反。

5.股利保障倍数

股利保障倍数是一种安全性指标，可以通过该指标看出净利润减少到什么程度公司仍能按目前水平支付股利。股利保障倍数是股利支付率的倒数。计算公式为：

股利保障倍数=普通股每股收益÷普通股每股股利

【头脑风暴】公司投资价值分析的财务指标中，你认为哪三个指标对分析评价上市公司投资价值最为重要，说出你的理由。

【分组任务】请四组学生分别在事先（上课前）准备，各推选一名同学介绍上市公司投资价值分析中基本面分析的宏观分析、行业（产业）分析和企业分析（二组）内容，应该怎样分析。并小组间相互点评（A–B，B–A；C–D，D–C）。介绍时间各5分钟，点评时间各5分钟。

随堂测9-2

第三节　上市公司盈利预测和业绩预告

分析一个上市公司的情况不仅要看其现状，更重要的是要关注其发展前景。发展前景好的公司将会给股东带来较丰厚的回报。投资者往往根据上市公司的盈利预测报告、公司经营所在的环境、经营行为、产品生命周期及经营管理水平等做出评价和决策。

一、盈利预测和业绩预告的意义

上市公司的盈利预测是专业人员从设定的基准点出发，在一系列假设条件基础上，对上市公司未来时段内的盈利值进行估计的过程，是上市公司对其未来经营活动的财务成果进行的估价和预报。所以，盈利预测的内容是上市公司未来期间的盈利情况。盈利预测是一种短期的关于公司经营情况的测算，其时间期限一般在1年左右。按规定要求，若公司在发行股票或上市会计年度前6个月做出预测，其预测的期限只在1年之内。例如，某公司在3月份做出预测，其预测的年限至年末即可。若公司在发行股票会计年度后6个月做出预测，其预测期限即在1年左右。例如，某公司在9月份编制预测报告，其最长期限截至第二年的12月31日。

从逻辑上讲，盈利预测报告作为招股说明书中"财务会计信息与管理层分析"的一部分，其性质和目的与传统财务会计信息的目的相同，即为信息使用者提供决策有用的信息。另外，盈利预测只是对上市公司未来获利情况的一种推算和估计，是其最近一段时间的奋斗目标。盈利预测既不是公司财务报表中实际实现的利润额，在未来期间也不一定能实现，且预测被限定在一定的时间期限内。显然，它与传统财务会计信息的另一区别是其准确性和可靠性可能较差。

在1993—1994年这两年中，证监会要求初次发行股票的上市公司必须披露公司的盈利预测，将此作为审核上市的指标之一。上市公司不仅在招股说明书和上市公告书中要披露本公司1～3年的盈利预测值，而且在年度报告中也同样要载有对以后年份的盈利预测值。1995—2000年，证监会对上市公司盈利预测披露的内容和形式做出了具体规定，除了公司招股说明书、上市公告书和定期报告中的自愿性盈利预测披露外，2000年深沪两地交易所还首次推出了强制性的上市公司业绩预告制度，在性质上也属于前景性预测。2001年3月6日证监会发布的《公开发行证券公司信息披露内容与格式准则第9号——首次公开发行股票申请文件》，第一次明确核准制新股发行需要报审的材料中，盈利预测可以不用提供。如果发行人和中介机构确信盈利预测可以实现，则可以向投资人披露，否则可以不用披露，由投资人自行分析判断，总之不能误导信息使用者。根据证监会2021年新修订的《上市公司信息披露管理办法》，上市公司预计经营业绩发生亏损或者发生大幅变动的，应当及时进行业绩预告。

业绩预告制度的发展与完善，受到投资者特别是广大中小投资者、业内人士和专家的欢迎、肯定与高度评价。采用在上一定期报告中进行下一定期报告期间业绩预告的做法，及时将股价敏感性信息在第一时间内告知广大投资者，有助于投资者了解公司的发展前景，保证了信息的公平性和投资者的知情权，避免投资的盲目性，减少了风险。也在一定程度上减少了一些人借助散布业绩虚假信息来扰乱市场的现象，可以避免业绩事前向一部分人泄露而给中小投资者造成的不公平。因此，这一制度的推行提高了市场运作的透明度和市场信息获取的公正性。通过业绩预告，监管机关也可以及时掌握公司的最新情况，将一些业绩出现异常变化的公司及早纳入重点监管名单，采取各类监管行动，进行重点监控和持续监管。

二、盈利预测的指标和编制

盈利预测的指标主要有税后利润总额、每股收益和市盈率。这三个指标的具体计算在上面已经介绍，此处就不做具体展开。

一个公司未来的经营状况取决于许多因素，比如经营所需资源的来源和成本、产品销售市场、公司所处行业的竞争状况、同整个经济环境的关系、经营管理方针等，盈利预测报告应该揭示这些重要假设以及做出假设的合理依据，对于很可能出现的重大变化从而严重影响未来盈利的假设还应揭示其敏感程度。

盈利预测的编制依据包括以下几个方面：

（1）公司正常发展速度，即在营业环境、市场状况、生产经营条件及财务状况维持现状的基础上的公司的发展速度。

（2）投入项目可产生的收益。市场的变化要求公司及时调整结构，追加投入，谋求发展，在竞争中占据优势地位。新项目的开发和投入及其使用正是抓住机遇、取得效益的具体反映。所以，公司投入哪些项目、为什么投入这些项目、投入项目开始使用后会带来多少收益等是公司投入项目前必须认真考虑的问题。而公司预测期内投入的项目能否产生效益、产生效益的规模有多大，则是公司在盈利预测中必须说明的内容。

上述两项构成盈利预测的主要编制依据。公司既应按目前条件下的正常发展速度进行盈利预测，又应对预测期内新投入项目可能产生的效益进行预测，一般应视具体情况将两种依据结合使用。但应该注意，前一种依据必须采用准确的历史数据和合理的计算方法，而后一种数据的使用必须有确实可证明投入项目并能产生收益的证据。

此外，《上市公司证券发行管理办法》规定，上市公司披露盈利预测的，利润实现数如未达到盈利预测的百分之八十，除因不可抗力外，其法定代表人、盈利预测审核报告签字注册会计师应当在股东大会及中国证监会指定报刊上公开做出解释并道歉；中国证监会可以对法定代表人处以警告。为避免承担不合理责任，公司在披露盈利预测报告时，应注意以下两个方面：（1）在发生重大变化时，公司管理当局须向报告使用者做出及时通知与说明，或修订预测报告；（2）须对盈利预测报告适用的和不适用的对象与范围做出说明。

三、上市公司业绩预告的规则

业绩预告包含两种方式：一为业绩预告；一为业绩快报。业绩预告主要对当前公司的净利润情况加以预告；业绩快报更为详细一些，披露公司的主要财务数据。上交所和深交所关于业绩预告、业绩快报的披露规则有所不同。

根据上海证券交易所的有关规定，公司预计全年出现亏损、扭亏为盈或者净利润比上一年下降或者上涨50%的情况，应该在本年度结束后的一个月内进行业绩预告。没有上述三种情况，可以不进行年报的预告披露。半年报和季报没有强制规定。按要求，公司如果已经汇总完成财务数据，但因为年报尚未编制完成，可以先行对外披露业绩快报。

根据深圳证券交易所的有关规定，对于主板上市公司，预计报告期内（一季报、半年报、三季报和年报）出现以下情况的，应该进行业绩预告：净利润为负、扭亏为盈、实现盈利并且净利润较上年同期出现增长或者下降50%的情况、期末净资产为负以及年度营业收入低于1 000万元。不存在上述情况的，可以不进行披露。鼓励上市公司在定期报告披露前，主动披露定期报告业绩快报。对于中小板上市公司，公司应在一季度、半年度和三季度报告中披露对年初到下一季报期末的业绩预告。如果公司在一季度出现转盈为亏、净利润比上年同期上涨或者下降50%和扭亏为盈的情况应在不晚于3月31日前发布业绩预告。年度报告预约披露时间在3至4月份的公司，应在2月底之前披露年度业绩快报。鼓励半年度报告预约披露时间在8月份的公司在7月底前披露半年度业绩快报。创业板上市公司未在上一次定期报告中对本报告期进行业绩预告的，应当及时以临时报告的形式披露业绩预告。业绩快报的披露要求与中小板相同。中小板和创业板公司的业绩预告实行强制性披露，全部上市公司均要进行业绩预告。

随堂测9-3

教学案例

某上市公司投资价值分析

本章测评

● ● ● 本章小结

本章讨论了上市公司财务会计信息的特点，介绍了上市公司信息披露文件的种类与内容、管理层讨论与分析；在此基础上重点介绍了上市公司投资价值分析的指标体系及应用；最后介绍了上市公司盈利预测和业绩预告。本章将有助于读者了解上市公司披露的信息与其他企业的差异性，理解上市公司投资价值分析的主要指标和分析方法。本章的重点是上市公司财务会计信息的特点和上市公司投资价值分析的主要指标的分析方法。

● ● ● 进一步学习指南

上市公司作为资本市场的基石，其组织形式、资源配置、资本运作的特殊性决定了上市公司披露信息内容的特殊性。由于上市公司投资者众多、政府和市场对其信息披露的监管更为严格，因此上市公司的财务分析备受广大信息使用者关注。有关上市公司投资价值分析的内容也成为财务分析者和本课程学习者必须掌握的技能。但限于篇幅，本书只能介绍一些有关上市公司披露信息的基本知识和上市公司投资价值分析的主要指标和分析原理，如果读者想对这些问题做更深入的了解和进一步的学习，可以参考其他一些书籍、文献和法规。另外，新的《证券法》2020年刚刚施行，新的《上市公司信息披露管理办法》随后发布，新的《公开发行证券的公司信息披露编报规则》《公开发行证券的公司信息披露内容与格式准则》还没有修订出台，公司上市注册制改革也才起步，上市公司财务报表分析的依据也必将更新，这些都是学习者应该注意的。

●●● 主要阅读文献

1.佩普，希利，伯纳德.运用财务报表进行企业分析与估价［M］.孔宁宁，丁志杰，译.2版.北京：中信出版社，2004.

2.张先治，陈友邦.财务分析［M］.9版.大连：东北财经大学出版社，2019.

3.佩因曼，林小驰，王立彦.财务报表分析与证券定价［M］.3版.北京：北京大学出版社，2013.

4.全国人大常委会，中华人民共和国证券法，2020.

5.中国证券监督管理委员会，上市公司信息披露管理办法，2021.

6.中国证券监督管理委员会，公开发行证券的公司信息披露编报规则第15号——财务报告的一般规定，2014.

7.中国证券监督管理委员会，公开发行证券的公司信息披露编报规则第9号——净资产收益率和每股收益的计算及披露，2010.

8.中国证券监督管理委员会，公开发行证券的公司信息披露内容与格式准则第2号——年度报告的内容与格式（2021年修订），2021.

9.张惠忠.企业财务管理［M］.2版.大连：东北财经大学出版社，2022.

10.张惠忠，裘益政，胡素华.财务报告分析［M］.北京：科学出版社，2017.

11.财政部会计资格评价中心.财务管理［M］.北京：经济科学出版社，2024.

●●● 思考题

1.上市公司财务会计信息与一般企业相比有何特点？

2.上市公司信息披露文件主要有哪些？

3.上市公司"管理层讨论与分析"主要内容有哪些？分析者如何利用好它？

4.简述上市公司投资价值分析中的主要指标及应用。

5.上市公司盈利预测和业绩预告怎么做？

●●● 练习题

1.某股份有限公司本年利润分配及年末股东权益的有关资料见表9-2。

表9-2　　　　　　　　　利润分配及年末股东权益的有关资料　　　　　　　　　单位：万元

项　　目	金额	项　　目	金额
净利润	2 400	股本（每股面值1元）	3 000
加：年初未分配利润	100	资本公积	2 200
可供分配利润	2 500	盈余公积	1 200
减：提取法定盈余公积金	500	未分配利润	600
可供股东分配的利润	2 000		
减：提取任意盈余公积金	300		
已分配普通股股利	1 100		
未分配利润	600	所有者权益合计	7 000

该公司当前股票市场价格为每股10.55元，流通在外的普通股为3 000万股。

要求：（1）计算普通股每股收益；

（2）计算该公司股票当年的市盈率、每股股利、股利支付率；

（3）计算每股净资产。

2.某上市公司年报资料见表9-3。

表9-3　　　　　　　　　　　　某上市公司年报资料

项目	2×22年	2×23年	2×24年
流动比率	2.6	2.5	2.3
速动比率	0.8	0.9	1
应收账款周转率	8.5	9	7.2
销售收入	120	130	140
每股股利	2.50	2.50	2.50
股票获利率	5%	4%	3%
股利支付率	60%	50%	40%
总资产报酬率	12.5%	11.0%	10.4%
权益报酬率（ROE）	16.4%	14.5%	9.0%
经营活动流入流出比	1.2	1.3	1.1
投资活动流入流出比	0.6	0.8	0.7
筹资活动流入流出比	0.7	1.2	0.9
市净率	2.3	2.0	1.8
现金债务总额比	13%	14%	15%
现金股利保障倍数	1.6	1.7	1.9

注：股票获利率是每股股利与股票市价的比率。现金股利保障倍数是指经营活动净现金流量与现金股利支付额之比。

要求：试回答下列问题，并解释原因：

（1）公司股票市价正在上涨还是下跌？

（2）每股盈余正在增加还是减少？

（3）市盈率正在上升还是下跌？

（4）存货在流动资产中占的比率正在上升还是下跌？

（5）股利支付率降低的主要原因是什么？

（6）公司的资产质量以及发展潜力如何？

（7）该公司承担债务的能力是正在增强还是减弱？

（8）支付现金股利的能力是正在增强还是减弱？

练习题
参考答案

第十章

企业财务分析报告

学习目标：1.掌握财务分析报告的基本格式以及撰写中应注意的
　　　　　　问题；
　　　　　2.熟悉财务分析报告的种类；
　　　　　3.了解财务分析报告的作用。

导入案例

时间过得很快，又到年报出炉季，一年前被提拔为福迪公司财务经理的张小姐还有一件大事必须要做，那就是公司财务总监王先生交给她的公司年度财务分析。虽然福迪公司这方面基础工作做得比较好，月度财务报告里都附有一定的分析说明，半年度时更有比较详细的财务分析，并都给投资人、债权人、企业高管层提供了。但一个年度的经营理财的综合分析张小姐以前还没有做过，这次王总监把任务交给她，让她主抓，王总监最后亲自把关，并在召开公司年度财务分析会议的基础上专门组成了王总监任组长、她任副组长的财务分析小组，最终要出具一份有分量的综合分析报告，不仅要反映公司的偿债能力、资金营运能力、盈利能力和发展能力等财务能力的现状和发展趋势，而且要对公司整个经营理财的现状、存在的问题及其原因、下一步的改进对策等做出综合分析，总结过去、评价现在、预测未来，为母公司福启集团公司和本公司管理当局了解本公司一年来的经营理财情况和改进下一步的各方面生产经营和财务管理工作提供参考。张小姐觉得这件事情不仅对集团公司和本公司十分重要，能体现自己作为公司财务经理的能力水平，也赢得王总监和公司高管层的信任，甚至会给集团母公司管理层留下良好印象，于公于私，只能做好，不能做坏，压力很大。所以最近两天，她在网络上找了些财务分析报告的范文，学习了薛云奎教授的"穿透'华谊兄弟'10年财报"的分析报告，全文有9 000多字，令人拍案叫绝。但她想到，这样深度的分析及报告自己做不出来，再说也不大适合像福迪公司这样的中小型企业。怎么办呢？

案例详细
资料和提示

（资料来源：薛云奎．穿透"华谊兄弟"10年财报［EB/OL］．［2018-06-20］．http：//finance. sina.com.cn/stock/s/2018-06-20/doc-ihefphqk04 31318.shtml）

思考问题：

（1）财务分析报告怎样写才好？

（2）财务分析报告只写财务方面的内容吗？

进行财务报表分析最后必须出具分析报告，以反映分析的结果和结论。尤其是半年度和年度财务报告分析后一般需撰写一份综合分析报告。财务分析报告在经济管理工作中应用十分广泛。因此，作为分析者必须学会撰写分析报告，它也是财会人员必不可少的基本功之一。财务分析报告的撰写要结合当前生产经营的情况和财务管理的具体要求，抓住重点、关键问题，然后层层分解，剖析产生问题的本质原因，切忌面面俱到。要定性分析和定量分析相结合，肯定成绩与剖析缺点相结合，分析结论要有确凿的数据作依据，并且做到层次清楚，语言简练。

第一节　财务分析报告的作用

财务分析报告是财务分析主体以财务报告为主要依据，结合其他相关资料，对企业某一时期的经营理财活动进行全面系统分析或专题分析后形成的书面报告。

会计是通过一定的方式向利益相关者提供有用的决策和控制信息的一个信息系

统。财务会计的最终产品是财务报告，然而，企业经营活动是错综复杂的，会计的核算过程也是错综复杂的，财务报告却是抽象的，它只能提供某一方面的总括数字。财务报告信息的使用者往往对会计技术知之甚少或一无所知。为了使财务报告使用者能够清晰地认识和理解财务报告的内容，把报告所记载的数据变成有用的信息，财务报告分析主体通过搜集资料，把相关年度的财务报告和其他核算资料结合起来，通过一系列的数据、指标计算和对比分析，找出各指标形成和变化的原因，从而更清楚地揭示企业经营理财中所存在的问题，并提出相应的合理化对策建议，这个过程就是财务报告分析过程。而财务报告分析过程最终形成的书面成果，就是财务分析报告。

财务分析报告除了能为各种信息需要者提供更加清晰明了的决策和控制信息作为其决策和控制的依据以外，还可以帮助企业进行财务预测，制定出更符合企业实际的财务预算。财务预算应该在对企业所处经济环境进行细致考察、对企业能力进行客观评价、对历史财务资料进行正确计算和分析之后，经过科学的预测得出。所以，财务分析报告的提供是进行财务预测和制定财务预算的基础工作之一。

通过财务分析报告，还可以揭示企业经营理财中存在的问题和不足，并针对问题，提出改进措施，这样使企业经营理财的改善能有的放矢，及时解决，最终达到规避风险、提高效益的目的。

另外，全面系统的综合性财务分析报告，可以作为今后企业进行财务报告动态分析的重要历史参考资料。

所以，财务分析报告的撰写要结合当前生产经营的情况和财务管理的具体要求，抓住重点、关键问题，然后层层分解，抓住问题产生的本质原因，切忌面面俱到。分析结论要有确凿的数据和证据作依据，要定性分析和定量分析相结合，肯定成绩与剖析缺点相结合，层次清楚，语言简练。

拓展阅读

为什么我们写的财务分析报告就是老板桌上的一摞废纸？

第二节 财务分析报告的种类和格式

一、财务分析报告的种类

财务分析报告按分析者处企业单位内外划分，可以分为内部分析报告和外部分析报告。内部分析报告是由企业管理当局或内部人员所撰写的分析报告；外部分析报告主要是由企业现在或潜在的投资者（所有者）、债权人及其他利益相关主体、证券分析机构、专家学者对企业经营财务情况进行分析后撰写的报告。

按编写的时间来划分，可分为两种：一是定期分析报告，二是非定期分析报告。定期分析报告又可以分为每年、每半年、每季、每月甚至每旬、每周报告，具体根据公司管理要求或分析者需要而定。有的公司和分析主体还要进行特定时点的财务报告分析，编写非定期分析报告。

按分析报告的编写内容分，可划分为以下两种：一是全面分析报告，也叫综合性分析报告，二是专题分析报告，也叫专项分析报告。全面分析报告是对企业整体运营及财务情况的分析评价报告；专题分析报告是针对企业或行业经营理财的一部分重要内容或某一专题项目所做的分析报告。

（一）全面分析报告

全面分析报告也叫综合分析报告或系统分析报告，是对某一部门或单位在一定时期的经营理财活动，利用各项主要经济指标做出全面系统的分析后形成的书面分析报告。它在全面分析的基础上，抓住经营理财活动中的关键方面，找出存在的问题，并提出解决问题的建议。全面分析报告能从全局的角度来看问题，主要用于半年度和年度分析。这种分析报告有的叫"财务情况说明书"，有的叫"财务综合分析报告"，上市公司中期报告和年报中的"管理层讨论与分析"也属于此类。

（二）专题分析报告

专题分析报告是针对部门或单位的某一方面的问题或针对某一经营项目而编制的财务分析报告。如企业单位的"资金运用情况分析报告""资产运用效率分析报告""利润分析报告""存货构成情况分析报告""企业主要经济指标执行情况分析报告""成本费用分析报告""销售收入分析报告"等；银行信贷部门关于企业的"信用分析报告""贷款使用情况分析报告""偿债能力分析报告"；税务部门关于企业的"税制执行情况分析报告"；咨询公司关于企业的"财务状况分析报告""投资收益情况分析报告""资信等级评估分析报告"等。

二、财务分析报告的格式

财务分析报告的重点在于分析的过程和内容，要揭示真实的经营理财活动的状况，报告中应该有数据有资料，有分析有判断、有肯定有否定，有发现的问题，还要有解决问题的措施或建议。财务分析报告的具体格式并不是很重要，也没有严格统一的要求，其写法不用千篇一律，但一般来讲，财务分析报告主要包括以下几个组成部分：

视频微课

财务分析报告
的格式

（一）标题

财务分析报告的标题，是分析目的和分析内容的抽象和概括。全面分析报告的标题经常标明财务报告的期间，如"某公司某年度财务分析报告"。有的全面分析报告为了提高标题的可理解性，还可以在标题下加上副标题。对于专题分析报告来说，标题一般是揭示分析的主要问题或内容范围，有时是直接表达分析的建议或意见，如"某公司某期间投资收益情况分析报告"。

（二）开头

财务分析报告的开头多数是概括介绍企业当前的形势、报告的背景，并针对分析的问题用总括数字简要介绍一些基本情况或简要地说明分析的目的。开头应该简明扼要。有时财务分析报告的开头与正文并无明显的界限，也有不要开头直入正题的。

（三）正文

正文部分是财务分析报告的主体部分。首先，按照可比口径计算说明各项主要财务经济指标的完成情况，通过实际与计划或与上年同期、行业水平、国际水平的对比，反映财务经济指标的完成情况和优劣地位；其次，在肯定取得的成绩的同时，总结揭示存在的问题，分析造成变动或出现差距的原因。

正文部分要注意突出中心、突出重点、突出问题的症结所在。只有重点突出的财务分析报告，才能让人读了以后清楚明了地知晓关键问题在哪里。具体写作时，应有重点地总结分析企业取得某一重要成绩的状况和经验，或者有重点地总结分析企业存在的薄弱环节的状况和原因，切忌罗列数据、面面俱到，而又不分析存在的问题，也不寻找产生问题的原因。正文部分的写作还要注意情况具体、分析深入、结论公正，既不虚构或夸大成绩，也不掩饰或缩小问题，要能对企业的经营活动和财务情况做一个客观、真实的描述和评价。

另外，正文部分在说明情况、分析问题时要注意形式的多样化，可以直接用数字对比说明，可以用表格和图形的形式，也可以用文字说明，也可将上述形式综合起来。哪一种形式更有助于说明现状、更清晰地表现问题，就采用哪一种形式。

（四）结尾

财务分析报告的结尾，主要是针对存在的问题提出针对性强、具有可操作性的改进意见、措施或建议，目的是改善经营管理和财务情况，提高经济效益。最后，还应有分析单位或个人署名和报告日期。

随堂测 10-1

第三节　撰写企业财务分析报告需注意的问题

一、要突出重点，忌泛泛而谈

财务分析报告重在总结情况、揭露问题，查找原因，提出建议。所以分析内容应当突出当期经营理财情况的重点，抓住问题的本质，找出影响当期指标变动的主要因素，重点剖析造成指标较大变化的主客观原因。这样才能客观、正确地评价分析企业当期的经营财务情况，预测经营财务活动发展走势，从而有针对性地提出整改建议和措施。

二、要深入剖析，忌浅尝辄止

我们知道，有时候表面良好的指标背后可能会隐藏着个别严重的缺点、漏洞和隐患，这就要求我们既不能被表面现象所迷惑，又不能就事论事，而要善于深入调查研究，善于捕捉事物发展变化过程中偶然现象中的必然规律，抱着实事求是的态度，克服"先入为主"的思想，通过对现有大量详细资料的反复推敲、印证，去粗取精，去伪存真，以得出对企业财务情况客观、公正的评价。如，仅指标的对比口径上，就要深入调查核实，分析其计价、标准、时间、构成、内容等是否具有可比性，没有可比性的指标之间的对比只能扭曲事物的本来面目，甚至会误导报告使用者。

三、要通俗易懂，忌过于专业

撰写财务分析报告时，首先要清楚地知道报告阅读的对象主要是投资者、债权人还是管理高层或上级部门，是企业单位还是个人。财务分析报告主要是服务于改善企业内部经济管理，提高经济运行质量，为领导当参谋、让群众明家底或为广大的股东、债权人进行投资决策提供信息依据，所以财务分析报告应尽量淡化专业性，少用专业术语，多用大众词汇，做到直截了当、简明扼要、明白晓畅、通俗易懂。

四、要坚持定期提供与日常提供相结合的原则

年度、季度、月度的财务报表分析固然重要，但随着财务决策和控制对信息及时性要求的不断提高，要求分析者能够更及时地分析企业日常的财务状况、获利能力、资产管理能力及未来发展趋势，甚至要求对财务情况进行实时动态跟踪分析，因此，在注重定期提供财务分析报告的同时，也要重视提供日常的临时性分析报告。

五、要注重财务分析报告通用性和专用性的结合

企业财务报告分析主要从各种基本财务报表着手，对企业各期的财务经济指标进行分析，编制财务情况说明书这样的全面分析报告。但从效果上看，这种在事先缺乏与阅读对象沟通，缺乏对主要财务经营事项进行有的放矢的专题分析的面面俱到无法突出重点的通用性财务分析报告，实际作用有限。在实际工作中，根据不同信息需要者的不同需要针对某一范围或某一事项的有的放矢的专题分析，往往更有实用性。因此，企业财务分析报告应围绕企业领导和职工、外部的利益相关者最关心的热点问题和实际工作中遇到的新问题来展开，按需供应，传递对领导和各种利益相关者决策和控制有用的信息，切实发挥最大效用。

【分组任务】请四组学生分别在事先（上课前）准备，各推选一名同学介绍撰写企业财务分析报告需注意的问题（第四组将最后两点合在一起讲）。并小组间相互点评（A–B，B–A；C–D，D–C）。介绍时间各5分钟，点评时间各5分钟。

范文链接：

某公司财务分析报告

一、总体评述

（一）总体财务绩效水平

根据×××公司公开发布的数据，运用×××系统和×××分析方法对其进行综合分析，我们认为×××公司本期财务状况和经营成果比去年同期有大幅好转和提升。

（二）公司分项绩效水平

项目：×××××××

公司评价：×××××××××

二、财务报表分析

（一）资产负债表分析

1.企业自身资产状况及资产变化说明：

公司本期的资产比去年同期增长××%。资产的变化中固定资产增长最多，为××万元。企业将资金的重点向固定资产方向转移，应该随时注意企业的生产规模、产品结构的变化，这种变化不但决定了企业的收益能力和发展潜力，也决定了企业的生产经营形式，因此，建议投资者对其变化进行动态跟踪与研究。

流动资产中，存货资产的比重最大，占××%；信用资产的比重次之，占××%。

流动资产的增长幅度为××%。在流动资产各项目变化中，货币类资产和短期投资类资产的增长幅度大于流动资产的增长幅度，说明企业应对市场变化的能力将增强；信用类资产的增长幅度明显大于流动资产的增长，说明企业的贷款回收不够理想，企

业受第三者的制约增强,企业应该加强货款的回收工作;存货类资产的增长幅度明显小于流动资产的增长,说明企业存货占用资金减少,市场风险变小,企业在加强存货管理和销售工作方面取得了成效。总之,企业的支付能力和应对市场变化的能力一般。

2.企业自身负债及所有者权益状况及变化说明:

从负债与所有者权益占总资产比重看,企业的流动负债比率为××%,长期负债和所有者权益的比率为××%。说明企业资金结构处于正常的水平。

企业负债和所有者权益的变化中,流动负债减少××%,长期负债减少××%,股东权益增长××%。

流动负债的下降幅度为××%,营业环节流动负债的变化引起流动负债的下降,主要是应付账款的降低导致的。

本期和上期的长期负债占结构性负债(注:结构性负债即长期负债与所有者权益之和)的比率分别为××%和××%,该项数据比去年有所降低,说明企业的长期负债比例有所降低;盈余公积在结构性负债中的比重提高,说明企业有强烈的留利增强经营实力的愿望;未分配利润比去年增长了××%,表明企业当年增加了一定的盈余。未分配利润占结构性负债的比重比去年也有所提高,说明企业筹资和应对风险的能力比去年有所提高。总体上,企业长期和短期的负债融资活动比去年有所减弱,企业是以所有者权益资金为主来开展经营性活动,固定性的资金成本相对比较低。

(二)利润表分析

利润表主要财务数据和指标见表10-1。

表10-1　　　　　　　　　　　　利润表主要财务数据和指标

项目	当期数据	上期数据
主营业务收入		
主营业务成本		
销售费用		
主营业务利润		
其他业务利润		
管理费用		
财务费用		
营业利润		
营业外收支净额		
利润总额		
所得税		
净利润		
毛利率(%)		
净利率(%)		
成本费用利润率(%)		
净收益营运指数		

1.利润分析

（1）利润构成情况

本期公司实现利润总额××万元。其中，经营性利润××万元，占利润总额××%；营业外收支业务净额××万元，占利润总额××%。

（2）利润增长情况

本期公司实现利润总额××万元，较上年同期增长××%。其中，营业利润比上年同期增长××%，增加利润总额××万元；营业外收支净额比去年同期降低××%，减少营业外收支净额××万元。

2.收入分析

本期公司实现主营业务收入××万元，与去年同期相比增长××%，说明公司业务规模处于较快发展阶段，产品与服务的竞争力强，市场推广工作成绩好，公司业务规模扩大较快。

3.成本费用分析

（1）成本费用构成情况

本期公司发生成本费用共计××万元。其中，主营业务成本××万元，占成本费用总额××%；销售费用××万元，占成本费用总额××%；管理费用××万元，占成本费用总额××%；财务费用××万元，占成本费用总额××%。

（2）成本费用增长情况

本期公司成本费用总额比去年同期增加××万元，增长××%；主营业务成本比去年同期增加××万元，增长××%；销售费用比去年同期减少××万元，降低××%；管理费用比去年同期增加××万元，增长××%；财务费用比去年同期减少××万元，降低××%。

4.利润增长因素分析

本期利润总额比上年同期增加××万元。其中，主营业务收入比上年同期增加带来利润××万元，主营业务成本比上年同期减少带来利润××万元，销售费用比上年同期增加带来利润-××万元，管理费用比上年同期减少带来利润××万元，财务费用比上年同期增加带来利润-××万元，投资收益比上年同期减少带来利润-××万元，营业外收支净额比上年同期减少带来利润-××万元。

本期公司利润总额增长率为××%，公司在产品与服务的获利能力和公司整体的成本费用控制等方面都取得了很大的成绩。提请分析者予以高度重视，因为公司利润积累的提高有利于公司壮大自身实力，为将来迅速发展打下坚实的基础。

5.经营成果总体评价

（1）产品综合获利能力评价

本期公司产品综合毛利率为××%，综合净利率为××%，成本费用利润率为××%。分别比上年同期提高了××%、××%和××%，说明公司获利能力处于较快发展阶段，本期公司在产品结构调整和新产品开发方面，以及提高公司经营管理水平方面都取得了相当的进步，公司获利能力在本期获得较大提高。

（2）收益质量评价

净收益营运指数是反映企业收益质量、衡量风险的指标。（注：它是指经营净收益与全部净收益的比值。通过与该指标的历史数据比较和行业平均数据比较，可以考察一个公司的收益质量情况）。本期公司净收益营运指数为××，比上年同期提高了××%，说明公司收益质量变化不大。只有经营性收益才是可靠的、可持续的，因此未来公司应尽可能提高经营性收益在全部净收益中的比重。

（3）利润协调性评价

公司与上年同期相比主营业务利润增长率为××%，其中，主营业务收入增长率为××%，主营业务成本增长率为××%，说明公司综合成本率有所下降，毛利贡献率有所提高，成本与收入协调性很好，未来公司应尽可能保持对企业成本的控制水平；销售费用增长率为-××%，说明公司销售费用率有所下降，销售费用与收入协调性很好，未来公司应尽可能保持对企业销售费用的控制水平；管理费用增长率为××%，说明公司管理费用率有所下降，管理费用与利润协调性很好，未来公司应尽可能保持对企业管理费用的控制水平；财务费用增长率为-××%，说明公司财务费用率有所下降，财务费用与利润协调性很好，未来公司应尽可能保持对企业财务费用的控制水平。

（三）现金流量表分析

现金流量表主要财务数据和指标见表10-2。

表10-2　　　　　　　　　　　　　现金流量表主要财务数据和指标

项目	当期数据	上期数据	增长情况（%）
经营活动产生的现金流入量			
投资活动产生的现金流入量			
筹资活动产生的现金流入量			
总现金流入量			
经营活动产生的现金流出量			
投资活动产生的现金流出量			
筹资活动产生的现金流出量			
总现金流出量			
现金流量净额			

1.现金流量结构分析

（1）现金流入结构分析

本期公司实现现金总流入××万元，其中，经营活动产生的现金流入为××万元，占总现金流入的比例为××%；投资活动产生的现金流入为××万元，占总现金流入的比例为××%；筹资活动产生的现金流入为××万元，占总现金流入的比例为××%。

（2）现金流出结构分析

本期公司实现现金总流出××万元，其中，经营活动产生的现金流出为××万元，占总现金流出的比例为××%；投资活动产生的现金流出为××万元，占总现金流出的比例为××%；筹资活动产生的现金流出为××万元，占总现金流出的比例为××%。

2.现金流动性分析

（1）现金流入负债比

现金流入负债比是反映企业由主业经营产生的现金偿还短期债务的能力的指标。该指标越大，偿债能力越强。本期公司现金流入负债比为××，较上年同期大幅提高，说明公司现金流动性大幅增强，现金支付能力快速提高，债权人权益的现金保障程度大幅提高，有利于公司的持续发展。

(2) 全部资产现金回收率

全部资产现金回收率是反映企业将资产迅速转变为现金的能力。本期公司全部资产现金回收率为××%，较上年同期小幅提高，说明公司将全部资产以现金形式收回的能力稳步提高，现金流动性小幅增强，有利于公司的持续发展。

三、财务绩效评价

(一) 偿债能力分析

偿债能力相关财务指标见表10-3。

表10-3　　　　　　　　　　　偿债能力相关财务指标

项目	当期数据	上期数据	增长情况 (%)
流动比率			
速动比率			
资产负债率 (%)			
有形净值债务率 (%)			
现金流入负债比			
综合分数			

企业的偿债能力是指企业用其资产偿还长短期债务的能力。企业有无支付现金的能力和偿还债务能力，是企业能否健康生存和发展的关键。公司本期偿债能力综合分数为××，较上年同期提高××%，说明公司偿债能力较上年同期大幅提高，本期公司在流动资产与流动负债以及资本结构的管理水平方面都取得了极大的成绩。企业资产变现能力在本期大幅提高，为将来公司持续健康发展，降低公司债务风险打下了坚实的基础。从行业内部看，公司偿债能力极强，在行业中处于低债务风险水平，债权人权益与所有者权益承担的风险都非常小。在偿债能力中，现金流入负债比和有形净值债务率的变动，是引起偿债能力变化的主要指标。

(二) 资产经营效率 (资金营运能力) 分析

资金营运能力相关财务指标见表10-4。

表10-4　　　　　　　　　　　资金营运能力相关财务指标

项目	当期数据	上期数据	增长情况 (%)
应收账款周转率			
存货周转率			
营业周期 (天)			
流动资产周转率			
总资产周转率			
综合分数			

分析企业的资金营运能力 (资产经营效率)，是判定企业能否利用资金创造更多利润的一种手段，如果企业的资产经营效率不高，那么企业的高利润状态是难以持久的。公司本期资产经营效率综合分数为××，较上年同期提高××%，说明公司资产经

营效率处于较快提高阶段，本期公司在市场开拓与提高公司资产管理水平方面都取得了很大的成绩，公司经营效率在本期获得较大提高。提请分析者予以重视，公司资产经营效率的较大提高为将来降低成本，创造更好的经济效益，降低经营风险开创了良好的局面。从行业内部看，公司资产经营效率远高于行业平均水平，公司在市场开拓与提高公司资产管理水平方面在行业中都处于领先的地位，未来在行业中应尽可能保持这种优势。在资产经营效率中，应收账款周转率和流动资产周转率的变动，是引起资产经营效率变化的主要指标。

（三）盈利能力分析

盈利能力相关财务指标见表10-5。

表10-5　　　　　　　　　　　　　　盈利能力相关财务指标

项目	当期数据	上期数据	增长情况（%）
总资产报酬率（%）			
净资产收益率（%）			
毛利率（%）			
营业利润率（%）			
主营业务利润率（%）			
净利润率（%）			
成本费用利润率（%）			
综合分数			

企业的盈利能力主要反映企业经营业务创造利润的能力。公司本期盈利能力综合分数为××，较上年同期提高××%，说明公司盈利能力处于高速发展阶段，本期公司在优化产品结构和控制成本费用方面都取得了很大进步，公司盈利能力在本期获得极大提高。提请分析者予以高度重视，因为盈利能力的极大提高为公司将来迅速发展壮大，创造更好的经济效益打下了坚实的基础。从行业内部看，公司盈利能力远高于行业平均水平，公司提供的产品与服务在市场上竞争力很强，未来在行业中应尽可能保持这种优势。在盈利能力中，成本费用利润率和总资产报酬率的变动，是引起盈利能力变化的主要指标。

（四）企业发展能力分析

企业发展能力相关财务指标见表10-6。

表10-6　　　　　　　　　　　　　　企业发展能力相关财务指标

项目	当期数据	上期数据	增长情况（%）
主营业务收入增长率（%）			
净利润增长率（%）			
流动资产增长率（%）			
总资产增长率（%）			
可持续增长率（%）			
综合分数			

企业为了生存和竞争需要不断发展，通过对企业的成长性分析我们可以预测企业未来经营状况的发展趋势。公司本期发展能力综合分数为××，较上年同期提高××%，说明公司发展能力处于高速发展阶段，本期公司在扩大市场需求，提高经济效益以及增加公司资产方面都取得了极大的进步，公司表现出非常优秀的成长性。提请分析者予以高度重视，未来公司继续维持目前增长态势的概率很大。从行业内部看，公司发展能力在行业中处于一般水平，本期公司在扩大市场，提高经济效益以及增加公司资产方面都略好于行业平均水平，未来在行业中应尽全力扩大这种优势。在发展能力中，净利润增长率和可持续增长率的变动，是引起增长率变化的主要指标。

四、公司经营财务方面存在的问题和改进建议

××××××××××××××

××××××××××××××

（资料来源：根据2008年4月21日咨询百科频道·报告在线的资料整理）

【头脑风暴】讨论薛云奎教授"穿透'华谊兄弟'10年财报"的分析报告好在哪里，一般企业撰写财务分析报告时应该怎样合理地加以借鉴。

教学案例

某上市公司年报中的"管理层讨论与分析"给撰写财务分析报告的启发

本章测评

●●● 本章小结

本章首先讲述了企业财务分析报告的概念及作用。在此基础上重点讨论了财务分析报告的种类及其构成内容。最后介绍了财务分析报告的基本格式和编制时需要注意的问题。最后给出了一个财务分析报告的范文。本章的重点是财务分析报告的基本格式以及撰写中应注意的问题。

●●● 进一步学习指南

进行财务报表分析最后必须出具分析报告，以反映分析的结果和结论。尤其是半年度和年度财务报表分析后一般需撰写一份综合性的财务分析报告。财务分析报告在经济管理工作中的应用十分广泛。因此，财务报告分析者必须学会撰写分析报告的本领，它也是财会人员必不可少的基本功之一。本章主要讨论了财务分析报告及其撰写问题，有兴趣的读者想对此问题做进一步深入的学习和了解，可以阅读以下文献。

●●● 主要阅读文献

1.张先治，陈友邦. 财务分析［M］. 9版. 大连：东北财经大学出版社，2019.

2.赵秀芳，胡素华. 财务分析［M］. 4版. 大连：大连理工大学出版社，2018.

3.于林平. 如何撰写企业财务分析报告［J］. 中国外资，2020（6）.

4.张惠忠，裘益政，胡素华. 财务报告分析［M］. 北京：科学出版社，2017.

●●● 思考题

1.财务分析报告有哪些种类？

2.一份综合性的财务分析报告的基本内容应包括哪些？

3.撰写财务分析报告时要注意哪些问题？

附录

思政课堂

公司股利分配与分析和共同富裕

1. 课程思政目标

共同富裕是社会主义的本质要求，是人民群众的共同期盼，是中央坚持以人民为中心的发展思想对高质量发展所做的重大战略部署。本课程思政将以共同富裕思想内核为引领，通过具体的财务报表分析内容，培养学生的责任感和使命感，做一个有品格、善专业、重追求的人，为实现共同富裕贡献力量和智慧。利用学习材料中关于公司利润分配的分析和共同富裕所体现的专业课程知识和思想，引导学习"财务报表分析"课程的学生思考财会专业学习和工作中需要结合党和国家大政方针政策进行理论和实践创新的内容，让学生在学习"财务报表分析"课程的同时接受社会主义核心价值观和专业伦理思政教育，从而实现把自己塑造成为优秀的财会专业人才的目的。

2. 教学教育方法

（1）老师布置、启发、引导；
（2）学生分析研究（课外）；
（3）小组讨论（课外）汇报（部分课内）；
（4）写出学习报告（课外）；
（5）老师总结提高；
（6）事后，收集学生学习成果数据，不断反思并改进课程思政教学教育。

3. 课程思政材料

党的十九届五中全会对扎实推动共同富裕做了重大战略部署。习近平总书记在2021年8月17日主持召开的中央财经委员会会议上强调，共同富裕是社会主义的本质要求，是中国式现代化的重要特征，要坚持以人民为中心的发展思想，在高质量发展中促进共同富裕。此次会议强调，共同富裕是全体人民的富裕，是人民群众物质生活和精神生活都富裕，不是少数人的富裕，也不是整齐划一的平均主义。要分阶段促进共同富裕。尽力而为量力而行，建立科学的公共政策体系，形成人人享有的合理分配格局。要正确处理效率和公平的关系，构建初次分配、再分配、三次分配协调配套的基础性制度安排。要整顿收入分配秩序，加强对高收入的规范和调节，依法保护合法收入，清理规范不合理收入，鼓励高收入人群和企业更多地回报社会。

习近平总书记在党的二十大报告中指出，分配制度是促进共同富裕的基础性制度。坚持按劳分配为主体、多种分配方式并存，构建初次分配、再分配、第三次分配协调配套的制度体系。努力提高居民收入在国民收入分配中的比重，提高劳动报酬在初次分配中的比重。坚持多劳多得，鼓励勤劳致富，促进机会公平，增加低收入者收入，扩大中等收入群体。完善按要素分配政策制度，探索多种渠道增加中低收入群众要素收入，多渠道增加城乡居民财产性收入。

要实现共同富裕，就要探索有利于推进共同富裕的体制和机制，在全国做示范推广。因为浙江省推进共同富裕的基础条件非常好，城乡区域发展差距和收入差距都较小，城乡基本公共服务的统筹做得很好，中等收入群体在全国比例最高（占60%左右），已经初步形成橄榄型社会分配结构，在全国都具有代表性，因此2021年6月10日，中共中央、国务院发布《关于支持浙江高质量发展建设共同富裕示范区的意见》（以下简称《意见》），明确提出将通过改革在浙江率先形成促进共同富裕的目标体系、工作体系、政策体系和评价体系，为全国其他地方促进共同富裕探索路径、积累经验、提供示范。2022年2月初，浙江省委召开高质量发展建设共同富裕示范区推进大会，部署推进2022年的重点任务。党的二十大全面贯彻习近平新时代中国特色社会主义思想，描绘了中国未来发展的宏伟蓝图，提出"共同富裕是中国特色社会主义的本质要求，也是一个长期的历史过程。我们坚持把实现人民对美好生活的向往作为现代化建设的出发点和落脚点，着力维护和促进社会公平正义，着力促进全体人民共同富裕"。中国式现代化是全体人民共同富裕的现代化。

共同富裕作为一场深刻社会变革，浙江将率先探索建设共同富裕美好社会。《浙江高质量发展建设共同富裕示范区实施方案（2021—2025年）》提出，到2025年率先基本建立推动共同富裕的体制、机制和政策框架，率先基本形成更富活力、创新力、竞争力的高质量发展模式，率先基本形成以中等收入群体为主体的橄榄型社会结构，率先基本实现人的全生命周期公共服务优质共享。实现共同富裕最重要的前提是高质量发展，嘉兴在《深化城乡统筹推动高质量发展 建设共同富裕示范区的典范城市行动方案（2021—2025年）》中提出，通过不断深化改革，逐步消除造成城乡差距、区域差距、收入差距的体制性、政策性障碍，成为加快打造共同富裕的先行地。

实现共同富裕不仅是经济问题。根据《意见》，浙江省共同富裕示范区除了城乡区域协调发展引领区、高质量发展高品质生活先行区、文明和谐美丽家园展示区等三大战略定位外，还有收入分配制度改革试验区这一战略定位。

在公司财务分析的所有者权益变动表分析中，涉及盈余公积、未分配利润变动情况的分析，尤其是在上市公司财务分析中更涉及用每股红利、股利支付率、股利保障倍数、留存盈利比率等指标反映、评价公司利润分配情况的内容。不管是对公司留存收益（盈余公积和未分配利润）变动情况的分析，还是对公司股利分配情况的分析，实际上都是对公司整个利润分配活动的分析，分析净利润在公司（留存收益）和所有者（股利）之间以及盈余公积和未分配利润之间的分配情况及变动状况，确定各主要分配渠道分配额的增减变动幅度、变动趋势、分配结构是否合理合法。因此，公司利润分配政策决定了流向所有者和留存公司以图再投资的资金数量，分配政策直接影响公司的市场价值、筹资能力及公司未来的成长性。而且，还会影响到与公司有利害关系的各方的利益。正确地组织利润分配，兼顾不同方面的利益，处理好投资者近期利益与公司长远发展之间的关系，确保利润分配政策与筹资、投资策略相互协调，建立利润分配的激励约束机制，不仅是公司财务管理的一项重要内容，也是公司成长与发展的重要财务基础之一，更是与共同富裕密切相关的一项重要微观性制度安排。

众所周知，在公司利润分配中，大股东和小股东的想法和要求是不同的，为此，为正确处理公司与投资者之间、投资者相互之间的利益分配关系，实现共同富裕的目标，公司在进行利润分配及其分析时应遵循以下原则，这些原则也是体现公司利润分配质量的标准。

（1）合乎法规原则。公司在进行利润分配时，必须根据有关法规和公司章程的规定，合法分配，不得违反。

（2）利益兼顾原则。利润分配政策的合理与否，直接影响投资人（所有者）与公司之间、公司所有者与债权人之间、所有者与所有者之间的经济利益。因此，公司利润分配要协调好近期利益与长远利益、整体利益和局部利益的关系，合理确定留存收益和分配给投资者的利润的比例。首先，在分配中不能侵蚀资本。其次，保护好债权人的利益。最后，协调好大股东与中小股东的利益关系。

（3）积累优先原则。公司在进行利润分配时，应正确处理长远利益和近期利益的关系，多考虑未来可持续发展需要，增强公司发展后劲，尽可能适当留存部分利润作为积累。尤其是当公司处在扩张期的时候，更应如此。这样既有利于增加投资人的长期回报，也使利润分配真正成为促进公司发展、实现股东共同富裕的有效手段。

（4）公平公正原则。利润分配的合理与否是利益机制最终能否持续发挥作用的关键。在分配利润时，不仅应体现"谁投资谁收益"、收益大小与投资比例相适应的原则，即投资与收益对等原则，坚持公开、公平、公正，实行同股同利，不偏袒一方投资者，而损害其他投资者的利益，而且要注重保护中小股东的利益。

（5）均衡分配原则。企业在分配利润时，应充分考虑到不同时期利润波动的可能性，做到量入为出，以丰补歉，均衡分配，并尽可能地保持稳定的利润分配政策，使投资人从公司稳定的投资回报中，树立起对公司的信心，改善公司形象，提升公司价值。

相对而言，在成熟的资本市场中，上市公司按期分红是普遍惯例，分红则是投资者分享公司成长的重要方式。我国上市公司原来发放现金股利很少，2010年前后，证监会开始重视上市公司分红问题，沪深交易所甚至宣布有权介入上市公司分红问题，对于分红比例高于50%、现金红利和净资产比例超过一年期定期存款利率的上市公司，将给予激励措施，包括为其开启市场准入绿色通道。2012年证监会发出了《关于进一步落实上市公司现金分红有关事项的通知》；2013年11月证监会出台了《上市公司监管指引第3号——上市公司现金分红》，上海、深圳证交所发布了《上市公司现金分红指引》；2015年8月证监会与财政部、国资委、银监会发出《关于鼓励上市公司兼并重组、现金分红及回购股份的通知》；2017年《证券法》修订增加了上市公司现金分红制度，在尊重公司的前提下，要求上市公司在章程中明确现金分红的具体安排和决策程序，这一系列督促上市公司回报股东、积极鼓励公司现金分红的文件发布和一系列措施实施后，上市公司分红情况得到不断改善，为投资者提供了分享经济增长成果的机会。

从2007年至2016年10个财务年度，不考虑红股，A股市场有195家公司不曾进行过现金分红，如果考虑到2008年以前A股市场只有1 494家公司，这些"铁公鸡"的占比达到13.25%，其中有46家公司10年间实现整体盈利、期末拥有正的未分配利润，拥有一定分红能力，却还是选择不分红。以2016年年报为节点，自上市以来一直未分红的上市公司共有32家，其中，有2家公司（金杯汽车和中毅达）未分红年限达25年，各有1家公司24年（*ST紫学）、23年（中国天楹）不分红，13家公司21年不分红，5家公司上市20年不分红，3家公司19年不分红，1家18年，2家17年。虽然在截至 2017 年 12 月 7 日的 3 450 家沪深两市上市公司中，保持上市至此不分红公司只占公司总数的 0.92%，但这 32 家公司依然成为资本市场中的"奇葩"，被投资者称为"铁公鸡"。虽然这些公司不分红的理由各种各样，但是两市证交所对相关上市公司发出了监管函，证监会在 2017 年 3 次提出警示称，下一步将继续引导上市公司通过现金分红回报投资者，对有能力但长期不分红的上市公司，尤其对其中长期没有现金分红的"铁公鸡"严格监管，对于不分红、少分红并通过"高送转"减持的上市公司严查严办。证监会还对连续 3 年具备现金分红条件而未分红的 24 家公司及其国有上市公司的控股股东进行了约谈。反映了监管层强化市场现金分红氛围的决心。迫于监管压力，2018 年 2 月，上市 21 年未分红的辅仁药业、上市 19 年未分红的浪莎股份终于"铁树开花"，首度宣称将实施现金分红。

同时应该看到的是，这段时间上市公司的现金分红能力与意愿都在不断增强。上市公司现金分红家数占比从 2008 年的 53.21% 提高至 2016 年的 75.87%，现金分红比例从 2008 年的 33.73% 提高至 2016 年的 35.38%。2018 年 2 月上交所曾组织召开上市公司现金分红专项说明会，指出沪市上市公司已形成以福耀玻璃、中国神华为代表的持续高比例现金分红群体，成为沪市稳定运行和回报投资者的压舱石。福耀玻璃 2017 年度社会责任报告中也介绍，自 1993 年 6 月上市来的 24 年时间内，公司已累计向投资者派发现金红利 107.67 亿元，股票股利 14.06 亿元，成为坚守内心准则、拒绝短期利益、坚持长期回报股东、寻求企业利益股东利益和员工利益最大化（共同富裕）的典范。截至 2018 年 4 月 30 日，深市已披露 2017 年度报告的 2 105 家公司中，其中 1 611 家推出现金分红方案，占比 76.53%，进行高送转的公司数量明显下降。上市公司现金分红意愿总体积极，但两极分化现象仍不容忽视，为此深交所先后要求 104 家多年未分红的公司充分披露原因，并采取"一司一策"举措，分门别类，对不分红公司有针对性地予以督导，引导上市公司稳定回报投资者。

上市公司现金分红那几年始终是监管部门关注的重点，也是倡导价值投资、治理市场乱象的重要手段之一。国际成熟市场的经验已经证明，只有建立了有效、稳定的上市公司分红机制，才能吸引以获取稳定分红收益加合理资本利得为目标的长期资金类机构投资者，市场估值才会相对合理、稳健。在监管部门大力推动上市公司现金分红、打击"铁公鸡"大背景下，上市公司总体现金分红比例保持较高水平，截至 2019 年 2 月，11 家公司上市以来累计现金分红总额已超千亿元。从分红率来看，191 家公司上市以来分红率超 60%。2018 年，2 787 家上市公司实施了现金分红，股息率从 2014 年的 1.85% 增加到 2018 年的 2.4%，已经与标普 500 指数、道琼斯工业指数大体相当。截至 2018 年底，现金分红公司数量占 A 股公司比例高达 78.18%，创历史最高水平，上市公司现金分红金额占净利润比达 31.29%，创 13 年来新高。但剔除 2017 年后上市的公司，两市仍有 31 家公司从未有过现金分红，这些公司多来自传统行业，其中金杯汽车与中毅达于 1992 年上市，上市时间已超 26 年。

继 2018 年首次突破万亿元之后，2019 年累计现金分红总额突破 1.2 万亿元，与 10 年前相比增长 2.82 倍。同时监管部门对于高送转题材炒作的监管力度也在不断增强。深交所发布了"高比例送转股份信息披露指引"，指引发布后推出高送转方案公司家数明显下降，有效遏制了高送转炒作风险。

　　随着A股上市公司投资者保护意识和回报投资者意识越来越强，企业现金分红积极性稳步提升。2020年度A股上市公司现金分红总额再创新纪录。据WIND金融终端统计数据，3 017家上市公司披露了现金分红方案，在A股上市公司总数中占比超过7成，方案分红总金额高达1.52万亿元，较2019年度的分红总额增长了11.76%。上市公司通过现金分红积极回报股东，让广大投资者充分分享企业的发展成果。很多公司长期坚持现金分红，积极回馈投资者。2016—2020年5年中共有1 346家上市公司分红次数在5次以上，其中有7家上市公司分红次数在10次或以上。中国平安、中国石化和中国石油分别分红了11次、10次和10次，且分红总金额均超千亿元，属于"最大方+最勤"。

　　2015—2019年的5年中，分红总额最多的工商银行分红4 354亿元，5年中现金分红占可归属于母公司净利润的比例基本稳定在30%左右。2015—2019年累计分红金额前20名上市公司见附表1。

附表1　　　　　2015—2019年累计分红金额前20名上市公司

代码	证券名称	证监会计类	近5年分红派现次数	每股派现均值（元）	近5年分红金额（亿元）
601398.SH	工商银行	金融业	5	0.24	4 354
601939.SH	建设银行	金融业	5	0.29	3 673
601288.SH	农业银行	金融业	5	0.17	2 919
601988.SH	中国银行	金融业	5	0.18	2 632
600028.SH	中国石化	采矿业	10	0.16	1 948
601318.SH	中国平安	金融业	11	0.67	1 346
601088.SH	中国神华	采矿业	6	1.06	1 261
601857.SH	中国石油	采矿业	10	0.06	1 128
600036.SH	招商银行	金融业	5	0.88	1 113
601328.SH	交通银行	金融业	5	0.29	1 072
600104.SH	上汽集团	制造业	5	1.40	807
600519.SH	贵州茅台	制造业	5	11.10	697
600900.SH	长江电力	电力、热力、燃气及水生产和供应业	7	0.56	684
601166.SH	兴业银行	金融业	5	0.66	680
601998.SH	中信银行	金融业	5	0.23	567
600016.SH	民生银行	金融业	8	0.18	557
601828.SH	中国人寿	金融业	5	0.39	551
000002.SH	万科A	房增长业	5	0.89	501
000651.SH	格力电器	制造业	6	1.27	456
600000.SH	浦发银行	金融业	5	0.35	453

数据来源：东方财富Choice。

2024年4月12日国务院发布的《关于加强监管防范风险推动资本市场高质量发展的若干意见》（新"国九条"）中，新增了分红风险警示内容：以主板为例，最近一个会计年度净利润为正值，且母公司报表年度末未分配利润为正值的公司，其最近三个会计年度累计现金分红总额低于最近三个会计年度年均净利润的30%，且最近三个会计年度累计分红金额低于5 000万元。如果依据新规中新增的分红风险警示标准，根据2020—2022年三年上市公司财务数据与分红情况，分红不达标的上市公司共有142家，包括主板107家、创业板33家、科创板2家。

2023年年底，证监会修订发布了《上市公司监管指引第3号——上市公司现金分红》，进一步明确鼓励现金分红导向，推动提高分红水平；简化中期分红程序，推动进一步优化分红方式和节奏；加强对异常高比例分红企业的约束，引导合理分红。截至2024年4月底，已有3 859家上市公司公布或实施2023年现金分红方案（包括季度、半年度、年度及特别分红），占全部盈利公司的92%。从金额上看，平均每家公司分红5.8亿元；从分红比例来看，分红公司整体股利支付率36.94%，1 217家公司股利支付率超50%；从分红频率来看，254家公司披露2023年季度、半年度分红方案，家数比上年有显著增长，现金分红稳定性、持续性和可预期性持续加强。

不过，也有少数"铁公鸡"依然存在，如1992年上市的金杯汽车，至2023年度30多年来从未进行过现金分红。

参考文献：

［1］中共中央 国务院关于支持浙江高质量发展建设共同富裕示范区的意见［EB/OL］.［2021-06-10］. http：//www.gov.cn/zhengce/2021-06/10/content_5616833.htm.

［2］郑晓波，刘璐. 三大原因阻滞上市公司现金分红［EB/OL］.［2012-08-23］. http：//news.10jqka.com.cn/20130722/c528877385.shtml.

［3］夏芳. A股32家"铁公鸡"2家25年不分红 13家上市以来融资475亿［N］. 证券时报，2017-12-08.

［4］左永刚. 上市公司分红制度日趋完善 分红需要坚持"双匹配"［EB/OL］.［2018-05-25］. http：//www.cs.com.cn/ssgs/gsxw/201805/t20180525_5811774.html.

［5］佚名. A股最抠门公司上市26年零派现工行已发8000亿红包［EB/OL］.［2019-02-08］. http：//m.news.shdjt.com/gpnews.asp？newsid=601398-20190208125600-doc-ihrfqzka4301602.

［6］肖玮，李云琦. 上市公司分红谁大方？工行近五年派现四千亿，7家公司分红超十次［EB/OL］.［2021-03-25］. http：//bank.hexun.com/2021-03-25/203275652.html.

［7］佚名. 证监会重磅！上市公司分红新规来了［N］. 中国证券报，2023-10-20.

4.思考题

（1）推动共同富裕的重要意义是什么？

（2）公司利润分配与促进共同富裕有关吗？是怎样的关系？

（3）如何通过公司利润分配分析体现公司为促进共同富裕做出的贡献和成绩？

（4）公司如何实施利润分配政策能更好地促进共同富裕？

（5）你从本课程的学习中能体会到还有哪些财务报表分析内容涉及共同富裕问题？

参考文献

［1］证监会．上市公司2023年年度财务报告会计监管报告［EB/OL］．［2024-08-23］．https：//baijiahao.baidu.com/s？id=1808173342203136381&wfr=spider&for=pc．

［2］财政部会计资格评价中心．财务管理［M］．北京：经济科学出版社，2024．

［3］中国注册会计师协会．财务成本管理［M］．北京：中国财政经济出版社，2024．

［4］张惠忠．企业财务管理［M］．2版．大连：东北财经大学出版社，2022．

［5］中国证券监督管理委员会．上市公司信息披露管理办法，2021．

［6］中国证券监督管理委员会．公开发行证券的公司信息披露内容与格式准则第2号——年度报告的内容与格式（2021年修订），2021．

［7］陈泽航，刘秋金，章福东，等．H公司财务战略分析及优化路径［J］．财务与会计，2021（5）：84-85．

［8］马永义．如何分析资产负债表［J］．商业会计，2020（22）：4-8．

［9］马永义．如何分析利润表［J］．商业会计，2020（21）：8-11．

［10］马永义．如何分析现金流量表［J］．商业会计，2020（20）：11-14．

［11］马永义．如何分析所有者权益变动表［J］．商业会计，2020（19）：9-11．

［12］于林平．如何撰写企业财务分析报告［J］．中国外资，2020（6）：133-134．

［13］黄世忠．财务报表分析：理论·框架·方法与案例［M］．北京：中国财政经济出版社，2020．

［14］全国人大常委会．中华人民共和国证券法，2020．

［15］薛云奎，郭照蕊．财务报表分析［M］．北京：机械工业出版社，2020．

［16］肖星．一本书读懂财报（全新修订版）［M］．杭州：浙江大学出版社，2019．

［17］张先治，陈友邦．财务分析［M］．10版．大连：东北财经大学出版社，2022．

［18］薛云奎．穿透财报，发现企业的秘密［M］．北京：机械工业出版社，2018．

［19］赵秀芳，胡素华．财务分析［M］．4版．大连：大连理工大学出版社，2018．

[20] 王化成，支晓强，王建英．财务报表分析［M］．2 版．北京：中国人民大学出版社，2018．

[21] 张新民，钱爱民．财务报表分析［M］．4 版．北京：中国人民大学出版社，2017．

[22] 中国资产评估协会．资产评估执业准则——企业价值，2017．

[23] 高巧利．我国上市公司财务危机预警模型分析［J］．商业经济研究，2016（5）：187-188．

[24] 张先治．财务分析［M］．5 版．大连：东北财经大学出版社，2015．

[25] 张梦倩．论财务比率分析的局限性及改进措施［J］．当代会计，2015（1）：222-223．

[26] 苏布拉马尼亚姆．财务报表分析［M］．宋小明，谢盛纹，译．11 版．北京：中国人民大学出版社，2015．

[27] 中华人民共和国财政部．企业会计准则第 30 号——财务报表列报，2014．

[28] 中华人民共和国财政部．企业会计准则——基本准则（修订），2014．

[29] 中国证券监督管理委员会．公开发行证券的公司信息披露编报规则第 15 号——财务报告的一般规定，2014．

[30] 傅荣，史德刚．财务报告编制与分析［M］．4 版．大连：东北财经大学出版社，2014．

[31] 周凤．财务报表分析［M］．2 版．北京：机械工业出版社，2013．

[32] 佩因曼，林小驰，王立彦．财务报表分析与证券定价［M］．3 版．北京：北京大学出版社，2013．

[33] 吉布森．财务报表分析［M］．胡玉明，译．12 版．大连：东北财经大学出版社，2012．

[34] 张献英，王永刚．财务分析学［M］．北京：北京大学出版社，2012．

[35] 张惠忠，裘益政，胡素华．财务报告分析［M］．北京：科学出版社，2017．

[36] 中国证券监督管理委员会．公开发行证券的公司信息披露编报规则第 9 号——净资产收益率和每股收益的计算及披露，2010．

[37] 刘金芹．基于所有者权益变动表的财务分析［J］．会计之友，2010（18）．

[38] 牛同令．财务报表附注在财务分析中的重要性［J］．大众商务，2010（8）．

[39] 张利，魏艳华．财务报告分析［M］．上海：上海财经大学出版社，2009．

[40] 国务院国有资产监督管理委员会．中央企业综合绩效评价实施细则，2006．

[41] 张新民，王秀丽．企业财务报表分析案例精选［M］．大连：东北财经大学出版社，2006．

[42] 中华人民共和国财政部．企业会计准则第 13 号——或有事项，2006 年 2 月．

[43] 中华人民共和国财政部．企业会计准则第 31 号——现金流量表，2006

年2月.

　　［44］佩普，希利，伯纳德. 运用财务报表进行企业分析与估价［M］. 孔宁宁，丁志杰，译. 2版. 北京：中信出版社，2004.

　　［45］顾中国. 如何分析会计报表附注［J］. 中国农业会计，2004（3）：16-17.